U0128557

图书在版编目（CIP）数据

天枢坠落：武周政权的崛起与终结 / 刘起瑞著 . --
北京：中国文史出版社，2022.3
ISBN 978-7-5205-3401-7

Ⅰ . ①天… Ⅱ . ①刘… Ⅲ . ①中国历史—唐代—通俗
读物 Ⅳ . ① K242.107-49

中国版本图书馆 CIP 数据核字（2021）第 249930 号

责任编辑： 牛梦岳

出版发行：	中国文史出版社
社　　址：	北京市海淀区西八里庄路 69 号院　　邮编：100142
电　　话：	010-81136606　81136602　81136603（发行部）
传　　真：	010-81136655
印　　装：	北京温林源印刷有限公司
经　　销：	全国新华书店
开　　本：	787mm×1092mm　1/16
印　　张：	22.5
字　　数：	416 千字
版　　次：	2022 年 5 月第 1 版
印　　次：	2022 年 5 月第 1 次印刷
定　　价：	62.80 元

就算你查出真相，又能怎么样呢？有些秘密最好永远埋藏，有些秘密太危险，不能与他人分享，即便是那些你所深爱和相信的人。

——乔治·马丁

目　录

第十五章　潜龙勿用

第十六章　依贞观故事

第十七章　世间再无武氏

引

　　永淳二年（683年）十一月初，进入隆冬的中原大地已寒透肌髓，以洛州为中心的九州九县，日惨雾冥，垂云似铁，被夹着雪粒的狂风搅得日昏月暗。对于已近油尽灯枯的天子李治来说，这一岁过得如此艰辛，大概算得上是他三十四年皇帝生涯中最为心力交瘁的年景了。

　　嵩山脚下，李治蜷缩于匡阔而冰冷的奉天宫中，神思翩跹。他近些年来记忆力越来越差，却常常会思忆起幼年时那个万国称颂的贞观盛世。那时的大唐帝国在他父亲李世民的治理下，充满了阳刚健进、熠熠堂堂的锐气，四夷降服，物阜民丰，百业繁盛，一斗米的价格不过三四个钱，而如今却盛景不在，帝国的东西两京，全都面临着史无前例的糟糕状况。

　　此时大唐的年号叫作永淳，本来是寄托着"以淳粹之气，生敦庞之民"的吉祥寓意，以祈国家壮大，百姓富足。可自从改了这个年号之后，偏偏诸事不顺，尤其是京师长安，水、旱、蝗、疫之灾接踵而来，肆无忌惮地往复凌虐着三秦大地上的百万黎庶。关中的旱情尤为严重，处处土燥山焦，港枯泉涸，草木不生，而四处流行的大疫则让帝国的首善之区趋于病态。

　　长安城内的人口十分稠密，这是大唐兴盛发达的象征和重要指标。除了七十余万在官府登记在册的百姓外，还有三万官吏、十万禁军，十几万宫女、太监、官奴、工匠和僧尼道士们群聚于此。这些各有专业的服务人员虽然不耕不织，却也都需要吃饭穿衣。单单要填饱这百万张嘴，即使是丰年也有四百万石粮食的缺口。而最让人不安的偏偏就是粮食的价格，在这个号称永淳的年头，一斗米价竟然涨到了四百钱，这种从未有过的高物价让李治感到格外触目惊心。

　　事实上这座已经步入衰退期的古都已经不再是帝国首都的最佳选择了。尽管李治以君王的身份使用严厉的行政手段无尽无休地令天下向长安输血，可依旧不能解决国都饥馑的根本问题。贞观盛世，远如隔世；永徽之治，华不再扬，如今八百里秦川王气黯然，地亩荒芜，百业萧条，加上粮价上涨百倍，已经远远负担不起帝国中央机构的庞大消耗了。

时年不过五十五岁的李治，从身体到灵魂都已经虚弱到了极点，他无力责问天意，更没有勇气面对现实，只能选择逃避来忘却这些让他头痛欲裂的难题。

只有到洛阳去了！

李治在二十六年前隆重颁布了《建东都诏》，改洛阳为东都，从此大唐正式开始实行两京制。现在看来，这一举措颇有远见。洛阳地居中原，交通便利，粮赋富厚，隋朝时从全国迁来的数万户商贾百姓已经在此繁衍生息数代，其富庶丰饶不在最盛时的长安之下。

每当关中歉收，南方粮食又不能按时到达时，李治总会带着皇后与文武百官迁徙到洛阳去给自己放一个长假。然而这一次出幸由于过于仓促，竟让很多扈从的臣僚与兵士饿死在了半路上。

正所谓时衰鬼弄人，这一次李治好不容易驾临洛阳后，跟随他一起来的，竟然是百年不遇的洪灾。一向风调雨顺、安定繁华的东都，连月暴雨不断，浊浪滔天的洛水一改往昔的雍容温婉之态，如同一条吃人的巨蟒，无情吞噬着栖居在两岸的千万百姓。

这些日子，各州要粮要钱的告急文书日夜不断，让李治应接不暇，他看过这些紧急公文才知道，如今东西两京之间的道路上死尸遍地，相互枕藉，无人掩埋，甚至发生了人吃人的惨状。

连番的噩耗，似重锤一般击打着李治脆弱的神经，对于这些可怕的消息，他不忍看，也不愿看，却不得不看。而当李治强睁着昏花的双眼，榨干最后一丝精力，总算处理完这些关于灾情的公文后，却发现还有无尽无休让他更为沮丧的军报要批阅处置。

曾经纵横亚洲，无比强大的唐帝国现如今也和李治的身体一样，日甚一日地呈现出衰弱和迟钝之态。在帝国的北边和西疆，死灰复燃的突厥与日益强大的吐蕃，似乎都看准了这个千载难逢的机会，嚣张地向帝国发起了一波又一波的凶猛进攻。

去年五月，突厥大举围攻西域弓月城，又在进攻岚州时杀死了当地最高军政长官王德茂。

九月，吐蕃兴兵，接连进犯柘州、松州、翼州，兵锋直逼陇右驻军最多的河源军。

今年二月，突厥再犯并州、妫州、定州。

三月，突厥进攻原本用于安置突厥降部的单于都护府，司马张行师被杀。

五月，突厥又扰蔚州，刺史李思俭战败被杀，丰州都督崔智辩被俘。

并州是大唐的龙兴之地，妫州是帝国的北边重镇，可如今她的守卫者们已不再善战，她的子民只能一次次在异族的铁蹄面前颤抖、流血。

还有定州，李治对定州格外有一份特殊的感情。

当年李治刚当上太子的时候，还只是个十六岁的懵懂少年，就跟随父亲远征高句丽的大军来到定州。正是这一次，李世民在奔赴前线之前向天下宣告：太子监国。

监国，何其荣耀的身份。年轻的李治对于这人生中最重要的第一次感到既紧张，又兴奋。而他那时候全然没有想到，监国应该在都城长安，父亲为何要把他带到偏远的定州来监国？

李治在成年之后才体会到父亲当时对他并不信任，心中颇有些不平和气馁。但他继位之后，国家在他手中日益兴盛，至少在他尚未被那致命的爱情所迷惑的岁月里，大唐的富强与繁荣更胜当年。

直到今天，李治依稀还记得自己人生中那个高光时刻。那时他所统辖的疆域东括朝鲜半岛，西临咸海，北接贝加尔湖，南至越南横山，从东到西，亚洲诸王纷纷降附称臣，大唐疆域达到了汉家王朝历代之最。李治有理由相信，这样的功业，足以让把帝国的使命和希望浇铸在他肩上的父亲感到欣慰了。

在度过了一帆风顺的前半生之后，已过了知天命年纪的李治却越来越感到困惑。不知从何时开始，他的英武与决断渐渐黯淡了光芒，曾经的功绩也褪去浮华，渐行渐远。那些让他引以为傲，波澜壮阔的岁月，从什么时候开始就一去无踪了？这一切，难道是从他册立那个叫作武媚的女人做皇后时开始的吗？

想到皇后，李治的嘴角不由得轻轻抽动了几下，是悲是欣他也说不清。他对那个充满野性的女人有一种发自内心的挚爱和依恋，那一场阴差阳错、天雷地火的爱情，是李治一生最美又最痛的记忆。

耽乐是从，何虑何思？如梦似幻的浮华日子总是那么短暂，一度沉迷于甜美梦魇之中的李治，把万里江山当作了自己的爱情信物，任凭皇后随心所欲地任意而为。直到很多年后他才醒悟过来，枕边那个千娇百媚的女人，想要的并不是他这个男人，而是他的国家与玉玺。

在武媚的怂恿下，当年朝中那些中正贤德、坚贞果敢的大臣早已被清洗一空，李治愈发孤独和无助，他在中年之后风眩头重之病日益严重，已经到了目不能视的地步，也确实难于操持政务，于是在大权旁落之下，李治再也无力为自己的姓氏和家族增添荣光。

很快，皇后武媚进一步建议李治改用天皇的称号，而自己则改称天后，以与丈夫并驾齐驱的傲然姿态，在朝会时坐在了他的身边，同治天下。李治每日里只顾着头痛，早已忘记了当年李淳风对他父亲所说过的那则恐怖预言："臣仰稽天象，俯察历数，其人已在陛下宫中，为亲属，自今不过三十年，当王天下，杀唐子孙殆尽！"

"天后"的身份绝对要比"皇后"尊贵得多。自古"后为坤德"，皇后再怎么尊贵也绝不应该和"天"扯上关系，可如今身为人妻的皇后居然自称"天后"，显然已经突破了千年宗法，而朝臣无人敢直言反对，皆顺从地并尊李治夫妇为二圣。

从彼时起，李治便似身处浩瀚的荒漠再难自拔，只能远远地回望那些模糊的绿洲却无力归返了。每当上朝之时，天后武媚都会昂然垂帘于侧畔，以其独有的威严与睿智，牢牢控制着整个朝局，大唐国政事无大小，都是李治身边这位真正的当家人说了算。可怜天皇李治，倒成了顺从称是、可有可无的配角。

日益虚弱的躯壳，软弱卑微的灵魂，让李治逐渐淡化成为龙榻上可有可无的影子。垂帘之后，天后独尊，天下大权，悉归中宫，黜陟杀生，决于其口。从永淳二年（683年）开始，大唐的天空中诡异地同时辉映着两个太阳。一个以东都洛阳为起点，如东天之朝阳，生机勃勃，光芒万丈；一个以西都长安为远乡，似西山之落日，余晖惨淡，时日无多。

第一章

命运的真相

在湖北古梁州城的故地，有一间天造地设的巨大牢房。

这里以险峻闭塞的峰峦为门户，以守卫森严的城市为牢墙，以阴森茂密的林木为狱卒，以监禁过两朝皇帝，十位君王，以及数十名王爵、公主、驸马、宰相而闻名天下。

千年以来，无数政治角逐的失败者从中原各地翻山涉水而来，将自己人生的最后归宿交给了这个"纵横千里、山林四塞、其固高陵、如有房屋"的险恶之地——房州。

秦始皇十二年（前 235 年），以巨大阳具撑起无边自信的长信侯嫪毐起兵作乱，最后兵败身死。这位面首祖师爷这一次绝望的反抗，后果却是连累了其封地的四千属民，尽被流放于房州。而同样在这一年，对秦国成就霸业做出卓越贡献的文信侯吕不韦亦被他一手扶持的秦皇赐死，更是株连其万余族人被流放到了房州。

一年之内流放一万四千余人，成为中国历史上空前绝后的囚徒大迁徙，而正是这些背井离乡的流人，构成了房州最早的居民群落。

到了唐朝，房州已经成为专门流放皇族和高官的高级监狱城。因为唐代流刑根据罪行大小分为三个等级：两千里，两千五百里，三千里。而房州距京城长安不到一千里，其流距不到最短法定距离的一半，在这里服刑，算是对高级罪犯们一种额外的法外施恩。终唐三百年，众峰朝拱，列嶂环围的房州日复一日地见证着无数名公王侯、簪缨巨卿悲惨地从云端跌落深渊。

青云有路，番为苦楚之人。白骨无坟，化作失乡之鬼。被流放到房州的囚徒，要么祸不单行，早早晚晚被追来的酷吏赐死，一了百了；要么在凄凉孤寂中无声老死，埋骨荒林，无人问津。

太子

显庆元年（656 年）五月，闷热潮湿的房州官衙再次迎来了新一任长官，一个神情落寞，年龄只有十三岁的瘦弱少年。

自他来到房州上任之后，既不理政务刑名，也不管税收民情，每日都深居简出，难见踪影。在他官邸中伺候的下人，偶尔到内室窥探，发现在那半明不灭的昏暗灯影之下，这位年轻的刺史大人居然穿着女人的衣服，蜷缩在狭小的房间中，夜以继日地占卜算卦，哀叹命运的无常。

这个看起来极为焦虑，甚至濒临崩溃边缘的少年，名叫李忠，而他之前的身份，是大唐帝国的太子。

李忠是以双重身份来到房州的，他既是这个巨大牢笼的最高典狱长，同时也是一位在此服刑的囚徒。他的命运如同过山车一般起伏跌宕，高高低低全不由自己做主。顺境之时，他是东宫之主，大国的储君，万人之上，前途无量。而落难之日，他却是猛兽的玩物，孤独的囚徒，身似浮萍，朝不保夕。

李忠这辈子可以说是过得相当潦草，他稀里糊涂地来到这个残酷的人世间，在饱受煎熬后又莫名其妙地离开，完全出于乃父李治一次无心的纵欲之举。

那一年，李治刚满十五岁，还是个无忧无虑的少年亲王，每日看着哥哥们争夺皇位斗得你死我活，自己则躲得远远的，在旁观中混日子。

在这段时间，李治已经娶了出身名门的王氏作为正妻。然而李治身为一个充满活力的年轻皇子，却天然拥有任意临幸宫人的欲望和特权。

少年人的心性，免不得随时随地欲火升腾，某日李治闲来无事，便拉来服侍自己的宫女刘氏灭火。谁也不曾想到，一场无心的孽缘，竟然让姿色平平的刘氏宫人暗结珠胎，给李家生下了一个大胖儿子，这个意外而来的男孩，就是李忠。

李忠诞生之时，李治自己刚刚被册立为太子，也算得上是事业家庭双喜临门。

头胎添了儿子，无论在皇家还是民间都是一件值得庆贺的大事。可李治却对刘氏冷淡至极，甚至还有一股不知道哪来的厌恶，连个才人也不肯封她，更别说有什么尊重和宠爱。可怜刘氏的儿子虽然贵为皇子，自己却一生都是个寂寂无闻，被剥夺了母亲资格的下等宫人。

李忠满月之日，李治在弘教殿大排筵宴，遍请皇族百官，而座上的头一位贵客，就是他的父亲——太宗李世民。

老人偏爱隔代人，李世民看到太原李氏又添龙子，大唐江山传承可期，内心自是十分高兴。宴席之上，李世民以爷爷的身份站在大厅正中兴奋地向宾客们宣布："近来王业日渐振兴，尽管酒食准备不周，还是冒昧地请卿等赴宴，因为朕有孙儿了，故请大家同乐！"

酒至半酣之时，向来极有文艺天赋的李世民甚至放下皇帝的架子，翩翩起舞助兴，于是群臣亦齐齐起身，随同皇上同舞。这一日君臣大乐，庆祝活动进行了整整一天，李世民才尽兴而归，并对所有参加宴乐者大加赏赐，可见李世民对这个长孙的诞生是何等重视。

可以说李忠刚一出生，就幸福地生活在太子父亲和皇帝爷爷的双重宠爱之下，满身耀眼的幸运光环。而他的生母刘氏，却从来无人提及，就像一个与李忠毫无关联的隐形人，只能偶尔在远处看到儿子的身影。

李忠七岁那一年，李治顺利接班，成为大唐皇帝，而李忠也迎来了他人生的重大转折。

李治算是个高产父亲，一生共有八子四女，可惜偏偏就是正宫王皇后一直没有子嗣。王皇后的舅舅柳奭，当时在朝中担任中书令。这个柳奭虽然没留下什么拿得出手的政绩，但脑子还是够用的。他虽然贵为皇亲兼宰相，却并不安心。眼看外甥女在床上不得宠，肚子也不争气，十分忧虑，自然想要替皇后和自己谋划个高枕无忧的稳固前途。

柳奭才具平平，但还算机灵，他知道自己的影响力有限，便联络了有拥立之功的当朝太尉、同中书门下三品长孙无忌、右仆射褚遂良，左仆射于志宁，算他自己一共四位宰相，共同来支持由皇后提出的一项关乎国家前途的动议——册立李忠为太子。

说起来是四相共议，但唐朝其实并没有"宰相"这个官职。鉴于后文中有大量朝臣以宰相身份参与了诸多重要历史事件，这里要简单对"宰相"这一称谓做个说明。

宰相，是个非正式的通称和习惯用语，在中国人的语境里，宰相就是大官的别称。俗语里什么"宰相肚里能撑船""宰相家奴三品官"，都赋予了宰相极高的地位。总而言之，宰相的含义就是特指辅佐皇帝行使权力，处理国家政务的最高级官员。

唐朝的法定宰相，一般指的是三省的最高长官，即宫内的中书令、门下侍中，宫外的尚书左、右仆射。中书令和侍中都是正三品，而尚书左、右仆射一直为从二品。

除了这些掌握实权的顶级高官外，我们还经常能在唐史中看到另一个常见名号：同中书门下三品和同中书门下平章事，这两个官职也是宰相。譬如皇帝认为某位官员的能力不错，想让他也加入宰相班子，可当时三省长官的名额已经满了，那么皇帝就在不调动其原来官职的情况下，特意给他另外加上这样一个名号。这样这位官员也就可以位同宰相,但没有相应的品级和待遇。

柳奭和外甥女王皇后二人盘算得很好,如果李治同意册立李忠,那么王皇后自然就成了太子的嫡母,日后的太后,而李忠也必然一生都会感激嫡母册立之恩,王皇后的地位可保无忧,外戚的根基也就稳固了。

有舅舅长孙无忌出面说话,对于册立太子这样的大事,李治也是言听计从的。虽然李忠的生母出身卑微,但毕竟是自己的亲儿子,又是长子。所以当时李治也没有做太多的考量,在永徽三年(652年)七月初二日,正式册立李忠为太子,大赦天下。十岁的李忠,早早踏上了自己人生的巅峰。

三年后,李忠刚刚行了成年加冠礼,却迎来了他命运的第二次转折。他的嫡母王皇后,竟然为新皇后所替代,被废为庶人。而当初那些支持他成为太子的朝中重臣,也在李治与武媚翻脸无情的重拳打击下,死的死,流的流,星流云散。

取代王皇后的这位新皇后,正是本书的主角:武媚。我们在这里要额外说一句,武氏并没有在史籍中留下自己真正的名字,而她造字为自己取名为曌还是很久以后的事情。因而在此之前,她唯一的名字,乃是出于第一任丈夫李世民所赐:媚娘。这也是本书称其为武媚的原因。

自从武媚当上皇后之后,李忠的命运便急转直下。这个往昔太宗的宠孙,当今皇帝的长子,原本是被举上云端,摸天只有一步的男孩,转瞬间便狠狠跌落了下来,成为一叶毫无根基的漂萍。

在这个皇后更迭的特殊敏感时期,用不着新皇后出面说话,时任礼部尚书的许敬宗已经主动跳将出来落井下石了,他写了一篇洋洋洒洒的长文,痛贬李忠小小一枚扫把星竟然敢耽误日月的闪耀。这太子的位置,分明应该由新皇后所出之嫡子来坐。

正所谓:金风吹树蝉先觉,断送无常死不知。年仅十二岁的李忠虽然长于深宫,并不大通人情世故,但总算还是有自知之明,自然赶紧谦卑地主动表示:"这个太子我不能当了,我退休!"

忠奸

这许敬宗是何许人也,李忠是皇上亲自册立的太子,又没有什么过错,他竟敢公然出面反对。

此人乃是武媚掌权早期的第一宠臣,于武氏有推立大恩,其大名位列大唐奸臣传头把交椅。许敬宗虽然恶名昭著,却又受到李渊、李世民、李治三代帝王的重用,被委以著述国史的重任,这又是何缘故?到这里却不能不多着墨几笔。

许敬宗年轻时就文采过人，是唐朝宰相中唯一一个隋朝秀才出身的才子，深为李世民所欣赏，故而把掌管国史的重任交付给了他。许敬宗自负恩宠在身，十分傲慢，对刚见过面的人，转眼就不记得是谁了。有人责怪他无礼，许敬宗却大刺刺地说："庸人太多，自然不好记。但如果是碰到沈约、谢灵运那样的人，就算是在黑暗中用手摸一下，我都能认得出来！"

唐史中批判许敬宗最重要的劣迹，倒是没有什么误国害民之类的大事，无非就是说他见钱眼开，大收贿赂，对史实虚假美化与隐匿丑恶达到了随心所欲的程度。比如：他写了封德彝很多不实的坏话；唐太宗明明写了《威凤赋》是赐给长孙无忌，却被许敬宗改成了赐给尉迟敬德；大将庞孝泰水平有限，却被他吹捧成一流的骁将云云。单就这些片段来说，那么许敬宗确实是一个贪婪愚蠢，见钱眼开，胆大妄为，光天化日之下敢于颠倒是非的愚妄之人。

然而事实真的如此吗？

封德彝是早年从龙的老臣，可他明里辅佐秦王李世民，暗中却一直支持太子李建成，在两个主子之间大搞平衡，两边押宝，意图投机取巧。直到他死后多年，其阴持两端之事才暴露出来，李世民对其大为愤恨，亲自改了他的谥号为"缪"。对于这样的人，许敬宗哪里还敢写他的好话。

长孙无忌和封德彝一样，在权力斗争中成了新皇帝李治的死对头，他是被李治宣判为谋反罪后自杀的，许敬宗虽然对其冤屈的真相心知肚明，可哪里还有胆量将他塑造为正面人物。许敬宗虽然表面上掌管修国史，但其实就是个给皇上打工的，对于这些站在皇上对立面的罪臣的记录，自然都要和皇帝口径一致，对他们大力加以贬低丑化了。

至于庞孝泰，是在征讨高句丽之役中兵败身死的一员大将。当时在战场上，唐军被包围，危急时刻，部下劝庞孝泰突围，孝泰掷地有声地说："我伏事国家两代，过蒙恩遇，高丽不灭，吾必不还！我将乡里子弟五千余人，今并死尽，岂一身自求生邪？"之后与13个儿子一同战死，为国捐躯，其事迹可歌可泣。写史本来就应该不以成败论英雄，这样的忠勇之将，难道不应被追捧颂扬吗？

许敬宗所编纂的国史很短命，因为后来武媚死后，长孙无忌等人皆被平反，朝廷的舆论风向又发生了彻底变化，重修国史时将这些人还原了本来面目，许敬宗却成了颠倒黑白的谎言家，这是时代的悲剧，却又是他所不能预料和控制的后话了。

许敬宗是个现实主义者，并不大在乎死后留下的名声。他的另一大罪名是身为堂堂朝廷二品大员，竟然自甘下流，贪图聘礼，将两个女儿嫁给了不入流的两个亲家，一个是蛮酋，一个是奴隶，这又是怎么回事呢？

那个所谓的蛮酋，名字叫作冯盎。他在隋末乱世之中割据了广州、苍梧（今广西梧州）、朱崖（今雷州半岛、海南岛一带）的大片地盘，成为一方军阀。

武德五年（622年），天下大势已定，冯盎很识时务地投降了大唐，被高祖李渊封为越国公，依旧不失富贵，继续掌管高、罗、春、白、崖、儋、林、振八州之地，势力范围纵横二千余里。

唐初天下太平，冯盎作为一方诸侯展示出了卓越的理政才干。他亲自查阅文书，严惩奸恶，深受百姓和部下的爱戴，他统治下的岭南局势稳定，社会安宁，一派祥和之气。这样一个口碑、才干都出类拔萃的边疆长官，又岂能因为其出身并非中原士族而予以轻视？

至于许敬宗的另一个亲家钱九陇，更是一位草根逆袭的大英雄。

隋末时，钱九陇曾因父亲的连坐之罪被籍没为奴，专门侍奉当时的唐国公李渊。

真英雄不论出身，钱九陇虽然身在贱籍，但他武艺高超，忠心耿耿，一生都积极进取，自强不息。他先跟随秦王李世民平定洛阳，后又跟随太子李建成一同征讨刘黑闼，凭借卓著的战功被进封郇国公，镇守西麟州（今陕西麟游县），上演了一出完美的从奴隶到将军的精彩大剧。后来五代时期吴越国的开国皇帝钱镠，正是这位钱九陇的后人。

钱九陇虽然出身卑微，却白手起家，靠自己的奋斗取得了辉煌的成就，真正有见识者又怎能不对他心怀敬重？

因为当时许敬宗是皇后身边的第一红人，对出身颇为自卑的冯盎和钱九陇都觉得跟许敬宗结亲是攀上了上流社会的高枝，所以甘愿送出了厚重的妆奁与其结亲。而许敬宗对于出身这种虚名根本不在乎，何况还有大把金锭铜钱可收，又何乐而不为呢！

历史的轨迹迷雾重重，管中窥豹，难辨其真。而人性更是万分复杂，变化多端，每个人都不止一张面孔，绝非非黑即白。上至帝王将相，下至平民戍卒，都是当时时代背景下鲜活的个体，无论个人造就历史，还是历史造就个人，史家永远不应该忘记自己的职责——记录真相。

举报

对于这一次更改国本的重大问题，投机专家许敬宗算得上是本色出演。他为了迎合新皇后的心意，勇挑重担，第一个上疏劝说李治，以李忠并非嫡子为理由，请他废其太子之位，改立武媚所出的嫡长子李弘为太子。

对于李治来说，当时他的眼里心里全是妖娆多姿的皇后，哪里还记得什么父子之情，于是很痛快地接受了许敬宗的建议。显庆元年（656年）正月初六日，李治毫不留情地废黜李忠的太子之位，降封他为梁王，并很快授予李忠一个极具悲剧色彩的头衔——房州刺史。

刚做了三年太子的李忠遭遇了自出生以来最沉重的一次打击，却丝毫无力反抗，只好怀着绝望的心情，拖着沉重的脚步，到房州上任去了。

生母刘氏不在身边，嫡母王皇后惨遭虐杀，给这个刚到青春期的孤独少年心里留下了深深的恐惧之痕。他日夜担心自己会死于皇后之手，时刻惊恐不能自安，于是性格开始逐渐变态，最后沦落到要偷穿妇人的衣服以缓解心中的恐惧。

过往的大起大落的经历让李忠深深体会到了什么是人生无常，更对宿命的强大无情深信不疑，于是他常常占卜来推算自己的未来，过着黑白颠倒，如行尸走肉一般的日子。

李忠心怀怨恨，行为怪异，在房州浑浑噩噩过了四年之后，终于出事了！他的身边有一个叫作阿刘的婢女，某一日竟然从房州的官邸中悄悄逃离，一路赶到东都，言之凿凿地举报李忠的种种异常行为，宣称这个被废黜的前太子有谋逆的迹象。

婢女举报王公，在当时是一件非同寻常的大事。因为在唐代，除了上层社会的皇族和士庶之外，还有另外一个人数庞大的阶层存在，那就是"贱民"。唐代贱民种类包括了杂户、官户、工乐户、部曲、客女、随身和奴婢等不同等级的人群。贱民的身份极其卑微，毫无社会权力，以至于唐朝的法律规定，只有良人才有举报权，而贱民则不许。良人相当于我们今天法律上有公民权的人，而像婢女这种贱籍身份者，是不允许举报良人的，这种行为本身就违法，更何况她告的是自己的主人。尽管二者的身份地位相差悬殊，可阿刘控告皇子这种反常的做法竟然没有受到任何阻挠和惩罚，一告而成。

一个小小婢女能够做出如此大胆的举动，显然是得到了来自洛阳方面的授意，如果按照动机推论，这个世界上最想弄死李忠这个旧太子的，自然是新太子的母亲。

高宗李治听闻下人对自己儿子这种致命的举报之后，非但不问究竟，不查虚实，反而立刻宣布：将李忠废为庶人。

就这样，李忠在房州也没法混下去了，只好再次卷起铺盖，以白丁身份灰溜溜地前往更加偏远荒凉的黔州，被囚禁在他的大伯——前任废太子李承乾住过的旧宅里。李承乾与李忠一样，也有着荒诞而悲凉的身世，两代废太子，一样沦落人！

麟德元年（664 年），李忠悲催的人生终于走到了尽头，借着上官仪[1]提议废后一案，武媚愤然指控李忠也一同参与谋反。

天日昭昭，当时李忠远在千里之外的黔州，衣食不周，活着都费劲，更与外界音讯不通，难道是他靠心电感应和当朝宰相上官仪联络谋反的吗？

作为皇帝的李治对于这样公然的冤屈视而不见，也不打算再给予这个长子任何辩驳的机会了，当年的十二月十五日，李忠终于解脱了，李治下令将他赐死。

为了和武媚那份惊世骇俗的爱情，李治不但断送了发妻和旧爱，更是冷血地牺牲了他的亲生儿子，就这样以莫须有的罪名把他送入了鬼门关。欲加之罪，何患无辞！

李忠身蒙不白之冤，被杀时年仅二十岁。他没有结过婚，没有子嗣，作为罪人自然也没有资格举办葬礼，更没有亲人的送别，他在史书上不过留下寥寥数字，他的离去，与他来到这个人世间一样草草。

也许这世上唯一会为李忠之死而感到悲痛的，只有他那个出身卑微，想要亲近他而不得的生母刘氏了。

良善

最是无情帝王家，倒霉蛋李忠的命运非己之过，谁让他生母出身卑贱，嫡母又是政治斗争的牺牲品呢。他的败亡，早有征兆，一出生就定数在两位母亲身上了。

李忠被贬出朝廷后，一个四岁的孩童很快接替了他的太子之位，他就是代王李弘。

跟李忠比起来，李弘可算得上是血统纯粹，苗正根红。他是天后武媚所出真正的嫡长子，同时又深受父皇李治的宠爱与重视，这样无与伦比的先天优势，能保证李弘一路顺利地走向皇位吗？

一开始，李弘的人生之路走得还算顺畅。从表面上看，他的性格看起来颇似

---

[1] 上官仪是初唐著名文人，于龙朔二年（662 年）拜相。麟德元年十二月（665 年 1 月）高宗李治因为常被武媚压制，心生不满，意欲将她废为庶人，便密召上官仪商议。上官仪大力支持，当场表示："皇后专横，海内失望，应废黜以顺人心。"高宗便命他起草废后诏书。武媚得到消息，向李治申诉，李治当场改变了心意，因惧怕武媚怨怒，竟然推说："这都是上官仪教我的。"

同年十二月，上官仪下狱，与儿子上官庭芝一同被处死，家产抄没，上官仪遇害时，他的孙女上官婉儿尚在襁褓，与母亲郑氏一同被没入掖庭，充为官婢。

其父，也是宽厚仁慈的样子。李治曾夸赞儿子说："李弘十分仁孝，接待大臣符合礼节，从不曾有过失。"然而李弘和父亲相比只学了其形而未学其神，李治的仁厚底下埋藏着极深的城府与阴毒的心肠，而李弘却不然，小小年纪就很有些迂腐之态了。

李弘早年的启蒙老师是太子洗马郭瑜。这个郭瑜饱读诗书，很有些本事，曾经帮助玄奘法师翻译过真经。年轻人学习，自然是从经典古籍开始讲起，郭瑜给李弘授课最初的课本是孔老夫子所著的《春秋》。

对于初读经典的年轻人来说，《春秋》是本不错的教材。因为里面都是历史故事，如果老师讲课足够生动风趣，其实跟听评书差不多。这一日，这对师生恰好读到一则关于太子的故事——楚太子芈商臣。

芈商臣是楚庄王芈熊恽的长子，自幼被立为太子。他的相貌十分凶恶，蜂目豺声，据说长有这副尊荣者都有一颗残忍嗜杀之心。史书中记载同样长着这般模样的还有一个名人，就是秦始皇嬴政——"蜂准，长目，挚鸟膺，豺声，少恩而有虎狼之心。"

芈熊恽是楚国非常著名的一代雄主，他自即位后，对内布施仁德恩惠，对外修好友邦诸侯，一面尊崇过气的周天子，一面武力平定夷越各族，先后灭掉了英、蒋、道、柏、房、轸、夔、贰、谷、绞、弦、黄等十余个国家，又与天下最为强大的君主齐桓公争霸历时十余年，取得了辉煌的霸业，让楚国一度称雄中原，开疆到千里之外。

俗话说人无完人，这位楚王芈熊恽在外面虽富雄才大略，自家妻儿的事却没有搞明白。

随着芈商臣的生母日渐年老色衰，楚成王芈熊恽开始越来越厌弃这位老王后，并很快有了新宠。这还不算，芈熊恽抱着"爱屋及乌"的心理，打算在自己离世之后，将王位交给新宠所生的儿子王子职。

君王废长立幼的事，从春秋战国开始就屡见不鲜，倒也不足为怪。譬如更富雄才大略的赵武灵王也是先立的长子公子章为太子，后来因为宠幸年轻貌美的吴娃，于是改立吴娃之子公子何为太子，结果为其后赵国的内乱埋下伏笔，让自己也不得善终。

芈商臣听说了这个消息，立即警觉起来，因为当时事情尚且难辨真假，便向他的师傅潘崇请教。潘崇很有智谋，为徒弟出了一招打草惊蛇之计，让他宴请姑母江芈，以探究竟。

身份高贵的公主江芈兴致勃勃地来赴侄儿的宴请，却发现酒非好酒，宴非好宴。以往恭敬孝顺的侄儿这一次对她的态度极为不敬，江芈不由得恼羞成怒，失言喝骂道："下贱的东西，怪不得君王要杀你而改立太子啊！"

这一下消息坐实，芈商臣如遭五雷轰顶，眼看小弟弟王子职要将自己取代，只好再向潘崇请教活命之路。于是潘崇和芈商臣之间进行了一场决定一个国王性命与一个国家命运的简练对话。

潘崇问："你能侍奉王子职吗？"

芈商臣答："不能。"

潘崇问："你能逃亡吗？"

芈商臣答："不能。"

潘崇问："你能做大事吗？"

芈商臣答："能！"

心狠手辣的芈商臣比窝里窝囊的李忠强多了。在老师的鼓励下，芈商臣决定铤而走险，指挥忠于自己的部下发起一场绝地反击，结果这场暴风雨般的宫廷政变一举成功。

要美人不要儿子的楚成王一夜间由座上君变为阶下囚，追悔莫及，只好哀求儿子留条活命。

芈商臣果然一副铁石心肠。他本着大义灭亲、除恶务尽的原则，坚决要把父亲处死。

走投无路的芈熊恽脑筋一转，心生妙计，提出要吃一顿熊掌大餐再赴死。可烹饪熊掌这种食材工序颇为复杂，又要拔毛，又要剔骨，要用米汤泡三日，还要反复蒸十余次才能食用，十分耗时。

芈商臣是何等聪明，一双蜂目早看出父亲想借此拖延时间，以图有变。

保护野生动物，人人有责！芈商臣用豺狼之音冷冷地回了父亲四个字："熊掌难熟。"

芈熊恽见状，自知再无存活的希望，只好当着儿子的面自缢身亡。他的妹妹江芈因为无意中透露了哥哥的机密，闯下塌天大祸，也倍感羞愧，自杀了。

至于那个新宠妃子和她的儿子王子职，自然也是难逃活路，和老王一同共赴黄泉。

故事是蛮精彩，可读到这里，向来读书专注的李弘却掩书叹息道："这种事为臣子的不忍听闻，圣贤经典应该记载垂范后世的善事，为什么要记载这个？"

尽管李弘长于帝国的权力中枢，却在深宫之中备受呵护，完全不谙世事，更想象不到自己父母脚下踏着多少不瞑的冤魂。在李弘的心目中，他那被天下尊为圣人的父母是最慈爱、最宽仁的。父仁母慈子孝，兄弟姐妹和睦，才是人间正道，又怎能容下如此肮脏的宫廷斗争记录脏了自己的眼睛。

对于太子的疑惑，郭瑜身为老师自然要为之解答。他毕恭毕敬地回答说："孔子写《春秋》，善恶之事都加以记载，目的是为了褒扬善行以劝谏大众，贬斥恶行以告诫后世。这里书写芈商臣的恶行，正是为了让他的罪恶遗臭万年啊。"

李弘听罢，大摇其头，对这个回答很不满意，一脸厌弃地说："这种事情，不仅讲不出口，听闻也不忍心，请让我改学别的书吧。"

郭瑜闻言，心里一凉。宫廷之中的权力斗争，本来就是最为残酷和肮脏的。太子如此妇人之仁，思想迂腐，又如何能当得了未来的一朝天子。但郭瑜毕竟只是给李家打工的，想归想，口头上还得称赞太子仁德，随后就按李弘的意思把课本换成了极为枯燥的《礼记》。

由此一事也可以看出，李治的所谓仁厚，大部分时间都是在惺惺作态的演戏，而李弘的善良单纯却纯粹是发自本心。

高宗一朝，尤其是前期国力最盛之时，是大唐连年对外用兵的高峰时期，从东海到大漠，到处都飘扬着唐军的战旗。朝廷连年向民间大量征发府兵，而那些逃亡者或者在期限内没有报到的士兵会受到死刑的严惩，连他的家人也被连坐充官为奴。

李弘了解到这种情况后，认为这种一刀切的刑罚太过残忍，就向父皇上书进谏道："儿臣听说军队里面征兵，但凡没有及时报到的全家都会被牵连，有人甚至没经过审判就遭到囚禁，这种情况相当普遍。而事实上当中的情况是千差万别的，有人是因为疾病才逾期不到，有人是路途中遇到山贼、大河的阻拦，可按照军法却要全部连坐他们的亲属。儿臣认为军法执行前应该核实情况，不要让士兵的家属受到冤屈。国家应该修订法律，百姓家中即使有士兵逃亡，家人也无须受连坐之罪。"

李治深为儿子的善心所触动，也想为儿子树立更好的声望，就批准他的这个请求。李弘这一份奏疏，不知挽救了民间多少升斗百姓的生命，善莫大焉！

年复一年，李弘以自己特有的慈悲人设，在士大夫和百姓心中赢得了良好的口碑和极高的人望。而东宫的官员戴至德、张文瓘、萧德昭等人也逐渐成长起来，已经可以有条不紊地协助太子处理监国政务。

就在所有人都在为太子的成长和进步感到欣慰的时候，只有一个人感到如鲠在喉，彻夜难眠。这个人就是武媚。而单纯的李弘对于母亲的敌意一无所知，他此后的两次无心善举，让他与武媚的关系彻底交恶。

李忠在被父亲以谋反罪赐死之后，境遇十分凄惨，暴尸郊野，无人敢替他收尸。李弘闻听此事后，主动上表请求父亲礼葬了这位苦命的庶兄。

当年李忠被黜离京时，李弘只有四岁，兄弟俩并没有任何交集，更谈不上有什么亲情。李弘能站出来替这位同父异母的可怜哥哥说话，完全是出于他对儒家孝悌法则的认同和内心的善良。而另一方面，正是武媚处心积虑地怂恿丈夫将李忠置于死地，好给李弘扫清障碍。可现在她刚做完恶人，儿子又出来做好人，两下对比，让武媚心里很不痛快。

不久之后，李弘做的另一件事就让武媚更为光火了。

李弘有一次在掖庭附近闲逛，偶然发现这里关押着两个面容惨淡的"大龄剩女"。他询问看守的宦官后才知道，这两个姑娘原来都是他的异母姐姐——被武媚害死的萧淑妃的女儿，一个被称为义阳公主，一个被称为宣城公主。

虽然顶着公主的头衔，可这两个可怜的姑娘却一直过着暗无天日的日子。她们自从母亲被害后就失去了自由，被禁锢了三十多年。她们的全部世界就是这间阴森冰冷的高墙冷宫，太久的与世隔绝甚至让她们失去了说话的能力。

李弘看到两个姐姐境遇如此凄惨，立刻动了恻隐之心，他想也没想就直接去请求父亲将两位姐姐释放，并给她们寻找婆家。

李弘的这一做法，再次触碰了武媚的逆鳞。他的仁慈，总是那么恰到好处地反衬出母亲的冷酷。更让武媚不能容忍的是，李弘你想做好事，却不直接向天后请旨，而是越过她直接上奏父皇。难道这小子搞不清楚最终公主们的命运还是要天后拍板吗？

要不是太子提醒，李治早忘了自己还有两个亲生女儿，却依然表现出一贯的冷漠，果然将这件事推给了天后。对于武媚来说，至少在表面上，她是无法拒绝太子这个正当要求的，于是武媚敷衍地将两位公主嫁给了当天值班的两名羽林军士。

这两名军士，一个叫权毅，一个叫王勖，就这样稀里糊涂同时成了驸马。

权毅和王勖出身不高，但都是忠于大唐的血性汉子。虽然武媚后来又加封他们为袁州刺史和颍州刺史，但日后权毅和王勖都参加了反对武媚的起事，最后双双兵败而死。而那两位苦命的公主，好日子没过几天，一个在同年病死，另一个则再次被囚。

按照李治设想的传国规划，日益成年的太子李弘会逐渐取代武媚，成为自己在朝政上的主要助手，直至他继承帝国的最高权力。所以多次命太子监国，以培养他的执政能力。然而天妒英才，李弘这样一个具有文景之风的优秀储君，却有一个致命之疾——肺痨。

上元二年（675年）四月，二十三岁的李弘随父母一同前往洛阳合璧宫，至少从表面上看，是旅途的辛劳和热毒的暑气加重了他的病情，李弘终于倒下了。

绮云殿内，李治看着形容枯槁的儿子，心如刀绞。他流着眼泪，给了李弘一个庄重的承诺："只要你身体好了，我就传位给你。"已经奄奄一息的李弘听到这个好消息，已经无力谢恩，只能伸出干瘦的双手，与父亲无言紧握。未几，李弘在父亲的怀抱中带着遗憾闭上了眼睛。

爱子的去世，让李治陷入了深深的痛苦与懊恼之中，自己也大病一场，差点追随儿子去了，而他本就脆弱的视力也因为不断的哀哭而彻底丧失。

"慈惠爱亲曰孝，死不忘君曰敬"，为了表达自己沉重的丧子之痛，李治打破祖制，下诏追谥李弘为"孝敬皇帝"，并以帝王之礼将爱子厚葬于洛阳郊区的唐恭陵，下令百官服丧三十六日。李弘的陵寝工程繁重浩大，工期短而要求极高，竟致使大量民夫死难逃亡。李治还亲自书写《孝敬皇帝睿德记》缅怀爱子，将碑石树立于陵墓之旁。

长子李弘死了，这让武媚松了一口气。毕竟七次监国的李弘在朝野内外众望所归，势力越来越大。如果他顺利即位，母子之间难免有一场你死我活、胜负难料的较量。

后世著史者不断猜测李弘是被野心勃勃的母亲所害，这种推测亦是有根据的。1995 年，在陕西发现了一个关键性的证据，唐朝建筑大师大臣阎立德之子阎庄的墓志铭上写有两句非常奇怪的话："岂意彼苍冥昧，福寿徒欺，积痾俄侵，缠蚁床而遭祸；浮晖溢尽，随鹤版而俱逝。"

这几句话原本是痛悼死者的常用语句，但有两个词汇不合时宜地出现了——"蚁床""鹤版"。蚁床指太子的病床，鹤版是太子的棺材，这句话翻译过来就是说，作为太子李弘家令的阎庄因为受到了冤屈和牵连，与李弘一同忧郁而亡。

如果李弘是正常死亡的话，自然也不存在东宫官员被牵连而死的情况，所以这块墓志铭留下了李弘之死与武媚有关的证据。

李弘身体病弱，没有子嗣，他的第一任未婚妻是司卫少卿杨思俭之女，可在婚期将至时，却被武媚的外甥贺兰敏之强奸，导致这桩婚事的破灭。他真正迎娶的太子妃是左金吾将军裴居道的女儿，但当时已经病入膏肓，故而无后。

裴居道一度官至宰相，但武媚在后来建立新朝之前突击处决了一大批忠于李唐的官员，裴居道也在其中，并没有因为他是李家的亲家翁而幸免于难。

李弘死了，李唐传承天下最为名正言顺的一杆大旗，倒了。

博弈

随着李弘的离去，皇太子的位置，再一次空了下来。

对儿子的哀思持续了数月后，外柔内刚的李治总算是强迫自己从无尽的悲痛中振作起来。为了尽快稳定因皇储早逝而变得波谲云诡的朝堂，李治下旨册封自己的第六子，也是他和武媚的第二个儿子李贤为新太子。

李贤，字明允，他容貌俊秀、举止端庄，综合素质极高，是李治所有儿子中的佼佼者，与哥哥一样深得父皇喜爱。为了让这个聪明好学的儿子学习有伴，李治把"初唐四杰"之一，刚参加完科举的少年诗人王勃派到王府辅佐李贤，而两位才华横溢的翩翩少年也由此结下了深厚的友谊。

李贤被册封这一年已经二十二岁，正值人生中最好的年华。与善良敏感、体弱多病的哥哥相比，李贤更成熟，更强壮，更聪颖，也更有头脑。成为太子之后的李贤很快就进入了角色，闪烁出耀眼的储君光芒，他的所作所为，无时无刻不体现出自己足以堪当大任，是帝国合格的接班人。

这样一位出色新太子的到来，再一次给武媚带来了巨大的压力和空前的紧迫感，面对这个第三个登上太子之位的年轻人，武媚似乎已经忘记了他是自己的儿子，而是习惯性地把他当成了有你无我的政坛敌手。

李贤曾三次监国，其间处理政务明确公允，每一次都能得到父亲的褒奖和群臣的赞誉。李治亲笔下诏表扬李贤说："皇太子留守监国的时间虽然不长，但能留心政务，抚爱百姓，非常尽心，对刑法所施也细审详察。加之政务之余，能够专心精研圣人经典，领会深意。对于先帝所藏书册都能学习其精髓。好善正直，不愧是国家的希望，让我感到十分欣慰。"

唐代的宫廷斗争一向都极为血腥，在每一场激烈的武力交锋背后，文化的弘扬和宣教同样作为一件利器被各方势力频繁使用。皇族与勋贵们非常善于组建文人班子著书立说，以此来树立声望，宣传观点，从而增强自己派别在朝廷和社会当中的影响力。

早在贞观年间，成为太子呼声最高的魏王李泰就曾编纂了大型地理著作《括地志》，全面记录了初唐时代的行政区域和地理情况。正是这部著作，成就了他贤王的名声，并被李泰当作自己夺嫡的筹码。

高宗初年，长孙无忌集前朝法律之大成，主持制订了东亚最早的成文法典《唐律疏议》三十卷，成为此后诸朝制定和解释法典的标准蓝本。

就连李弘也在其短短的人生中，组织学者编纂了一本文学刊物《瑶山玉彩》五百篇。

聪明绝顶的武媚清楚地知道，要想掌控国家权力，必须建立一支完全忠于自己的亲信力量。她很有先见之明，早早物色了一批才学俱佳，但品级低下的文人，建立了赫赫有名的"北门学士"集团，以备自己未来掌控朝政之用。

所谓"北门"，是与朝廷机关的"南衙"相对而言，特指直通皇宫内苑的玄武门。"北门学士"不经南衙而从北门直接出入宫禁，专门为武媚个人而非国家服务，带有浓厚的私人集团性质。这批文人中虽然有不少人走的是旁门左道，名声不佳，但其中也确有不少大才之人，日后成为宰相，进入了国家权力中枢。

虽然北门学士的实际职责是秘密参决朝政，以分李治所提拔的宰相之权，但这些人名义上的工作毕竟还是修撰著作，所以总要出版一些作品以掩人耳目。以这些大知识分子肚里的墨水，出几本书简直太简单了。很快，如《列女传》《孝子传》《臣轨》《官僚新诫》《维城典训》《乐书》《少阳正范》等一大批质量参差不齐的书籍纷纷出炉。

李贤作为新太子天资虽高，但毕竟是半路接班，监国执政时间有限。他为了快速建立名望，自然也不会放过著书立说这一强大高效的手段。李贤召集起张大安、刘纳言、格希元、许叔牙、成玄一、史藏诘和周宝宁等文史界泰斗，共同注释了南朝大史学家范晔所著《后汉书》，并亲自执笔点评。因为李贤死后谥号"章怀"，故而这部书被后世称为"章怀注"，具有极高的文史价值。

此书一出，天下轰动，李治对儿子的文学成就大为惊喜，赏赐了他数万匹绸缎。此后李贤等人还编著了《君臣相起发事》《春宫要录》《修身要览》等书，但这些与"章怀注"的《后汉书》相比，就显得相形见绌了。

万众瞩目的李贤，自成为太子后以卓越的成绩赢得了宫廷内外一致赞赏，而一个优秀儿子的日益崛起，却让武媚如坐针毡，愈发展现出深深的敌意，公然表现出对他的不满。

武媚自从显庆年间开始干政以来，如今早已在朝中站稳了脚跟，成为帝国最有权威的人。她要的皇位继承人，是李治、李弘这样重病缠身、软弱可欺的傀儡。而锋芒毕露的李贤以其出色的能力与过人的才华，在极短时间内就获得了众多朝臣的认可，并开始在朝廷中快速组建自己的政治势力，这让一直把朝廷视为个人禁脔的天后情何以堪？

母亲的不满，李贤当然看得出来。但凭着天生皇子的一身傲骨和储君的显赫地位，李贤对武媚的态度始终是不卑不亢，不温不火，毫无屈从妥协之意。令武媚最为恼火的，就是如今李贤又偏偏选了《后汉书》来大做文章，还亲自批注，这又是何居心？

横看成岭侧成峰，远近高低各不同。李治看儿子著书是喜，武媚看儿子著书是怒。《后汉书》，顾名思义，记录的是东汉历史。而这个朝代有一个最显著的特点，就是除了前三代皇帝以外，后面几代皇帝都是很年轻就死了，留下年幼的太子继位，结果造成太后听政，外戚专权。

翻开《后汉书》，满目都是窦太后专权、邓太后专权、梁太后专权，虽然各个嚣张跋扈，不可一世，可最后的下场全部是身死族灭。对于这样一部著作，对于李唐江山一直怀有巨大抱负的武媚又岂愿坦然面对。

出生在唐初新贵显宦之家的武媚，在性情上独有一种极为强烈的进取性的倾向。她心里清楚得很，照这样的局势看，有朝一日李治驾崩，雄心勃勃的李贤继位，必将乾纲独断，是绝对不会允许她这个太后干政的。到时候自己就得乖乖退出朝堂，待在后宫看花养老，了此余生。而失去权力对于这个志大于天的女人而言，简直比要她的命还可怕。

武媚开始反击了，她指挥北门学士们编纂了《孝子传》和《少阳正范》两本书，并将这些书赐予李贤，针锋相对地警告这个不驯服的儿子要守孝道，之后干脆又亲手写书信去斥责他。

当时李治身体虽然虚弱，但还谈不到马上就要驾鹤西游。而这一对空有血缘而毫无亲情的母子，已经围绕着李治身后的权力分配，以著书立传的方式开始了激烈的隔空交手。

起初李治还抱着和事佬的心态，试图缓和二人之间的紧张关系，并一度表现出对李贤强力支持的态度。

当时朝中的宰相刘仁轨、郝处俊、戴至德，吏部侍郎张文瓘，全都被授予太子宾客的头衔。吏部尚书李敬玄兼太子左庶子，同中书门下三品李义琰兼太子右庶子。几乎整个宰相班子及故太子李弘的原班人马，现在已经全部成了李贤的东宫属官，那一段时间，朝野上下都欣慰地看到了李治扶持新太子的决心，李贤的地位似乎很稳。可没过多久，李治的态度竟然有了明显的转变。

随着两宫的斗争日趋激烈，李治无奈地发现，妻子与儿子的矛盾已经无可调和，自己必须明确抉择到底站哪边。于是他用自己独有的思维方式，亮出了旗帜鲜明的态度——刚刚册立李贤不到一年，李治突然异想天开地提出要让天后摄政！

此意一出，满朝哗然。这个出乎所有人意料的昏招让本来就波谲云诡、形势不明的朝堂变得更加混乱。

幸好朝中当时尚有不少头脑清醒的忠贞之士，这时候中书令郝处俊第一个站出来，以宰相的身份对李治的荒诞想法予以坚决的棒喝。

郝处俊是安州（今湖北安陆）人。他十岁早孤，在贞观年间中了进士，随后一路累迁至吏部侍郎。因为唐朝官员文武不分，郝处俊亦曾被派往前线领兵作战。

当时他是作为平壤道大总管李勣的副手，一同带兵征讨高句丽。一日夜晚，恰逢敌军偷营，营地外面好多防御阵线被突破，形势非常危急。这个紧要的关头，郝处俊表现出非同寻常的大将风度，他非常镇定地坐在大帐之中，边吃干粮边安排布防，气定神闲，安如泰山。本来惊慌失措的士兵们看到主帅如此胸有成竹，军心顿时安定下来，将士们稳住阵脚，奋勇作战，终于将来犯之敌击退。

李治对郝处俊的话，一向都很听得进去。长安大明宫东侧有一处殿阁，叫作翔鸾阁，取屈原《远游》一诗中"鸾鸟轩翥而翔飞"之句，与西侧的栖凤阁一同拱绕含元殿的两翼，是大明宫建筑群的制高点。每逢大朝之日，人们站在翔鸾阁上俯瞰，便可观赏到"九天阊阖开宫殿，万国衣冠拜冕旒"的宏大盛况。

咸亨二年（671年），李治带领众皇子与百官登临翔鸾阁，举行了一场盛大的宴会，由十六岁的雍王李贤和十五岁的周王李显分别主持东西两个分会场。两个年轻气盛的皇子在百官的注视下各显其能，各自带着自己的手下人进行演出、竞技、游戏以较量取乐。

就在其他人沉醉于酒宴之乐的时候，作为座上宾客的郝处俊却十分忧虑，连忙对李治劝谏说："雍王和周王还都是少年，心智尚未定型，应当学习'孔融让梨''王泰让枣'这样谦逊互让的道理，如此才能让兄弟二人亲密无间。现在两王分成两派互相夸耀竞争，而那些言语没有节制的歌姬小丑为了帮助自己一队去争胜负，难免互相讥讽指责以至失礼，这可不是推崇礼义，鼓励兄弟亲爱和睦的做法啊！"

李治闻言，大为震惊，深深自责自己的做法太不妥当，赞赏郝处俊说："你的远见卓识，不是大家所能及的。"于是立即下令停止宴会中的比赛。

随着李治的"风疾"之症越来越重，宫中的御医又久治无效，李治只好把无奈的目光投向了一个来自印度次大陆的外来和尚——乌荼国的婆罗门卢迦逸。这位卢迦逸以"药神"自诩，声称能配制长生不老之药，被李治封为三品怀化大将军。

忠心耿耿的郝处俊非常担忧皇帝会因为贸然服用这种三无产品中毒而亡，便又耐心地告诫李治印度人并不是药神："人的寿命长短原本是命中注定，不能依靠药物来延长。贞观末年先帝就曾服那天竺方士那逻迩娑婆寐配的药，根本没效果，后来病危之时，朝中还有人把责任归咎于那逻迩娑婆寐，想要处死他，最后因恐怕戎狄取笑才作罢。当年的鉴戒不远，希望陛下您能好好考虑这件性命攸关的大事。"听了郝处俊的劝告，病急乱投医的李治也冷静了下来，最终没有服药。

对于李治想让天后来摄政的想法，郝处俊看得一清二楚，现在天后和东宫针锋相对，正在较劲的骨节儿上。皇帝如果在这时候大权相让，摆明了是偏袒武媚，必将对太子李贤造成沉重打击。

宴饮、服药这种小事，郝处俊尚且眼里不容沙子，何况事关国本，他又岂能坐视旁观。当时郝处俊是中书侍郎，身为宰相，更有劝谏之责。他找到李治，义正词严地据理力争道："原本皇帝与皇后应该像日与月、阳与阴一样各司其职，可现如今陛下您想要违背正道，恐怕上天要责备您，万民也会怪罪您。从前魏文帝曹丕曾立下法令，无论皇帝如何幼小，也不许太后临朝听政，目的就是为了防止国家发生祸乱。这天下是高祖、太宗所创的大唐天下，而非陛下私人之天下。您不把天下传给自己的子孙，怎么敢私相授受去托付给天后呢！"

郝处俊不是孤军奋战，另一个宰相李义琰也对李治的想法表示了坚决反对。李义琰身材高大，长相英俊，学识广博，以耿直著称，一向为李治所欣赏。他不仅是同中书门下三品，同时兼任太子右庶子，自然更要替太子李贤鸣不平。他诚恳而坚决地对李治说："郝处俊的态度和言论是最忠诚的，陛下一定要听取啊！"

两宰相的意见，在很大程度上代表了百官的意见。迫于以郝处俊为首的群臣的反对，李治在无可奈何之下不得不收回了他荒唐的成命。但朝臣们心中都明白，皇帝对于武媚和李贤之争的态度，已然是显而易见了。

经过此一番风波，武媚第一次受命掌国的计划落空了，现在她不仅仅是对太子，也对郝处俊同样恨之入骨，结下了一段延及子孙的大仇。

摘绝

经过这一番较量，李贤取得了暂时的胜利，然而与谋略深远的母亲比起来，初登政坛的李贤依然显得经验不够，实力不足，难以抗衡。

天后与太子的争锋已经公开，武媚背后自有无数手下争相效力，以期立下易储的大功。一个叫作明崇俨的巫师冲在了最前线。

明崇俨是春秋时期秦国名将孟明视的后裔，生得容貌俊秀，风姿神异，是个美男子。此人天赋异禀，精通巫术、相术和医术，在旁门左道方面很有些研究。男觋女巫，自古有之，汉时叫作"下神"，唐时称他们为"见鬼人"。据说这些巫师确实能役使鬼神，通晓祸福，教人趋避，十分灵验，故而在公卿大夫当中也很有市场。

明崇俨早年曾经治愈过一个刺史身患绝症的女儿，所以名声大噪，最后竟然一路传到了皇上耳朵里。

在唐朝，巫和医是不分家的，都属于"方技"一类。朝廷的太医署下面除了医科、针科、按摩科之外，还有个专门画符念咒的咒禁科。一直为病痛所折磨的李治听了民间有明崇俨这位神人之后，对他的医术抱有巨大的期望。而明崇俨也确实很有些手段，帮助李治治疗风疾颇有效果，故而很快得到了李治的信赖和喜爱。

最初为了检验明崇俨是否真有特异功能，李治曾很用心地对他做了一番测试。他偷偷叫人挖了个地窖，然后安排了几个歌妓下去奏乐，又把地面修整得毫无破绽。如此这般之后，李治把明崇俨召来，煞有介事地对他说："这地方闹鬼啊，大白天常闻管弦之声，你能使这些诡异的声音停止吗？"

明崇俨胸有成竹，慨然允诺。只见他不慌不忙地画了两个桃符，钉在地上之后，下面音乐声很快停止了。李治大为惊奇，就唤藏身地下的歌姬出来，问她们为何停止了演奏。歌姬们个个一脸惊惧，都说看见两个巨大的龙头张着血口而来，把大家都吓得不敢奏乐了。

经过这一番检验，李治大为折服，把明崇俨视为活神仙。然而如果用当代观点看，这个传奇故事的背后，亦很有可能是明崇俨早知道李治要考验他，先李治一步买通了歌姬，配合他演出了这一幕桃符幻龙的魔术。

可关于明崇俨的另一个事迹，却又无法用常理来解释了。

某一年盛夏，酷热难当。李治忽然想吃冰镇的枇杷和龙眼。这在当时明显是个不可能完成的任务。一来时节不对，长安无冰无雪；二来枇杷、龙眼都是岭南的水果，远在千里之外。可明崇俨却再一次做到了让李治瞠目结舌。他不知如何施展了一番大搬运之法，须臾间把阴山之雪配着岭南鲜果一起进献在李治面前。

凭借着这些神奇的手段，明崇俨官运亨通，被提升成为正谏大夫。他在谈论时政得失时喜欢假借鬼神之言，却往往言之必中，就连天后武媚也对他的观点非常赞同。李治夫妻二人都对这个异人言听计从。而明崇俨因为相貌极为英俊，故而宫廷内外也流传着武媚和他暧昧不清的传言。

莎士比亚说："谣言是一只凭着推测、猜疑和臆度吹响的笛子。"武媚与明崇俨有私情的流言还是小事，一条更可怕的流言在这个特殊的时间段在宫中不胫而走——"李贤压根就不是天后亲生的，而是她的姐姐韩国夫人的儿子。"

从李治几个子女的出生时间来看，这个传言很可能是真的。虽然被深深隐藏了多年，却在这个关键时刻被公布出来，其中深意，自然不言而喻。这样一来，李贤虽然贵为太子，却连出身都变得可疑起来，看似稳固的位置，霎时间变得摇摇欲坠。

就在此时，圣眷正隆的明崇俨火上浇油地抛出了一个更加耸人听闻的观点："现在的太子根本不堪承继大统，而天后的第三子李显貌类太宗，而幼子李旦面相最为高贵。"能被夸奖为貌类太宗，这是至高无上的荣耀。明崇俨的言下之意十分露骨，摆明了讲李治另外两个儿子，谁都比李贤适合做太子。对于这样恶毒的传言，李治丝毫没有表现出愤怒，更没有下令禁止，而是采取了听之任之的态度，任凭其四处流传。

父不智，母不慈，小人当道，暗箭难防。满怀雄心的李贤得不到父亲的支持，如今在太子的位置上进退两难，内心充满了绝望与悲凉。

史籍中曾记载了这样一个故事：李贤不仅文史造诣深厚，还具备相当高的音乐水平。他曾谱写过一首曲子，名为《宝庆乐》，曾在太清道观命乐工排练演奏。

那一天恰好善解音律的始平县令李嗣贞在此路过，他听到这首原本应该欢快祥和的曲子曲调似凄风萧飒，铁马叮当，悲流水，送落花，没有分毫庆乐之意，就问观中道士刘概和辅俨说："这是什么曲子，为何如此哀怨？"

二人答道："这是太子谱的《宝庆乐》。"

李嗣贞不由得悲从中来，感叹道："此乐宫商不和，暗示君臣相阻；角徵失位，是父子不和谐的预兆。杀声既多，哀调又苦，太子要倒霉了！"

其实当时武媚擅权，皇室危机，太子的命运，明眼人都看得出来，哪里还需要听音乐呢。只是敢说话的大臣都自身难保，李治麻木不仁，朝臣噤若寒蝉，根本无人替太子撑腰。

不久后，李嗣贞又发出了一番议论："天下祸乱尚未结束，皇上却不理政务，事无巨细皆决于天后。如今把权力轻易交付给别人，想要再收回来就难了。李唐宗室虽多，但都分散在朝廷之外，天后居中而制外，其势无人能敌。我担心宗室这些藩王，都不免被中宫所蹂躏啊！国家的危难，不久就会来临！"

李嗣贞的预言，又一次准了。没过多久，李贤就迎来了武媚发起的致命一击。

专攻奇技淫艺、旁门左道的明崇俨，对太子李贤的身份大放厥词，却不想也为自己挖掘了坟墓。

明崇俨虽然有点妖术，但肉身却非刀枪不入。仪凤四年（679年）五月初三，白日里还上蹿下跳的明崇俨在深夜独坐堂中时，竟然被人刺死。一把利刃正插在他的心口上，鲜血汩汩，而刺客则消失无踪。

宠臣兼私人医生死于非命，李治与武媚都十分恼怒。洛阳武侯倾巢而出，几乎把整个东都翻了个底朝天，可最后还是一无所获。李治无奈，只好含糊其词地宣布明崇俨"为盗所杀"，然后追赠他为侍中，连带着赏给他儿子一个秘书郎的官职。而天下传言纷纷，说明崇俨由于常年施展法术，奴役那些鬼过于劳苦，结果被鬼所杀。

鬼是不会杀人的，只有人才会杀人。明崇俨之死恰逢其时地递给武媚一把刀子，武媚向来善于把握攻击政敌的时机，她很快就把毒辣辣的刀尖指向了李贤。

想抓李贤的把柄其实并不难，这位年轻的太子毕竟不是完人。唐人思想开放，享乐之风盛行，皇室子弟又有哪个不好声色，所谓斗鸡走马，歌姬娈童，都是公子王孙的必修课。精力旺盛的李贤是个热爱生活的年轻人，既爱音乐，又喜美色，还有个同性恋小男友叫赵道生。李贤不仅公然与其出双入对，还大手笔地赏赐他金帛无数，毫不遮掩。

东宫的谏官，司议郎韦承庆曾上书劝谏太子，劝他不要过度纵情声色和嬉戏宴游，应该"博览经书以广其德，屏退声色以抑其情"，可李贤哪里听得进去，他还不懂得低调藏锋，对臣属的建议置若罔闻，依然我行我素。

调露二年（680年）八月，洛阳湿热的空气里夹杂着声嘶力竭的蝉鸣，一位御史很及时地把一份告状的奏折送到了皇帝面前。奏折的内容很简单：太子的男朋友赵道生仗势欺人，在京城横行不法，民愤极大，请陛下为百姓做主。

对于这桩明显针对太子的案子，李治依旧不说话。武媚则亲自下令立案审查，任命不久前刚刚被升任宰相的黄门侍郎裴炎、中书侍郎薛元超、御史大夫高智周共同组成专案组。

两位宰相级的主审官——薛元超和裴炎都是武媚一手提拔上来的政坛新贵，也是未来新朝班底的重要成员。

裴炎是武媚嫡系大臣中新一代的核心人物，更是助其从幕后操控转向公开掌权的重要智囊。裴炎年轻时就读于弘文馆，精研《左传》，后参加科举，以明经及第，开启了平步青云之路，被武媚升任黄门侍郎，加授同中书门下三品，位列宰相。

薛元超在政坛起步更早，他以门荫入仕，在三十二岁已经做到了黄门侍郎。贞观十五年时，李世民曾把李元吉之女许配给了当时的太子舍人薛元超。那时候李元吉已被李世民追封为海陵郡王，也就是说，薛元超表面上娶的是当朝郡主，实际上却是个令人尴尬的废王之女，烫手山芋。薛元超无法拒绝，只好笑纳。总的来说，薛元超算是个正直的官员，但他有一个致命的运气问题，就是选靠山的眼光很是不准。

薛元超曾依附过被武媚最为宠信的李义府，结果李义府因过于嚣张而败落，最后被流放；他后来又依附被李治重用的上官仪，结果上官仪被满门抄斩，薛元超也受到牵累，被罢官流放巂州，幸而后来在一次大赦中得以重返政坛。两次惨痛的教训，让他明白了找一棵靠谱的大树有多么重要，自然丝毫不敢拂逆武媚的意思。

唐制规定只有正三品官才能入相，可特立独行的武媚却从来不屑于遵守规则，为了打造一个完全听命的宰相班子，除了裴炎和薛元超之外，她又快速提拔了黄门侍郎郭待举、兵部侍郎岑长倩、检校中书侍郎郭正一、吏部侍郎魏玄同四个资历更浅的官员入相。

只有非同寻常的重大案件，才需要由中书、门下两省长官与行政监察机构共同审理。现在武媚兴师动众地派出两位宰相对一个小小家奴搞大审查，其隐含之意不言而喻，因为自开唐以来，小题大做把风化案审成谋反案的，不是没有先例。

三十七年前，李治的妹妹高阳公主诬陷大伯子房遗直对她非礼。刚刚登基的李治和舅舅长孙无忌借机大兴冤狱，把高阳公主的驸马房遗爱及情人惠弘、李晃等人全部锁拿入狱，严刑逼供。

最后，这起家族纠纷被定性为骇人听闻的谋反窝案，受牵连的人越来越多，到最终结案时，李治处死了包括三哥吴王李恪在内的两个亲王、两个公主、三个驸马，又软禁一王，流放一王、一宰相、一驸马。唐朝的宗室和开国元勋集团遭遇重创，其中稍有能力者都被剪除殆尽。

经过这一番残酷的政治清洗，李治的皇位稳固了，权威树立了，却也无意中让后族势力快速崛起，这个中因果却是所有人都始料未及的。

小白脸赵道生被大理寺的人带走后，少不得一番严刑拷打，赵道生不是什么钢筋铁骨的硬汉，很快就供出了一个惊人的秘密，明崇俨是他杀的，理由是自己看不惯明崇俨挑拨皇帝父子，所以自作主张杀了他。

一个娈童，敢杀大臣，而且杀的还是天皇天后面前一等一的红人，而这个红人还精通医术，专门负责治疗皇帝的风疾之症！本来对这一案件看似并不关心的李治，顷刻间怒火升腾，而且全都喷向了李贤。

李治立刻命令裴炎以搜查赵道生杀人凶器的名义，率羽林军进入了东宫搜查。结果这一搜，事态更不可收拾，士兵们在东宫的马房里发现了数百领簇新的黑色铠甲。

从秦汉到隋唐再到明清，各个朝代都有禁甲不禁兵的法律规定，对甲胄的严格管控贯穿了中国整个封建时期，任凭你是谁，私藏甲胄就是触碰了一条谁碰谁死的高压线。西汉名将周亚夫，身为开国元勋之子，平定七国叛乱，有再造社稷之不朽功业，出将入相，就因为被人诬告其子私造甲胄，生生被逼死在监狱。

唐朝《擅兴律》规定：民间私人可以拥有弓箭、刀、盾、短矛这几种杀伤力有限的轻型兵器用于射猎和防身，但盔甲、马甲、弩、矛、矟等威力巨大的武器和装备被严禁私藏。私藏"甲一领及弩三张"者，处流放两千里之刑；私藏"甲三领及弩五张"者，则直接绞刑处死。

到了明朝，民间百姓家藏枪、矛、弓、弩全都合法化了，只剩下铠甲和火器仍受国家管控；至于清朝，在顺治年间连火枪都开禁了，而违禁品除了大口径的火炮之外，甲胄依然名列其中。如今李贤在东宫私藏了这么多敏感的违禁品，结结实实给自己的脖子套上了绞索。

专案组很快给出一个让天后满意的结论：太子李贤于东宫私藏兵甲，图谋兵变，证据确凿。

面对这一将要置李贤于死地的终审结果，李治一开始还遮遮掩掩地表示说想要宽恕儿子。可这种宽恕的前提是，他已经认定了儿子确实有谋反大罪。而武媚却明确地跟李治摊牌道："为人子怀逆谋，天地所不容，大义灭亲，何可赦也？"

作为父亲，李治从来不会像个真正的男人一样成为自己儿子们的靠山和保护伞，这一次自然又是唯唯诺诺，表示服从。

八月二十日，朝廷正式下诏，废太子李贤为庶人，先把他送到长安囚禁。东宫所有涉案的人通通处以死刑。就连帮太子注释《后汉书》的近臣张大安、刘讷言等人也皆遭贬职流放。

太子谋反这个结论一出来，天下哗然。李贤作为名正言顺的接班人，压根儿没有谋反的动机，更没有谋反的实力。难道就凭着一个赵道生和几百件盔甲就能篡位吗？

可憾偌大的朝堂，衮衮诸公，竟然无一人敢于仗义执言为李贤申冤。在众目睽睽之下，从东宫收缴的铠甲被堆积焚毁，以这种极有示威性的方式来昭告天下谁才是最后的胜利者，焚烧的地点，就在天津桥。

当初洛阳城是按照"洛水贯都"的理念而建，设计者以洛水比作天上的银河，而把城中里坊比作天空的星辰，因为银河又名"天津"，故而横跨洛水，正对着皇城正南门端门的大桥名为天津桥。

李白曾有诗作："白玉谁家郎，回车渡天津。看花东陌上，惊动洛阳人。"看似轻松写意，而事实上，天津桥的历史远没有这样浪漫有趣，这座见证时代的重要桥梁，更多地记录了社会的治乱和国家的兴衰，日后还有无数风云人物在这里被枭首或腰斩。

那一日，天津桥畔黑烟滚滚，杀气霏霏。只闻鬼哭狼嚎，不见天清日朗，肃杀恐怖的气氛充满了整个东都，洛水浪涛哀哀，似乎在为太子李贤的冤屈而鸣咽。

灭亲

太子再次被废了，原来东宫的大量臣属和工作人员除了被杀被捕的，大部分都被遣散回家，一个叫高岐的小官也在其中。

高岐的官职叫作典膳丞，负责管理东宫的伙食。他虽然职位不高，但家族很显赫。他的祖父高士廉是唐朝的开国元勋，他的父亲高真行是右卫将军，他的大伯高履行做过户部尚书，而且还是太宗的驸马。

高家也算是名门望族，颇有实力，所以高岐也没把这次失业下岗当回事。可当他夹着包裹回到那个朱甍碧瓦、画栋雕梁的高府大宅时，一进家门，没等他喊爹喊娘，一幕人伦惨剧就发生了。

高家院子里，迎接他的不是家人的笑脸，亲热的接待，而是他父亲手中一把明晃晃的利刃。他看见儿子进得门来，二话不说，冷着脸冲上前去一刀就刺向高岐的咽喉。

霎时间血光四溅，高歧来不及发出一声惊叫，就瘫倒在地。紧接着，他的伯父高履行也从旁边赶上，再补一刀，狠狠刺在高歧的肚子上面，彻底断送了高歧的性命。

最后跑出来的是他的堂兄高璇，他直接把高歧的头给割下来，然后连同他死不瞑目的尸身一起抛到门外大路上。可怜高歧兴冲冲地回来投奔家人，话都来不及说一句，就这样不明不白地被至亲杀死在家门口。

高岐何罪之有，一入家门就遭到家人如此血腥残忍的对待？原因很简单。当时天下人对天后的威名极为畏惧，高家更是有过沉痛教训的。

当年太尉长孙无忌在与武媚的政治斗争中失败倒台后，作为长孙无忌一党的高履行也被牵连流放，九死一生，吃尽了苦头。如今高家上上下下深恐再受到这个与李贤沾边的儿子的连累，所以在高歧回来之前，整个高氏家族已经达成了共识，必须要和高歧撇清关系。如今父杀亲子，总能表示与太子绝无瓜葛了吧！

这起惨案一来二去传到李治耳朵里，李治很不高兴，觉得高真行如此对待儿子太过残忍，对他非常鄙夷，把他贬到睦州去了。然而为父不慈这方面，李治自己也没比高真行强到哪里去。

在浩瀚的唐史中，高岐不过是个比水滴还渺小的小人物，然而他悲惨的经历却折射出当时大唐举国上下畏惧当权强者的共识。

在这一出即将落幕的悲剧里，最无辜的就是太子李贤了，他就这样稀里糊涂地因为几百件盔甲被母亲断送了大好前程，在囚禁中开始了自己暗无天日的另一段人生。

衡岳啼猿里，巴州鸟道边。数年后，李贤被驱逐到了偏僻的巴州。他虽生于天皇之家，却不如一介平民百姓尚能感受到些家人的温情。流放途中，恰逢冬春寒，天气凛冽，砭人肌骨，李贤和妻儿们匆匆上路，衣衫单薄，被冻得瑟瑟发抖，境遇十分凄惨。唯有他的三弟李显还念及些兄弟之情，上书恳请帝后怜悯，为哥哥讨要了些御寒的衣物。

作为被废的太子，李贤的处境已经是道险卧樏栌，身危累素壳。李贤心知肚明，母亲不仅仅是容不下自己活在长安，而且已经容不下自己活在这个世间了！

已经心如死灰的李贤，眼看着一路山川寂寥，烟云萧条，不由得悲从中来，作了一首诗，以表达自己不幸生在帝王家的无奈和对宗室命运的担忧，诗云："种瓜黄台下，瓜熟子离离。一摘使瓜好，再摘令瓜稀。三摘尚自可，摘绝抱蔓归。"这首凄婉之诗预言了李氏皇族日后几被赶尽杀绝的悲惨命运。

五代时史学家刘昫在《旧唐书》中沉痛地写道："高宗八子，二王早世，为武后所毙者四人，章怀以母子之爱，颖悟之贤，犹不免于虎口。"

李贤有三个儿子，分别叫作光顺、守礼和守义。其长子光顺早亡，守义死于流放之中。唯有守礼一人命大，活到了大唐复国的那一天。

直到唐玄宗李隆基即位以后，幸存的李氏宗室才又开始逐渐恢复生机。劫后余生的李守礼在经历了五个皇帝之后，重归王位，而且以能够准确预言天气的本事闻名于世。

李隆基对此很好奇，特意把他找来，热切地询问堂兄是否真的能通天地晓阴阳。面对皇帝期盼的眼神，李守礼神色肃穆地答道："臣并没有什么观天之术，只是当年武后掌权时，因父亲章怀太子之罪，我也被幽禁宫中十几年。每年武后都会派人对我施以杖责的酷刑，打得我遍体鳞伤。所以现在只要是阴天，我的背脊就会感到酸痛难受，只有放晴时身体才会舒适。臣就靠这样来预知晴雨的。"言毕，李守礼回想起当年被禁锢虐待的痛苦岁月，忍不住失声痛哭。李隆基听罢堂兄这番话，良久无语，只发出了一声长长的叹息。

随着李贤的远去，太子的位置再一次空了出来。按照排序，李治与武媚的第三个儿子——素无名望的李显成了当仁不让的继任人选。

前三任太子皆未善终，如今又轮到李显稀里糊涂地成了新一任皇储。这一巨大的变故，对向来平庸低调的李显来说是福？是祸？

保驾

当初武媚在长安生李显时担心难产，欲祈求佛主保佑，主动提出孩子出生后，将皈依三宝，请来著名的玄奘法师为孩子授戒。玄奘则安慰武媚必定平安顺利生下一个男婴。李显出生后，由玄奘收为徒儿，号为"佛光王"。

龙生九子，各有所好。李显和两个哥哥的素质完全不同，其才智平庸，见识短浅，是个典型的纨绔。尽管他一岁开始就做了周王、洛州牧，但生来只爱斗鸡走马，宴游射猎，无论品行还是才学方面，都没有任何过人之处。尽管如此，我们依旧有理由相信，李治的底线，至少还是想要把江山传给自己的子嗣。

每到夜深人静之时，李治一想到太子之位再三更迭，儿子个个惨死，焉能不感到痛彻心扉。自李显被册立为太子之后，进行了深刻反思的李治打算拼着他的老命来保护这个儿子。

永隆二年（681 年）二月，李治举办了一次盛大的宴会，以庆贺新立太子，可惜他还是搞不清楚状况，邀请百官和他们的夫人到宣政殿来欢庆宴饮。

富丽堂皇的宣政殿是常朝殿堂，其政治地位仅次于外朝正衙的含元殿，是皇帝日常上朝听政，接见外国使节，与百官商讨国事之要地，岂能被当成宴会大厅让妇女们随意出入玩乐。太常博士袁利贞愤怒地上疏加以阻拦说："正寝非命妇宴会之地，请陛下让她们到偏殿去吃饭！"李治亦知自己违背了规矩，只好怏怏地换了个地方。

李治有个从父亲那里继承来的习惯，就是喜欢让太子监国，意在放权培养儿子尽快成长，早日熟悉治理国家的整个流程。这年七月，李治又以自己要养病为理由，让刚当上太子的李显监国。可惜父亲的一片苦心，烂泥扶不上墙的李显并不能完全理解。

第二年，在李治和武媚东幸洛阳期间，留下太子，让宰相薛元超留守京师辅佐李显。父母一走，这下李显可自由了，他早出晚归，没完没了地出城打猎游乐，对于政事却压根儿不闻不问。薛元超只好跟在李显屁股后面苦口婆心地劝谏："打猎常发生危险，殿下身份高贵，不应置自己于险地。"

同样是太子监国，李显的做派和李弘、李贤大相径庭，李治在洛阳得知儿子这样全无心肝，极度失望，更是悔恨。无奈之下，他一方面厚赏了薛元超，奖励他尽心竭力辅助太子，另一方面把李显也召到了洛阳，放在自己身边亲自管教。

事实上，武媚在侧，李治越是精心培养儿子，越是把他们往死路上推。

迫于当时大权旁落的形势，李治能为儿子所做的保护很有限。而他最为费心费力做的一件事，就是不顾帝王之尊亲自去见了一个叫作田游岩的隐士，请他出山，作为太子的保护伞。

田游岩，是京兆三原人，与母亲、妻子一家三口人都是闲云野鹤一般的飘逸之士，尽管早有大才之名，却完全无意于尘世中的荣华，只爱山水间的风流，常年在蜀、荆、楚等地自由旅行。在到处游玩了数年之后，田氏一家被夷陵青溪之美所折服，于是盖了一间草庐，安居于此。

一日冬晴，放浪形骸的田游岩冒着寒风，汤泉沐发，大洗野澡，然后迎风站立于朝晖之下，分外潇洒。他的好朋友见他如此不拘礼法，虚度人生，劝他说："你的年纪也不小了，怎么还如此不自爱身体，就打算一直这么稀里糊涂地过日子吗？"田游岩大笑答道："天为梳，日为帽，我还有什么所需所求吗？"

夷陵地界归属荆州管辖，荆州大都督府长史李安期久闻田游岩大名，就亲自登门请其去京师做官。

田游岩哪里肯为五斗米折腰，见不好推辞，就急急忙忙地又把家搬到了河南，在箕山许由祠旁边又盖了间草房居住，还给自己起了个绰号叫"由东邻"。

许由是何许人也？他是尧的老师。当初尧想把天下让给许由，可许由坚持不受尧的禅让，隐居箕山。后来尧又让他做九州长，他同样表现出对做官这件事的极端厌烦，甚至认为是一种侮辱，特意跑去颍水边洗耳朵。

田游岩既然选择了和清高的许由做邻居，自然也是表明自己也要做许由这样的人，算是态度鲜明地宣誓不会向王权富贵屈膝。

人世间的事就是这样，成千上万想求官的人削尖了脑袋也找不到门路。田游岩不想做官，偏偏被一再选中。而这一次看上他的不是别人，正是当朝天子李治。

为了抵御武媚的势力，提高儿子的影响力，李治可谓操碎了心，他打算仿照汉初"商山四皓"保太子的成例，请田游岩出山。

这"商山四皓"又是什么典故呢？

当初汉高祖刘邦功成名就之后，在晚年极为宠爱一个美女戚姬。这位戚姬不仅年轻貌美，肚子也十分争气，给刘邦生了个大胖儿子，取名如意。刘邦觉得吕后所生的太子刘盈过于软弱，倒觉得如意很像自己的放浪洒脱，所以打算废掉太子，改立如意。不用说，这又是一个楚成王风格的例子。

刘邦的原配吕后当时已经是人老珠黄，总是被留守在关中，很少见到皇上。她眼看着如意被封为赵王，留居长安，而自己儿子刘盈的地位岌岌可危，十分着急，只得去找最聪明的留侯张良帮忙，向他请教保护儿子太子之位的办法。

张良自是神机妙算，他给吕后出了一条妙计，让她请出"商山四皓"来当太子的师傅，为太子保驾护航，告诉她这样皇上就不会再轻易废太子了。

所谓"商山四皓"，是秦始皇时期七十名国家博士官中的四位，分别是东园公唐秉、黄石公崔广、绮里季吴实、角里先生周术。张良自己的一身本事就是和黄石公崔广学的。

这四个人当时都是名动天下的世外高人，秦亡之后一直归隐在山林之中。包括刘邦在内无论多少王侯将相想请他们出山，可四个老头从来不给任何人面子，一直过着清贫安乐的生活，还写了一首《紫芝歌》以明志向：

> 莫莫高山，深谷逶迤。晔晔紫芝，可以疗饥。唐虞世远，吾将何归？驷马高盖，其忧甚大。富贵之畏人兮，不如贫贱之肆志。

听了张良的主意，吕后抱着试试看的心态，邀请四个老人出山辅佐太子。也许是她那一年人品爆发，也许是四皓当时真的吃不上饭了，反正只凭着一封太子的亲笔信，奇迹发生了，"商山四皓"竟然一致同意出山来辅佐太子刘盈。

这下吕后心里有底了，在一次宴会上，胸有成竹的吕后给了丈夫一个意外惊喜。当时刘邦正跟臣僚们推杯换盏，突然看见太子走了进来，后面跟着四个须发皆白、仙风道骨的老人家。四人见了刘邦，礼拜之后，一一道出自己的姓名，全都如雷贯耳。

刘邦见了四人大吃一惊，不由得问道："多年来我一再寻访诸位高人，你们都避而不见，现在为何来追随我的儿子呢？"四个老人早和吕后对好了台词，回答道："陛下一向轻慢高士，动辄辱骂，臣等不愿自取其辱。如今听说太子仁厚孝顺，恭敬爱士，天下之人无不翘首以盼，期待为太子效力，所以臣等自愿前来辅佐太子。"

刘邦听罢，感慨万千，只好对四人说："那就有劳诸位今后辅佐太子了。"四人向刘邦敬酒之后，就彬彬有礼地告辞，翩翩而去了。

事后，刘邦叫来戚姬对她说："我本想更换太子，但是太子有他们四人辅佐，看来羽翼已成，难以动摇。吕雉以后真的成了你的主人了！"

戚姬闻听儿子当太子无望，便已经预料到了自己全家的悲惨命运，彻底绝望，大哭起来。

毕竟刘盈也是自己的亲儿子，刘邦看到他的成长和进步，感到国家后继有人，倒也觉得欣慰，还即兴作歌一首："鸿鹄高飞，一举千里。羽翼已就，横绝四海。横绝四海，又可奈何！虽有矰缴，尚安所施！"

李治当然熟知汉朝这段典故，在他的心里，这位当代大隐士田游岩，就是儿子李显的"商山四皓"，请他来保驾护航，想来必定可保儿子日后皇位稳固无忧。李治先遣派中书侍郎薛元超去问候田游岩的母亲，赐了不少药物和绫罗绸缎。而后龙游凡尘，亲临其门，前来田家拜访。

当今天子亲自出面来到一个布衣家中求贤，自有唐以来也是开天辟地头一桩的大新闻，饶得是田游岩再清高孤傲，也不能不怦然动容。

一见面，李治就直奔主题，直截了当地对田游岩说："我今天得到你，就仿佛汉朝出现了'商山四皓'啊。"薛元超也赶紧在一旁替皇帝溜缝说："汉朝时欲废嫡立庶，是吕后劝说四皓出山，今天可是皇帝亲自降临，到你的破房子里来招贤纳士！"这天大的面子，田游岩实在是无法拒绝，总算是同意了李治的邀请，全家乘传赴都。来到洛阳后，他自己被拜崇文馆学士，进太子洗马，正式成为东宫的官员。然而就后来的种种政治动态来看，李治大动干戈请来的这位名士，在保护、辅佐李显方面起到的作用约等于零。

汉唐两朝这两件求民间之贤士为太子保驾的事，表面看似乎过程都差不多，实质却攻守之势异也。李治身为皇帝，在新版本里扮演的却是弱势的吕后的角色。他本来立自己的儿子为太子是光明正大的事，却慑于天后之威，要私下里搞出这样的小动作来，可悲可叹。

巧合的是，李治在学吕后，武媚也在学吕后。

吕后在成为皇太后之后，立刻下令将昔日情敌戚姬幽禁在永巷，剃去头发，颈束铁圈，穿上囚徒的红衣，让她春米做苦役。之后干脆毒杀了赵王如意，砍断了戚夫人的手脚，剜掉眼珠，熏聋耳朵，喝下哑药，把她扔在厕所里，变成了惨绝人寰的"人彘"。

而武媚同样下令将已经被废黜为庶人的王皇后和萧氏重打百杖，砍断手脚，将她们投于酒瓮中，也做了一对"人彘"，并宣称"令此二女骨醉"。大概由于酒精有消毒的功效，这一对如花璧人虽然披发沥血，哀号不已，却熬了数日后方才断气。

田游岩来了，不过是来了个寂寞。他不过是一介儒生，徒有虚名，并没有什么运筹帷幄的真本事，在朝廷中更没有半个盟友，想指望他保护李显坐稳龙椅，显然是李治一厢情愿的天真想法。

李显，这个智力与才能都在中人之下的年轻人，被硬推到了太子的位置上，注定将要迎来一场充满悲苦与离奇的跌宕人生。

第二章

————

天下至大

自古云贵半爿天。

黔州古道，崎岖艰险，野蔓遍地，荆棘纵横。一个表情黯然的亲王，在数名差役的押送下，从梁州出发，千里迢迢地赶往大唐帝国最偏远闭塞的边陲——黔州。

他，就是曾经显赫一时的曹王李明。

李明是太宗李世民的第十四子，当今皇帝李治同父异母的弟弟。而李明的生母身世也颇为传奇，竟然是在玄武门之变中被杀的齐王李元吉的夫人。

正因为如此，李治即位后把李明过继给了被贬为巢刺王的李元吉为后，李明无可奈何，只能委委屈屈地认了死鬼三叔做了自己的爹。

李明在名分上虽然受了些委屈，但在待遇方面倒不曾被亏待，走的也算是一条和其他皇子差不多的富贵之路。他先是被封曹王，后来又被任命为梁州都督，同时身兼虢州、蔡州、苏州三州的刺史，成为位高权重的一方诸侯。

李世民的儿子们有才华的很多，李明也算其一，他尤其擅长书法，工于当时甚为流行的飞白书，甚至可以以假乱真王羲之的作品。可惜他为人高调，不大安分守己，更不愿意遵循法规制度，给自己惹下了许多麻烦事。

李明的长史孔祯怕他惹祸上身，重蹈其他兄弟的覆辙，经常苦口婆心地进行劝谏，可李明却十分不耐烦，大大咧咧地对孔祯说道："我是当今天子的弟弟，难道还会失去亲王的身份吗？"

李明和前太子李贤的私交最好，然而祸事也是从此而来。本来李贤谋反就是无稽之谈，可在李贤被废后，他身边的近臣好友，全部受到牵连。

李明是身份高贵的宗室亲王，早就为武媚所忌惮，一直想找个理由除掉他。这一次，李明也被定了个与废太子通谋之罪，爵位由曹王降为零陵郡王，被判处流放到山高水远的黔州服刑。

黔州地处帝国西南，境内百姓很多都是汉话也不会说的蛮人。李明的大哥，当年的太子李承乾，就曾被流放到这里，在无尽的怨毒与漫天的瘴气中死去。

李明实在是太冤枉了，自己和李贤虽然交好，但成年后一直住在自己的封国，和李贤几年也见不到一面。武媚和儿子在洛阳争权，和他这个远在梁州的小叔子又有什么关系呢？

然而对于武媚来说，只要杀机一动，便不会对这个小叔子留什么情面。自以为身为天子的弟弟就可以万事无忧的李明，命运比自己的大哥李承乾还惨。流放，远远不是他将要面对的最坏结局。

从梁州到黔州千里之遥，李明于路途中免不得饥餐渴饮，夜住晓行。在唐代法律笞、杖、徒、流、死五刑当中，流放是仅次于死刑的刑罚，对于罪犯的威慑程度甚至要远远高于被关押在监牢。《唐律疏议》中有大量涉及流刑的条文，规定了流放途中每日行程的里数，无故稽留者会受到严重的惩罚。甚至很多人还没走到目的地，就在漫长艰辛的路途折磨下倒毙路旁。李明以娇生惯养之躯，经历这次长途旅行，自然很是痛苦。

好不容易到了黔州，李明早已是一身风尘，狼狈不堪，全没了亲王的威风。他到达黔州城内，刚松了一口气，打算休整一下疲惫不堪的身心，黔州都督谢祐便已经找上门来了。

谢祐这个人不算是个良善之辈，素来以残忍狠毒著称，李明人还没到，他已经秘密得到了武媚快马加鞭送来的秘密指令：无须理由，无须审判，直接干掉这个身份高贵的宗亲。

谢祐领了天后旨意，亲自带着一队兵士，气势汹汹地来到李明的面前，见面也不行臣子参拜郡王之礼，开门见山地对李明宣布："天后口敕赐你自尽，我谢祐奉命现场监督执行，你就别再指望还有另外的敕令了。"

赐死，是一种给"高级人物"特别准备的"高级死法"。与一般的死刑相比，赐死之刑的微妙之处在"赐"而非"死"。赐死制度与唐代宫闱政治有着极为密切的关联，凡被赐自尽者，或为宗属贵胄，或为宰辅重臣，都是身份贵重之人。而赐死常见方式无非自缢与服毒。

李明连黔州城墙什么样还没来得及看清，便收到这样一份死亡通知，刹那间，好似掀开八片顶阳骨，倾下半桶雪水来。当场目瞪口呆，浑身战栗，他的官位丢了，但王位还在，如今怎么也无法相信，哥哥会如此绝情，"赐死"二字，今天竟然落到自己这个当今天子的亲弟弟头上。

从小受过良好教育的李明心里很清楚，国家对死刑法律的要求十分规范，特别是在长孙无忌主持制订了《唐律疏议》之后，发布诏敕赐死原本应该有一套严谨的规定，要遵循中书省草拟、天子画敕、门下省封驳、司法部门施行的一整套完整的程序。

像谢祐带来这种天后口敕赐死的形式，属于压根儿没有经过中书省和门下省审核过的临时处罚措施，根本不符合司法程序。而大唐律令中明确规定的死刑复奏、秋冬行刑等规则也没有得到执行。自己若丧命于此，可以说是死得稀里糊涂，不仅行刑无人监督，事后也无从质证，几乎就是一场赤裸裸的谋杀。

可怜李明一路上不知道吃了多少苦，哪里想到却是来送死的。他闻听谢祐如虎啸狼嚎般的一番宣判，吓得肝胆俱裂，转身想逃，却无路可走。早知道来到黔州也是个死，还不如舒舒服服死在自己的王府里，还能和家人告个别。

蝼蚁尚且贪生，何况是富贵之人。所谓赐死之刑的本意是让犯人自己了断，可犯人又有几个心甘情愿自己结果自己性命呢？大部分还是得由使臣或法司处决。这时李明大呼小叫地宣布抗议，绝不认命，谢都督自然少不得动手相帮，才送得这位前亲王上路。

谢祐在光天化日之下，敢于肆无忌惮地处死皇帝的亲弟弟，不但无罪，反而是为天后立了大功，自是得意非凡。他认为从此算是抱住了粗腿，找到了靠山，下一步必然是飞黄腾达。然而天网恢恢，不过数日之后，他的报应就来了。

正所谓山高皇帝远，谢祐在黔州是一方大员，生活极为荒淫奢靡。每晚睡觉，总有姬妾婢女十多人侍寝，一张特制的大床上玉体横陈，画面好不香艳。

这一日清晨，天色蒙蒙，谢祐的卧室之内忽然响起一干女子失魂落魄的号叫声。外宅的管家卫兵听闻，顾不得礼仪，连忙冲进屋内查看，结果众人皆惊。原来昨夜无声无息之间，谢大都督的人头竟然不翼而飞，血流满床，只剩个赤身裸体的无头尸体，而卧室中同寝的十数女子，竟然全都毫不知情，连一点动静也没听到。

谢祐是大唐从三品都督，手上掌管着黔州与五十一个蛮州的兵马，也算是一方封疆大吏，官邸更是戒备森严，到底是谁，能避开众多守夜的侍卫，又不曾惊醒伴宿的姬妾，在半夜之间将谢祐杀死，并将其头颅割下带走呢？此案传出，比明崇俨被杀案还离奇，成为轰动天下的一桩奇案。

半月之间，死了一个亲王，一个都督，坏消息一路传到东都洛阳，传入了天皇和天后的耳朵里。而二人对这起连环大案的态度，却大相径庭。

天后武媚闻报之后，不过微微冷笑。杀一个李明不过是对日后清洗宗室的小小预演，在她心中压根儿波澜不惊。至于谢祐之死，确实让她感到一丝恼怒，不过愿意为自己所驱驰的官员大有人在，倒也不差这一名都督。

然而这件事对李治而言，就又有一番不同的感觉了。毕竟李明是他的亲弟弟，人老更念亲情，太宗子嗣虽多，但现如今真正留下来的手足，已经不多了。

大哥前太子李承乾，被废之后被流放黔州，二十六岁便死于当地。

　　　　　　　　　　　　天枢坠落：武周政权的崛起与终结

三哥吴王李恪，三十四岁时被舅舅长孙无忌以谋反罪名陷害致死。

四哥魏王李泰，李世民最有才华的儿子，在争夺皇位战中败北，被贬后郁郁而终，死时三十二岁。

五哥齐王李佑自作孽不可活，因为在齐州谋反被赐死，时年十九岁。

六哥蜀王李愔与李恪是一奶同胞的兄弟，在吴王谋反案中被牵连，流放巴州，又苟活了十年，在四十岁时死在当地。

七哥蒋王李恽被录事参军张君彻诬告谋反，李恽在惶恐中自杀，死时四十八岁。

而现在父亲留下的儿子，仅剩曹王李明、越王李贞、纪王李慎和最小的弟弟赵王李福四人，如今李明又死于非命，幕后主使的凶手却是他最亲近信赖的枕边人。

早在麟德初年武媚刚被立为皇后之时，尚能隐忍本性，顺承上意，那是李治过得最舒心的一段日子。但他没想到这个女人在得志后很快就变得肆意妄为，咄咄逼人地处处掣肘自己的行动。李治不胜其忿，亦曾鼓起勇气，伺机以废后行动解决僵局。不料武媚羽翼已丰，事情泄密，导致忠贞的宰相上官仪被诛，废后行动宣告失败。从此以后，李治再无反抗之举，彻底丧失了与武媚进行权力斗争的意志。

武媚授意杀死李明后，面对丈夫毫无心虚之态，每日依旧大大方方地与李治一同临朝，处理国政。李治心中气不过，又不敢责问武媚，只能另寻出气筒，下旨将黔州的所有官员全部免职，虚张声势地表达了一下对弟弟之死的愤慨和作为天皇的尊严。

看到李治此举，武媚心中不由得暗暗觉得好笑，心里对丈夫的软弱无能更是大大鄙视一番。

当年李治与武媚同去泰山封禅时，车驾过寿张（今河南省台前县），二人一起去拜访了一位九世同居的百岁老人张公艺。李治问老人如何做到有效管理这样大的一个家族，张公艺答道："我没什么特殊本事，仅靠'忍'字而已。"然后他让家人准备纸笔，写了一百个"忍"字作为献礼，送给李治。李治连连称善，立命旌表。想必这一百个忍字，在那时就已经写进李治的心里了。

封禅

自从二圣同时临朝以来，大唐帝国的国势并没有因为增加了一位领导人而变得强大，反而在突厥人咄咄逼人的大举进犯之下，显示出前所未有的颓势。

丰州都督崔智辩在朝那山北率军反击突厥，不幸作战失败，成了突厥人的俘虏。作为天可汗的继承人，这一对天皇天后不但毫无应敌的对策与雪耻的雄心，反而张罗着要废掉丰州，把丰州的老百姓迁入内地，一副惹不起躲得起的窝囊相。

尽管边关烽火一再燃起，可作为实际掌权人的武媚并不介意，眼下她的心思全都放在了封禅嵩山这件事上。

封禅泰山是历代帝王的正举，武媚也曾陪同高宗李治一同封禅过泰山，而且作为亚献献祭，达到了她人生的第一个巅峰。

《左传》里说："国之大事，唯祀与戎。"李治心里清楚得很，在自己之前一千年，有资格泰山封禅的皇帝也仅仅只有秦始皇、汉武帝、光武帝寥寥数名帝王中的佼佼者。就连结束中华南北分治，统一天下的隋文帝乃至万邦折服，号称天可汗的李世民，尚且认为自己功业不够辉煌，不太好意思去做这件事。

对封禅一事，李治虽然心中向往，但一直没有勇气实施。而最终帮他下决心的，正是他挚爱的妻子武媚。武媚的志向与抱负深不可测，她不断地极力撺掇李治举行封禅大典，直到这个谦逊甚至有些自卑的丈夫答应下来，终于成行。

这夫妻二人各怀着不同的目的，带领庞大的队伍离开了京师，一路奔赴泰山。从驾的官员、仪仗、卫队，连绵数百里，随行的还有突厥、于阗、波斯、天竺、新罗、高句丽等国使节，穹庐毡帐，接地连天，牛羊驼马，填塞道路，盛况空前。

麟德三年（666年）元月初二，一个阳光灿烂的日子，李治生机勃勃的面孔在艳阳的映照下显现出前所未有的兴奋与专注。他率着文武百官，在泰山之巅早已经搭建好的舞鹤台开始了隆重的祭天仪式，在顺利完成了封禅的第一阶段后的第二天，中国封禅史上最惊世骇俗的一幕出现了。

李治从山上下来，到社首山祭地，在他登上禅台，依照旧例行过初献之礼后，神圣庄严的禅台边忽然涌进来一大群没胡子白面宦官，他们手脚麻利地拉起用红色和白色的绸缎做成的帷幕，把降禅坛围得严严实实。而原来应该主持亚献的太子李忠以及勋贵公卿们都知趣地退到台下，成了可有可无的旁观者。

帷幕之中，一个志得意满的女人，以皇后的身份堂而皇之地走上了千年来专为男人所主宰的神圣祭台，追随在她后面的是花团锦簇的十六宫诸妃。就连负责奏乐的皇家宫廷乐队，也被废弃不用，改用大群宫女以舒张清脆的合唱来歌颂这一历史性的时刻。

一场无比神圣而隆重的国家典礼，变成了一个雄心万丈的女人独自发布政治宣言的舞台。

如此一幕，亘古未有，官员们一个个心里百味杂陈。只有李治还陶醉在表面上的荣光之中，丝毫没有想到过这次封禅最大的得益者并不是他本人。

封禅结束后，庞大的御驾队伍在返程途中又祭拜了孔子祠堂和老君庙，一路招摇，极尽奢华铺张之能，整整在路上花费了一整年的光阴。加上以前经营东都洛阳修建蓬莱宫、上阳宫、合璧宫等华丽宫殿，耗费了大量的人、财、力，充盈的国库逐渐空虚起来。

遥忆贞观时代，太宗李世民也曾巡视天下，于路程之中却十分节俭，蒲州刺史赵元楷征令老年人穿黄纱单衣在路旁迎接，并大肆装修官署，修整城楼来献媚讨好，又暗地饲养羊和鱼准备送给皇亲贵戚。李世民知道后，非但不喜，反而斥责他道："我巡查黄河、洛水，凡是需用的东西，都有官府供应，你给我们饲养羊、鱼，雕饰庭院屋宇，这是隋朝的坏风气，现在已经行不通了！"赵元楷又惭愧又害怕，竟然忧郁而死。

通过封禅泰山大出风头的武媚并不满足，日后她还想要遍封五岳，让女主当政的政治宣告传遍大唐万里江山每个角落，让中原的五大名山和天下万姓都在她的裙钗下屈服。而此时李治同样也非常迫切地想要去封禅。

为了能够顺利封禅嵩山，这一对天皇天后不顾两京间此起彼伏的天灾，耗费了空前的人力和金钱，早早在嵩山南边修建了巍峨的奉天宫，做好了上演一出豪华大戏的全部准备。

如今李治的日子过得实在不开心。在后宫，武媚以女人多了危害皇帝健康为借口，对六宫制度进行一系列重大改革，把李治的妃嫔编制大大压缩。把一品妃改称"襄德"，二品嫔叫作"劝义"，光看这名称也足够让人觉得索然无味了。李治年轻时身体不错，原本也是位高产父亲，可他自从立武媚为皇后之后，竟然再无任何子女出世，想来是这位天皇的性生活也被他挚爱的天后给强制取消了。

在独自吞咽下失去弟弟的悲痛之后，李治的身体更差了，甚至几度呈现出油尽灯枯之相。激烈的头痛夜以继日地折磨着他羸弱的身体，李治满怀的无奈与苦楚无人可以述说，也只能借封禅嵩山之机，向昊天上帝和列祖列宗抒发不平，倾吐心声了。

对于天皇和天后意欲封禅嵩山的举动，监察御史李善感认为十分不妥，他违背圣意，冒死直言向李治进谏说："当年陛下封禅泰山，向上天报告太平，呈现了众多的吉兆，可与三皇、五帝比肩功业。可近几年以来粮食歉收，饿莩遍地，四夷交相侵犯，兵车连年出动。陛下应当恭敬地思考治国之道以消除天灾。可现在陛下您却广造宫室，无休无止地加派劳役，让天下百姓都感到失望。我作为国家的耳目，为此感到深深忧虑！"

李善感的这一番话，不仅说得至情至理，也算是讲究策略，言辞婉转，甚至开头还夸了李治几句。这种臣属劝谏天子的不同声音，如果放在太宗时代，不过是寻常之事，而放在高宗时代，却显得极为罕见。

早在麟德二年（665 年），李治曾经的老师，因为没有明确支持武媚为后而被贬出朝廷的宰相于志宁去世。李治追思恩师，颇有些感触，于是向群臣发问道：

"隋炀帝因拒谏而亡国，我常以此为戒，经常主动向你们征求意见，却为何没人向我劝谏呢？"

当时刚刚经过一场废王立武的政治交锋，李治和武媚将反对自己的大臣赐死的赐死，流放的流放，有那么多悲惨的前车之鉴，朝臣们人人奉行明哲保身之策，早已不敢随便讲话。

李治这一发问，一时间群臣无言，气氛大为尴尬。最后还是做人最为圆滑的李勣站了出来，给了皇帝一个极为讽刺的答案："皇帝您所做的事无不万分正确，我们做大臣的实在是提不出来意见啊！"

李治不明就里，次年又责备群臣不能举贤，是人事部门的过失。吏部侍郎李安期对这对帝后的所作所为实在看不过去，抗辩说："天下根本不是没有贤才，也非群臣有意埋没人才，只是因以前有人举贤，结果被推荐者尚未发挥才能，荐举者已经因为交结朋党的罪名受到惩处。皇帝您若真心求贤，谁会不愿把自己认识的贤能荐举出来呢？"

李安期一席话入骨三分，怼得李治哑口无言。

当年太宗李世民说过："君者政源，人庶犹水，君自为诈，欲臣下行直，是犹源浊而望水清，理不可得。"皇帝是政治的源头，人事就好像是水，皇帝自己搞欺诈那一套，却希望臣下正直不阿，就好像源头浑浊，却希望下游清澈，从道理上说不通。

这个道理，李世民懂，李治却不懂。

然而自从李治渐渐退居幕后之后，永徽年间清明的政治风气与谏净之音彻底消散无踪，而阿谀奉承、诮上娇下之风则日渐盛行。正所谓黄钟毁弃，瓦釜雷鸣。朝堂之上，有才无德的许敬宗，口蜜腹剑的李林甫等人纷纷登堂入室，成为宰相。正直的大臣们却连话都不敢讲，更别说违背天意直言劝谏了。

人们等了二十多年，总算看到有一个中正之士敢于当面讲出真话，群臣和百姓人人振奋，朝野内外皆称赞李善感的进谏为"凤鸣朝阳"，认为是天下太平的吉兆。

对于李善感反对封禅嵩山的意见，李治大不以为然，但总算还留着几分宽和的本性，没有处罚他。至于天后武媚，更是拿李善感的上疏全当是空气，理都懒得理。

如今帝王霸业、开疆拓土乃至珍宝美女对李治来说都已经没有任何吸引力了，唯一还能让他感兴趣的事，唯有封禅。

只可惜，李治的身体实在是太不争气，尽管他已经来到了嵩山脚下，可一住月余，就是死活也爬不上这座"配天奉化，总统四旅"的中岳名山。

武媚陪着李治待在嵩山脚下，心急如焚，却只能干着急，没任何办法。她真的很想自己上去封禅，可惜丈夫还没死，封禅这件事，只能无限延后。

反贼

雕阴无树水南流，雉堞连云古帝州。带雨晚驼鸣远戍，望乡孤客倚高楼。

距离长安北六十里，有一座绥州城，古名上郡。绥州周围险峻的高山上有许多大雕的巢穴，故而此地也有雕阴之称。

当年大秦一统天下后，贤德的太子扶苏却因为得罪了秦始皇，被发配到上郡来和大将军蒙恬作伴，最后二人双双死于此地。可见自古太子多薄命，到了唐朝更是如此。

绥州城池不大，周回不过四里二百步，四面都是陡峭的石崖。一条浩荡无定河，滔滔奔流，穿州而过，而这座不起眼的小城在百年间竟然见证了两位山寨皇帝的诞生。

第一个皇帝，是《隋唐演义》中一个知名的配角——陇西枭雄梁师都。隋乱之时，他在此地起兵造反，建国大梁，还接受了突厥人"大度毗伽可汗"的头衔。梁师都打仗水平一般，实力更是有限，在群雄逐鹿中屡战屡败，却依然稳稳地做了十二年蜗牛角上的皇帝，立国时间之久竟然成为诸雄之冠，也算隋唐乱世中的一朵奇葩。

至于第二个皇帝，却是眼下的事了。

弘道元年（683 年）四月，正当李治在嵩山脚下望山兴叹的时候，一个叫白铁余的人悄悄在绥州城外一个荒僻的树林中挖了一个深坑，埋下了一尊铸工粗糙的铜佛。

白铁余是个胡人，虽然手上一无钱，二无兵，更没有显赫的身世或者过人的才华，却很愿意相信"王侯将相，宁有种乎"这八个字。早在几年前，他已经开始谋划自己的建国大业了。

秋去冬来，埋佛之地的野草重新生长出来，已经完全看不出下面有被翻动过的痕迹了。

白铁余觉得时机已经成熟了，便开始在大街小巷大肆宣扬自己的神通，他每到人群聚集的地方，都会夸张地指着埋佛的方向大造舆论："我慧眼通天，能够在那里看见佛光。"

绥州百姓们也算见过世面，哪里肯信白铁余这个相貌古怪的胡人胡诌，都笑话他是白日里说梦话。

白铁余心里有数，事实胜于雄辩。他拣选了个黄道吉日，召集了街坊四邻一同到树林中去见证奇迹。众人跟他同往，挖地三尺，结果"奇迹"真出现了！一尊遍体锈迹的巨大铜佛在众目睽睽之下露出地面，众人皆惊叹不已，从此对白铁余天眼通的特异功能深信不疑。

白铁余的野心自然不仅仅是为了证明自己有一双透视眼。他见众人皆信服于他，又开始扮演为铜佛代言的神医角色，继续大言不惭地欺骗众人道："有缘得见圣佛的人，百病都会被医治好。"

当然免费医疗是不存在的，铜佛也要香火钱。白铁余自有他的独到办法，他用几十层不同颜色的口袋将铜佛盛起来，谁想接近铜佛，就要付出重金作为代价。他的理论就是：只有不断地供奉给他财物，他才会去掉一层层口袋，而这样铜佛的治病能力也就越强。

不得而知他如此拙劣的敛财手段，是如何蒙骗人心的，但数年之间，白铁余确实威名远播，归附他的信徒越来越多。

千年以来，邪教洗脑，法术治病，然后聚众造反，这一套组合拳百试不爽。三年前常州人刘龙子造反，用的也是差不多的套路。

这位刘龙子大师的方法是预先制作了一个金龙头藏于袖中，然后以羊肠为容器，装满蜜水绕系在手臂上，然后到处宣扬金龙吐水，饮之可除百病，数年间得施舍无数，以此收买人心，最终起兵造反。当然小龙兴不起什么大风浪，很快就被镇压平定了。

在诸多敢于以宗教名义起兵对抗朝廷的人物中，最为值得一书的，当属永徽初年在浙东的陈寡妇。

那是李治登基的第四个年头，在浙东睦州一处偏僻乡野中，一个名叫陈硕真的寡妇，她自称九天玄女附身，拥有无边法力，可以召神将役鬼吏，还给自己起了个很响亮的绰号：赤天圣母。

陈硕真很有组织能力，她成立了一个宗派叫作火凤社，以治病为名广招信徒，在很短的时间内聚集了数万人。陈硕真领着身边这帮不怕死的徒子徒孙，一举打下睦州这样的中心城市，继而自称文佳皇帝，成为中国第一个敢于自称皇帝的女人。

陈硕真闹腾了两个多月，千里之外的大唐朝廷才反应过来，立刻组织军队平乱。派出扬州刺史房仁裕发兵南攻，婺州刺史崔义玄挥师北进，两下合击睦州。女皇领着教徒们跟朝廷正规军一交手，乌合之众的真实战斗力立刻暴露无遗。尽管陈女皇在战场上大念咒语，可各路神仙都没来给这位赤天圣母撑腰。

官军只一仗就把陈硕真杀得大败，当场斩首数千人，俘获上万，而后一路杀到文佳女皇草草修建的皇宫，活捉了陈硕真和她被封为宰相的妹夫，二人的下场也就可想而知了。

陈硕真从称帝到灭亡只用了一个多月的时间，而她的故事却越传越神，一路传到长安的深宫之中。

此时有一个二十九岁的尼姑刚刚留起了头发，她听说了这件事，不由得心驰神往，女人也能当皇帝？

这个尼姑就是武媚，她当时已经入宫十七年了，第一个丈夫已经龙归天国，而他的儿子却成了自己的新丈夫。武媚虽然已经从豆蔻少女熬成半老徐娘，可她彪悍的人生才刚刚开始。

因为本朝有陈女皇、刘龙子这样的神棍榜样在先，胡人白铁余也有样学样，率领信徒一举攻占了绥州府境内一个叫城平的县城，自称"光明圣皇帝"。能在这一县之地过上一把皇帝瘾，白铁余也算是死而无憾了。

白铁余一面设置各种官职，一面派出信徒大肆进攻邻近的绥德、大斌二县，杀死官吏，焚烧民房，把整个绥州境内祸害得乌烟瘴气，鸡犬不宁，简直和三十年前陈硕真的所作所为如出一辙。

绥州叛乱的消息传到中央，朝廷的反应也和当年一样简单粗暴，立刻发出两路大兵进行镇压。

双雄

这次奉命领兵弹压的两员将领，一个是右武卫将军程务挺，另一个是夏州都督王方翼，他二人接到命令后，立刻率领数万将士浩浩荡荡地向绥州压来。

这两员大将，可都不简单。

程务挺是名将之后，他的父亲是为李世民非常欣赏的将领程名振。正所谓将门虎子，程务挺年轻的时候就随父从军，以果敢善战闻名，积累了很多实战经验。

程务挺真正跻身名将之列，始于永隆年间（680年）一次大规模征讨突厥的战役。当时东突厥酋长阿史那伏念起兵反叛，接连击败了多位唐将，于是朝廷派礼部尚书裴行俭为大总管率重兵前往讨伐。

裴行俭文武兼备，是朝中首屈一指的大才，无论是经略西域、整顿边务、改革吏治还是率军出征，干什么像什么，每一回表现都可圈可点。初出茅庐、锋芒正劲的程务挺作为副手与裴行俭一同出征。

唐军到达北方前线后，裴行俭趁着两军对垒，局势未明，暗暗派遣程务挺和另一员将领张虔勖率军进行了一次大胆穿梭，自石地道猛然突袭突厥的牙帐金牙山，直插敌军心腹要害，一举端了阿史那伏念的老巢。

阿史那伏念正气势汹汹地准备跟唐军进行决战，忽闻后院起火，全部家小外加辎重牛马丢了个一干二净，大受打击，斗志全无，再也无心作战，只好向对面的唐军主帅裴行俭屈膝请降。裴行俭是个战略家，深知收服突厥人心更为重要，所以很痛快地接受了突厥人的投降，并答应阿史那伏念不死。

这一次裴行俭率军讨伐突厥，兵不血刃就生俘了敌酋，取得了完美胜利，为国家立下大功，不曾想却引起了武媚的警惕和敌意。

裴行俭向来以忠贞正直著称，他之所以多年来远离长安，一直在边疆为官，正是因为当初反对过武媚当皇后。以他的资历、功勋和声望，远超过当时朝中几位宰相，此人如果借此军功，回京拜相，必将成为武媚权力之路上的劲敌。

武媚素来喜欢先发制人，裴行俭还在回京的路上，她已经安排了自己一手提拔、风头正劲的中书令裴炎给他使了个大大的绊子。

裴炎一本正经地上奏李治说："此次边关大捷并非裴行俭之功，而是源于副将程务挺和张虔勖的北上奇袭，加上漠北回纥人在南面夹击，这才让阿史那伏念走投无路，被迫投降，并不是裴行俭的功劳。"李治也是个糊涂蛋，听信了裴炎轻描淡写的几句话，就把裴行俭平定东突厥的大功抹杀了。

而在此之后，李治又犯下一个更大的错误，他竟然不顾裴行俭不杀降酋的诺言，下令把阿史那伏念以下五十四名突厥将领全部诛杀，让裴行俭落了个言而无信的恶名。

在电影《辛德勒的名单》里，辛德勒告诉德国军官葛斯："有个小偷犯了偷窃罪，他被带到国王面前，国王本可以处死他，但国王对他说，我赦免你。这才是权力！"所以对于强者来说，真正的力量从来不是杀戮，而是宽恕。

自大唐开国以来，唐军开疆拓土，灭国无数，每次大胜后，领军主帅都会将俘获的敌国国王、酋长、贵族、将军带回来向皇帝献俘。而这些人最后大部分都会被朝廷赦免并被授予官爵，为大唐所用，用以争取人心。

高句丽亡国后，末代国王高藏曾被授工部尚书，百济亡国后，太子扶余隆被封为司稼正卿，当时正在边关效力的黑齿常之是百济降将，泉献诚则是高句丽摄政王之子，而唐将中姓阿史那的归附突厥人就更多了。大唐帝国之所以能够在对外战争中所向披靡，赢得周边四夷的尊敬和拥戴，很大程度上要归功于太宗李世民的江海气度和雄远襟怀。

李治在执政前期，也曾把这种宽容的政策延续执行得很好。薛仁贵在天山征服铁勒部落时坑杀降兵，还受到了有关部门的弹劾。然而这一次，李治却失策了。

裴行俭归国无功也就罢了，现在还有了失信之过。他无力劝阻皇帝，只好仰天长叹，恨恨道："但恐杀降，无复来者。"果然不出他的预料，此后大唐边塞烽火连年，一个更强大的后突厥势力卷土重来。

裴炎很聪明，他的策略是拉一个打一个。他一面一招接一招地沉重打击着裴行俭，一面又擢升裴行俭的副手程务挺为右武卫将军，并封他为平原郡公，对他大加拉拢，对张虔勖亦有封赏。

裴炎此事做得不甚光彩，甚至可以说是为了私利不择手段，大大伤害了国家利益，另一方面也把程务挺和张虔勖彻底拉到了自己阵营之中。从此以后，程、张二将成了裴炎不折不扣的左膀右臂，对其唯命是从，三人日后密切配合，做下了一件敢把皇帝拉下马的惊天大事。

将门虎子程务挺的出身和功绩已是了得，而王方翼的背景就更不得了了。他的奶奶同安公主，是开国高祖李渊的亲妹妹。

当年李渊能下决心起兵造反，内外原因很多，而其中有一条导火线就来源于同安公主的女儿。

隋炀帝杨广向来很忌讳表哥李渊的影响力和才干，有一次他下旨要李渊见驾，恰逢李渊生病，良久未至。后宫一个嫔妃是同安公主之女，也就是李渊的侄女。杨广就把她找来，恶狠狠地问她道："你舅舅怎么来得这么迟？"

这位嫔妃自然是实话实说："我舅舅生病了。"

杨广一听，竟然表现出很开心的样子，不怀好意地追问说："你舅舅能病死不？"

嫔妃听出了杨广的杀机，当时不敢言语，但事后赶紧找了个机会偷偷把这事告诉了李渊。

李渊闻言，算是彻底知道了杨广对自己的刻骨仇视，后脊背直冒冷汗，从此与杨广更加离心离德，终于下决心起兵反隋。

王方翼的这个姑姑也算是小翅膀扇起了大风暴。

等到唐高宗李治即位后，王方翼又多了个更牛的亲戚，他的堂妹成了皇后，也就是日后被废的那位王皇后。而王方翼也成了外戚新贵，从县令一路做到刺史。

王方翼虽为外戚，却胸有大才，是个不折不扣的国家栋梁。他任职的地方没有什么温软富庶之乡，全都是朔风凛冽、战火不断的边陲。王方翼对这些苦寒险要之地毫不畏惧，反而凭借自己的头脑与能力大大作为了一番。

王方翼初任肃州刺史时，发现肃州虽然号称一城，竟然连城墙和壕沟都没有，等于在突厥人面前赤身裸体，没有丝毫的防备能力。

行动派王方翼没有等靠要中央的经费支持，更没有时间去牢骚抱怨，他亲自带队，发动全城士兵一起修建城墙，又引来多乐河水环绕城下作为护城河，同时修筑烽火台，整顿兵甲，进行了一系列加强城防守备的工作，迅速给这座裸奔之城穿上了坚实的盔甲。

仪凤年间（676年），整个河西地区遭遇蝗灾，当地百姓多有饿死，唯独肃州幸免。附近的百姓但凡剩口气儿的都拖家带口赶来投奔肃州避灾求食。

面对灾民成千上万张嘴要吃饭，王方翼想了个绝妙的办法。他自掏腰包制作水碾，成立了国营粮食加工厂，开门营业。一方面以工代赈，一方面将所获盈利再拿出来救济饥民，还修建了上百间房屋给灾民居住。

当时西北一带的灾害严重，民不聊生，唯有肃州百姓在他的庇佑下得以存活。

王方翼卓越的政绩逐渐引起了李治的注意，又赋予他更重的担子，派他去遥远的西域担任检校安西都护，为大唐帝国镇守西大门。

一朝抚长剑，万里入荒陬。在西域，王方翼再一次重演了自己修城的本事。他仅用了五个月时间就修建起雄伟的碎叶城，其四面十二道门都呈弯曲隐藏之状，巍峨坚固，易守难攻。西域的胡人都被大唐这位新都护的本事所折服，纷纷进献珍奇百货以示屈服。

不战而屈人之兵素来是兵家的最高境界，王方翼不费一刀一枪，却对西域进行了非常有效的震慑和管辖。

碎叶城原本是突厥大牙（牙帐）所在地，旁边还有一个小牙叫作弓月城。永淳初年（682年），突厥阿史那车薄啜带着十姓部众聚集反叛，围攻弓月城，王方翼迎来了他人生中最为惊心动魄的一场大战，在伊犁河大破突厥军。

面对突厥别部三姓咽面十万大军的围攻，王方翼率军在热海迎击，唐军虽然人少，但血战不退，毫不畏惧。混战之中，王方翼手臂中箭，血流如注，他为了不影响军心，抽刀把箭杆砍断，不让左右的人知道主将受伤。

西域唐军中招募有大量的胡人作为仆从军，他们见唐军势弱，就想密谋反叛，抓住王方翼作为投降突厥的见面礼。王方翼探得内情后，不动声色，声称要厚加赏赐他们，把胡人一批批召集到军营之中。

密谋反叛的胡人们不明就里，依次到军营中，结果尽数被擒。当时刚好来了一场沙尘暴，大风呼啸，黑沙蔽日，奔腾澎湃如高崖裂石。昏暗之中，王方翼又下令敲响战鼓，鼓响一通，就杀一批胡人，神不知鬼不觉之间将七千胡军尽数处死。

杀光了内患，王方翼又派遣骑兵分道袭击咽面，大破敌军，擒获敌酋突骑施等三百人，此役之后，突厥气焰大消，整个西域都为之震服，王方翼也从此名震天下。

程务挺和王方翼二人都为高宗朝后期一等一的名将，而且两人的私交很好，是一对英雄惜英雄的好朋友。

对于绥州小小的叛乱，朝廷竟然派出这么两个如狼似虎的猛将挥师弹压，也算是牛刀杀鸡，给足了白铁余面子。

有此二将出手，别说铜佛，就是银佛玉佛金佛也护佑不了白铁余了。

唐军很快到达绥州，王方翼以飞石猛攻反军，而程务挺则纵火焚烧了反军的营栅，很快就攻下城邑，擒获白铁余，将其余党全部平定。

胜利的战报，被一路飞马传到了洛阳，李治却只能听听，嘴角露出苦涩的微笑。此时，他的眼睛已经看不见了。

刺血

弘道元年（683年）十一月初三。时逢初冬，天冻雨寒，雪飞风冷，叫人好不难熬。

洛阳尚食局一名叫作秦鸣鹤的侍御医生，被急召奉天宫，为病情突然加剧的皇上诊病。尽管道路险滑，秦鸣鹤还是带着几名医佐以最快的速度驰马赶来。

当年李治承继大统之时，李世民给他留下的遗产除了辽阔的疆土与百万户生民，还遗传给了儿子一种令他痛苦半生的顽症——"风疾"。

从现代医学的角度来看，"风疾"属于心脑血管类疾病，以及高血压、中风等症状的统称。李世民和李渊在晚年时期都有此类症状。

有人说李治因为中年以后被"风疾"之症拖累，才让武媚乘虚而入，夺了江山。这块遮羞布可算是太过勉强。李世民晚年病得也很严重，怎么没有大权旁落，而是把皇位稳稳地交接给了儿子呢？

这一次，是李治发病最严重的一次，导致双目完全失明。随侍在奉天宫的大臣们万分焦急，故而紧急从东都调来最好的医生为皇帝诊治。从洛阳到奉天宫有百里多的路程，秦鸣鹤跑了一天，他顾不得鞍马劳顿，刚一到就赶紧去瞧皇上。

秦鸣鹤到达内殿后，先以正式的礼节叩见天皇天后。武媚拨开垂帘，仔细观瞧，却见这名医生身形极为高大，凹目高鼻，白面黄胡，眼睛却是明亮的栗色。

原来，这位侍御医秦鸣鹤竟然是一名来自东罗马的洋和尚。

中国自古称罗马为大秦，秦姓，正是源自他的祖国。《诗经·鹤鸣》中有"鹤鸣于九皋，声闻于天"之语，这名字倒也贴切，秦鸣鹤不正是凭着其精湛的医术，把名气传到天子身边来了吗？

李治身为皇帝，病了半辈子，却难得遇到一个好医生。在他看来，除了当年明崇俨有些祛病的手段外，其余国家医学院重金培养出来的各科医生全都是酒囊饭袋。这帮人白天煎药，晚上祛鬼，却没有一个能让自己的病痛有丝毫减轻。也就是李治对下人还算厚道，要不然还不知道有多少医生脑袋搬家。

这一回，李治对这位叫秦鸣鹤的侍御医是抱着极大期待的，还是应了那句话：

远道的和尚会念经。

在那个东西方鲜有交融的时代，秦鸣鹤一个罗马人，是如何千里迢迢来到洛阳，又成为皇帝的御医了呢？

大唐自立国以来，作为世界东方中心，强大而自信，对异域文明包容性极强。故而有大量作为基督教分支的景教徒从罗马跋山涉水来到中国传教，发展教民。

第一个来到中国的是叙利亚人阿罗本，他于贞观九年来到长安，是首个见于史书记载的传教士，相当于西来传法的达摩祖师。

太宗李世民胸怀天下，本着"示存异方之教"的开放政策，给了他极高的礼遇，甚至派出宰相房玄龄前往长安城西郊迎接阿罗本，待之如上宾。

李治即位后，对景教更加推崇，封阿罗本为镇国大法主，敕令其在长安、洛阳、沙州、周至、成都等地兴建教寺，使得景教得以广泛流传，迎来了在中国发展的第一个黄金时期。

当然，和任何外传宗教一样，景教到了中国还是要适应当地国情，故而景教寺中也加上了很多东方元素，寺中不仅供奉有耶稣神像，唐朝皇帝的画像也被并列其中。

想来两位上帝之子整日四目相对，总有三分尴尬，外加七分有趣。

景教徒中许多人都精通医术，绝非白铁余、陈硕真那样的江湖骗子。对于这些西方传教士来说，医疗宣教是传教的一个重要手段。他们向中国人民展示了许多不同于国医的医疗手段，包括"医眼及痢，未病先见，开脑出虫"等等，让唐人眼界大开。

据《大秦景教流行中国碑》中记载，唐玄宗的长兄重病，就是被景教徒治愈。玄宗非常高兴，给予这名医师大量赏赐。

景教徒中还有一个著名人物，来自今天阿富汗地区的伊斯莱，他博学多才，曾担任过郭子仪的副使，在讨伐安禄山中立下不少战功。伊斯莱同样医术不凡，医治过不少百姓，得到了皇帝赏赐的紫色袈裟。

艺高人胆大的洋和尚秦鸣鹤，对李治进行了一番仔细诊查后，很快得出了皇上是风气上逆所致目盲的结论，并提出应该以外科手段进行治疗的方案，建议砭刺李治头部，进行放血，即可治愈。

这种治疗方法，原本并不稀奇，因为在中世纪，放血疗法曾经风靡欧洲，不管是头疼脑热，还是拉肚腹泻，全部都是靠放血治疗，而且最初的操刀者除了理发师外，都是教堂的神职人员。

秦鸣鹤恭敬地向皇帝提出治疗方案后，还没等李治表态，一个尖厉的声音从帘幕之后怒喝道："此人竟敢在天子头上动刀刺血，应该斩首！"

说话的不是别人，正是天后武媚。

李治眼睛看不见，耳朵却不聋，这一声厉喝一下子把他拉回到二十八年前那个熟悉的场景之中。

当年还是在长安的两仪殿中，李治与尚书右仆射褚遂良争论废立皇后之事。赤胆忠心的褚遂良对于册立武媚为后之事寸步不让。他对大唐王朝的忠诚，远超对皇帝本人的畏惧，更凌驾于自己的仕途乃至生命之上。

就在这一对君臣争吵到最激烈之时，同样是一个在垂帘后面的女人，发出了赤裸裸的死亡威胁："何不扑杀此獠！"同样尖厉的声音响彻了整个大殿。

一个人的出身在很大程度上决定了她的教养，很难用日后高贵的身份掩盖和改变。武媚天生就带有一种支配性的、激烈的、以自我为中心的性格特色，杀戮，是她最为信仰的行事原则，简单，高效。

给皇家做御医本来就是个高危职业，秦鸣鹤虽然也有心理准备，但依旧没有预料到杀头的危机会来得如此之快。秦鸣鹤心想自己在人间传教的使命还没完成，并没有准备好提前去见上帝，只好跪地求饶，叩头如捣蒜，恳求皇上保全自己卑微的生命。

面对老婆的突然发飙，李治也颇感意外。但这一次事关自己的性命，李治不打算退让了。他对武媚的咆哮充耳不闻，依旧面向秦鸣鹤，用温和但坚定的声音对他说道："只管刺，不见得一定不好。"

皇帝声音虽然虚弱，但这种不容置疑和反驳的气势，武媚已经好久没见到过了。她心中一凛，顿时收了气焰，也不好再说什么，只能默不作声地在一旁看秦鸣鹤如何治病。

此时的秦鸣鹤心中不知道默念了几千几万遍上帝保佑，他的生死，就在今日。

一般的医生放血，往往也只是选在患者的耳垂部位。但这个罗马人绝对是个胆大的主儿，他手法利落地打开医箱，拣选最粗的银针，猛刺李治头顶心的百会穴和后脑勺正中的脑户穴，从皇帝头顶开始放血。

精美的盘香袅袅，不过烧了半寸，蟠龙漏水钟上的箭刻，也才走了一格。整个奉天宫中一片寂静。上至武媚，下至宫女太监，各个屏住呼吸，怀着不同的目的和心情，紧紧盯着秦鸣鹤强壮而灵巧的大手上下翻飞，时间仿佛无尽地漫长。

随着大量乌血汩汩而出，良久，李治忽然长长舒了一口气，开心地大声说："我的眼睛似乎看得见了！"刹那，凝重如严冬的奉天宫里如同刮过一阵煦暖的春风，宫女太监齐齐舒展笑颜，一起跪下恭贺龙体安康。秦鸣鹤也总算松了一口气，毕恭毕敬地侧身站到一旁。

面对如此结局，倒是刚刚还激烈反对的武媚大为尴尬起来。好在她从来不在意别人的眼光，而善变又正是其所长。只见武媚二话不说，拔腿就走，自李治以下，所有人都看愣了。

不多时，这个年逾六旬的老妇又健步如飞地跑转回来，手上抱着一大叠彩缎，当着李治的面，丢给秦鸣鹤，声称是对医生的赏赐。然后看看李治，如村妇般拍着自己的额头大笑道："这真是老天赐予我们的大师啊！"这番亲负绸缎的做作，勉强算是挽回了刚才激烈反对所造成的不快。

洋和尚秦鸣鹤抱着彩缎目瞪口呆，几乎不敢相信这个女人几分钟前还口口声声要砍了他的脑袋。

武媚这一幕夸张的表演，在历史上留下了不可磨灭的片段，中唐时期江都主簿刘肃把它记录在了《大唐新语》之中，故事所在的章节就叫作《谀佞篇》。

不汤不药，单凭着几根银针就能让皇帝的眼睛复明，秦鸣鹤就凭这一次成功在中国名声大噪。秦鸣鹤后来死在了中国，武媚也算念其功劳，专门在洛阳白马寺为他树碑立传。

趁着身体稍微好转的机会，李治还在奉天殿召见了一次大舅哥王方翼，询问他西域之战事。王方翼因为常年在边陲，为了这一次面见皇帝的珍贵机会，甚至还精心做了一番准备，面圣时特意穿上了当时的旧战服。他面对皇帝说起自己如何经略西域之事，侃侃而谈，对答如流。李治大为满意，又赐宴招待他。

饮宴间，李治看见王方翼衣服上有污垢，就问他缘由。王方翼本来就口才了得，这才又栩栩如生地把当年热海大战的惊险故事一一道来，李治听得如痴如醉。讲到高潮之处，王方翼甚至还向皇帝展示了自己遍体伤疤，更让李治感动赞叹不已。

就在王方翼与皇帝倾心交谈的时候，垂帘之后，有一双冷冷的眼睛一直紧盯着他，流露出憎恶的目光。

武媚看着废后的弟弟本事如此了得，又深得皇帝信任，已然暗生杀机。

故乡

秦鸣鹤的放血疗法，管得了一时，却治不了根本。李治的头晕目盲虽然得到了暂时缓解，可是在二十天后又再次发作了。这一次，比以往更加严重。神医秦鸣鹤已经是无力回天，现在能救赎李治的，恐怕只有上帝本神了。

十一月二十四日，久未露面的李治彻底放弃了封禅的打算，在萧瑟的寒风中拖着沉重的病体返回东都洛阳，没能够登上嵩山成为他此生无可弥补的遗憾。

文武百官们齐集在天津桥南，恭敬地拜谒迎接面容憔悴的皇帝。很多人已经从李治那空洞无神的眼睛中看到了油尽灯枯的预兆，私底下纷纷议论这恐怕是皇帝陛下最后一次在群臣面前露面了。

李治回到洛阳后，强撑残存的精神，又做了最后两件值得史官记录的事情。

一是改年号，李治第十四次，也是人生中最后一次更改了帝国的年号，将刚刚叫了两年的永淳年号改为"弘道"。

二是大赦天下，除了罪大恶极、十恶不赦之徒外，将全国监狱内所有犯人通通无条件予以赦免释放。

这是李治最后的希望和努力，试图以天意来改变自己的命运，挽回自己的生命。可《论语·卫灵公十五》中说得很清楚："人能弘道，非道弘人。"

按照旧例，大赦天下需要皇帝亲自宣布，象征着掌握天下生死的天子的独有的仁慈，而宣布地点，就在洛阳紫微城宫城南正门的城门——"则天门"之上。

对于民间百姓来说，皇帝宣布大赦之日不亚于一个重大的节日。首先，是穿礼服的卫尉们在则天门外竖起一根七丈长的高杆，上面悬挂一只黄金装饰的金鸡，口衔绛幡长七尺。然后大理寺的官吏击鼓千声，百官、百姓、囚徒都聚集到金鸡之下，聆听皇帝宣读大赦敕书。

敕书宣毕，在众人山呼万岁之后，期待已久的狂欢开始了。人们蜂拥而上，争相爬上那根高杆去争夺金鸡。当然无论是谁抢到了金鸡，它的所有权还是归政府所有，但夺取者可以用金鸡向官员换一大笔钱作为奖励。

首都的这个仪式结束后，皇帝的使者们会带着大赦的公文前往天下十道各州，督促各州长官予以执行。

十二月四日，本来应该是皇帝亲自宣召的日子，可千声擂鼓之后，雄伟的则天门上却空无一人。无法登上嵩山的李治，竟然连城楼也登不上去。巍巍则天门傲然耸立，冷冷静候着能够征服它的真正主人。

登不上城楼的李治只好召集百姓到殿前宣布赦令，让这个盛大的仪式大为减色。

李治在宫人的搀扶下，强打精神，以微弱得几乎听不清的声音匆匆宣读了大赦令，就又赶紧躺回了病榻。幸亏侍臣很快就告诉他："百姓蒙赦，无不感悦。"这才让李治冰冷僵硬的嘴角划过一丝欣慰的笑意。

当日深夜，最后的时刻终于来了。两个匆匆的身影飞奔入宫，那是李治在贞观殿中紧急召见太子李显和中书令裴炎，宣布遗诏，命令太子在他死后，立刻在灵柩前即帝位，并任命裴炎为顾命大臣。

李显跪在父亲床前，一脸茫然，看不出是悲伤还是惊惧。半明不灭的烛光中，李治看着儿子那平庸的面庞，想到自己庞大的王朝竟然要交到他的手里，心中好生不甘。

当年李弘和李贤当太子的时候，具有善政，无论著书立说，还是监国治国，全都做得有模有样，让李治面上有光，心中有慰。

而李显当了太子之后，依旧是那样地平庸愚钝，碌碌无为，依旧是整日就知道宴饮玩乐，其志趣、学识、才干方面与两个哥哥简直是云泥之别。把帝国的未来交给他，李治简直是死不瞑目。然而到了现在这般光景，他已经没有时间和条件再去重新选择了。

正因为如此，李治《大帝遗诏》中明确地留下了决定大唐帝国以及太原李氏未来数十年命运的关键文字："天下至大，宗社至重，执契承祧，不可暂旷。皇太子可于枢前即皇帝位，其服纪轻重，宜依汉制。以日易月，于事为宜。园陵制度，务从节俭。军国大事有不决者，兼取天后进止。"

这段话的核心，除了太子即刻即位，丧事从简等常规的嘱托外，还有一个至关重要的信息就是明确授权天后可以参与朝廷的最高决策。

天后参政，裴炎辅政。李显尚未登上皇位，脖子上已经套了两副沉重的枷锁。

李显不信任儿子，却选择了信任妻子。然而他无论如何也想不到，遗诏中最后十四个字，为李氏皇族带来了数十年的动荡与杀戮。

天后武媚此时看着奄奄一息的丈夫，看着这个给予她一切，将她推向人生巅峰的男人即将离去，心中充满了复杂的情感。我们有理由相信当时武媚心中会有哀伤与不舍，但也一定充满了憧憬和期待。

看着自己的遗诏被盖上了玉玺，李治稍觉安心。此刻寒透窗棂的北风鸣然哀鸣，如怨如泣，令闻者毛骨悚然。转瞬间，李治又想到一件事：自己宾天之地竟然是离家千里的洛阳，不由得再一次悲从中来，落叶竟然不能归根矣！再过两个月就是春天了，而那个绝胜烟柳满皇都的故乡，再也看不到了。

摇曳的烛影里，李治无奈地留下了人生最后一叹："苍生虽喜，吾命危笃，如若天地神祇能延吾一两月的寿命，真希望能得还长安，死亦无恨！"

这个凄冷的冬夜，一生挣扎于爱情与权力旋涡中的唐大帝李治龙驭宾天，终年五十六岁，谥号天皇大帝，庙号高宗。

李治的第七子，武媚的第三子李显即位，成为大唐帝国的第四位皇帝。

第三章

——

履霜之渐

光宅元年（684年）的一个早晨，在南市场中的一座酒肆里，围坐着十几个身着圆领窄袖襕衫，头戴红、白色抹额，脚穿乌皮长靴的精壮汉子，这些人都是飞骑部队的成员，在不当值时便脱了甲胄来此处饮酒。

想当初，高祖李渊太原起兵之时，有一批最早追随他的战士随同李渊一起东伐西讨，立下了不少功劳。李渊平定天下后，给了这些老部下非常优厚的待遇，把渭北白渠旁的腴田赐给他们，这支部队也成为皇家专属的卫队，被称为元从禁军。

元从禁军开始都是父子兄弟先后接班，后来也多有大臣世将的子弟出任，成为官二代、军二代们的晋身之阶。到了太宗时代，随着禁军规模越来越大，李世民又将他们分置左右屯营，其兵士们被称为飞骑。

作为守卫宫禁的精英部队，飞骑军士向来都是盛气凌人。可今日的酒局上，兵士们却个个垂头丧气，表情看起来都颇为懊恼。酒过三巡，其中一人大发牢骚道："早知道没有什么功劳赏赐，我们还不如侍奉庐陵王了！"众人也都纷纷附和。

就在大家推杯换盏之时，没有人注意到，有一个面目阴沉的军士悄悄离座，一路狂奔直奔宫城北门，向当值的军官告发有人擅自议论朝廷废立大事。不多时，大批全副武装的羽林军蜂拥而至，把这些聚众饮酒、乱发牢骚的士兵全部捕获，关入大牢。一时间，舆论哗然，不知道朝廷会如何处置这些飞骑军士。

不出数日，太后的旨意来了，带头说话的人被定了谋反罪，斩首。其余的人因知情不报，全部被处以绞刑。可惜了这一群年轻的军人，没有机会立功于疆场，却仅仅因为酒后的几句牢骚，就断送了大好前程和宝贵的性命。

而那个告发者，被授给五品官衔，用战友们的鲜血，染红了自己兜鍪上的红缨。

这件事很快传遍全国，并开了一个极坏的先例，一个告密成风的时代也由此开启。

庐陵王是何许人也？何以提到他的名字就要付出生命的代价？

饿杀

李治死后的第二天，李显就在简单的即位仪式中匆匆登上了皇位。而他成为皇帝后下达的第一道旨意，就是尊他的母亲武媚为皇太后。

此时二十八岁的李显正是年富力强的时候，无论心智还是体能，都处于一个人的黄金时期。

可惜他的身后是掌权已经二十多年的母亲，她断然不会轻易交还手中的权力。

武媚早已经看穿了这个儿子的软弱与无能，并不是一个需要认真对待的对手。只是眼下李治尸骨未寒，人心不稳，向来心思缜密的武媚暂时还想不出什么好办法来废黜这个懵懵懂懂的儿子。

我们在前文中讲过，武媚对李弘是嫉恨，对李贤是仇视，那么她和三子李显的关系又如何呢？通过下面这个故事，诸位看官就可以看得一清二楚。

早在当初太子李弘未死之前，李显和母亲之间就已经发生过一次交锋。

高祖李渊的女儿常乐公主和李治关系非常好，按辈分来说，她是李治的姑妈，这位姑妈又把自己的女儿赵氏嫁给了当时还是英王的李显，所以和李治又成了儿女亲家。

这一段亲上加亲的婚姻，让李治和常乐公主关系非常亲近。常乐公主也成了李治和李氏宗亲沟通的一个特殊桥梁。

李显和宗室成员关系密切，让武媚感觉很不舒服。尽管温良贤淑的英王妃赵氏对武媚毫无威胁，但常乐公主和儿媳赵妃这对母女依旧成了武媚眼中的一颗钉子，必欲除之。

某日，武媚以婆婆的身份，找了个理由大大训斥了一番赵氏，然后下令将她关进内侍省的女监之中以示惩罚。

而懦弱的李显眼睁睁看着老婆无罪被囚，却不敢去向母亲求情，只能在外面干着急。

如果是普通的百姓被关进大狱，一天总还有两顿稀菜叶饭充饥。可在武媚的授意下，监管赵氏的宦官每日只给她一点生冷食材，却不给她火种和燃料，等于完全断绝了赵氏的食物来源。赵氏不过是个娇滴滴的贵族小姐，只靠生米充饥又能活得几日？

过了好些日子，负责看守的卫士忽然想起，赵氏的监所已经多日没有动静，更无炊烟升起时，心中觉得蹊跷，便打开门锁进去视察。一进门，就连卫士也惊呆了。赵氏早已经被活活饿死，尸体都已经腐烂发臭了。

可怜赵氏如花的年纪，就这样无辜惨死，她在监禁之地饥寒交加，叫天不应，唤地不灵，临死前内心的恐惧与怨恨可想而知。

武媚杀鸡骇猴，公然逼死自己的儿媳，等于狠狠地抽了李治和常乐公主一记响亮耳光，更对儿子李显展现出一种公开的威慑。

对于这一起屈杀儿媳的惨案，李治依旧装聋作哑，不闻不问。常乐公主丧女之痛未了，丈夫赵瑰又被武媚驱逐到括州去做刺史，后来又贬到寿州，并下令他们不许再回京师。

结发妻子的惨死，在李显心中留下了难以磨灭的创伤，但他只能默默吞下了丧妻之痛，却不敢发一言。由此一事，就可想而知李显与自己的生母之间哪里还有什么母子温情，只有深深的恐惧。

要对付李显，其实用不着武媚亲自出手，聪明的裴炎早就替女主安排好了一切。

中原王朝，历来皆奉行以孝治天下，故而"孝"成为中国古代社会主流意识形态的核心。唐代法律对为期三年的居丧制度有严格的规定，父母之丧匿不举哀者，是为"不孝"之罪，是一种极为严重的罪行，属于"十恶"重罪之列，要被处流放两千里，在大赦时也不能减免。

借着李治刚死的机会，深谙法律的裴炎首先祭出了孝字大旗，为武媚争取到了一个极为重要的过渡期。

李显虽然在名义上已经成了皇帝，可仍然处于服丧期间，按常例应该服丧三年，实际上是二十七个月。好在李治在遗诏中自己提出来，儿子的服丧依照汉朝的制度就可以了，也就是按照汉文帝提出的"以日易月"来计算，那么李显只要服丧二十七天就算完成任务。

这时候就需要裴炎出面上奏了，他郑重其事地说："太子尚未正式即帝位，不宜直接发布诏令。应该先老老实实地守丧尽孝。这期间有急需处理的国家大事，还是由太后发布命令，中书省、门下省来施行。"

裴炎拿尽孝来说事，李显不能不听，他对这位顾命大臣的话没有丝毫可以反驳的余地，只能规规矩矩地先去守丧。

宗室、大臣、军队是武媚掌权不可缺少的鼎下三足，武媚名正言顺地争取到了至关重要的二十七天后，立刻疾风骤雨般地打出一套漂亮的组合拳。

李显的爷爷辈和叔叔辈还有好些"地尊望重"的亲王，有兵有钱有地盘，武媚迫切希望能够得到他们的支持，哪怕仅仅是表面的、暂时的。因为如果李姓宗室都不公开反对她，其他人还有什么可替李家天下担忧的呢？

很快，一道道太后的旨意飞出洛阳，传遍全国：

韩王李元嘉晋升为太尉，迁豫州刺史；

滕王李元婴晋升开府仪同三司，迁绛州刺史；

鲁王李灵夔晋升太子太师，迁相州刺史；

越王李贞晋升太子太傅，迁安州都督；

纪王李慎为晋升太子太保，迁贝州刺史。

唐朝的官员等级设置是非常森严的，不像后来的清朝，一品二品官多到严重超编，甚至到了不值钱的地步。到了乾隆年间，乾隆皇帝都认为皇族担任一品官已经体现不出皇家至高无上的地位，就专门设置了超品的等级。

而在唐朝，官至宰相才是三品，一二品只有太师、太傅、太保、太尉、司徒、司空等不常设的虚衔。这些宗室轻易地得到了这些荣誉极高，原本需巨大功勋才能获得的一品头衔，尽管对武媚的目的心知肚明，却也不能说完全不为所动。

封赏皇族以取得宗室的拥戴和支持，按理说这些事本来应该等李显正式登基以后以皇帝的身份来做，可武媚却老实不客气地早早替儿子把这些人情卖完了。

在对外遍封宗室的同时，武媚在朝廷内部同时建立起一个只听命于自己的强大行政班子。她任命刘仁轨为尚书左仆射，岑长倩为兵部尚书，魏玄同为黄门侍郎，而整个权力机构的核心人物就是中书令裴炎。

随后，裴炎又抓紧时间任命了两员悍将为左右羽林将军，就是我们在前文中提到的程务挺和张虔勖。程、张二将向来为裴炎之命是从，京畿重地的军权掌握在他们手里，就等于武媚牢牢掌控了皇家卫戍部队。

在李治死后的第一个月中，朝局看似波澜不惊，政权平稳交接，可实际上却人事任命频繁，暗流涌动，深藏凶险。

这里需要特别说明的是，这些在政权交接之际进入权力中枢的文臣武将，虽然表面是为武媚所用，但相当多的人骨子里仍然忠于李唐。尽管很多人看起来都在顺应时局，圆滑自保，内里却自有坚持原则的铁骨铮铮，每每到时穷之时，不少士大夫的中正节操都会呈现。

此时身处皇位的李显，看着母后一天数诏，忙忙碌碌，自己却置身事外，感觉十分苦恼，却只能日复一日地熬日子。李显心里清楚，母亲的才智能力确实天下鲜有人能敌，而自己则被映衬得平庸渺小，黯然无光。诱人的皇权似乎与李显近在咫尺，可他硬是尝不到其中的美妙滋味，那种饥肠辘辘的煎熬感令他万分痛苦，一如他那被活活饿死的妻子。

十二月二十九日，李显总算熬到了守丧的最后一天，就在他翘首盼望自己登基之日的时候，武媚也下达了最后一道旨意：派出左威卫将军王果、左监门将军令狐智通、右金吾将军杨玄俭、右千牛将军郭齐宗四员大将分别奔赴并、益、荆、扬四大都督府，与各大都督府官员一起主持镇守事务。

并州在北，荆州在南，益州在西，扬州在东。不就是替儿子执政二十七天吗？武媚何至于耗费这么大的心力，要去做这般放眼天下的布局？

李显百思不得其解，却眼看着头顶上一片巨大的阴云似牢不可破的天罗地网，朝自己席卷而来。

留守

大唐帝国的根基所在，原本一直是长安。

自从高宗死后，武媚一直在洛阳堂而皇之地发号施令，俨然已是天下之主，可长安方面作为帝国真正的首都却一直毫无作为，不发一言，似乎仅仅是洛阳西边一个无足轻重的陪衬。可也难怪，如今长安人吃饭都要仰仗洛阳，又哪里有实力去与武媚争夺话语权呢？

长安人餐桌上的每一碗稻米饭，都称得上粒粒辛苦，是要经历了极为漫长而艰辛的旅程，方能达至。

一代天才皇帝隋炀帝杨广做事从来都是史诗级别的大手笔，曾经被视为蛮荒之地的江南，在杨广多年大力经营下焕发出勃勃生机，大运河的开通，更让江南能以巨大物质财富供给，确保京师多年来能够吃得饱餐，穿得绫罗。

每年早春二月，长安还在残冬的余威中打着寒战，而扬州已经被春风裁剪得满目新绿。每年的这个时候，南方各地集中于扬州的满载船队就要出发北上，每艘船都挂着注明货物种类的铭牌，向着京师方向展开一场史诗般的千里大运输。

除了天文数字的粮食，广陵郡来的船中装着华丽的锦和精美的铜镜，会稽郡来的船上载着轻薄如羽的吴绫、绛纱，豫章郡的船里装满了昂贵的酒器、茶具，还有南海郡的船，里面是南方特有的玳瑁、珍珠、象牙、沉香，件件是价值不菲。驾船的船工头戴着大斗笠，身穿宽袖的衣服，足踏草鞋，齐齐高歌，从大运河南段一路航行，过淮河，入汴渠。

初春时期，运河水浅，重载的船队要耐心停泊等待，一直等到六七月份水位上涨之时，才能继续前进到达运河与黄河交叉口。

水路运输就是有这点弊端，水少了不行，水多了也不行。黄河在汛期是不能通行的，故而船队要继续等到八九月份黄河水位下落之后，才能进入洛水，把江南的粮食运到洛阳。

如果中央政府在洛阳，事情就好办多了，但如果在长安，粮食到达洛阳后，这一浩大的运输工程就只算完成了一半，而更艰难的后部分才刚刚开始。从洛阳到三门峡之间，有八个转运站，每个转运站有八百辆牛车日夜待命，两个月时间要从洛阳往三门峡运一百万石粮食。

数以万计的民夫愁眉苦脸地被苛刻的小吏和尽责的兵士们驱使到洛水岸边，驱动着庞大的畜力车队，开始用最原始的手段把从船上卸下来的货物驮运到陕州。一路上处处高山峻岭，步步深沟大壑，车摧牛毙的惨剧几乎天天发生。

大批粮食到达陕州后，民夫又要将全部货物从牛车上卸下来，再一次装船入河。陕州的砥柱山一带滩险浪急，江石悍利，波恶涡诡，船翻人亡同样是家常便饭。

水上艰辛，岸上的劳作同样不易，水部郎中杨务谦曾记载道：纤夫们拖船时用两个金属夹子把绳子固定在胸前，艰难前行，可险峻的地形依旧经常造成绳断人坠。尽管纤夫们伤亡巨大，但押运的官员却丝毫不会容情，他们日夜催促，急如星火，春天时运河上的歌声到这里已经变成了皮鞭下惨痛的哭号。

在唐代的运输水平下，只要路途超过一百里，不管水运还是陆运，漕运成本基本要占货物总成本的一半，就洛阳到长安的艰险路程而言，还会更高。南方每向长安运百万石粮食，运费就高达五十多万贯，运输成本大大超过粮食的价值，还要搭上不计其数的人命，才能入得渭河，最后送至长安。漕米一路能够运到潼关渭水仓的不到三四成，而且有些漕吏为了从中获利，会虚报运粮船沉溺，最多的一年上报的真假沉船多达七十多艘。

从洛阳运十车米到长安，皇帝只能吃到三车，其他的人吃马嚼翻船翻车全消耗在路上了，这样高昂的成本，非举国之力不能负担。尽管长安是一个不可磨灭的象征，但苦涩的现实问题一直压得长安直不起腰来。

李治死后，主政长安的一把手，是李显的那个顶着皇太孙头衔的长子李重照，他只有两岁，还不会说话。而真正管事的是副留守刘仁轨，当时已经八十四岁了。

这一老一小，又能对武媚奈何？

四朝老臣刘仁轨，原本是坚守李唐江山的中流砥柱，他的一生战功赫赫，多次力挽狂澜，就连武媚也不能不对这位老相国另眼相看，礼敬有加。

刘仁轨出身于汴州尉氏（今河南尉氏县），是汉章帝刘炟的后人。他在少年时代虽然家境贫困，但勤奋好学，博涉文史，以学识渊博而闻名乡里。

刘仁轨步入仕途的第一步，是在陈仓县做一个小小的县尉，主管一县治安。

众所周知，大唐实行府兵制，各地的军府被称为折冲府，军府的最高长官就是折冲都尉，算是驻扎在当地的军分区司令，直接归中央管辖，权力很大。陈仓县的折冲都尉名叫鲁宁，一贯骄纵违法，历任县官都不敢管他。

刘仁轨就职县尉后，眼里从不容沙子，特地跑去告诫鲁宁不得再做违法之事。鲁宁官居四品，连县令都不放在眼里，又岂会在意刘仁轨这个从八品的小官，所以依旧不守法纪，欺压良善，凶暴蛮横。

话说年轻时的刘仁轨也算是心狠手黑，他见鲁宁不肯听他警告，干脆找了个罪名，带着手下将这位鲁都尉给活活打死了。

军队出了人命案，地方官是没权力管的，州里的官员将此事禀告朝廷，案卷摆到了李世民的龙案上。李世民大为恼火，怒喝道："一个小小县尉竟敢打死我的折冲都尉，何以如此大胆？"于是把刘仁轨召进朝廷，要亲自审问他。

刘仁轨自觉是职责所在，到京城面见皇帝时，毫无惧色，大义凛然地对李世民说："是鲁宁侮辱我在先，因此我才杀了他。"

李世民不是糊涂人，他见刘仁轨这般强项硬骨，一身正气，反而觉得挺难得，不但没有责罚他，反而换了副笑脸，改口称赞他刚毅正直，还给他升了半级，提拔他去做咸阳县丞了。

就这样，刘仁轨凭借自己的耿直与才干，慢慢累迁至给事中，品级虽然不高，但总算是做了京官，进入了中央政府。就在他仕途刚刚有一点起色时，却得罪了一个当时最不能得罪的大人物——李义府。

这位人送外号"笑猫"的李义府，可以算得上是武媚的头号恩人。当年正是他为了迎合李治，打响了废黜王皇后，改立武皇后的头一炮，彻底解决了李治的难题，更改变了武媚的命运。武媚对李义府一直有一份感激和信任，很早就拜他为宰相，成为其最早的心腹。

李义府这个人才华是有的，但人品极差，心胸狭窄，阴险狡诈，自从为相以来，官声十分恶劣。他仗着是武媚的亲信，广结朋党，卖官鬻爵，简直是无法无天。

李义府不知怎么地看上了一个关在牢里的美貌妇人，想要纳她为妾，就唆使大理寺丞毕正义，让他徇个私情，把这女子偷偷释放出来，自己留用。然而大理卿段宝玄是个正直的人，发现了李义府与毕正义之间徇私舞弊之事，一点没留面子，当即就禀报给李治。李治自然要派人出面审理此案，这个人就是刘仁轨。

刘仁轨的铁面无情尽人皆知，李义府担心事情败露，只好丢卒保车，逼着毕正义上吊自杀，而他的美貌姬妾自然也就泡汤了。就这样公仇私怨加在一起，刘仁轨莫名其妙地成了李义府的大仇人。

李义府官居宰相，想收拾刘仁轨可太容易了。他找了个理由，先把刘仁轨赶出朝廷，让他出任青州刺史。

如果按品级来说，刺史还比给事中要高，但唐朝有个习惯，那就是重内轻外，把京官当香饽饽，一说起要去当地方官，就算是升职加薪也一样要皱眉头。

刘仁轨上任青州没多久，正赶上唐军征讨百济，大军要从刘仁轨的辖区登船出征。刘仁轨身为刺史，自然有督运军用物资之责。

这回李义府可找到了报复的机会。他明知当时天气恶劣，却利用宰相的身份强行逼迫刘仁轨派运输船队出海。结果船队在半途中遇到风暴沉没，物资和人员都损失惨重。

发生了这么严重的意外事故，朝廷自然要立案调查，李治派监察御史袁异式去调查刘仁轨渎职一案。李义府更是向皇帝火上浇油说："不斩刘仁轨，无法向百姓谢罪。"

袁异式临行前，已经得到了李义府的秘密授意，他毫无公心，到青州之后肆无忌惮地凌辱刘仁轨，逼迫他说："你已经和朝廷大员结下仇怨，哪还有什么活路，赶快自杀算了。"

幸亏中书舍人源直心在朝堂上帮刘仁轨说了句公道话："海风暴起，并不是凭借人力所能预料的。"李治对罪臣倒还算宽厚，也就没有对刘仁轨处以重罪，只将他的官职一撸到底，让他以平民的身份前往前线唐军中效力去了。

这一年刘仁轨已经六十岁了，一夜之间又成了白丁，还被派往凶险的战场，人生可谓坠到了不能再低的谷底。前线唐军主将也不知道这个手无缚鸡之力的老爷子能在他军中效什么力，日常也不管他，任凭刘老爷子在军营里整天闲逛。

《易经》里说："否极泰来。"在刘仁轨最倒霉的时候，他的运气来了。

因为朝廷派去管理百济的第一任都督在中途暴毙，这个位置就一直空缺。当时百济四处兵戈扰攘，乌烟瘴气，唐军困守孤城，不但毫无作为，而且自身难保，急需一个文武兼备的长官来主持大局。

朝中的大臣们都知道百济山高水远、形势严峻，又有前任长官暴毙这样大凶的先例，谁都不愿意前往，眼看百济乱局无人收拾，于是大家一致推选刘仁轨来出任这个送死的官。

李治无人可用，也就很快同意了这个提名，任命刘仁轨为检校带方州刺史，前往百济戡乱。检校，就是代理的意思。李治对他其实原本也没什么信心，只是先给个临时身份，看看这个六十三岁的老爷子到底有没有能够平定一方的水平。

李治这个人是选对了！

刘仁轨是胸中有百万甲兵的大才，只是前半生一直埋没于官场俗务之间，英雄无用武之地。这次他来到烽烟四起、困难重重的百济，犹如蛟龙入海，凭借着无与伦比的谋略与勇气，率领唐军纵横半岛，赢得一场接一场的胜利，为大唐帝国开疆拓土，经略一方做出了卓越的贡献。

李治对刘仁轨的功绩大为赞赏，此后对他便一直信赖有加，委以重任，刘仁轨被封为右相及检校右中护，成为大唐帝国的宰相，步入国家权力的核心。而就在刘仁轨踌躇满志地登上仕途的巅峰时，他的大仇人李义府却正跌入宦海的深渊，已经获罪被发配到遥远荒凉的巂州去了。

刘仁轨当了二十年宰相，最后一次官职变迁，就是这一次李显去洛阳继位时被任命为长安副留守。

两岁的留守加八十七岁的副留守，这样奇葩的组合，正来自武媚处心积虑的任命。究其根源，武媚明摆着既不想与刘仁轨为敌，也不想让他来洛阳给自己添乱。因为两岁孩童必然无法管理庞大的国都，而刘仁轨就不能须臾离开，只能老老实实待在长安城处理无穷无尽的政务，无暇看顾李显。

这样一来，长安方面一支重要的抗衡力量被武媚轻易地屏蔽了，她可以毫无后顾之忧地放开手脚，在东都尽情地大显身手，而刘仁轨则徒劳地困于长安，在日后没有发挥任何保护辅佐新皇帝的作用。

孱弱

嗣圣元年（684年）正月初一，有雪，洛阳城在漫天黄云的笼罩下显得阴沉而压抑。

终于脱掉丧服的新君李显总算在凛冽的寒风中正式登基了，他改元嗣圣，大赦天下，同时册立太子妃韦氏为皇后。

一切看起来是那么顺理成章，典礼的程序无可挑剔，百官的态度也都严谨恭敬，可李显坐在龙榻上接受朝拜的时候，总是觉得哪里不大对劲，一种满满的空虚感弥漫全身。

问题应该是出在这些官员身上，李显这样想。他俯视朝堂时，似乎嗅到了官员们一本正经的表情下，隐藏着对自己深深的不屑。

作为"国家之本"，一个庞大帝国太子的有无、废立、贤庸，直接影响皇权的持续性和国家的稳定。太宗李世民实行太子监国制度，形成了以太子为核心的权力体系。太子东宫里官员虽然不直接参与朝政，但对太子未来的执政方式和理念具有重大影响，东宫几乎成为一个功能齐全的预备政府，对太子日后登基执政具有极为重要的意义。

在东宫众多官员中，职级最高的是教育官，分别是太师、太保、太傅，统称为"三师"或者"三公"，虽为虚衔，但荣誉极高，是正一品的高官。而少师、少傅、少保是三公的副职，被称为"三孤"，为从一品，也是极为显赫的位置。这六个头衔，往往用于加授给德高望重的大臣，对大臣的条件要求极高，故而经常空缺。

三公和三孤以下的官员，叫作太子宾客，是正三品官，跟宰相同级，事实上很多时候就是由宰相来兼任。在高宗朝显庆年间还是李忠当太子时，左仆射于志宁为太子太傅，侍中韩瑗、中书令来济、礼部尚书许敬宗等一大批名臣就同为太子宾客，负责对太子调护、侍从、规谏之事，职责十分重大。

太子宾客以下，就是东宫的专职官员了，外廷该有的官员在东宫里都能找到对应的模板。东宫最重要的部门就是詹事府，拟制尚书省，负责总管东宫各机构。

詹事府的一把手是正三品的太子詹事，相当于朝廷里的尚书令，在他之下的少詹事相当于尚书左右仆射。而詹事府里的两个太子司直就是东宫里头的御史，宫内上上下下所有人等都可能遭到这两个七品小官的严格监督甚至弹劾。

两个配合詹事府的部门，左右春坊是比照中书省和门下省而设立，左春坊的主官是正四品的左庶子，就相当于侍中，他手下的中允、司议郎和部门长官一道在东宫里掌握了如同门下省封驳审核一般的权力，并司职传令、礼仪以及太子的衣食住行。

右春坊的主官不用说自然叫右庶子，就相当于朝堂上的中书令，带着四个舍人一起负责太子和朝臣之间的面见，东宫的行文启奏等工作。右春坊下辖的家令寺、率更寺和仆寺，掌管东宫的礼仪祭祀和车马刑罚，更有十率府负责掌管太子的规模不大的精锐卫队。

整个东宫俨然是一个配置齐全，拥有武力的独立小朝廷，加上贞观一朝天子离京的情况屡见不鲜，太子监国代理国政也被当作了一种常规手段。东宫专职官员们的品秩虽然不高，也不握实权，却是不折不扣的从龙之臣，一旦太子登基，新皇帝要迅速组织起自己的行政班底，太子官往往很快会以东宫旧恩而成为新君的重臣。

当初李弘为太子时，身边东宫的官员个个精明强干。李弘七次监国，都是靠戴至德、张文瓘、萧德昭等人有条不紊地协助他处理监国政务。

李贤做太子的时间虽然不长，但身边也有张大安、刘纳言、格希元、许叔牙、成玄一、史藏诘和周宝宁等大儒环绕，既帮他著书立传，也为他出谋划策。

那时候谁也没想到，最终坐在龙榻上的皇帝竟然是才具平庸的李显。而李显也沮丧地意识到，由于自己做太子时间太短，上至两京三省的宰相们，中至六部九寺五监的主官，十六卫的将军，下至全国十道三百六十州府的总督、刺史，竟然没有一个是自己的人，没有一个！

可这也不怪李显，毕竟他这个太子已经是第四任了，实在当得太过匆忙，继而稀里糊涂就上了位，完全没有时间和机会去建立自己的班底。如今李显身为皇帝，不仅无人可用，而且无人可信。

对一般人来说，至亲莫过父母，但这句话放在李显那里显然无效。李显苦恼了几日，思来想去，也只有老婆那边儿的娘家人看着跟自己还算沾点亲。虽然父皇驾崩了，但岳父也是父。李显决定好好提拔一下自己的岳父，以跟母亲抗衡。

李显的岳父韦玄贞原本是普州参军，往高了说也就是个团级参谋。李治第一步先把他提拔为豫州刺史。豫州是上州，刺史为三品，韦玄贞也真算得了女婿的济，连升五级，一步到位解决了级别问题。而同时被提拔的还有一个人，更不入流，竟然是李显保姆的儿子。

提拔岳父做刺史只是第一步，李显的真正目标是想将岳父擢升为门下侍中，让他成为宰相，进入权力中枢辅佐自己。

李显把问题看得太简单了，他没想到的是，他的这一计划别说母后，连裴炎这关也过不了。

皇帝给自己的岳父找个富庶大州做一方大员，裴炎就睁一眼闭一眼了。皇帝把奶妈的儿子提拔为五品官员，裴炎也勉强忍了。但现在皇帝想让韦玄贞进入国家最高权力机构与自己抗衡，不用太后发话，裴炎第一个反对！

因为唐朝行政实行的是三省合议制和群相制，三省互相监督牵制，中书省起草政令，门下省审核驳议，尚书省颁布施行。三省长官有中书令二人，门下侍中二人，尚书左、右仆射二人共六人皆为法定宰相，加上一些"参知政事""平章事"等临时宰相，由他们来集体讨论和处理国家大事。而这些宰相们开会议事的地方，叫作"政事堂"，是整个朝廷的大脑中枢。

按照制度规定，所有宰相们每天上班时都需要上午到政事堂议政，下午再回到自己原本的岗位去处理本职工作。

在政事堂开会时，通常先由宰相一人于皇帝处领旨，再让众宰相集议讨论。议政时有一人担任"执政事笔"，也就相当于会议执行主席的角色。这个角色原本一直由门下省的侍中来担任。在武媚的支持下，裴炎对这一制度提出了新的改革方案，将门下侍中的位置，留给了自己的好友刘景先，裴炎自己出任中书令，然后将政事堂从门下省迁到了中书省。这样一来，每次宰相会议都须由裴炎主持，而各台省官员要进入政事堂也必须经过他的批准。

中书省处于政务裁决的枢纽地位，门下省有封驳中书省旨意的权力，把宰相议事的政事堂设在此处，是理所当然的事情。现在因为门下侍中刘景先是自己人，所以愿意把门下省的权力交给裴炎。但如果韦玄贞当上门下侍中，"执政事笔"的权力必然迁回门下省，那就是另外一回事了。裴炎好不容易大权在握，皇帝凭什么要用一个空降的外戚来给自己添堵。

下旨意任命是中书省的事，对于皇上这道"乱命"，裴炎当场就表示：不同意！

李显前些日子一直眼看着老妈代替自己执政，封太尉、封宰相、封都督、封将军，旨意如雪片。自己老老实实看了二十七天热闹，却连一道人事任命都执行不下去，心中充满了不平，他愤怒地指着裴炎的鼻子吼道："我就算将天下交给韦玄贞又有什么不可以，难道还吝惜侍中的职位吗？"

　　李显当然不会真的想把天下交给自己的岳父，这句话不过是他一时尚气任性的戏语。可他这句话说得实在不是时候，他根本不知道有多少双眼睛都在虎视眈眈地盯着他的皇位，千方百计要寻他的过失，抓他的把柄。李显压根儿想不到这一层，一句脱口而出的轻佻之言，把自己送入万劫不复的深渊。

　　当初明崇俨为了贬低李贤，曾大力吹捧李显是最像太宗的，表面上说的是相貌，暗地里指的是他的才干。

　　太宗是什么水平啊，千古一帝，无人能及。能被夸赞为像太宗是多么至高无上的褒奖。这样看来李显多少总该有点过人之处吧。而事实上呢？事实证明了明崇俨这个妖道完全是为了附和武媚睁着眼说瞎话。看看李显登基后的所作所为，无智无勇，浮躁轻佻，着实连太宗一根汗毛也比不上。

　　见皇帝如此面红耳赤地痛斥自己，裴炎惊呆了。他对这个色厉内荏的天子并不感到恐惧，只是对于他的荒唐的言语和做法感到深深的失望！一个把天下视为儿戏的皇帝，如何能够治理好国家？大唐江山岂不是要断送在这个庸才手里。

　　裴炎不是神仙，他万万料算不到，断送大唐江山的，绝不是眼前这个庸才，而是一个绝对的政治天才。

　　先皇遗嘱里说得明白："军国大事有不决者，兼取天后进止。"皇帝亲口说想把天下让给韦玄贞，世界上没有比这更大的大事了。裴炎懒得和李显争执，掉头就走，直接到后宫向太后武媚告状去了。

　　武媚听了裴炎的汇报，表面上勃然大怒，心里却乐开了花。暗想这儿子也忒孝顺了，老娘刚要瞌睡，他就送来了一个舒适无比的枕头。

　　武媚和裴炎四目相对，极为默契地迅速达成一个清楚的共识："既然皇帝昏庸，废掉他！"

　　在研究制定了废帝的所有细节之后，武、裴二人甚至进一步决定了李显的继承人问题。

　　谁是最适合的下一个傀儡呢？

　　如果按照法统来说，李显的儿子明显是最直接的继承人，就是那个两岁当长安留守的皇太孙李重照。与此同时还有另一个人选，就是李治和武媚最后一个儿子，李旦。

　　武媚和裴炎思来想去，最后还是决定立李旦为帝。

照理说李重照年纪小，更好控制，但如果他当了皇帝，他的母亲韦皇后就将成太后了，而武媚则升级成为太皇太后。李显虽然软弱，可这韦皇后却不是个省油的灯。武媚和小皇帝中间隔着这么个太后，难免节外生枝。经过一番权衡利弊，武媚决定还是立李旦为皇帝，自己舒舒服服地继续当太后。

心思缜密、行动果决的裴炎迅速成立了一个废帝小组，自任组长，挑选了三个自己的绝对心腹做组员：中书侍郎刘祎之、羽林左将军程务挺，羽林右将军张虔勖。

刘祎之是武媚身边仅次于裴炎的心腹重臣，也出身于北门学士。

刘祎之本质上算是个正直之臣，虽为武媚所用，但他生性是非分明，凡是同僚朋友有过失，他都会当面指责。因为他公正无私，好友李伯药经常赞扬他说："刘四即使骂了人，人也不恨他。"而对于刘祎之来说，也正因为这种善恶分明的性格，最终导致了他命运的悲剧。

刘祎之忠于传统道德，在家敬老爱幼，与亲友和睦相亲，每得俸禄，总是赠送给亲属，所以很是受士族阶层的赞誉。李治很看重他的人品，请他去辅佐相王李旦，对他说："相王是我的爱子，因为您出身于忠孝之家，我想凭借您的高尚品德为我儿子做个垂范，以取得蓬蒿生于麻中，不扶自直的良好效果。"

刘祎之自从到了相王府去做司马之后，尽心竭力辅导李旦读书作文，跟李旦建立了深厚的感情。李旦对他也十分尊重和亲近，二人名为师徒，情同父子。如今要刘祎之参与政变配合裴炎，推自己的学生上位为帝，刘祎之自是欣然接受，乐见其成。

至于两员羽林将军程务挺和张虔勖，都手握羽林军兵权，自然是指哪打哪，成为废帝小组在军事方面的坚实后盾。

嗣圣元年（684 年）二月五日晚上，自李显以下，各级部门官员都收到了明天早要上朝的通知。李显觉得十分奇怪，自己已经亲政一个多月了，怎么太后又开始召集朝臣开会了？

唐朝的惯例是单日上朝，双日不上朝，不仅李显迷糊，大臣们也都觉得奇怪，白天刚上完朝，怎么明天又要上朝呢？莫非有什么惊天动地的大事要发生？

第二天凌晨，百官云集朝堂，正所谓"五鼓初起，列火满门，将欲趋朝，轩盖如市"。一肚子问号的李显也来到乾元殿，他坐在龙椅上，看到下面的朝臣们同样一脸懵，而大家都隐约嗅到了空气中弥漫着一种不祥的气息。

李显的背后有一道轻薄的纱帘，他即使不回头也知道有一个无比威严的女人正坐在那里盯着他，李显甚至能清晰地感受到身后那两道灼热的目光，让他如芒在背，浑身都不舒服。

文武百官鱼贯进入排班站好了以后，李显还未发一言，门外就传来一阵嘈杂的声音，除了脚步声，还有甲片摩擦、兵器撞击的叮当声响。

裴炎、刘祎之、程务挺、张虔勖四个人大步流星地带着一队羽林士兵进入大殿。不容李显发问，裴炎已经抢前一步拿出一张诏令来，中气十足地大声宣读："皇帝无道，今奉太后令，废皇帝为庐陵王。"

话音未落，几个羽林军士已经走上前来，全然不顾尊卑之礼，揪着李显的龙袍就把他从龙椅上给拖下来了。

朗朗乾坤，什么人敢如此大胆，犯上作乱？李显的脑子一片空白，一面想要挣脱，一面大声叫喊，可他说出的话却毫无帝王被冒犯之后的雷霆震怒之意，倒更像是一种辩解与哀告："我有何罪啊？"

帝幕后面，母亲阴森冰冷的声音给出了答案："你想把天下交给韦玄贞，这还不是罪吗？"

我们前文讲过，当年李治想让武媚摄政，宰相郝处俊就曾义正词严地说过："这天下不是李治你一人的天下，是高祖太宗的天下，你怎么能说给谁就给谁呢？"一番话说得李治心服口服，哑口无言，连武媚也无力反驳，只好暗气暗憋，只能再等待时机。

现在，这番话从武媚口中说了出来，完全是同样的意思："天下是李氏列祖列宗的天下，你怎么能说给你老丈人一个外姓人，这难道不是罪吗！"

在当时的场合下，李显确实百口莫辩，从道义上，从伦理上，从情感上，他确实罪不容赦，不仅不配当皇帝，甚至不配当李家的子孙。

李显听闻母亲这么说，恍若雷击，瘫软在地，再也没有丝毫的斗志想去反击了。满朝文武也呆若木鸡，看着上面空荡荡的龙榻，再瞅瞅两侧凶神恶煞的羽林军，无一人表示异议，更无一人替李显说话。

这一场突然发生的政变，前后不过持续了几分钟，以太后完胜宣告结束。

李显这一次当皇帝，守孝二十七天，亲政三十六天。

平心而论，对于武媚来说，李显并非非废不可。武媚更深层次的想法，是想试探一下宗室和朝臣对她的所作所为能够忍受的底线。

废立皇帝，无论在哪一朝都应该是惊天动地的大事件，然而李显被废黜的一幕，却是如此的荒唐和平淡。平淡到令人无法相信。如此重要关头，大唐的臣僚们都在做些什么？难道他们真的只会眼睁睁地看着名正言顺即位的皇帝被废黜而无动于衷吗？事实确实如此。如今武媚在理由极为牵强的情况下，废掉了先帝指定的合法继承人，在朝中却没有遇到任何阻力，尽管其昭然于天下的野心让忠于李唐王室的人感到忧虑和寒心，但所有人都已经意识到，武媚对国家的绝对控制，已经达到了无人可撼的程度。

正是因为这一次权力更迭太过容易，以至于参与政变，赶李显下台的军士们并没有得到他们冒着巨大风险颠覆国家政权而应得的赏赐，所以才有开篇一群飞骑军士在酒馆里私下抱怨，结果白白丢了年轻性命的悲剧。

谎言

被废黜了皇帝身份的李显，武媚给了他一个庐陵王的头衔，将他逐出洛阳，远远地流放到那个贵族监狱房州去了。现在轮到了身不由己的李旦登上了这关乎至高皇权的角斗场了。

作为先帝最年幼的儿子，二十二岁的李旦性格和哥哥李弘有几分类似，是个谦恭好学的文学青年。他好读书，工草隶，尤其喜爱钻研古书词义，却对政治毫无兴趣，对皇位更无野心。

可惜天意就是这样不由人愿，一天太子也没做过的李旦来不及思考这一切是如何发生的，就被安排登上了一个高耸而恐怖的政治舞台。他先是稀里糊涂地被要求率领文武百官给武媚重上了一次皇太后尊号，然后武媚再以皇太后的身份正式册封李旦为皇帝。李旦的王妃刘氏被封为皇后，六岁的嫡长子李成器也顺理成章成了皇太子。

与之前接受先皇遗诏即位的哥哥李显不同，李旦是由太后所册封的，这意味着他执政的合法性来自太后。当然太后今日有资格宣布你合法，他日自然也有权力宣布你非法。

李旦其实什么都不用做，也不能做，他只能如牵线木偶般地任母亲随意摆布。国家的年号，武媚已经替他改为"文明"，而后再以他的名义大赦天下。李旦对自己的身份很清楚，自己名为皇帝，实为囚徒。他被严令对任何政事不得参与，连进入乾元殿当泥塑的资格也没有，只能居于偏僻的别殿。

最是无情帝王家，投胎于李唐皇室看似无比荣耀，实则凶险万分，作为皇子能善终者真是少之又少。帝王的宝座是权力争夺战中最大的旋涡，离它愈近，就愈容易受它的吞噬和摆布。皇子们的命运就在这身不由己的洪流中起起伏伏，或飘零，或沉沦，或灭亡。

万里人南去，三春雁北飞。李显带着家小，灰溜溜地来到房州后，一开始被监禁在一座颇有来历的旧宅院之中。这里曾是他的伯父，魏王李泰被贬时居住过的地方，而他的哥哥李忠也是在这里被处死的。江畔何人初见月，江月何年初照人。三位皇子，一般宿命，一个接一个地陷落于这个著名的囚禁之地不能自拔。

房州虽然号称下辖一州四县之地，但总体来说十分荒凉，境内总共也不过一万多户百姓，人烟萧条，土地贫瘠，拿得出手的土产只有土蜡、雷丸、石膏和野物，根本没有丰厚的资源去供养李显这位落魄的囚王。李显自己好歹还算是有个宅院聊以栖身，而跟他一同而来的随从人员三百多人，全都无处居住，只能临时在露天野地里栖息。

　　为了解决李显一行人的居住问题，房州当地开始役使民夫给李显修建庐陵王城。但修城需要时间，在等待的过程中李显又匆匆迁往均州（湖北丹江）暂住。在去往均州的路途上，他的妻子韦氏生下了一个小女儿，由于行路匆忙，物资匮乏，韦氏连婴儿的襁褓都顾不上准备，李显只得脱下外衣将这个婴儿包裹起来，因此这位小公主的小名就叫"裹儿"。

　　此时李显的长子李重润年龄也只有三岁，还是需要人照顾的年龄，却被独自留在了洛阳。在严酷的政治氛围中，各地地方官员对李显一家的态度都非常苛刻，所谓庐陵王甚至要面临严峻的生存问题，无论在物质上还是心理上，李显的处境都极为困顿，惶惶如丧家之犬。

　　自从被废以来，李显的内心一直都十分痛苦。他想不通，当年伯父李泰被贬是因为夺嫡斗争失败，哥哥李忠被贬是因为出身不正，太子位被废，这些人落难于此尚有情可原，而自己根正苗红，皇位是名正言顺地从父亲手中接过来的，为什么也会被囚禁在了这里呢？

　　想不通，没关系，庐陵王李显还有漫长的十四年时间去慢慢思考自己的人生。

　　面对日夜惶恐不安的丈夫，倒是韦氏表现出了女性特有的坚强和韧劲。她不仅在生活上细心地照顾李显，而且经常从心理上安抚劝解这位精神濒临崩溃，甚至频频想要自杀的丈夫，让他明白祸福相依的道理。在那些极为困苦的岁月里，李显对妻子的呵护一直心存感激，他曾一手拉着妻子，一手指向苍天，庄严地发誓说："如果上天垂悯，让我们重见天日，我一定让你想做什么就做什么，绝不禁止！"

　　伴随丈夫几起几落的韦氏，也算是中国历史上一个不同寻常的女人，她能够在最艰苦的岁月里与丈夫共担苦难，陪他度过了人生中最为苦涩的岁月，终于守得云开见月明，熬到了成为皇后的那一天，然而却在日后对权力的疯狂追逐中迷失了自己，终究铸成悲剧。

　　韦氏的父亲，李显的岳父韦玄贞也跟着受到了连累，而且更倒霉。他豫州刺史没做几天，就稀里糊涂地跌入这场无妄之灾中，不但宰相没当上，还被流放于钦州，不久就死于当地。当地的蛮人部落酋长宁承基兄弟想要强娶韦玄贞的另外两个女儿，韦玄贞的妻子崔氏坚决不同意，结果宁承基兄弟竟将她连同韦玄贞的四个儿子韦洵、韦浩、韦洞和韦泚全部杀死，韦氏一族家破人亡。

在李显被放逐离开洛阳后不久，面目阴险的左金吾将军丘神勣带着武媚的密旨，也离开了洛阳。他的目的地是废太子李贤所在的巴州，对外声称是要去检查李贤的住宅安全，以防出现意外。

左金吾卫将军的职责向来是保卫皇帝的安全，以及负责京城内外的巡查、安保工作，何以千山万水之外巴州的安保工作，也要洛阳的将军来亲自出面了？

这个丘神勣我们需要简单介绍一下，他出身将门，是唐初左武侯大将军丘行恭的儿子。

贞观十七年（643 年），代州都督刘兰成谋反，太宗李世民下令将刘兰成腰斩。丘行恭为了向皇帝表忠心，竟然挖出刘兰成的心肝来烹食。李世民得知后，非常厌恶丘行恭这种残忍的行为，责备他说："刘兰成谋反，国家自有规定的刑罚，你为什么要这么做呢？再说如果真是需要用这种行为来表示忠孝，也应该是李家的太子和诸亲王先吃，又岂能轮到你呢？"丘行恭拍马不成，反被皇帝斥责，心中万分惭愧，只好磕头谢罪。

丘神勣的心狠手黑颇得家传，比乃父有过之而无不及，而这一点最为武媚所欣赏，成为当时备受重用的著名酷吏。他这一次的巴州之行的真正目的是要替武媚去结束前太子李贤的性命。

丘神勣到达巴州后，立刻幽禁了李贤，拿出谢祐逼迫李明那套赐死的说辞，逼迫李贤自杀。李贤半生几度浮沉，尝尽红尘百味。他早预料到了自己会是如此下场，却也只好束手待毙，任其宰割。大唐帝国第四代最优秀的皇储，曾经意气风发，万众瞩目的太子李贤，最终惨死于母亲手中，沦为酷吏手上的一具冰冷的尸体。

武媚在确切得到李贤的死讯后，为了掩人耳目，象征性地把丘神勣贬任叠州（今甘肃省迭部县）刺史，以示对他杀害章怀太子的惩罚，可没过几日，丘神勣就复职回京，升任左金吾卫大将军，比以往更受武媚宠信。

当代有学者认为李贤之死并非武媚本意，其实这一点仅仅从武媚对丘神勣轻描淡写、欲盖弥彰的处罚上就可以有清晰的判断。若非武媚授意除掉李贤，那么儿子被人逼迫而死，作为母亲的反应会是给凶手加官晋爵，委以重用吗？

后世宋太祖赵匡胤在黄袍加身之后，第一次进宫，见有宫女抱着一个小孩儿，就问在场的范质、赵普、潘美等人："是周世宗的儿子吗？"众人皆称是。赵匡胤问赵普该怎么办，赵普狠心地说："杀掉算了！"赵匡胤又问潘美，潘美却不答话。赵匡胤说："夺人之位，杀人之子，我不忍心啊！"潘美这才回答道："臣与陛下跟随世宗多年，如果我劝你杀了他，就有负于世宗；如果我劝你不杀，又怕你怀疑我，所以才不表态。"赵匡胤说："那就给你做侄子吧，世宗的儿子不可以做你的儿子。"潘美于是将这孩子抱回去抚养，后来太祖不问，潘美也不说，这个孩子平安长大。

想来同样是夺人之位，赵匡胤尚且不肯加害政敌的儿子，武媚却连自己的骨肉也不肯放过。

东园桃李花，早发还先萎。李贤从被贬到被杀，武媚的制诰官上官婉儿一直是这一事件的见证者和执行者。虽然这位秀外慧中的大才女对武媚的意志不能有丝毫的反驳，但内心深处却对这位年轻有为的皇子之死深感痛惜。

李贤刚被流放巴州时，途经旺苍县，曾在木门寺逗留数日，与木门寺住持方丈一起在寺旁一块巨石上面翻晒经书。李贤死后，上官婉儿就在这个晒经之地修建了一座亭子，并作下《由巴南赴静州》一诗："米仓青青米仓碧，残阳如诉亦如泣。瓜藤绵缀瓜潮落，不似从前在芳时。"意境凄婉。

此时的太后武媚，已经以疾风暴雨般的手段干掉和控制了自己所有的儿子，终于可以随心所欲地临朝称制，执掌天下了，而大唐帝国也由此进入了一个完全不同的时代。

洛阳稳住了，长安也不能乱。我们前文提到过，因为镇守长安的元老重臣刘仁轨能量巨大，武媚对于他还是不能不有所忌惮。

文明元年（684年）二月八日，武后将李显的长子李重照废为庶人，而加授刘仁轨为特进，复拜尚书左仆射、同中书门下三品，专知长安留守，让刘老爷子成了长安名副其实的一把手。

紧接着，武媚又以罕见的谦逊语气给刘仁轨写了一封信，在信中婉转地表达道："从前汉高祖把关中的事情都委托给萧何，现在拜托您还是同样的用意。"

八十多岁的刘仁轨，在政坛几起几落，深受皇恩，在战场上九死一生，谁也不怕。他对武媚专权废帝的行为自然很看不惯，回信推辞说自己年纪大了，不能胜任如此重要之位，并大胆地讲述了一番吕后谋图刘氏江山最终导致吕氏败亡的道理，以申明自己对当下朝局的强烈不满。

武媚见到刘仁轨将自己和吕后做比，以表达自己的忧虑和劝诫，心中亦非常不安。她马上派侄子武承嗣前往长安，以最隆重的玺书形式对刘仁轨进行欺哄说："现今皇帝因处在守丧期间，我只是暂时代他理政。有劳您对我劝诫，又以年老体衰推辞职务。这么多责问，使我进退不安。您说的吕氏乱政为后世所讥笑，这深刻的比喻使我十分惭愧。您坚贞的节操，始终未变，刚直的作风，古今少有。我刚开始听到您的话还感到迷惑不解，但冷静思考后觉得着实可为借鉴。您是先朝德高望重的宰相，是百官的楷模，为天下人所敬仰，希望您以匡正补救为怀，千万不要以年老推托。如今我临朝称制只因为现在皇帝还年轻，而朝政大权迟早会交给李旦，而重蹈吕后覆辙的事我绝不会做。"

武媚作为当年的二圣并驱的天后，今天的执掌天下的太后，能够放下身段，做出这番言辞恳切的表白，甚至信誓旦旦地宣称一定会将皇权归还皇帝，这让刘仁轨实在是无法再次拒绝和推脱。对武媚的话，无奈之下也只能选择屈从相信了。

基于同样的理由，对于武媚一定会归还皇权的誓言，裴炎信了，刘祎之也信了，李氏宗室和文武朝臣们也都信了。

可远在洛阳千里之外的扬州，有一个被流放的倔强小官却不肯信。

第四章

烽火扬州路

眉州，地处成都平原西南，下辖五县，以文风鼎盛而享誉四海。

在两宋三百年间，小小的眉州竟然一共出了886名进士，特别是苏轼兄弟参加考试的那一年，整个眉州举荐应试者不到50人，而进士及第的就有13人之多。就连宋仁宗也不由得感叹万分："天下好学之士多在眉州！"陆游亦曾有诗赞云："孕奇蓄秀当此地，郁然千载诗书城。"

然而把时间再往前推进三百年，在唐时隶属剑南道的眉州却还没有蜕变成"东坡故里诗书城"的儒雅模样，当地尚未开化的蛮人常常扯起反旗，聚众为寇，眉州一带一直都干戈不息，是大唐帝国一块难以治愈的心病。

所谓蛮人，是世世代代生活在今天川、贵各省间的土著居民，他们在深山密林之中刀耕火种，繁衍生息，千年以来形成了一套独有的文化、语言和风俗。

蛮人数量庞大，但都不在当地政府的户籍之列，其性情剽悍，凶猛善斗，天不怕地不怕，过的是自由自在、无法无天的日子，绝不像汉地百姓那么驯服。每当朝廷下派的徭役过重，蛮人头领就会发动部族男子与朝廷进行武装对抗。故而统治蛮人地区的汉官们常常咬牙切齿地称这些桀骜难驯的蛮人为獠人。

当年贞观全盛之时，李世民东征高句丽需要大量造船，就曾派官吏到剑南道的蛮人村寨抓捕青壮年男子，想把他们送到林场、船坞去做苦力。结果就引发了蛮人的大规模暴动，搞得太宗皇帝很下不来台，以唐初军力之强盛，也不敢轻易对蛮人大动兵戈，最后也只好草草收回成命了事。

高宗李治刚登基不久，眉州蛮人就因为赋税问题又造反了，朝廷多次派兵弹压不利，反而在蛮人的竹枪毒箭下损兵折将。最后没办法，只好撤换了原来平庸的地方官，另派能员去做当地的刺史。

刺史

刺史之职，最早起源于监察官员，"刺"有检核问事之意，"史"为"御史"之意。

但从西汉中后期开始，这个职位的角色发生了转变，取代了太守和州牧，成了主管一州军事行政的一把手。

刺史是有唐一代高层官员中人数最多的一个群体。在两《唐书》、墓志和碑刻等文献中，这个官职出现频率非常之高，几乎随处可见。譬如我们熟悉的唐代大诗人张九龄、岑参、白居易、元稹、刘禹锡、柳宗元等人都做过刺史。

唐朝中央集权的体制基石，在于郡县制，刺史作为一州之长，作用当然极为重要。太宗李世民认为，刺史"堪养百姓"，"治人之本，莫如刺史最重也"。唐代全国共有三百多个州，除了具有战略意义的五十七州设置都督、都护府外，其余二百余州则按不同的方式来划分等级，而刺史的官品，与所任州的等级息息相关。

天下各州的等级一般按两种标准来划分。一依据它们跟京城长安距离的远近，以及战略、经济地位分为辅、雄、望、紧四等；二是依据人口多寡，分为上、中、下三等，其中上州刺史为从三品，中州刺史正四品上，下州刺史正四品下。

虽然头衔都叫刺史，可上州和下州刺史的官场地位、仕途前景、俸禄待遇却是天差地别。出任上州刺史者，通常年龄都比较大，饱经历练，能力出众，前途光明，有很大机会成为京官，甚至出任宰相。而下州的刺史要么年轻资浅，要么出身平庸，甚至岭南、黔中、福建等偏僻下州的刺史，往往都是以贬官者居之。比如柳宗元被贬的柳州，韩愈被贬的潮州，刘禹锡被贬的朗州，全是穷山恶水，州县残破，户口凋零的下州之地。

唐代刺史的职务非常繁杂，有本事的人可以在其地大有作为。白居易为苏州刺史时，对待工作就十分尽心负责，说自己"朝亦视簿书，暮亦视簿书；簿书视未竟，蟋蟀鸣座隅"。从早到晚忙得不停闲。

然而并不是所有刺史都像白居易这般尽心尽职，上州由于俸钱丰厚，情况还好，中下州刺史，人人都不愿任职，所以主官大多怠于政事，天天醉生梦死地混日子。多次做过刺史幕僚的唐代诗人陆龟蒙对刺史怠于政事的描写极为传神，说他们平素"升阶级，坐堂筵，耳弦匏，口粱肉，载车马，拥徒隶"，极尽享乐之能事，但"解民之悬，清民之渴，未尝贮于胸中"。

如眉州这种地方，虽说是一个中州，但一直有蛮人造反，战乱不断，赋税难收，汉人百姓不堪其扰，非常难以治理。无论派谁来，可以说一上任便仕途暗淡，但凡有点背景的都不愿意在此地做官。

就在当地官民坐困愁城之时，朝廷竟然送来了希望之光，派了一个大名鼎鼎的名将之后前来赴任，这个新任刺史，叫作李敬业。

李敬业当时初出茅庐，刚开始做官，名气不大，但他的家庭出身却非比寻常。他的爷爷，是大唐一等一的开国战神——李勣。

李勣原本姓徐，后被高祖李渊赐予李姓。他一生历事唐高祖、太宗、高宗三朝，无不深得信任和重任，为大唐帝国开疆拓土做出了卓越贡献，被朝廷倚为干城，位列凌烟阁功臣之一。

李勣的子嗣不多，长子李震早亡，所以长孙李敬业成了李家的第三代继承人，承袭了爷爷英国公的爵位。

这个李敬业年轻时头脑聪明过人，而且格外胆大妄为，最喜欢舞刀弄枪，曾跟随爷爷上过战场，素以有急智著称。据说在他十多岁时，在一次狩猎中遇到森林大火。李敬业急中生智，当即杀了马匹，躲在马腹中避火，等大火烧尽熄灭后，才带着一身烤肉的香气安然无恙地逃了出来。

对于眉州这块是非之地，别人都避之不及，李敬业来做官却显得胸有成竹。

按照旧制，新长官来上任时，眉州地方自然有保护之责任，尤其是在这样的战乱时期。本来当地官员已经早早派出士兵，远远地到郊外迎接他。可李敬业却让前来护送他的士兵全都回去，自己独自骑着一匹瘦马，大摇大摆地来到州衙。

李敬业到任后，做出一副高深莫测的样子。他先是有条不紊地处理日常的公务，仿佛自己只是个恪职尽心的公务员，而不是一个前来平定叛乱的军事官长。一直等到把所有日常政务全都处理完了，才大剌剌地问部下："贼兵何在？"

当地司马毕恭毕敬地回答说："贼兵都在岷江南岸。"李敬业二话不说，站起身来，既不调兵，也不遣将，不着盔甲，不带兵刃，只叫两个贴身小吏作为随从，起身乘船，直奔南岸而去。

关云长单刀赴会尚且带着青龙偃月刀防身，这李敬业手无寸铁就敢赴蛮人巢穴，更显现出他异于常人的胆识。

眉州的官民们不明就里，都对这位新任刺史的鲁莽举动十分担心，担心他上班第一天就要因公殉职。

李敬业到达对岸后，各大山寨中头脑简单的蛮人们完全摸不清他的路数，非但没敢发动袭击，还偷偷派人去检查了他的坐船，想看看里面是不是藏有伏兵。

李敬业旁若无人地走到蛮人大寨前，对严阵以待的蛮人视同无物。他高喊让蛮人打开营门，然后大摇大摆地走了进去，把所有人都召集在一起，自己站在高处，以极洪亮的声音对他们讲话："乡民们，国家知道你们是被贪污官吏所害，并没有真正的罪过，现在你们都可以自由回到田里去，最后离开的人就是真贼寇！"

蛮人们天性淳朴，他们对抗官府，实际上都是为苛捐杂税所迫，本身的恐惧大于怨怒。如今看到刺史大人不带武装，亲自来安抚他们，并把他们都定性为受害者，都十分承情，结果真的扔下武器，一哄而散。只剩下几个领头起事的酋长头目面面相觑，不敢动弹。

李敬业天生带有大将之威，把恩威并施四个字演绎得恰到好处，他一声冷笑，摆出一副威严的架势，狠狠地痛斥了几个首犯一顿，然后让手下噼里啪啦打了他们一顿板子。

聚众造反，只是打打屁股，这明显是不予追究的象征性惩罚，领头的几个蛮人也没话说，也都老老实实地各自回家了。

就这样，李敬业只身入敌巢，镇抚地方，不费一兵一卒，只靠一颗大胆和两片嘴唇，就化解了眉州多年的蛮人兵戈之扰，一时被传为美谈。

李勣原本对这个长孙十分器重，但在听说他单枪匹马定眉州的事迹后，对他的胆识亦喜亦忧，就对身边的人说："我从不会如此冒险做事，将来败坏我们家的，一定是这个孩子。"

虚名

李显被废，在当时并没有对人们的生活产生多大的影响。岁月如梭，当北斗星的斗勺又一次指向东方之时，时间到了文明元年（684年），而这一年的冬天格外漫长。

武媚急匆匆地把立李旦为帝的程序走完后，便急不可耐地公开临朝摄政。

此时武媚和皇帝的区别，只差一个名号和一幅薄薄的紫色纱帘。

新官上任三把火，一个有作为的新君在上任后往往会进行大规模的国家改革，以利国计民生。而处心积虑登上帝国之巅的武媚，此时正忙于她最感兴趣的项目：改名。

作为中国历代善改年号第一人，武媚如假包换地做到了一年三改元。"文明"这个年号只用了几个月，又被她改元"光宅"。

"光宅"的释义为"光大所居"，是一种明确的建都宣告。东都洛阳被改名为神都，表示这里才是帝国真正的首都。武媚又改宫城名为太初宫。"太初"则寓意着武媚独掌天下的新起点。

从太初宫到上阳宫，所有中央政府机构纷纷改名：中书省改称凤阁，长官改称内史；门下省改称鸾台，长官改称纳言；尚书省改称文昌台，左右仆射改称左右相，六部尚书被改称为天、地、春、夏、秋、冬六官；还有御史台，被改称肃政台，而且分为左右两个部门，左肃政台专管京师百官及军队，右肃政台是新增机构，专知天下各州按察，每年巡查两次，春秋发使，春使叫作风俗使，秋使叫作廉察使，以加强中央对地方的管理控制。

还有一个比较大的变化，就是大唐的旗帜颜色的更改。唐旗向来都是以赤为主，以白相间，唐军每次出征时，幡旗四合，赤白相映，宛若花园。然而从这一年开始，红旗全部改为金色旗。

除了政府机构形式上的改弦更张，涂脂抹粉，朝廷在人事任命方面也有新的动向，有两个姓武的官员如坐火箭一般快速上位，一步到位直接到达权力核心，让朝臣为之侧目。

这两名政坛新贵一个叫武承嗣，一个叫武三思，他们的出现，算得上是武家人粉墨登场的开始。而在不久之前，二武还只是身处流放之地的罪人家属，吃糠咽菜，饮雪喝风。

我们可以赞一下武媚为人是相当公平的，不但搞李家人心狠手辣，雷厉风行，对待武氏的同族同宗也一样毫不手软。

与同族近亲结下的仇怨，这话还得从当年武媚的父亲武士彟在任上去世，她的母亲杨氏带武媚回到并州老家生活说起。

杨氏出身隋朝的皇族，门第很高，所以她一向看不起商人出身的武士彟和整个武家。由于两家关系向来不好，杨氏以寡妇的身份回到并州武家老宅后，武媚的两个同父异母的哥哥武元庆和武元爽对继母和妹妹并不欢迎，可以说是全无母子兄妹之情。将军狗死人吊销，将军死后无人埋。而武媚的两个堂兄武惟良和武怀运也同样十分势利，甚至经常欺负这对孤儿寡母。故而在武媚的童年时光中，留下了一段寄人篱下、暗淡无光的悲催岁月。

武媚当上皇后之后，总算是扬眉吐气，成为武家之光，自然想要拉拢自己的党羽势力。从理论上来说，武家的成年男丁里，她最亲近和最天然的盟友，就是自己的两位哥哥和两位堂兄。武媚也算是大人大量，不计前嫌，主动请求高宗为哥哥们加官晋爵，希望能拉拢这四位哥哥成为自己的羽翼，可武家这几个少爷本事不大，脾气不小，个个心高气傲，对这位皇后妹妹的示好并不领情。

眼看新晋皇后的女儿依旧有搞不定的事情，爱女心切的老妈杨氏决定亲自出面帮忙。某一日，已经荣升为荣国夫人的杨氏摆下一桌标准相当高的酒宴，请武元庆等四兄弟登门，想以长辈的身份替女儿好好拉近这层关系。

正常来说，唐时贵妇受封的品阶应该是根据丈夫的地位来定。因为武士彟生前被封为应国公，杨氏就应该被封为应国夫人。可武媚偏偏打破常礼，特意封母亲为一品荣国夫人，就是为了向天下显示她们家的富贵并不是妻因夫贵，而是完全靠自己的本事挣来的，跟并州武家毫无关系。

　　杨氏抱着这样倨傲的心态请客，这顿宴席间的气氛和赴宴者的心情可想而知。酒过三巡，杨氏抚今追昔，不免得意，她踌躇满志地对武家几个兄弟说："你们哥几个可还记得以前的事吗？今日之富贵如何？"

　　老太太这话算是代表皇后问的，言毕，她慢悠悠地端起一杯酒，居高临下地看着武氏兄弟们，期待着哥几个涕泪交流，捶胸顿足地匍匐于地，发誓自己这条贱命都是皇后的，日后必唯皇后马首是瞻，一生报答。

　　可惜武惟良几个人倒也真光棍得很，早知道酒无好酒，压根儿不愿意参加这次宴请，更不愿意承认接受过武媚的恩赏。他们看着眼前这位狂妄傲慢的老太婆，心里无比厌恶。一阵沉默之后，由老大武惟良代表大家冷冰冰地回答道："我等幸得以功臣子弟，早登宦籍。但自知才干有限，并不想求什么荣华富贵。如今以皇后之故做官，承受恩宠，我们心里全是担忧害怕，哪里还会以此为荣呢？"

　　这番倔强的答话完全出乎杨氏的意料，堂堂一品荣国夫人，天子的丈母娘当场被一群晚辈来了个烧鸡大窝脖，气得险些犯了脑出血，她当场翻脸，悻悻离席而去，这场酒宴就这样不欢而散。

　　事后，杨老太太找到女儿，添油加醋地狠狠把武家四兄弟告了一状。武媚听罢大怒，打狗还得看主人，何况受辱的还是她的老娘。在武媚心里，天下万事都是以满足自我为最大的价值所在，此时她正是雏凤初鸣，想试试手段，那就拿这几个不知好歹的哥哥练练手吧！

　　裁抑外戚是个冠冕堂皇的理由，武媚当即上书丈夫高宗，要求把自己的四个哥哥都贬谪到偏远之地为官。李治也是全无头脑，对老婆言听计从，全不顾自己刚给几个人封了官就自打嘴巴，下旨把武家四兄弟全部贬出京城。

　　武元庆被贬为龙州刺史，龙州十分偏远，在今天广西靠近越南的地方。他的心情无比抑郁，到任没多久就病死了。

　　武元爽本来应该去就任濠州刺史，在今天的安徽境内。可行至半途，又被武媚扣了个其他罪名，二度降罪，给流放到振州去了。振州可就更远了，在今天的海南三亚，当时已经是远在天边，蛮荒无比，最后也死在了那个酷热之地。

　　两位堂哥武惟良和武怀运暂时还算侥幸，都存了性命，一个做了始州刺史，一个做了淄州刺史，但这也只是眼前的苟且。被深深得罪了的武媚绝对不会对他们有丝毫手软，两兄弟此时早已经在阎王爷的花名册上登了记，就差选个恰当的时机去报到了。而这个时机，是武媚一手创造的。

　　武媚有个亲姐姐叫武顺，生得丰颊长眉，眼如银杏，说不尽万种妖娆。她打着看望妹妹的旗号，经常出入皇宫，一来二去竟然和李治勾搭上了，一宿销金帐暖，春梦旖旎，竟被封为韩国夫人。

武家的女子个个不是省油的灯，武顺自己攀上了皇帝的高枝，还买一送一，把女儿贺兰氏也献给了李治，这贺兰氏体态轻盈，丰姿妖冶，比武顺更有风情。母女两个同侍一君，阖家欢娱，其乐融融。李治非常喜欢贺兰氏，又把她封为魏国夫人。

武顺短命，很早就死了，但李治对这位小情人贺兰氏依旧垂爱有加，甚至想正式纳她为嫔妃。

武媚向来把李治视为自己股掌中的玩物，如今自己虽然人老珠黄，却也容不下外甥女来和她争宠，心里自然是万分不爽。暗想小丫头片子你既然自己找死，就别怪姨妈心狠了。

那一年恰逢封禅泰山大典，李治与武媚出行时身边带着上万人的队伍，武惟良和武怀运也在随驾之列。他们虽然和妹妹结下了仇怨，但依旧还想巴结一下妹夫，打算挽回关系，以求早日能回到京城。

这两兄弟没有想到的是，头脑过人的武媚，已经早早为他们量身打造了一条一箭三雕之计。虽然这次随驾有大批官员都获得了不同的封赏，但对武氏兄弟来说，迎接他们的将是一条通往森罗殿的不归之路。

皇帝出行，吃饭是个大问题。按照旧例，各地官员都要尽心竭力地奉献美食以求取悦龙颜。当年隋炀帝南巡的时候，就是因为官员献食太多，根本吃不完，都埋在路边而被后世所诟病。武惟良和武怀运自然也是费尽心思，憋足了劲花费重金制作出精美的食物，进献给皇上。

接到武氏兄弟的献食后，武媚抢先一步悄悄派人在食品中下了剧毒，然后命人先去送给自己的外甥女兼情敌贺兰氏，假惺惺地对她说："这些美食是你舅舅送来的。"

贺兰氏天真烂漫，自恃凭着美貌聪慧已经在后宫占有了一席之地，全没想到人心深不见底，她毫无戒心地刚刚吃了几口，便面色乌黑，七窍流血而亡。

这一下，武惟良和武怀运兄弟真的是跳进黄河也洗不清了，谁也无法否认，贺兰氏就是吃了他们送来的食物而死的。兄弟俩心里都很清楚，这是武媚的陷害，却已经是百口莫辩。

贺兰氏之死让李治十分愤怒，昨夜还陪伴在他身边，汗沾香粉的一代尤物，就这样在光天化日之下被蓄意谋杀。这样明显的案情，已经无须调查，分明就是武惟良、武怀运因被贬官，对皇后怀恨在心，他们想借献食的机会，毒杀皇后，却连累了魏国夫人。

就这样，武惟良、武怀运都被枭首示众，两家的男丁尽被流放，而女子则被没入掖廷为奴，连他们的姓氏也被改成了"蝮"。

武怀运的妻子善氏与武媚原有旧怨，下场最惨。武媚命人用带刺的棘条对善氏进行了无尽无休的毒打，打得她肌肉片片剥落，露出森森白骨，可怜善氏哀号数日，最后才断了气。

武媚随便动动手指，就几乎将整个武家连根拔起，连姐姐家的贺兰氏也受到牵连。不知她的老父亲武士彟在天之灵看到女儿对自家人行事如此之狠毒，会不会气得从棺材里蹦出来。

武顺还有一个儿子，叫作贺兰敏之。武媚毒杀贺兰氏之后，又把贺兰敏之召到自己身边，将他改姓为武，想把这个男孩子培养成自己的左膀右臂。但武媚很快发现，自己又一次看走了眼。

贺兰氏刚死之时，李治一度非常伤心，曾哭着对贺兰敏之说："我出来的时候魏国夫人身体还好好的，怎么会突然就死去了呢？"贺兰敏之同样为妹妹之死而难过，他对妹妹的死因心知肚明，却一句话都不敢说，只能在旁边陪着李治一起流泪。

李治在宫里的一举一动，武媚时刻都能收到线报。贺兰敏之为了自保不敢说话，但在武媚看来，沉默已是大罪！

在武媚的期望中，她这个外甥应该力证武惟良、武怀运是不折不扣的真凶，岂能缄口不言？于是私下恨恨地说道："这个孩子就是在怀疑我。"经过这件事之后，武媚对贺兰敏之的态度由拉拢变成了敌视。

贺兰敏之虽然是个不着调的花花公子，好色荒唐，少廉寡耻，甚至跟武媚年过八十的老母亲杨夫人乱搞一气，但他无论如何也不甘心为这个毒杀他亲妹妹的仇人效力。

得罪了武媚，下场是可以预见的。武媚之母杨氏死后，贺兰敏之被冠以贪污修建寺庙款项的罪名，被判处流放雷州。贺兰敏之行至半路时，武媚又使出惯用的手段，派人在半路用马缰绳将他勒死。

继武氏家族几乎被这位皇后妹妹斩草除根之后，姐姐的夫家也被杀得七零八落，彻底断了香火。

做官

武媚废掉儿子李显之后，又是鸾台，又是凤阁地进行了一系列明里暗里的革新，称帝之心愈发炽热而强烈。为了培植政治势力，巩固统治地位，扩大官员队伍为己所用，她再一次想到了要提拔本家子弟。

经过之前的几番杀戮之后，武家其实已经没有太多人选可用了。于是武媚想起武元爽的儿子武承嗣和武元庆的儿子武三思还在人世。这俩人虽然无才无德，但毕竟都姓武。于是武媚一纸敕令把他们都召回洛阳，迅速让他们进入权力中枢，也算是特殊情况下的废物利用了。

残暴乖张，野心勃勃的武承嗣被擢升为礼部尚书，同中书门下三品，成了宰相。

善揣上意，惯于阿谀的武三思则成了兵部尚书，掌管兵权。

二武一夜间天降富贵，全然忘记了父辈的仇恨，喜不自胜，自然是死心塌地地为武媚所驱使，极尽诏媚之能去讨主子的欢心，此为后话。

武媚心知肚明，要建立自己的政权，仅靠这两个侄子是远远不够的。以目前的形势看，她要争取体制内现有官员的真心支持不大可能，唯一可行的办法，就是千百倍地扩大官员的队伍！

"官在得人，不在员多"，这是当年李世民刚登基时，与宰相房玄龄深刻交谈后得出的结论。李世民一度把高祖时期留下的两千多官员裁减至 634 人，建立了一个极为精简高效的中央政府，却创造了贞观之治历史性的辉煌。

李治在位时，朝廷官员的数量已经达到 5000 多人，比太宗时多了十倍。敢作敢为的武媚则又将这个数字再扩十倍。

武媚用人的标准可以说和太宗完全背道而驰，她的原则是"革命是怀，附己为爱"，只要顺从听话，不论是非，只要不怕违背道德底线甘愿为其驱使，那就是多多益善。在武媚的主持下，朝廷开始了史无前例的大肆招官，当官渠道之多、入仕之易，已经达到空前的地步，通过各种途径入朝当官者不可胜数。

除了通过科举等常规渠道大量招募官员之外，当时还有一种新兴的"试官"制度，任何老百姓想为官者，都可通过自荐或推荐的方式成为公务员。

与放手招官相对应的，必然是滥选滥杀。这种试官进门容易，出门难，拿着俸禄想糊弄太后断然是没有好果子吃的。武媚严格规定："试官"者如果无所作为或者不称职，一经发现，轻者革职，重者处死，更别说违反法纪了。许多没有自知之明，想投机为官的庸才们，常常上任没几天就脑袋搬家。

即使在如此严酷的审核制度下，民间报考公务员的热潮依旧长盛不衰，无数内藏各种贪欲野心者如过江之鲫一般疯狂拥进洛阳，而其中怀抱安邦利民之想者，又能有几人？

吏部的考功员外郎专门负责考核监督公务员，是个油水最足、人气最旺的肥缺。相反，屯田员外郎（负责开垦）、司门员外郎（负责出入境证件）、水部员外郎（负责水利）这些职位就比较冷清。当时有一出搞笑的角抵戏是这样表演的：

两个演员分别扮演考功官员和水部官员走上台，在迎面相逢时，两人忽然倒地，过了半天才拍拍屁股爬起来说："哎哟，这一冷一热，难怪要生病啊！"

由于官员太多，编制不够，朝廷又新增加了从七品的补阙和从八品的拾遗这两种新官职，基本上就是为官而官，压根儿没有什么实际的工作职能。

很多有识之士都以看热闹的心态来看待太后亲手组装起的这架臃肿笨拙的官僚机器，侍御史张鷟作诗戏谑道："补阙连车载，拾遗平斗量。杷推侍御史，椀脱校书郎。"讽刺朝廷中已经塞满了车载斗量的补阙官和拾遗官，闭着眼睛搂上一把子，准能刨出来好多侍御史，而校书郎们个个庸才庸相，如同一碗一碗从模具里扣出来的一般。可见朝中官员既多且滥，要多不值钱有多不值钱。

这个张鷟是唐朝著名的小说家，写过《游仙窟》《朝野佥载》等名著，他在中国虽然名气不大，却是蜚声国际。新罗和日本的使节每次来到大唐，都削尖了脑袋四处打听张鷟有没有新作，然后不惜重金把他的小说买走。

当时还有一个才子叫沈全交，傲诞自纵，喜欢露才扬己，同样对这种滥官现象十分鄙夷。他听说了张鷟这首歪诗之后，也续了几句，更加精彩："评事不读律，博士不寻章。面糊存抚使，眯目圣神皇。"说的是大理评事是司法官员，平日却并不学习法律典籍；太常博士本应掌管祭祀礼仪，却也不再通晓古礼，寻章摘句了。

至于存抚使，是朝廷派往天下各道寻索人才的官员，权力很大，只要是他们所推荐来的人，武媚并不考察贤愚，全部加以提拔使用。其中水平稍微高一点的可以得到凤阁舍人、给事中这样的高官，水平不咋地的也能顶个员外郎、侍御史这样的头衔混口饭吃。真正是举荐者稀里糊涂，录用者有眼无珠。

这沈全交也算胆子够大，尤其这首歪诗的最后一句着实痛快，竟然连太后也一起骂了。御史纪先知派人把沈全交抓了起来，起诉他"谤朝政，败国风"，请求将他当堂杖打，然后处死。武媚倒还颇有自知之明，大度地笑道："但使卿等不滥，何虑天下人语？不须与罪，即宜放却。"

急于称帝的武媚放手招官到了"无问贤愚，悉加擢用"的地步，而如此广纳羽翼的结果，就是造成官僚集团急剧膨胀，"选人冗冗，甚于羊群；吏部喧喧，多于蚁聚"。政府机构日渐臃肿、人浮于事，朝廷上下鱼龙混杂，泥沙俱下。"绯服众于青衣，象板多于木笏"，亲宠酷吏们把持大权，官员素质越来越低，在这种环境下，想要维持政治的清明简直是天方夜谭。

这成千上万的公务员，虽说绝大多数都碌碌无为，尸位素餐，但毕竟不能靠喝西北风活着，他们要领俸禄，穿官服，要办公，要出差，要开会，更难免贪污受贿。这一年耗费的亿万青蚨从哪里来？还不是从老百姓身上搜刮而来。

一夫耕而供数百人食，一妇蚕而供数百人衣，公务员数量的爆炸造成国家财政的超额支出，最终只能转嫁到广大百姓的头上，以致当时出现了民间赤贫，国库空虚，"公私皆无储蓄"的悲惨局面。

到了后来玄宗一朝，李隆基一日召集李白等学士宴饮。酒过三巡，李隆基忽然问李白："我朝与天后朝相比，如何？"李白一脸诚实地答道："天后朝政出多门，奸佞当国，用人之道，就像小孩子上街买瓜，不管香不香，只拣大的；我朝用人，如沙里淘金，剖石采玉，用的都是精英。"李隆基闻言哈哈大笑道："李学士言过其实了！"

当时李唐宗室的势力还很强大，从朝廷到民间，不满武氏者大有人在，他们对武媚当权都产生了高度的警惕和强烈的反感。天下姓李还是姓武，打红旗还是打金旗？事关国家颜色，李、武两派势力之间，一场恶斗已经在所难免。

妙计

天下三分明月夜，二分无赖是扬州。

离洛阳两千里之外的扬州是唐时大江南北水陆交通的枢纽，早在南北朝对立之时，这里已是经济繁荣，人物荟萃。隋末大乱，群雄逐鹿，扬州地区屡遭战火洗劫，但天下归唐以后，扬州很快就恢复了勃勃生机，重归繁华之貌。

九月扬州，绿意未凋，秋色渐浓。在这个风光旖旎的梦里江南，有一群下岗失意的下级官员，正酝酿着一股匡扶李唐的火热战意。这些职位不高的中年人以惊人的想象力和执行力，打算做一番惊天动地的大事。而其中的领头人，正是我们前面提到的那位胆大包天的眉州刺史李敬业。

李敬业此时已经不是刺史了，他虽然在眉州建立了平叛的大功，却没有得到应有的升迁和奖励。当时虽有大批德不配位甚至目不识丁的人混迹官场，但性格特立独行的李敬业不仅没有得到上司的赏识与重用，反而因为所谓的贪污罪名被贬为柳州司马，他弟弟李敬猷也受到牵连，被一撸到底成了白丁。

唐朝贬官最基本的方式就是降职外放。对京官的惩罚是贬为地方官，而地方官则更要被贬到更偏僻边远的地方去，许多非紧要州县的副职官员，几乎全部是由贬官者担任。李敬业在眉州做刺史已经是远离京城，如果再到柳州就更无出头之日了，下次参加铨选的机会要在五年之后，而能不能选上还得另说。所以李敬业压根儿没去赴任，而是带着李敬猷来到扬州。他们二人怀着对新政局的满腔怨恨，在这里找到了一群志同道合的朋友。

唐之奇，括苍县令，太常卿唐皎之子。唐之奇曾做过章怀太子李贤的僚属，对冤死的故主怀有深深的感情。

杜求仁，詹事司直，是高宗初年中书令杜正伦的侄子。我们一看官职就知道，他也是东宫官员，同样是前太子府的幕僚。

骆宾王，这个厉害了，怀才不遇的前长安主簿。在"唐初四杰"里，王勃是太原王氏、卢照邻是范阳卢氏，这两家都是著名的"五姓七宗"，名门大族之后；而杨炯出身于弘农杨氏，与隋朝皇室来自同一个家族，只有骆宾王出身自一个小家族，没什么背景。

"王杨卢骆当时体，轻薄为文哂未休。尔曹身与名俱灭，不废江河万古流。"七岁就能够写出《咏鹅》之绝唱的骆宾王，位列四大才子，却并非少年得意，一帆风顺。他家境贫寒，青年时经过两次科举，才在长安谋得一个微末官职，可没过几年就因为一次过失下岗失业了。骆宾王满腹才华，无人可识，直到四十九岁时，须发斑白的他才得以重新返回官场，然而九品的奉礼郎的卑微职位，又能让这位志大于天的才子有什么作为呢？

骆宾王是有大抱负的人，他曾在那首磊落昂扬、快意风发的《从军行》中写道："不求生入塞，唯当死报君。"越是出身低微，越是心高气盛。恃才傲物的骆宾王哪里看得上那样的芝麻绿豆官，索性弃官不做，四处游山玩水，他满怀壮志与不平，一心想要做一番惊天动地的大事业。

魏思温，原监察御史，可惜官运不旺，先是被贬为盩厔县的县尉，后来又直接被革职为民了。魏思温虽非出身名门，却是这些人当中最有军事头脑的一个。

"莫愁前路无知己，天下谁人不识君。"这批来自四面八方的失意官员，年纪不大，官职不高，虽然手无寸铁，却有着共同的宏大志向——铲除武氏，匡扶李唐。

俗话说："秀才造反，十年不成。"因为文人惯于优柔寡断，手中又无兵甲刀枪，所以往往都是口头革命派，只会空喊口号。可这几个文人却不一样，他们在李敬业的带领下，行事非常果决强悍，这些人迅速成立了一个筹备小组，开始了武装反武的第一步计划。

第一个出手的是魏思温，他先写了一封信给他的好朋友，以前在朝廷中同为监察御史的薛仲璋，请他到扬州来出趟差。这个薛仲璋的家庭背景太厉害了，他的舅舅是当朝炙手可热的宰相裴炎，而他的二叔则是另一个宰相薛元超。

薛仲璋接到信后，心领神会，第二天就去向舅舅请示，要去扬州出差，检查工作。今天我们已经无法判断裴炎对薛仲璋此行的目的是否有所察觉，总之当时是很痛快地同意了外甥的请求。

薛仲璋到达扬州后，李敬业早就安排好了一出双簧。一个叫韦超的雍州人很快来到薛仲璋的办事处报告："扬州长史陈敬之阴谋造反。"薛仲璋则将计就计，立刻以朝廷特派员的身份下令逮捕陈敬之入狱。

紧接着就轮到我们胆大于天的男一号出场了，李敬业器宇轩昂地骑着高头大马，从驿站大摇大摆而来，到处宣扬自己就是新任的扬州司马，来扬州主持军事方面的工作。在那个通讯不发达的年代，李敬业的名气加上薛仲璋的背书，使得扬州府衙上下的大小官吏都对这位新任司马的身份深信不疑。就这样，李敬业就大大方方地坐到府衙之内开始办公了。

前文讲过，李治刚死的时候，武媚曾派四将军分头去镇守天下最重要和最富庶的并、益、荆、扬四大都督府。

可如今扬州发生这么大的变故，早些时候被武媚派来主管扬州的右千牛将军郭齐宗却毫无察觉警惕，并没有采取任何防范措施。

李敬业在扬州站稳了脚跟后，第一件事就是招兵买马。

李敬业先是宣称岭南酋帅冯子猷谋反，自己是奉了太后的密旨要去征兵讨伐。然后命扬州士曹参军李宗臣到国营铸钱工场，把干活的囚徒、工匠们聚集起来，发给他们盔甲武器，迅速建立起了自己的第一批部队。

手里有了兵，李敬业算是牢牢控制住了扬州，再有人怀疑他也来不及了。那个倒霉的真司马陈敬之在监狱中被斩首祭旗，录事参军孙处行觉得事情可疑，想要抗拒，也被斩首示众。于是当地官吏再无人敢不从命。

李敬业正式以扬州为起事的基地，一口气连开了三个府。

第一个叫作英公府，也就是李敬业自己的府邸，证明他是承继爷爷李勣的英国公爵位，以大唐功臣之后的身份兴兵勤王，名正言顺。

第二个叫作匡复府，这个就更厉害了，李敬业在这里正式打出了"匡复庐陵王"的大旗。义军使用的是李显的嗣圣年号，公开表达了与被武媚非法控制的政府分庭抗礼的决心。当然这时候庐陵王李显还在房州的山坳里瑟瑟发抖，并不知道有人要借助他的名号起兵造反。

第三个叫作扬州大都督府，李敬业把这里作为军事指挥部，自称匡复上将，领扬州大都督。任命自己的亲密战友唐之奇、杜求仁为左、右长史，李宗臣、薛仲璋为左、右司马，魏思温为谋主，然后堂而皇之地传檄本州各县，征调兵马。

勤王复国这件事，最重要的就是扩大舆论宣传，发动广大群众，而这些正是知识分子最为热衷和擅长的事。才名满天下的骆宾王在义军中当了记室，也就是秘书长，有这位大才子在，李敬业可谓如虎添翼。而遇到了李敬业，骆宾王也终于找到了活着的意义，踏出了此生中最重要的一步，这才是骆宾王想要的，哪怕只是瞬间的燃烧，也将留下永恒的辉煌。

他挥动如椽巨笔，将半生的抑郁不平化作满腔怒火，融于纸墨，痛快淋漓地写下了一篇《代李敬业传檄天下文》，留下了为后人代代传颂的千古绝唱。

本来武媚篡唐的行为就不得人心，天下人只是敢怒不敢言。如今骆宾王的檄文一出，果然引得江南振动，义旗一举，四方州民闻风响应，楚州司马李崇福率先带领属下三县响应，不过十来日的光景，义军已经聚集士兵十万人。

不过这个时候，李敬业做了一个非常画蛇添足的举动。他找到一个相貌像故太子李贤的人，欺骗众人说："李贤没有死，就逃亡在扬州城中，是他命令我们起兵。"

本来匡扶庐陵王的口号已经够响亮，现在又打出李贤的旗号，反倒把大家搞糊涂了，到底应该尊谁为主？而且朝野上下很多人都知道李贤已经被害，这个时候又在扬州城摆出一个假李贤，反倒让很多人觉得李敬业之言不可信。

好在当时扬州大部分地区已经唯李敬业号令是从，仅仅剩一个盱眙县令刘行举据守县城，不肯从命。

李敬业正要试试军威，派出军中第一猛将尉迟昭前去进攻，这场匡复李唐之战由此正式拉开序幕。

决裂

就在义军日夜厉兵秣马，扬州危局一触即发之时，谁也不曾想到，之前在朝廷中一直密切配合的两大巨头，武媚和裴炎的关系竟然出现了裂痕，二人针锋相对，谁都不肯后退半步。

在废黜李显的问题上，裴炎与武媚的目标是高度一致的，二人同心协力，分工明确，故而能轻易将一国之君易主。

志高气盛的裴炎原本有自己的政治理想，他的计划是在看起来更有作为的新皇帝李旦接班后，自己能得以在更广阔的舞台上大展拳脚。可跟着武媚折腾了半年后，裴炎发现自己错了，而且大错特错。武媚大权独揽，李旦形如傀儡。武媚当初信誓旦旦跟刘仁轨保证朝政大权迟早会交给李旦，绝对不会重蹈吕后覆辙那些话，全都是谎言。这让裴炎十分痛苦，他要做的是大唐宰相，而不是武媚个人的宰相。

裴炎不是李义府、许敬宗之流。在他心目中，李家子弟谁坐皇位是一回事，可如果改姓了武，就是另外一回事了。看似惯会趋利避害的裴炎有自己不可逾越的原则和底线：绝不能违背儒家的纲常礼教和政治传统，李唐江山，不可姓武！

裴炎这边正跟武媚叫着劲呢，新进入宰相集团的武承嗣恰到好处地给这对君臣的对立之火上浇了一盆油。武媚这个大侄子别的能耐没有，论趋奉谄媚堪为全国第一，他竟然上表奏请追封武氏祖先爵位，并明目张胆地提出了一个逆天之论：建立"武氏七庙"。

中国的七庙制度，源于周礼，孔子曰："天下有王，分地建国，设祖宗，乃为亲疏贵贱多少之数。是故天子立七庙，三昭三穆，与太祖之庙七。"意思是说天子应该祭祀七位先祖，其中三位单数的先祖被称为"昭"，三位双数的先祖被称为"穆"，加上头一辈的太祖，正好七个人。

自古庙制有非常严格的规定，只有天子才可以立七庙，以下诸侯立五庙，大夫立三庙，士立一庙，庶人白丁无庙，以此区分贵贱阶层。

武家不过是后族，如何敢立七庙？这是明目张胆的僭越之举。别人不敢说话，作为高宗所托的顾命大臣，宰相之首裴炎却不能不说话了。

在一次朝会上，裴炎正式提出了这个话题，严肃地对武媚说："太后母临天下，当示至公，不可私于所亲，独不见吕氏之败乎？"意思是太后您作为天下之母，更应当处处体现公心，而不是偏私武家，否则吕氏家族的失败就是你的前车之鉴！

武媚没想到第一个站出来反对她的，竟然是自己的亲信裴炎，而自己又一次被比作吕后，大为光火。但裴炎的话字字在理，她又无从反驳，只好强词夺理地辩解说："吕后是把权力给了那些活着的外戚，所以才招致败亡。如今我只是追尊已故的祖先，你有什么可大惊小怪的？"

裴炎不是不知道武媚的厉害，更了解她对付异己的手段，却依旧义正词严地坚持他的观点说："凡事皆当防微杜渐，不可助长！"

武媚终于当场爆发，拂袖而去。后相二人第一次意见相左，不欢而散。

到底是碍于裴炎的强烈反对，武媚勉强做出了一些退让，只追封了五代祖先。封武家五代祖武克己为鲁靖公，高祖武居常、曾祖武俭、祖父武华为太尉，她那位大名鼎鼎的父亲武士彟被尊为太师，封魏定王，并且在她的家乡文水建起了高大华美的"五代祠堂"。

至此武家正式进阶到诸侯级别，武媚与裴炎之间的第一战也算是打了个平手。

表面上，武媚和裴炎还维持着正常关系，武媚甚至为裴炎晋爵为河东县侯，以求将他拉拢回来，可二人心里的裂痕已经越来越深，无可弥补。

武承嗣提议立祖庙立了一功，武三思自然也不甘示弱，两兄弟一合计，又提出一个逆天的建议：公开劝武媚找个理由杀死韩王李元嘉和鲁王李灵夔。武媚则一本正经地召开朝会，让裴炎和中书侍郎刘祎之、右肃政大夫韦思谦等人讨论其可行性。

我们前文写过，刘祎之虽为武媚所用，但他本质上也是个正直坚贞之臣，生性最不能容忍颠倒是非。

韦思谦同样是个硬骨头的正直的官员，他在御史台任职时，每次见到王公，从不行跪拜礼。

然而即使这样两条硬汉，到了武媚面前也变厉了，慑于武媚的淫威，二人对于这样一个不需要回答的简单问题，竟然都唯唯诺诺，不敢出声。

幸亏裴炎扛住了巨大压力，再一次仗义执言，极力反对无故屠杀宗室亲王，武媚这才作罢，但对裴炎更加不满意了。

此时的裴炎，已经对这个心狠手辣、言而无信的太后痛恨到了极点。他甚至打算趁武媚出游龙门时，调动羽林军予以武力劫持，逼她还政给李旦。只可惜因为洛阳连日大雨，武媚临时取消了出游的计划，故而裴炎的谋划未能实施。而与此同时，武媚同样觉得裴炎这个"受遗老臣，倔强难制"，心中同样已经动了杀机。

李敬业在扬州起兵的消息传到洛阳后，因为外甥薛仲璋的关系，裴炎是万万脱不了干系的。但出人意料的是，裴炎从不自我辩解，甚至对扬州的乱局提都不提，就像什么事都没发生过一样。

裴炎不提，武媚可不能不问。在一次朝会上，武媚当着群臣的面问计于裴炎，表面上是让他拿出平叛方案，实质是想让裴炎公开明确态度和立场。

识时务者为俊杰的道理，裴炎不是不懂。可这世界上偏偏有一种舍生取义之人，明知是死，却依旧勇往直前。

裴炎没有正面回答如何平叛的问题，却说出了让武媚勃然大怒的另一番话："皇帝已经成年，却始终未能亲政，才让小人有了造反的理由。太后如果能把朝政还给皇帝，叛军不用征讨，自会瓦解。"裴炎能勇敢地说出这番话，他的命运已经被注定了。

要武媚交出权力，还不如要了她的命。武媚当场拍案大怒，恨不得砸碎了裴炎这一身硬骨头。

御史崔察赶紧抓住这个可以踩着宰相上位的机会，当即弹劾裴炎道："裴炎身为顾命大臣，不思讨平叛乱，却让太后还政，必是怀有异心。"凤阁舍人李景谌也凑上来跟着落井下石说："臣也深信裴炎会参与谋反。"

武媚当即下令，将裴炎关入诏狱，然后命御史大夫骞味道、御史鱼承晔对裴炎进行审问。

裴炎请太后还政于皇上，赞他忠君还来不及，无论如何也和谋反二字扯不上边。何况裴炎的能干和廉政朝野皆知，因此裴炎入狱的消息传出，立刻舆论哗然，很多官员都不顾危险上疏为他辩护。

凤阁侍郎胡元范领头上奏说："裴炎是社稷栋梁，有大功于国家，尽心侍奉皇帝，天下皆知，我等大臣都愿意证明他不会谋反。"

纳言刘景先、左卫率蒋俨等人也纷纷跟从，替裴炎辩护。

朝臣们群情鼎沸，武媚却丝毫不为所动，冷笑着对众人说："裴炎造反是明摆着的事实，你们不知道罢了。"

胡元范、刘景先等人都豁出去了，干脆向武媚叫板道："若说裴炎反，那我等臣辈亦反矣。"

裴炎的人缘相当不错，有如此多的朝臣愿意以自己的政治生命乃至身家性命为他打包票，可武媚却依旧不接这个茬，只是淡淡地说："朕知炎反，卿辈不反。"这个时候，她用的自称已经是朕了。

吾念所归，无惧无退。武媚坚称裴炎有谋反之意，而裴炎在狱中也抱定必死之心，毫不妥协，坚决不肯折节屈服。有人劝他态度恭顺些，或许可以请求武媚对他赦免，裴炎坦然答道："宰相下狱，再无生理。"

是年十月，武媚终于下令将裴炎斩杀于洛阳都亭驿。裴炎心坚铁石，临死时对自己的性命毫无留恋，却对受到他牵连的兄弟十分愧疚，伤感地说："我兄弟们的官职都是靠自己的能力取得的，我没有帮过一点忙。而如今你们却因我的罪过而被流放，这实在是令人悲痛啊！"

历史的悲剧，总是一再重演。当年秦二世杀害大将蒙恬时，蒙恬也发出过类似的喟然叹息："我何罪于天，无过而死乎？"被派去传旨的使者垂泪道："将军无罪，冤哉千古。然事已至此，请将军领诏。"

蒙恬与使者的这番对白用在裴炎身上同样适用，忠臣良将无罪而受刑，正所谓危航宦海，古今亦同。

裴炎死后，武媚下令清查没收他的家产，裴炎当了半辈子高官，家中竟无一担米的积蓄。可见其为官清廉如水，皎明似镜。

裴炎有个侄儿叫裴先，官任太仆寺丞，当时只有十七岁，他呈上密封的奏章，请求见太后陈述事情。武媚好奇这个乳臭未干的娃娃如此大胆，居然不怕被大伯牵连，主动前来送死，就召见了他，当面责问说："你伯父谋反，你还有什么话可说？"

裴先正义凛然道："我这是为陛下谋划计策，哪里敢诉冤屈！陛下是李氏的媳妇，先帝逝世后就独揽朝政，更换继位的皇帝，疏远排斥李氏，培植尊崇武氏亲属。我伯父忠于国家，反被横加罪名，杀戮株连子孙。陛下所作所为如此，我实在惋惜！陛下应及早让皇帝复位，自己引退，安居深宫，这样武氏宗族还可以得到保全；否则，天下一变，便无可挽回了！"

裴先年少英雄，敢撸虎须，一席话掷地有声，在情在理，武媚一时竟然无法反驳。

武媚被这个十七岁的少年训了一顿，十分错愕，急吼吼地斥道："胡扯，小孩子竟敢发出这样的言论！"然后下令手下将他拉出去。

就在被羽林军拖出去的时候，裴先依旧毫无惧色，回头继续大声喊了三遍："你现在听取我的意见，还未晚啊！"

本来裴先的行为按律法当斩，再加上他是裴炎的侄子，死上十次也不为过。可武媚的心思之深，谁也猜不透，你想死，我偏不让你死。武媚下令打了裴先一百棍子，然后将他长期流放到穷乡僻壤的滚州（今广西十万大山）去了。

对于那些曾为裴炎辩白的官员，武媚虽然口头上说"朕知道你们不反"，但很快就罔顾了自己的说法，对刘景先和胡元范等人实施了残酷的报复。

刘景先先后被贬为普州刺史、辰州刺史、吉州长史，越贬越远，最后被关进吉州监狱。刘景先深深悔恨自己追随武媚，最终在监狱上吊而死，死后一样被抄家。

胡元范被流放巂州（今四川西昌），亦是受尽折磨，死在了当地。

堪笑尘中客，都总是迷流。崔察瞅准时机狠狠踩了裴炎一脚之后，果然平步青云，以正谏议大夫同凤阁鸾台平章事拜相。可惜他的风光不过一年，便遭罢免，又过了五年，终于被武媚所杀。

同样对裴炎落井下石的李景谌被任命为同凤阁鸾台平章事，成为宰相。可惜他更是德不配位，仅仅得意了十天就被罢相，从此人间蒸发，再无消息。

裴炎案的主审官骞味道官升检校内史、同凤阁鸾台三品，又是一个宰相。他在四年后被指控参与宗室谋反，被处死刑。

另一个主审官鱼承晔也未得善终，被人举报他的儿子与李敬业有勾结，鱼承晔受到牵连，被贬出洛阳，在义州做了一阵子九品小官，不久后便郁郁而终。

一时得意当不了一世荣华，无常火里，是非荣辱，自有天断。

洛阳的腥风惨雨，同样牵动着长安大臣的心。武媚当初跟刘仁轨拍胸脯保证很快还政给李旦，结果字字落空。所有人等了大半年，只见李旦天天在偏殿里坐冷板凳，不见武媚有半点还政的迹象，反而一副改天换日的架势。现在一心维护李旦的裴炎也入狱而死，让刘仁轨更加痛心，如今朝中局势已经是积重难返，他这个八十岁的老人也难有什么作为了。

裴炎被杀后不久，郎将姜嗣宗以武媚特使的身份来到长安，把发生在洛阳的政治风暴向刘仁轨一一做了详细报告，同时还洋洋自得地夸口说："我早就发现裴炎怀有异图了。"

老谋深算的刘仁轨心中一动，故作漫不经心地问："使臣您是早就察觉了吗？"

姜嗣宗回答道："正是如此！"

刘仁轨写了一份奏章，密封好了交给姜嗣宗说："我有要事要向太后禀奏，烦请使臣将奏表代为转呈。"姜嗣宗自是满口答应。

姜嗣宗回到洛阳后，将奏表上交武媚。武媚展开一看，上面只写了一句话："姜嗣宗明知裴炎谋反而不揭发。"

武媚何等聪明，看完后立刻心知肚明，这是刘仁轨与她的一个交易。对姜嗣宗的指控，代表着刘仁轨的不满，也同样代表他的无奈和妥协。

两个都是政坛老手，隔空交手，心有灵犀。武媚知道，要刘仁轨默许她的揽权，总要给这位四朝老臣一点面子。

武媚当场下令，在殿庭狠狠痛打姜嗣宗一番，打得他筋断骨折，然后将他绞死于洛阳都亭，也就是裴炎被杀的地方。

刘仁轨用姜嗣宗的性命血祭了裴炎，算是最后为李唐王朝尽了一份忠心。此时他的生命仅剩不到数月，再也没有力量为李家王朝出力发声了。

天意

武媚以绝对的权威除掉了朝廷中最大的反对者，再无后顾之忧，可以全心全意地对李敬业开战了。她向天下发出旨意："特赦扬楚一带所有胁从的百姓，凡是能取得徐敬业人头的，授官三品，赏帛五千。得唐之奇等人人头的，授官五品，赏帛三千。"

在武媚这道旨意中，李敬业怎么成了徐敬业了呢？

原来，李敬业的爷爷李勣原本就姓徐，后因战功被李渊赐姓李。武媚对李敬业恨之入骨，不仅剥夺了其李姓，还"追削其祖考官爵"，连李勣的官职和爵位也给一撸到底了，仿佛全然忘记了在当年那场废王立武的激烈斗争中，是李勣的态度起到至关重要的作用。他只说了一句话："此陛下家事，何必问外人？"代表军方给予武媚以决定性的支持，一下就把武媚的不利局面给扭转了过来。武媚当时对李勣是感激涕零，千恩万谢。

李勣病逝后，李治悲伤得辍朝七日，追赠李勣为太尉、扬州大都督，赐谥号"贞武"。又赐予棺木，允其陪葬于昭陵。下葬当日，李治亲临未央宫故城，登上宫楼为他送葬，望着老将军远去的灵车，再次泪水潸然。

李勣墓是仿照阴山、铁山及乌德鞬山而建，以此表彰将军一生击败突厥、薛延陀的功劳，在唐初能得到相同待遇的，只有李靖一人。

李勣为人谨慎，在活着时已是参透世态。在唐代厚葬的习俗下，李勣的陪葬却极为简单。他在临终前留下遗言："我死后，用布裹露车载棺枢，棺中殓着常服，外加一身朝服，望死后能奉见先帝。陪葬石马五六匹，十个小木人，别的一物不用。"

武媚痛恨李敬业，结果也波及了昔日的恩人李勣身上。在武媚一道恩断义绝的命令下，李勣这位功高日月的一代军神，入土不过十余年，就被掘开坟墓，毁掉棺椁，白骨喧天。

祖墓被毁，李敬业与武媚更加势不两立，红了眼睛要和武媚拼命，可热血偾张没过几日，他的态度就又变了。

在举兵之初，魏思温纵观全局，曾劝李敬业说："您以恢复皇权为口号，应当率军大张旗鼓地北上，沿着运河直捣武媚老巢洛阳，这样才能彰显出我们是正义之师，真心实意地想匡复庐陵王。我们现在发动突然攻击，足以让洛阳方面措手不及，天下人都知道您救援天子的大志，四方豪杰必会起兵响应。"

对于魏思温的建议，李敬业沉吟良久，并未表态，薛仲璋却提出了另一条思路："金陵有帝王气象，又有长江天险阻隔，足以割地固守。我们不如先夺取常、润二州作为奠定霸业的基础，然后再向北以图夺取中原，这样进可以取胜，退也有归宿。就算是失败了，有长江这道天险阻隔，还可以跟武氏划江而治，这才是最好的策略。"

魏思温对薛仲璋的计划大为失望，愤然反驳说："崤山以东的豪杰因武氏专制，人人愤怒，个个不平，听说您起事，都自蒸麦饭为干粮，高举锄头为武器，专候南军的到来以为响应。我们现在不趁着这种大好形势去建立功业，反而退缩回去建造巢穴，这让天下百姓知道了，人心怎么能不离散！"

李敬业有小聪明，却无大格局。他的私心太重，把匡扶庐陵王，恢复李唐江山的雄心，换作了割据一方称王的私念。经过反复权衡，李敬业没有采用魏思温的主张，而是接受了薛仲璋所献之策，派唐之奇镇守江都老巢，自己亲自领兵南渡长江，攻打润州。

名不正则言不顺。李敬业号称"匡复庐陵王"，大军却背道而驰，南辕北辙，明摆着空有勤王之名而行割据之实，让天下义士大失所望。

魏思温见李敬业一意孤行，失望地对杜求仁说："合兵则强大，分兵则削弱，李敬业不肯全力以赴渡过淮河，募集山东的战士去夺取洛阳，我们的失败就在眼前了！"

历史总是惊人的相似，当年隋末起义的杨玄感也是不肯听谋主李密之计，连出昏招。李密无奈地对身边的人发牢骚说："楚公能造反却不想取胜，我们又有什么办法？等着当俘虏吧！"

李敬业带着人马刚刚离开扬州，朝廷的镇压大军就已经逼近了。

武媚任命左玉钤卫将军李孝逸为扬州道大总管，任命将军李知十、马敬臣为副总管，领兵三十万，前来讨伐李敬业。

左玉钤卫这个头衔古里古怪，实际上就是以前的左领军将军，也是这次武媚大搞职称改革的结果。

这位李孝逸将军和李世民是一辈，李治叫他堂叔，李旦叫他叔爷爷，在宗室之中极有威望。

今天有人说李孝逸不会打仗，那可有点冤枉他了。

在唐和吐蕃的连年战争中，李孝逸负责掌管剑南（今四川成都）、山南（今陕西南部及四川、湖北北部）的军队，多次出征与吐蕃军交手，虽无大功，却也稳扎稳打，守土有方。

李孝逸不算是大唐第一流的将领，但他毕竟有多年的实战经验，手下又都是正规军，综合实力比李敬业强得多。李孝逸身边的谋主，是大名鼎鼎的魏元忠，当时以殿中侍御史的身份出任监军。

魏元忠是宋州宋城县人，年轻时志气倜傥，傲视名利。虽然是太学生出身，但一直精研兵法，曾注释过一本关于古今用兵成败方面的著作《九州设险图》。

随着唐蕃关系越来越紧张，不断发生战事，魏元忠上奏提出很多关于西南军事作战的建议，其中重要的一条，就是废除养马的禁令，号召全国百姓养马。发生战争时，再委派州县长官用官钱加价购买，这样马匹就全都成为国家所有了。这条建议深得高宗李治的欣赏，让他在中书省任事。

魏元忠得到武媚的另眼相看，源自一次成功的护驾工作。当时高宗夫妇要从长安去洛阳，魏元忠作为监察御史负责皇帝车驾的路线与安全。魏元忠虽然是一介书生，手无兵权，但他非常聪明，受命后直接去巡视了赤县（长安所的县）监狱，请出了一位极有威严的狱中大佬。

魏元忠对这位绿林豪杰以礼相待，请他穿上体面的衣冠，一同乘车。这个豪杰很感激魏元忠的礼遇，欣然同意为皇帝护驾。此人在绿林道上极有势力，结果高宗此次巡幸东都格外顺利，随员多达万余人，却不曾遗失一文钱，更无响马骚扰。从此魏元忠也名声大噪。

唐军未到之时，李敬业已经派出军中大将尉迟昭率一路义军猛攻盱眙（今江苏盱眙），又派弟弟徐敬猷领五千人马进攻和州（今安徽和县），自己则亲率主力南渡长江，于十月十四日进攻润州。

　　润州就是今天的镇江，北临长江，南岸是著名的焦山、北固山、金山。其地势倚水负山，非常险要，南宋词人陈亮有一首词叫作《念奴娇·登多景楼》，词云"一水横陈，连岗三面，做出争雄势"，可见润州是金陵（南京）东线最重要的战略屏障。

　　东晋初年，权臣苏峻作乱，攻陷宫城，放纵士兵大肆抢掠，侵凌六宫，穷凶极恶。司空郗鉴坐镇京口（镇江），修筑堡垒以坚决抵抗。面对强大的敌军，他的部下都提议放弃京口过江退守广陵（扬州）。但郗鉴坚持不允，因为他明白一旦放弃京口，京口以东的吴郡、会稽郡（浙北）等朝廷钱粮所出重地就都丢了，将会使敌军如虎添翼。

　　润州之于金陵的重要性，按唐人杜佑的说法，就如同孟津（黄河关口）之于洛阳。李敬业从扬州发兵，沿长江北岸南下，兵锋直指润州，就是意图切断金陵与常州、苏州乃至整个浙江之间的联系。

　　巧合的是，镇守润州的刺史李思文恰好是李敬业的二叔。他知道侄儿起兵造反，不但没有响应，反而抢先派遣使者走小道向朝廷报告了这一叛乱事件。

　　面对大兵压境的义军，李思文领兵拼死据守，与侄子对峙了很长一段时间。邻近的曲阿县令尹元贞领兵来救润州，结果成了飞蛾扑火，被李敬业击败擒获，最后送了性命。

　　李敬业强攻不下，就使出一条计策来。他派出一支人马，打着官军的旗号，假装是援兵来到。李思文求救心切，望官军如旱苗盼雨，不加分辨就大开城门迎接，最后终于被义军破城。

　　义军首战取得大胜，攻取了防御坚固的润州重镇，抓获李思文，士气大振。魏思温请求将他斩首示众，以振军心。李敬业却不同意，打算留着李思文羞辱他，对他说："叔父阿附于武氏，你干脆改姓武好了。"

　　城破后同时被俘的还有润州司马刘延嗣。刘延嗣是裴炎的亲属，奇怪的是他也不愿反武。李敬业令其投降，刘延嗣正义凛然地回答道："延嗣世蒙国恩，当思效命，州城不守，多负朝廷。我不愿意苟且偷生，以累我的宗族，岂能为了自己的性命，留下千年的耻辱呢？今日之事，得死为幸。"

　　李敬业闻言大怒，下令将其斩杀。这时候轮到魏思温不同意了，他非常敬重刘延嗣的气节，为之求情，只是把他关在了扬州的监狱里。

　　到后来，死里逃生的刘延嗣并没有因为自己的坚贞不屈得到武媚的奖赏。李敬业兵败后，刘延嗣也以谋反罪被一同斩首，就因为他是裴炎的亲戚。你说他冤不冤，悔不悔！

李敬业夺取了润州要地，还没高兴几日，就听说李孝逸的大军向扬州而来。李敬业无暇南下再去进攻金陵，只好又率军从润州渡江北归，屯兵在高邮境内的下阿溪（今安徽天长市东北的金湖地区）。他命弟弟敬猷率兵进逼淮阴，将领韦超、尉迟昭屯兵都梁山（今江苏盱眙南），三支军队布成三角之势，严阵以待，等候唐军。

李孝逸的大军抵达临淮（今江苏盱眙西北淮水西岸）后，先派偏将雷仁智向李敬猷发动进攻。两军一场血战，义军携新胜之威，竟然打得唐军大败，雷仁智只得率残兵退回。要说李敬业手下这帮由工匠和囚犯拼凑的临时军队，既无名将统领，又无后勤和训练，起兵之初能打出这样的战绩，可以说李敬业的指挥水平也算相当不错了。

李孝逸闻得先锋部队的败讯，很是畏惧李敬业的锋芒，不敢再贸然进攻，遂按兵不动，不敢再出一兵一卒，两军就这样对峙了好些日子。

在这关键时刻，魏元忠站出来对李孝逸说道："天下安危，在此一举。天下太平的日子已久，一旦听说有疯狂凶暴的人出现，都在全神贯注侧着耳朵等待他们灭亡的消息。现在大军长久停留不进，四处的百姓就会对您失望，万一朝廷另外任命其他将领取代您，您有什么理由逃避观望避战的罪责呢！"

魏元忠有监军之责，他说的话代表太后，李孝逸是不敢不听的，于是他重新打起精神，再次麾军进攻。

光宅元年（684年）十月二十四日，唐军副总管马敬臣亲自率部进击，终于扳回一局，大败尉迟昭，当场斩杀了李敬业手下这员悍将，进兵至都梁山下。

与尉迟昭搭档的韦超据都梁山之险拼死抵挡唐军，唐军屡次进攻受阻，伤亡很大。鉴于军情紧急，李孝逸遂召集将佐，一同商讨作战方案。

会上，多数将领都主张分兵，暂且放下都梁山这块硬骨头。这些人的意见是："韦超凭险要防守，我军步兵无法施展勇力，骑兵不能纵马奔驰，所以难以取胜；而且穷寇莫追，现在如果一味强攻，士卒伤亡太大，不如分偏师继续围困都梁山，然后主力部队直指江都，去进攻他们的老巢。"

支度使、广府司马薛克构与众人见解不同，他说："韦超虽然据有险要，但兵力并不多。现在如果采取分兵之策，留的兵多了，就会造成兵力分散，造成打江阴的兵力不足；留的兵少了，这里终归是后患，还不如先进攻他。我们只要继续全力进攻，就一定能胜利。如果攻下都梁山，则淮阴、高邮的敌人都会望风瓦解！"

足智多谋的魏元忠提出了第三种方案：先进击李敬猷。他说："敌人的精兵都集中在下阿，他们仓促聚集而来，利在一次决战，万一我军失利，大事便无可挽回！李敬猷出身于赌徒，不熟习军事，而且兵力单薄，军心容易动摇，我们大军进逼，马上可以攻下。李敬业虽想救他，从距离上看根本来不及。我军摧毁李敬猷之后，再乘胜而进，虽有韩信、白起也不能抵挡。如今不先攻取弱者而急着去攻强者，不是上策。"

　　面对三种不同意见，久经战阵的李孝逸做出了先弱后强的最后决策，体现了他作为主将的军事水平。他下令还是继续攻打韦超，唐军集全军之力向都梁山发起进攻，经过一番苦战，终于把义军杀得大败，韦超只好连夜逃走。

　　紧接着，李孝逸挥师东进，去进攻淮阴的李敬猷，再次取得大胜，李敬猷被杀得丢盔弃甲，成了光杆司令。这样三路义军已经败了两路。

　　在顺利斩除李敬业的左右臂膀之后，唐军乘胜进逼高邮，开始向李敬业的主力进攻。义军面临着巨大的压力和危机。

　　十一月初四，一个更坏的消息传来了，武媚任命左鹰扬大将军黑齿常之为江南道大总管，集结了另外一支大军，出现在李孝逸部的后方。

　　黑齿常之原是百济国人，是高宗朝赫赫有名的一员大将，他的身世极为传奇，而且战力比李孝逸至少高出十倍。

　　按说李孝逸前期打得还是不错的，以三十万正规军对付十万匆匆拼凑的义军已经是绰绰有余，怎么武媚还要再派一支大军前来呢？

　　究其根源，是武媚向来心机慎重，狡黠多疑，她选择李孝逸作为平叛主将，意图很明显，就是给天下人看的——你李敬业不是打着匡复庐陵王的旗号吗，我就派出宗室将领来对付你，以证明李家人是站在我这边的。

　　然而武媚虽然不得不暂时重用李孝逸，可并不是真心情愿地将这样一支大军交给他。倘若李孝逸也想替庐陵王出头，和李敬业合兵一处，那就是把刀把子送到别人手上了。

　　所以武媚在李孝逸背后另外布置了一支军队，明里是支援李孝逸，暗里却含着监视震慑之意。如果李孝逸稍有可疑的举动，黑齿常之可就要对他动手了。

　　在整场与李敬业义军的战事中，黑齿常之的部队始终没有参战，也从另一个侧面证明了这支部队出动的真实原因。

　　十一月十三日，唐军先锋部队抵达高邮。李敬业统率最后的精兵在下阿溪固守。唐军前军总管苏孝祥率兵五千人，乘小舟夜渡溪水，准备向义军发起突袭。李敬业确实有两下子，他早早设下埋伏，专等唐军落网。苏孝祥率部登岸后，立刻遭到义军的四下围攻，苏孝祥仓促应战，身中数刀，落水身亡，手下的士卒也死伤大半。

　　激战之中，唐军左豹韬卫果毅成三郎被俘。左长史唐之奇为了鼓舞部下的士气，指着成三郎对手下说："这个人就是李孝逸！"

成三郎眼见反正也活不成了，扯着嗓子大声叫喊说："我是果毅成三郎，不是李大将军。现在官军已大批到达，你们的覆亡就在眼前。我死后，妻子儿女一定会蒙受荣耀，而你们死后，妻子儿女将被籍没为奴婢，你们的下场最终不如我！"唐之奇自然不容他扰乱军心，下令将成三郎斩首。

首阵战败后，李孝逸所率唐军主力也抵达了下阿溪北，又多次发动进攻。义军人数虽寡，但在李敬业卓越的指挥下，凭借有利地势，多次击败唐军。李孝逸苦无进军之策，再一次丧失了信心，准备放弃眼前这颗硬钉子，绕道而行，迂回攻占扬州。

监军魏元忠和行军管记刘知柔都认为李敬业困守孤城，外无救兵，已经是强弩之末，坚持要求李孝逸不要放弃，继续进攻。

当时已是冬月时节，浮云惨淡，朔风劲哀，寒如刀割，吹得人睁不开眼睛。魏元忠在战场上来回巡视的时候看到下阿溪一带遍是干枯的芦苇，立刻生出一条妙计：顺风纵火，进行决战。

李孝逸闻计大喜，也再次振作起精神来。在一个狂风大作之日，李孝逸命令军士各持火具，顺风纵火，然后全线出击，越溪作战。

魏元忠之前的判断没错，义军因为布阵已久，士卒连续作战，已经是疲惫不堪，大部分人都在观望，不愿再战，阵型也已乱哄哄的不成样子。

李敬业还想稳住阵脚，见唐军出动，便下令青壮兵士在前，老弱兵士在后，准备予以抵抗。可这一次义军没看到唐军的身影，反而见到一片火海卷地而来，哪个还愿意坐以待毙，立刻纷纷夺路而逃。

唐军火助兵威，一鼓作气掩杀过来，义军全无抵抗之力，被打得全军覆没。当场被斩首七千级，溺死于溪中者不可胜数。下阿溪一带，尸积如山，草木尽被鲜血浸透，溪水染却一片红潮，流了数日才恢复往日的颜色。

在完全不是同一个级别的强大对手面前，李敬业彻底失败了，轰轰烈烈的讨武大军如同下阿溪战场上残留的一缕草烬青烟，消散一空。

眼看败局已定，李敬业带着妻女和少数亲随，直奔润州，准备乘船出海，亡命高丽。可冬季风大浪高，船只根本无法出航。部将王那相不愿再继续追随，便煽动兵士哗变，乱刀杀了李敬业及他的妻小等二十五人，然后向唐军投降。

大唐光宅元年（684年），高举反武大旗第一人李敬业，就这样匆匆结束了他短暂而传奇的人生。随后，李孝逸挥师进军扬州，扬、润、楚三州全部被平定。

清代诗人李必恒写过一首长诗，对这场反武战争的起因和结局做了一个全面的回顾和描述：

金轮奸天位，龙种肆蚕食。罗织大杀伤，普天怨气积。英公起扬州，军容颇烜赫。声罪而致讨，狐媚亦动色。豪杰争响应，师直战必克。如何取润州，恋栈出下策。遂令堂堂阵，军气顿萧索。仓卒遣孝逸，一败遂狼藉。匡复徒虚名，屠戮复谁惜。我来吊遗踪，惆怅想所历。不见葭苇红，但见溪水碧。智哉骆丞超，神龙竟无迹。

晚唐有一位名气不高的史学家陈岳，在其私人唐史《唐统纪》中这样评论说："李敬业如果能采用魏思温的策略，高举匡复庐陵王的大旗，挥军直取洛阳，以恢复皇帝的权力为首要目的，鹿死谁手也未可知。而且即使他军败身死，也还是勤王义士，尚留忠义精神长存。然而他私心太盛，荒诞地希求金陵的帝王气象，妄想自立为王，早早暴露了野心，这就成了和武媚一样的叛逆，又怎么能不失败！"

一百多年后，大唐与吐蕃之间爆发了著名的盐州之战，吐蕃军中有一员大将名叫徐舍人，自称是李敬业的后人，已经恢复了本姓。为表示不忘大唐故国之恩，他在取胜之后，将俘获的唐军俘虏千余人全部释放，也算是徐氏对大唐最后的情义和羁绊。

义军战败后，核心人物唐之奇、魏思温、韦超、薛仲璋等人全部被捕，继而被处死。唯有骆宾王在战乱中只身逃脱，亡命藏匿，不知所终。人们对骆宾王的去向有着不同的猜测，虽然《旧唐书·骆宾王传》说骆宾王被杖诛，但人们更愿意相信这位大才子幸运地逃脱了死亡。

《本事诗》中有这样一段令人神往的记录：考功员外郎宋之问贬黜放还，夜游灵隐寺。当时夜凉如水，万籁俱寂。本来就才情过人的宋之问诗兴大作，脱口而出一联："鹫岭郁岧峣，龙宫锁寂寥。"但只得这两句，后面却再也接不下去了。

这时，有个须发皆白的老僧手持长命灯信步而来，问他："少年夜久不寐，而吟讽甚苦，何耶？"

宋之问见老僧气度高雅，仪态非凡，便谦恭地答道："弟子作诗，适遇欲题此寺，而兴思不属。"

老僧让宋之问说了上联，也觉得不错，略作沉吟后，对他说："何不云'楼观沧海日，门对浙江潮'？"

宋之问闻言大喜，老僧这两句比他前面两句更见境界。没等他细细品味这两句诗之妙，老僧已经徐步出阁，口中如银瓶泻水，继续朗朗道来："桂子月中落，天香云外飘。扪萝登塔远，刳木取泉遥。霜薄花更发，冰轻叶未凋。夙龄尚遐异，搜对涤烦嚣。待入天台路，看余度石桥。"然后将此诗赠给了宋之问，飘然离去。

此后，老僧就再不见踪影。后来寺院中有人告诉宋之问："此人就是骆宾王。"

第五章

——

暗夜十三年

漠北草原，天野苍茫。就在武媚夜以继日地忙于消灭异己之时，一个已经宣告灭亡数十年的游牧汗国又再次崛起。

在初唐那个将星闪耀的年代，在李靖、李勣、苏定方等诸多大将的轮番征讨下，东、西突厥先后被剪灭。一个领土横跨东西亚的超级大国臣服于李世民、李治两代帝王的龙旗之下，大唐的西北边境也从此安宁了半个世纪。

然而生性剽悍，野性难驯的突厥人的复国之心从未停止。归顺后的突厥余部在漠北默默地恢复创伤，繁衍生息，又逐渐强大起来。因为突厥人素来以善战闻名，大唐又是个进取型的帝国，常常征调归顺的突厥人作为仆从军去随同唐军东征西讨，突厥青壮男子死于战场者不计其数，大小酋长们都苦不堪言，不堪重负，于此逐渐开始萌生反意。

调露元年（679），冬十月，突厥两个小酋长阿史德温傅和阿史德奉职首先打出了反旗，他们拥立突厥历史上赫赫有名的突利可汗的后裔阿史那泥熟匐为可汗，公然与大唐再度对抗。这次反叛，共有二十四个羁縻州的突厥酋长起兵响应，聚集部众多达数十万人，狰狞的狼头大旗再一次在草原的天空飘荡起来。

此后，唐军与突厥又一次开始了无尽无休的连番作战，双方互有胜败，但永淳年间唐高宗李治那一次言而无信的杀降（见前文），为阿史那家族与大唐彻底势不两立，屡屡叛唐埋下了祸根，直到一代枭雄阿史那骨笃禄自立为颉跌利施可汗，终于重建突厥汗国，他们兄弟的故事我们后文还有详述。

突厥重新建立政权之后，开始咄咄逼人地一次次向汉地进犯，让唐廷头痛不已。于是武媚派出左武卫大将军程务挺为单于道安抚大使，前往北边与突厥人作战。

程务挺我们前文介绍过，向来善于将兵，作战勇猛，是突厥人最为畏惧的劲敌。有他领兵驻守，大唐北边就等于修建起了一道坚固的长城，突厥此后屡次内犯都碰了钉子，在程大将军面前不得不有所收敛。可以说有程务挺镇守边疆，胡人不敢南下牧马，士不敢弯弓而报怨。

就在程务挺在北边为朝廷浴血奋战的时候，一个惊天消息传来：当朝宰相裴炎，竟然以谋反的罪名被武媚下入大狱，命在旦夕。裴炎对程务挺有知遇之恩，重情重义的程务挺心急如焚，立刻向洛阳上表为裴炎申明冤屈。

武媚接到程务挺的表文，不由得连声冷笑。原来程务挺性情豪爽，最爱交友，与李敬业义军中的唐之奇、杜求仁都是好朋友，更是裴炎一等一的亲信。这样的人在边疆手握重兵，武媚想找他的罪名还来不及。如今程务挺不但不赶紧表忠心，求宽恕，和裴炎划清界限，反而替谋反大逆裴炎求情，这不是自己找死吗！

武媚行事向来果决，她仿佛全然忘记了程务挺帮自己拉李显下台的拥戴之功，派出左鹰扬卫将军裴绍业来到程务挺的军营——索命来了。

裴绍业也是一员老将，他不是不明白程务挺的忠勇与冤屈，只可惜上命难违，如果他对程务挺手软，下一秒武媚就不知道要派谁来取他的脑袋了。严峻的时局容不得他有片刻迟疑与同情。裴绍业带着太后的旨意昼夜飞驰，不过数日便到了唐军大营，当场宣布程务挺与裴炎共犯谋反大罪，一手斩杀了程务挺，一手接过了单于道安抚大使的大印。

身经百战的程务挺就这样不明不白地死了，不是死于战场，而是死于他半生效忠的女主的猜忌与寡恩。

程务挺的死讯很快就传遍了北边，从草原到大漠，突厥各部到处都在设宴庆贺，男女老少喜气洋洋，简直比过节还要高兴百倍。突厥人看得明白，唐廷是在自毁长城，如今北边的屏障倒了，以后入寇侵略，将更加容易。

悍将程务挺的性命在武媚眼中贱如蝼蚁，可突厥人却对这位强大的对手十分钦佩敬重，他们竟然纷纷建立起祠堂，供奉这位往昔的对头。每次出兵之前，突厥人都要去程务挺的祠堂祈祷，请他保佑能够取得胜果。若程大将军在天有灵，大概也会很矛盾，突厥人和武氏，他应该更偏向哪一方呢？

对突厥人来说，好事不只这一桩。程务挺被处死后，他的一个好友也受到牵连，落了个同样的下场。这个人也是我们前文提到的大唐边防柱石——夏州都督王方翼。

王方翼是废后王皇后的近亲，又与程务挺共事多年，二人一贯惺惺相惜，互相友善。武媚对他素来敌视，早动了杀机，这次借着杀程务挺的机会也下令将王方翼从边陲召还，投入大狱。这员为大唐经略西域立下汗马功劳的名将，被流放崖州，惨遭杀害。

夏州同样是抗击突厥的前线，武媚一举屠杀了两员镇守边关的大将，令国中几无名将可用，边防力量大为虚弱，真正是令亲痛仇快。

程务挺死后第二年，突厥开始大举进犯代州，武媚派出名不见经传的左玉铃卫中郎将淳于处领兵对敌，结果在忻州被打得大败，五千唐军血染沙场。这一次的败仗，只是个开始，在日后数十年的漫长岁月里，堂堂天朝上邦被外敌内患轮暴已是家常便饭。

北门崩塌

子虚乌有的裴炎谋反案终于尘埃落定，三次改元的光宅元年（684年）也随之结束了。

李敬业造反，裴炎逼宫，程务挺站错队，甚至刘祎之也开始与自己离心离德。武媚虽然在一次次权力之争中变得越来越强大，可并没有感到胜利的喜悦。相反，武媚愤怒地发现，自己虽然得到了权柄，却远远没有收服人心。朝臣对她只有畏惧，全无信服。在这种压抑情绪的支配之下，武媚终于爆发了，她在紫宸殿把大臣全部召集起来，向他们发布了一次豪气冲天的著名训话。

这一日，武媚高坐于垂帘之后，在接受了朝臣的跪拜之后，以充沛的底气开始发言了。一开始，她还能尽量控制自己的情绪，用相对平和的语调询问群臣："朕没有对不起天下的地方，你们都明白这一点吧？"群臣哪敢多言，都以毕恭毕敬的语气相呼应："必须的！"

紧接着，武媚开始酝酿情绪，饱含情感地痛陈革命家史："我跟随高宗二十多年，无穷无尽地替天下人操心，你们这些人的富贵，不都是我给的吗？老百姓能够安居乐业，不都是拜我所赐吗？可现在握兵造反的那些人，恰恰出在你们这些公卿之中，你们对我怎么会如此负心！"

经过这一番自我表扬之后，武媚似乎被自己感动了，她的情绪持续升温，终于达到了高潮。她的声音变得高亢起来，一扫悲哀的情绪，用充满威胁的语气说："你们这些大臣拍拍胸脯好好想一想，有没有受遗老臣，倔强难制比裴炎脾气还大的？有没有出身将门之后，能纠集亡命徒造反，比徐敬业者胆子还大的？有没有手握重兵、攻战必胜，比程务挺者本事还大的？如他们三个人，都算得上是人中龙凤，但敢做出不利于朕的事，朕也能杀了他们。你们要是觉得自己比他们三个能耐还大，那就以他们为榜样，不要命的可以试试接着跟我斗！如果觉得自己水平不够，那就收好心思，丢掉幻想，老老实实地侍奉我，不要成为天下的笑柄！"

武媚这样一番充满威慑意味的训诫，当真是威风八面，气势惊天，虽霸王重生也难比拟。大臣们无不被太后尖厉的声音和惊人的气场震得五内俱伤，乌压压跪倒一片，各个磕头如捣蒜以表忠心，所有人只能说，也只敢说同样的一句话：

天枢坠落：武周政权的崛起与终结

"唯太后所使。"

自信来源于实力，武媚说的一点儿没错，如那些顾命大臣与百战名将在武媚面前尚且如婴儿般无力反抗，走不上一个回合就脑袋搬家，其他大臣们就更没有任何可以与太后正面抗衡的本事了。

当初是裴炎、刘祎之、程务挺三人威风凛凛地领兵直闯正殿，把皇帝拉下宝座，何其威风。然而事不过一年，裴炎和程务挺已经身首异处，现在只剩下一个孤独的刘祎之了。

作为"北门学士"中最优秀的代表人物，刘祎之是武媚亲手提拔和精心培养的重要干部。如果说裴炎是与武媚关系密切的合作者，那么刘祎之则是武媚最亲近和信赖的自己人。

裴炎被处死之后，刘祎之顺理成章地成为宰相集团的第一人。

武媚对刘祎之的欣赏和信任，源于日积月累的相知相处，是经过岁月考验的。刘祎之极有才干，他构思敏捷，下笔如神，无论多么复杂的公文在他手中片刻即成，当时朝廷所下发的所有诏敕，全都出自刘祎之笔下。

有一次，司门员外郎房先敏因为犯了错误，被降职为卫州司马，他心中不平，就到凤阁（中书省）去找宰相申诉。房先敏先找到了内史骞味道，满腹委屈地对他说："我被降职是因为受了皇太后的处分。"骞味道哪里有兴趣搭理这个小官，为了快些把他打发走，他不假思索地推诿说："对，这就是太后的决定。"

房先敏碰了一鼻子灰，只好又去找刘祎之诉苦。刘祎之的态度却截然不同，他对房先敏说："官员因为犯错而改官，一向是由下向上奏请。"意思官员的升迁或降级，从来就是有关部门先提出方案，然后再上奏太后请求批准，怎么能简单地说都是太后一人所定？

两个宰相的态度，一个是推诿，一个是揽责，高下立判。

武媚听说了这件事，认为刘祎之能推善于君，引过在己，对他更看重了，公开赞赏他说："作为臣子处事，应该扬君之德，君德发扬了，难道不是臣下的美事吗？况且君是元首，臣是肢体，情同一体，好坏也在一体。没听说过手和脚的毛病要转移到腹背，还能一体安康的。刘祎之引咎于己，是大大的忠臣！"然后赏赐给刘祎之名贵的五色帛百段外加一匹小马驹。

至于那个推卸责任的骞味道，武媚看透了他不过是个善则归己、过则推君的老官僚，挥挥手把他贬到青州当刺史去了。

武媚对刘祎之有知遇之恩，刘祎之原本对这位太后也是满怀感恩之情，一直尽职尽责地勤奋工作。但我们前面也讲过，刘祎之的性格中有一个重要特征，就是善恶分明，最不能容忍颠倒黑白。他配合武媚把李显拉下台，并非为了一己私欲，而是想推动自己的学生李旦登基，重振大唐盛世。

可刘祎之万万没有想到的是，武媚口口声声还政于李旦的誓言完全落空，她在政变成功后不但没有遵守承诺，反而把李旦囚禁于偏殿，牢牢控制，自己却以太后身份临朝称制，成了把控朝政的无冕之王，这一切和刘祎之的政治理想完全背道而驰。

昔日的战友都被处死了，当今皇帝成了傀儡，这残酷的现实让刘祎之的心冷了，他虽然身在高位，但内心充满了对李旦的愧疚，变得日益沉默和消极。在反对武媚的态度上，如果说裴炎是一团烈火，那么刘祎之就是一块寒冰。如今的武媚看起来是那么可怕和陌生，让刘祎之彻底放弃了自己多年来对这个女主的崇敬和拥戴。

物不得其平则鸣，终于有一天，刘祎之忍不住向自己属下，凤阁舍人贾大隐发了个牢骚："太后既然已经废昏立明，又何必还临朝称制？不如返政皇帝，以安天下之心。"

聪明的刘祎之在说出这番话的时候，忘了一件事，那就是时代变了，当时已经进入了臭气熏天的告密时代，任何人都不再值得信任。刘祎之拿贾大隐当亲信，贾大隐却拿刘祎之当垫脚石，他转过头去，立刻将此事密奏武媚。

"返政"二字，向来是为武媚最忌讳的。听说自己的头号心腹刘祎之竟然不肯与自己同流合污，竟然离心离德地偏向李旦一边，武媚大为失望，叹息道："祎之是我一手提拔起来的，如今却有背我之心，难道他就再不顾念我对他的恩遇了吗？"

很快，刘祎之被冠以两个莫名其妙的罪名被捕入狱——私下收受归州都督孙万荣的贿赂，与许敬宗的小妾私通。

可以说武媚对刘祎之确实是另眼相看的，她没有按照常例派出酷吏对刘祎之进行审讯，而是派了个名不见经传的肃州刺史王本立作为主审官，对刘祎之进行审讯。这算是对刘祎之释放了一个或许能够为他留下生路的信号，武媚期待着，刘祎之也许会懂得她的良苦用心，有所醒悟，回心转意，重表忠心。

王本立来了，趾高气扬地带着太后敕令，准备向刘祎之宣读。心高气傲的刘祎之身为宰相之首，又岂能受这等地方下官的折辱。他冷冷地看着王本立，全无下跪接诏的意思，只是从牙缝里轻轻吐出十个字："不经凤阁鸾台，何名为敕？"

唐朝的制度，敕令必须经由中书省起草，门下省审议，才算合格合法的公文，可以正式发布，虽太宗高宗也不敢违规。但武媚向来藐视规则与程序，称制后往往不经三省，直接下诏。刘祎之对此早有不满，但一直隐忍不发，今天已经到了如此地步，他也不必再给武媚面子，终于痛痛快快地对这份非正常途径出台的公文提出了反驳和质疑。

我们也可以将他的潜台词理解为：既然敕书非法，那么武媚的临朝执政算是合法吗？

王本立的审问本来也是来走个过场，见刘祎之如此不配合，他也不好再说什么，只能灰头土脸地回去向武媚复命。在武媚的暴怒之下，刘祎之的经济罪和生活作风罪之上，又被狠狠地扣了一个新罪名——"拒捍制使"。

抗拒最高当权者旨意的罪名，无异于一份死刑宣判书。这下连傀儡皇帝李旦也坐不住了，别人的事他可以不管，但刘祎之与他恩若父子，自己又岂能袖手旁观。李旦打算拼尽自己微弱的力量，为老师向母亲求情。

刘祎之的亲友知道皇帝亲自出面予以营救后，私下都非常高兴，认为武媚一定会给皇帝一个面子，让刘祎之免于一死。但刘祎之却非常冷静地告诉家人："我必死无疑了。太后临事独断专横，威福全凭自己的心意，如今皇帝上表要救我，只不过使我加速致祸罢了。"

本来刘祎之就是因为替李旦鸣不平才遭此大祸，现在李旦又反过来替刘祎之求情，武媚又岂能允许朝中出现这种与她的利益相悖的扶持与忠诚。

李旦上表没多久，刘祎之即被宣布赐死。

临终之前，刘祎之神色自若，干干净净洗了个澡，然后让他的儿子执笔起草谢表。他的儿子即将与父亲诀别，又哪里对杀父仇人谢得出来，泪如泉涌，无法执笔。

刘祎之爱怜地推开儿子，自己拿起笔，一如当年立写敕书一般挥斥方遒，洋洋洒洒，一挥而就，将一篇词理得体、情真意切的谢表一气呵成，读过的人无不动容。

写毕，刘祎之慨然就死，时年五十七岁。

麟台郎郭翰、太子文学周思钧等人读过这篇刘祎之以生命谱写的陈情谢表，都深受感动，纷纷盛赞他的文采。武媚听说竟然还有人敢夸奖刘祎之，愤怒地降郭翰为丞州司马，周思钧为播州司马。

刘祎之死了，带着当仁不让、以身许国的铁骨豪情，正如他为太子李弘写过的那首悼念之诗：一随仙骥远，霜雪愁阴生。

此时为武媚揽权立下汗马功劳的北门学士集团已经进入了兔死狗烹的倒计时，武媚需要的不再是这些有才华、有风骨的文人君子，而是那些无知无畏，能忠实执行指令，为她残害清洗异己的酷吏。

"北门学士"的核心成员有六人，继刘祎之后，同样拜相的范履冰，因举荐不当的罪名被杀。

中书侍郎元万顷为酷吏所陷，配流岭南而死。

麟台少监周思茂为酷吏构陷，下狱而死。

苗神客和胡楚宾的死因史书中没有明确记载，很有可能亦被武媚一网打尽，假手酷吏所害。

曾经纵横政坛，翻云覆雨的北门学士被诛杀殆尽了。继他们之后闪亮登场的是武媚一手打造的全新团队，在这些人尽心尽力的持续努力下，整个国家的政治风气日甚一日地变得污浊不堪。从这一年开始，大唐将进入一个漫长的、史无前例的、充斥着浓重血腥味道的黑暗时代。

始作俑者

在洛阳城巍峨的则天门外，东侧立着一块红色的大石头，很像是人肺的形状，被百姓们称作"肺石"。

在中国，城门外立肺石的制度已有千年的历史传承，在《周礼·秋官·大司寇》中记载，不论地方远近，凡有冤情，而其长官不向上报告的，百姓都可以在肺石上面站三天，越级上诉于王和六卿。故而立肺石的目的就是让老百姓吐冤情，说真话，因为红色的石头象征着"赤心不妄言"，颇有点西方人作证前手按圣经宣誓不说谎的含义。可以说肺石的存在代表着中国古代一种被官方允许的越级上访制度。

在与肺石相对之处，还有一面巨大的牛皮鼓，叫作"登闻鼓"，同样是为百姓鸣冤诉状而设的。但这面大鼓是不是让你随便敲，能不能敲得上，敲过了有没有人接待，就要看当时官员乃至皇帝的心情了。

宋太祖赵匡胤在位期间，政治清明，当时敲登闻鼓的门槛很低，不设禁令，还闹过一个笑话。

有一个开封百姓名叫牟晖，一大早天还没亮就去敲打登闻鼓上诉，鼓声隆隆，声闻大内。赵匡胤以为民间出了什么了不得的大事，便派人传唤他进宫来问讯。结果牟晖见了皇帝，竟然报告是他家的猪跑丢了，心中焦急，故而来找皇帝诉苦。

赵匡胤耐心地听这位大胆"刁民"牟晖讲完，也很无语，但他没有生气，更没有责问牟晖，反而赐给牟晖一千钱，算是补偿他的猪钱，把他打发走了。

事后，赵匡胤意味深长地对宰相赵普说："今日有人敲响登闻鼓来问朕觅亡猪，朕又何尝见他猪了？然而我们应当为此感到高兴，因为知道天下无有冤民。"

垂拱元年（685年），二月初七日，太后武媚下了一道新旨意，"登闻鼓"和"肺石"旁边不再派士兵站岗，百姓可以随便立石，任意敲鼓，而负责对接的御史必须予以热情接待，听取缘由，然后向朝廷汇报。从这一天开始，则天门外比洛阳的东西市场还要热闹，很多人怀着不同的目的，前来敲鼓立石。

第二年的正月初一，武媚自感天下初定，心情不错，就和儿子李旦开了个玩笑，表示要"复政于皇帝"，打算试探试探儿子会不会还抱有某些不切实际的幻想。这一下可把李旦吓得半死，连年也没过好。四个哥哥的悲剧历历在目，李旦哪里还敢重蹈覆辙。他诚惶诚恐地一连呈上三道让表，坚决表示自己压根儿就无心国事，为了天下社稷苍生，唯有众望所归的太后继续临朝听政才是万民之幸。

儿子如今已经修炼得这般乖巧懂事，这让武媚心中好不快活，也就不再提复政之事了。

当然不是所有人都如李旦一般识趣，雍州的官员报告说新丰县东南发生了地壳变迁的情况，有座小山从地下踊出，这是一种吉祥的预兆，于是武媚下令改新丰县为庆山县，朝廷内外的官员都非常默契地向太后上表祝贺。唯有江陵人俞文俊跑来扫兴，上书泼冷水说："天气不和，寒和暑就会并行；人气不和，毒瘤就会滋生；地气不和，小山丘就会出现。如今陛下明明是太后的身份却处于帝王的位置，刚柔改变，地气受到阻塞，山石发生变化，成为灾害。现在陛下居然称它为'庆山'，这绝对不是喜庆的事。我认为应该谨慎修德以答复上天的谴责，不然，灾祸将要降临了！"

武媚闻言大怒，将俞文俊流放到岭南去了，而俞文俊所预言的大灾祸，在这一年的三月份，如期降临了。

三月入洛阳，春深花未残。龙门翠郁郁，伊水清潺潺。每年三月，都是洛阳牡丹盛放的时节，唐人会在三月初三过一个清新温暖的节日——"上巳节"，皇帝会带着大臣泛舟踏春，贵族仕女们也会穿起绣罗衣服争相斗艳。而对于宫女们来说，三月三是她们一年中最祈盼的日子，皇帝会允许宫女在兴庆宫内的大同殿前与自己的父母亲人相见。

就在这一年三月，一个风清气和的寻常早晨，洛阳百姓惊奇地发现，洛阳城门前一夜之间多了一个四四方方、铮明瓦亮的巨大铜柜。

这个大铜柜子的学名叫作"匦"，就是信箱的意思，当时人们还不知道，这个做工精美的大信箱，将给这个多灾多难的王朝邮寄来成千上万份死亡通知书。

则天门外明明已经有了肺石和登闻鼓，怎么还要再立这样一个大铜匦呢？原因很简单，武媚深知自己的地位来路不正，背地里必然饱受天下士人的诟病，她为了平息非议、搜寻政敌，决定打着"广开言路，注意纳谏"的旗号发起一项全民举报运动——铜匦告密。

自从文明元年发生那起飞骑军士告密事件之后，一只无形的恶魔开始飘荡于大唐帝国的上空。靠泯灭良知就可以获得荣华富贵的现实蛊惑激荡着无数阴暗小人的心扉，大批恶意举报者怀着以告密换取利益的强烈动机，在不断到处寻找告密的机会与通路。

　　哲学家苏格拉底曾说过："告密者不配称为人。"告密的核心在于法制的缺失和良知的沦丧。在人类的传统文化里，无论是东方还是西方，都有明确反对告密的传统。基督耶稣被他的门徒犹大出卖，被钉上了十字架，而告密者犹大从此遗臭万年。

　　东方经典《论语》里，有这样一个意味深长的故事，叶公告诉孔子说："我们那地方有非常正直的人，爸爸偷羊，儿子就出来检举揭发。"孔子却不屑地说："我们那里正直的人与您这种正直有很大区别，是父亲儿子相互隐瞒，我认为正直就在这里。"在孔子看来，亲人间的伦常亲情，要比所谓的正直更为重要，孔子看重的是人性。不同的社会底线设定，决定了人们不同的选择。而在武媚掌权的时代，告密恶行变得冠冕堂皇，善与恶的界限不再分明。

　　上有所好，下必甚焉。揣摩圣意的人向来是无处不在的，裴炎案的两大主审之一，御史鱼承晔的儿子鱼保家第一个看出了其中的窍门，并牢牢抓住了这个难得的机遇。

　　小鱼看到老鱼依附太后得到了快速升迁，很是眼热，自己也想大有一番作为。走科举之路，他水平有限；靠毛遂自荐当官，竞争太多，风险太大。鱼保家决定发挥自己心灵手巧的特长，日夜钻研，标新立异地搞出一个具备保密性与实用性双重优势的告密工具——铜匦，打算靠它来获得赢取太后注意的捷径。

　　硕大的铜匦由东南西北四个铜柜拼成，每个侧面分别涂着不同的颜色，各有分工。

　　东方木位主春，名为延恩匦，有建言育人及农桑之事者，可投书于青匦。

　　南方火位主夏，名为招谏匦，有能正谏论时政之得失者，可投书于赤匦。

　　西方金位主秋，名为申冤匦，有遇到冤假错案蒙冤屈者，可投书于素匦。

　　北方水位主冬，名为通玄匦，有能献策献计贡献谋智者，可投书于玄匦。

　　铜匦被献出后，武媚果然大喜过望，为了这大铜匦还特意建立了一个职能机构，叫作匦使院，派遣正谏大夫、补阙、拾遗三名官员担任知匦使，专门主管铜匦之事。民间所有信函被投入后，无法再收回，只有知匦使拿着特制的钥匙才能取出，值班人员要在每天晚上整理好当日所有的投书，然而在第二天一并递交朝堂。

　　如果只看表面功能，这个铜匦似乎完全是一个朝廷与百姓之间密切沟通的友善桥梁，开辟了一条最高统治者了解下情，确保言路畅通的渠道。可在实际操作中却远非如此，青、赤、素三个瓯几乎无人问津。唯有黑色那一瓯每天信件多得塞不下。并不是百姓们有多高的热情为国家建言献策，贡献智慧，而是因为阴森森的黑瓯另有一个隐含的真正作用——接纳告密信。

铜瓯摆出来没几天，武媚就看到了第一批告密信，而被举报的不是别人，正是发明家鱼保家。举报内容是这个巧手的聪明人有着不为人知的前科——他在前年曾为扬州造反的李敬业设计过兵器！

这下鱼保家可惨了，正所谓恶人自有恶人磨，负责审问他的还算是半个同行，著名的酷吏发明家索元礼。作为胡人，这个索元礼在这个世界上无根无基，他全部的荣华富贵都系于武媚一身，故而向来以审案高效，万分敬业著称。与铜瓯相比，索元礼发明的东西更直接，也更高效，那些构思巧妙的机械装置有一个共同的名称——刑具。

索元礼觉得有一种铁帽子非常适合头脑聪明的鱼保家，只要套在头颅之上，再往里打入几个木楔子，就能轻易把人的眼珠给挤出来。可惜鱼保家没有能让索元礼这项别有创意的发明得以施展，他不过是看了一眼铁帽子，就吓得尿了一地，自觉地放弃了所有辩白，立马认罪，只求速死。

鱼保家这种人在武媚眼里，价值还不如一只臭虫，很快被下令处决。他不但没能保住家，连自己的人头也没保住。而他的父亲身居高位，也救不了自己的儿子，反被牵连。正所谓："始作俑者，其无后乎！"

鱼保家可悲地被处死了，可他发明的铜瓯却保留了下来，变成良善之人的噩梦，变成奸恶之人的帮凶。

不久后，武媚又发布一道升级版的告密的诏令："有告密者，臣下不得问，皆给驿马，供五品食，使诣行在。"

这回可妥了！譬如农民张三要想去告密，或者其实就是想去故意陷害谁，或者干脆就是因为家里吃不上饭了，想混几顿官粮。他只要找到地方长官，说我要进京告密，这个长官绝对不允许有任何质疑和询问。按太后的新规定，他必须给张三准备一匹高头大马，然后还得按照五品官的待遇，好酒好菜一路伺候张三进京。

在唐朝，五品官的级别已经不低了，很多刺史也不过五品，每日的补贴标准是细米两升、面两升三合，酒一升半，羊肉三分，瓜两颗。张三土里刨食一年也不过吃糠咽菜，如今骑着高头大马，日日有酒有肉，可算得上是天天过年，他自然是恨不得从家乡到洛阳的路，一辈子也走不完。

到达洛阳后，张三同样没有任何风险和责任，他可以信口开河，任意胡说，自有人出面负责审查。如果告密属实，张三可以马上领赏，甚至加官晋爵；如果查出所言不实，张三也不会受到任何处罚，京城官员还得负责把张三平平安安送回家去。张三无论怎么做都稳赚不赔，只当是公费旅游了一趟。

过了三个月，或许张三心又痒了，嘴又馋了，还可以再接着去告密。

天下人心就在政府这样的恶性鼓励下迅速变坏了！

混乱的政坛从来都是野心家、贪婪者的阶梯，一时间国内所有附膻逐臭之辈全都被发动了起来，大批无耻的小人从四面八方蚁聚洛阳。武媚则兴趣盎然地在紫宸殿一一接见这些告密者，前后足足耐心听取了一万多人的汇报。这些人带着源源不断、真假难辨的各种信息，为朝中酷吏提供了无数施暴的理由。

有告密者，自然就有受害者。天下又有几个人如李敬业一样提着脑袋真想造反的呢？所以那些被告入狱的人大部分都是普通的官吏和百姓，可惜当时遵守法律的正直法官大都被替换成了穷凶极恶的衣冠禽兽，仰头三尺，再无青天。

在这个特定的历史时期，涌现出一大批为武媚所重用的，嗜血成性，以杀人灭族为乐事的司法官员，他们有一个遗臭万年的统一名号——酷吏。

御史

战国时期，齐国曾发生过一起后果严重的奸情命案。

齐国大夫崔杼娶了一个名叫棠姜的大美女，很喜爱她。可齐庄公也看上了这个大美人，很快就和棠姜勾搭成奸。崔杼被上级领导戴了绿帽子，敢怒不敢言。

时间久了，齐庄公越来越嚣张，从一开始偷偷摸摸，变得胆大妄为，最后干脆经常光天化日之下到崔家宣淫，崔杼由耻生恨，开始对这位鲜耻寡廉的君主动了杀机。

一日，齐庄公又来到了崔家，明里是去看崔杼，真实意图还是想去找棠姜寻欢作乐。可这一回棠姜也不愿再逆来顺受，而是和丈夫一起把齐庄公锁在屋内。

齐庄公看到周围都是手执兵器的崔府家奴，这下傻眼了，只好收起君王的架子，请求和解。可崔杼不肯答应，执意要取他的性命。

齐庄公情急之下，做了一件所有被堵在屋内的奸夫都会做的事，他趁着众人不防备，想跳上高险的墙头逃跑，结果被一箭射中大腿，坠入城下，最终可耻地被杀死了。

杀了齐王之后，扬眉吐气的崔杼自封为相国，飞扬跋扈，开始专断朝政。

虽然说齐庄公做事确实不地道，但弑君毕竟是大事。崔杼担心这一段弑君往事被史官记录在史册上，就将专管记史的太史伯找来，凶巴巴地对他说："昏君已死，你就写他是患病而亡。如果你按我说的意思写，我一定厚待于你，如若不然，可别怪我不客气！"

崔杼持剑在手，杀气腾腾。可素来耿直的太史伯看了看崔杼，丝毫不为所动，当场拿起竹简提笔疾书："夏五月，崔杼谋杀国君光。"

崔杼连国君都敢杀，别说一个小小的史官了，他勃然大怒，当场挥剑杀了太史伯，毁掉了竹简。按当时的惯例，史官这个职位是父子兄弟传袭的。于是崔杼又召来太史伯的二弟太史仲，指着太史伯的尸体，再次恶狠狠地威胁他从命。谁知道这太史仲的态度和哥哥一样坚贞不屈，他冷静地摊开一卷新竹简，再一次提笔写道："夏五月，崔杼谋杀国君光。"

崔杼怒不可遏，又杀了太史仲，然后将他的三弟太史叔召来。让他看地上两个哥哥的尸体。太史叔毫不动容，冷静地说："据事直书，是史官的职责，失职求生，不如去死。你做的这件事，迟早会被大家知道的，我即使不写，也掩盖不了你的罪责，反而成为千古笑柄，与其失职，还不如去死。"然后他就在二位哥哥的尸体旁第三次写出了事实。

崔杼没想到这些史官们的骨头如此之硬，被气得七窍生烟，他把太史叔碎尸万段，又令四弟太史季来补缺。视死如归的太史季早就做好了准备，他将已经写好的竹简摊开来递给崔杼，依旧是那几个字。崔杼连杀数人，握剑的手都软了，他终于为史官们的刚直气节所征服，再无话可说，终于叹息一声，任由太史季记录下了真实的历史。

齐国还有另一个史官叫南史氏，听说太史兄弟因为不肯篡改真相而相继被杀害，非但不害怕，反而自己抱着竹简急匆匆赶来，打算前赴后继，接替太史兄弟将崔杼的罪状记载史册。当他知道太史季已经据实记载，才安心回去。从此，齐国史官不畏强暴，前仆后继，秉笔直书的义举也永载史册，为历代所歌颂传扬。

春秋时期的史官，被尊称为御史官，到了秦汉之后，许多官职都随着国家的发展而改变了设立的初衷。脱胎于史官的御史，开始被君王们赋予监察百官的检察权和弹劾权。《史记·淳于髡传》中记载："赐酒大王之前，执法在傍，御史在后。"说明御史已经和执法官并列。坚贞正直的御史，官职虽然不高，但社会地位高，文化水平高，还以道德高洁著称。

唐太宗说以史为鉴可以知兴替，而由这些不畏强权，敢说实话的史官来监察官员是最合适不过的了。到了明朝，御史的职责还同谏官合流，开始对国家政策进行批评监督，也涌现出无数不畏强权的刚烈之士。

唐代的御史官虽然只有五品，但拥有其他五品官不具备的朝会权，能够在百官面前上奏天子。御史台下设台院、殿院和查院。台院御史称作侍御史，负责纠察刑狱诉讼；殿院御史称作殿中御史，主抓殿庭礼仪；查院御史称作监察御史，主要负责纠察百官作风。

御史最厉害的是有风闻奏事权，风闻就是道听途说，类似于当代的匿名举报。御史不需要对自己的言论负责，可以对一切可疑案件进行调查。哪怕是当朝宰相，只要被御史抓到把柄也是照参不误。这样规定的本意是为了保护举报人，也增强了监察系统的威慑力。

高宗朝以前，御史一职大部分由正直忠贞的官员充任，以匡正君主，监察百官，然而到了高宗驾崩，铜匦现世之后，黄钟毁弃，瓦釜雷鸣，大批毫无底线的无赖小人混上了御史这个神圣的岗位，御史台成了他们兴风作浪，为非作歹的大本营，古人以生命为御史官铸就的忠贞美名，开始变了味道。

在李敬业起兵之时，宁陵县有个叫郭弘霸的县丞曾口沫横飞地表示决心说："征徐敬业，臣愿抽其筋，食其肉，饮其血，绝其髓。"这番自陈忠心的表态落入武媚耳中，十分受用，当即任命这个不入流的小官为监察御史，时人号为"四其御史"。

而这个满口豪言的"四其御史"，其本质到底是个什么东西呢？

郭弘霸的上级领导就是出兵征讨李敬业的监军，时任御史中丞的魏元忠。有一次魏元忠病了，几个低级御史相约一同前往探望，其中就有郭弘霸。探望过后，其他人纷纷告辞，只有郭弘霸故意留在最后，做出了一个极为惊人的举动。他找来魏元忠的便盆，然后拈起一块粪便，放到口中品尝起来。这场别开生面的表演吓得魏元忠的病当时就好了一大半，从床上蹦起来问他为何要这样做。

郭弘霸一脸谄笑，不急不慢地说："大人粪便的味道如果甜，可能病还不会好；在下刚才尝了一下，味道略带苦涩，说明大人的病很快就好了。"

魏元忠是个非常正直的人，听了这话，差点儿活活恶心死，赶紧让他滚蛋。他不但压根儿不屑理会这个无耻之徒所表现出来的"忠心"，还把郭弘霸吃屎讨好自己的恶心事给抖搂了出来，郭弘霸从此臭名昭著，得了个"吃屎御史"的称号，朝臣们都对他嗤之以鼻。

郭弘霸在御史任上一贯作恶多端，后来他大概是因为吃屎太多，吃坏了脑袋，最后发疯自杀了。那一年正逢洛阳桥刚刚修复完毕，一日武媚问群臣："你们最近在外面听说什么好事没有？"素来幽默的中书舍人张元一回答道："洛桥成，郭霸死，这都是大好事啊！"

獬豸

宋人徐钧有诗云：一丁不识望台官，獬豸如何可并冠。不解触邪翻触正，凶顽合作虎狼看。

獬豸是中国古代传说中的一种独角神兽，它形如麒麟，遍体黑毛，拥有很高的智慧。能懂人言，辨是非，识忠奸，见到有人相斗，它会用犀利之角去顶触理曲之人；听到有人相争，它会用嘴咬挑起是非的一方。正因为獬豸这种勇猛、公正的性格，故而一直都被当成监察、审计和司法官员廉明正直、执法公正的象征。自秦朝开始，獬豸图案成为御史服饰的特有标志。

武媚当政之时，有个卖饼小贩叫侯思止，在乡里是个出了名的卑鄙无赖。他家境贫困，又人缘极差，家无隔夜粮，身无御寒衣，只好跑到恒州，在参军高元礼家里当个奴仆，勉强混口饭吃。

恒州有一名判司，因为犯法受到了当地刺史裴贞的惩罚，被狠狠打了一顿板子。这位判司怀恨在心，却无力报复。当时武媚已经露出了除灭宗室，夺取政权的野心，正在广搜党羽，大搞告密，搞得天下乌烟瘴气。判司自己不敢得罪高官，就挑唆侯思止说："现在已经有诸多宗室被太后所杀，你何不趁此机会也去告发舒王与裴贞谋反呢？"

判司口中的舒王是高祖李渊的第十八子李元名，他品性高洁，不治产业，为官上也对百姓很好。李元名在郑州做刺史时，当地很多王公贵族放纵家丁侵扰百姓。李元名到任后铁面无私，严格执法，把这些人全部抓了起来，故而深得民心。

侯思止一直梦寐以求能够改换门庭，出人头地，却苦无机遇。这位判司的话似乎为他指明了一条便捷可行的升迁之路。反正大字不识的侯思止也不认识良知二字怎么写，就真的跑到官衙去诬告裴贞图谋造反，接着又告了李元名的儿子李亶一状。当时李亶正任江州刺史，治理一方颇有美政之名，这样一个大有前途的年轻人，哪里能想到自己会被一个压根儿不认识的仆役所害，被一场无端祸事砸了个正着。

对于涉及宗室的案件，武媚向来极为重视。只要接到上告，不管真假，立刻派出酷吏追查。结果倒霉的李亶竟然落到了那个人间恶魔丘神勣的手里。

丘神勣杀害太子李贤都毫不手软，又哪里会在乎再干掉几个宗室小王。很快，李亶就被害死在诏狱之中，李元名受儿子牵连被发配利州，在途中被杀。恒州刺史裴贞更不用说，稀里糊涂地被全家处死。

侯思止初出茅庐，只不过胡诌了一番不着四六的瞎话，就害死了一个亲王，一个郡王，一个刺史，为武媚铲除异己立下大功，被授任游击将军之职。这回就连他昔日的主人高元礼也不敢不对他另眼相待了，改尊称他为"侯大"，不仅让侯思止跟自己同起同坐，还绞尽脑汁为这位无耻之徒出谋划策，帮他继续谋官。

侯思止属于光屁股撵狼，胆大不害臊的类型，他不知道从哪里听说御史身份高，权力大，为朝臣所敬畏，很是羡慕，就主动去面见武媚，要求做御史。

听了侯思止的请求，武媚也觉得很离谱，轻蔑地对他说：你连字都不认识，怎么做得了法官？

侯思止有备而来，早就背熟了高元礼给他准备好的台词，大言不惭地说："獬豸也不识字，却能发现奸邪之人。"

侯思止恬不知耻的一番蠢话，竟然哄得武媚十分开心，于是真的封这个目不识丁的侯思止为朝散大夫、左台侍御史。

侯思止现在职位有了，但还想进一步得宠，这时候高元礼已经彻底沦为侯思止的狗头军师，又教了他一招。

武媚见奴仆出身的侯思止没房子住，打算赐给他一所朝廷没收的官宅。侯思止却装模作样地推辞说："这些都是反叛逆贼的宅第，我厌恶它们的名声，不愿意住在那里。"

这一番假的不能再假的官话，居然又挠中了武媚的痒痒肉，此后她对侯思止更加喜爱，给他的恩宠与赏赐都倍加优厚。

在那个无法无天的时代，武媚并不在乎这些身居御史之位的大臣是什么出身，是否正直公正，是否晓畅法律。只要会看脸色，听从使唤，足够卑鄙和残忍，就是最好的爪牙。如果按照这个标准看，侯思止完全合格。

权力就像墙上的阴影，再渺小的人也能投射出巨大的影子。凭借着奸诈狡猾的天性、残忍暴虐的手段，侯思止在御史的位置上可谓如鱼得水。他对囚犯十分苛酷，先是各种构陷，然后就滥用酷刑，凡是到他手里的囚犯，管你是宗室贵族，还是朝臣百姓，只有被折磨至死这一个结局。

侯思止官阶是做上去了，可文化水平还是原地踏步。在洛阳有一块墓地叫白司马坂，侯思止有一次经过那里，一眼看过去，好家伙，白司马要造反！便急吼吼提审一干犯人，严刑拷打，非要找到这个造反的白司马不可。犯人们哪里知道什么白司马黑司马的由来，只能哭号哀告，却招无可招。

博州有个亡命徒叫孟青棒，就是曾杀死过起兵的郡王李冲那位，被封为将军。侯思止道听途说，以为孟青棒是一种刑具，就在审讯时大声威胁囚犯们说："速速招供谁是白司马，否则，我让你好好吃一顿孟青棒！"

随着侯思止在御史的位置上越干越顺手，他对一般级别的官员已经看不上了，最后竟然开始打算对魏元忠动手。魏元忠是当年被高宗李治盛赞为"真宰相"的一代名臣，在平定李敬业之战中，十万义军都不放在眼里，又岂会示弱于侯思止这种佞臣小人。

侯思止把魏元忠抓到公堂，亲自审问，却还是老一套台词："快老实交代你认不认识白司马？倘若不招，我让你尝尝孟青棒的味道。"

早在仪凤三年（678年），还是太学生的魏元忠就曾上书奏事，指出"当今朝廷用人，类取将门子弟，亦有死士之家而蒙抽擢者"，认为这样不利于真正地选拔人才，并指出"有志之士，在富贵之与贫贱，皆思立于功名，冀传芳于竹帛"。意思是说当时社会各阶层中都有有才能的人想要建功立业，名垂青史。这一呼声反映了一般士人效力国家的迫切要求。可魏元忠做梦也没想到，自己当初提议从民间提拔人才，变成了侯思止这样的小人出来做官审问自己。他看着这个沐猴而冠的小丑，鄙夷到无以复加，最后竟然哈哈大笑起来。

侯思止虽然没有文化，但是不傻，他看出了魏元忠对他严重的鄙夷，勃然大怒，下令把魏元忠的脚给绑起来，然后让狱卒拽着绳子，将魏元忠大头向下拖着走。魏元忠一身傲骨，嘴上坚决不肯屈服，恨恨地说："我真是够倒霉的，骑驴摔下来了，脚还挂到驴镫子上，所以被驴拖着走。"

侯思止气得直翻白眼，顿时动了杀机，跳将起来大喊道："你竟敢跟我对着干，我启奏太后斩了你！"魏元忠也豁出去了，怒斥侯思止说："侯思止，你身为国家御史，须识礼数轻重，要杀就杀，何必说什么谋反不谋反的话给我栽赃！你现在好歹也算是穿朱佩紫，打着太后的旗号，却不干人事，满口胡说什么'白司马''孟青棒'的胡话，早晚有你倒霉的一天。除了我魏元忠，没人会提醒你！"

侯思止不过是个闾巷庸奴，表面上狐假虎威，其实心里虚得很。他看魏元忠如此强硬，自己倒不知道怎么收场了，暗自揣度白司马、孟青棒是不是什么犯忌讳的话。

小人有一个重要特性就是既无原则，也无节操。侯思止的字典里压根儿没有廉耻二字，当然他目不识丁，家里压根儿也没字典。对于魏元忠的呵斥，刚才还凶神恶煞般的侯思止竟忽然换了一副笑脸，跑过去给魏元忠松了绑，请他上坐，然后恭恭敬敬地说："您别跟我一般见识，快教教我，为啥不能说白司马、孟青棒？"魏元忠后来教没教他不得而知，但他面对酷吏毫不畏惧退缩，最后竟然吓住了这个恶人，留了一条性命。

侯思止的糗事后来一路传到宫中。侍御史霍献可把这事当笑话讲给了武媚，武媚听说后并不以为意，反而哈哈大笑，一点儿没放在心上。

武媚曾有一段时间下令禁止人们使用锦帛。而向来大大咧咧的侯思止自诩恩宠在身，竟私下积蓄了大量绫罗绸缎，结果遭到告发。

也是侯思止大限到了，宰相李昭德早就想除掉这个不知天高地厚的酷吏，借机将侯思止抓捕入狱，乱棍打死，终结了其可耻的一生。

白兔

王弘义，冀州恒水人。他和侯思止的身份一模一样，既是御史，也是个残忍的恶棍小人。

某一年夏日，尚未得势、穷困潦倒的王弘义途经胜州，正好路过一片瓜田。天气炎热，他口渴难当，就大刺刺地向地里干活的瓜农讨要瓜吃。瓜农很讨厌这个人死皮赖脸的样子，所以压根儿没理他。

王弘义要瓜不成，冷笑一声，默默地转身离开了。他径直来到县衙，绘声绘色地对县官讲道："我看到某处瓜园里有罕见的白兔，请赶快派人去抓！"

因为当时武媚最好祥瑞，地方官都恨不得挖地三尺来找到一些奇异之物进贡，以换得赏赐。县官听说瓜田里有奇异的白兔，立刻集合手下去瓜园追捕。就这样，本来已经成熟的一大片熟瓜被大批官差来回奔跑践踏，糟蹋得一片狼藉，瓜农欲哭无泪，却不知道这飞来横祸从何而来。

随着告密之风日盛，王弘义又游逛到河北道的赵州、贝州等地，暗中寻找构陷他人以求升官发财的机会，结果终于被他找到了。

王弘义发现当地的老人们有每年聚集在县邑作斋会的习俗，便立刻踏上告密之路，信口雌黄地把这种寺庙里惯有的讲经集会说成是百姓聚众谋反。朝廷方面根本没人予以认真调查，立刻将斋会定性为谋反案。王弘义算是立了"大功"，二百多乡民的性命换了他游击将军的官服，不久后也被升迁为御史，正式成为武媚酷吏团伙中的一员。

无耻小人凭借诬告良善就可以轻而易举地官运亨通，时人感慨道："过去常听说有苍鹰狱卒，今日却看到了白兔御史！"

所谓苍鹰狱卒指的是西汉名臣郅都，他曾在长安担任过中尉，统领北军，掌管京师的治安警卫。郅都执法不阿，不畏避权贵和皇亲，凡犯法违禁者，不论何官何人，一律依法严惩。故而列侯和皇族之人见到他，都侧目而视，敬畏地称呼他为"苍鹰"。

要说王弘义和郅都相比，简直是一个在地，一个在天，这一比喻，倒是大大抬举他了。

当时有人诬告胜州都督王安仁有罪，朝廷便派遣王弘义前去追究查问。

王安仁也算是条汉子，尽管颈戴重枷，受尽折磨，却坚持不肯认罪。生性嗜血的王弘义压根儿没打算秉公审理，他亲自持刀，当场砍死了王安仁。可怜王安仁一颗冤屈的头颅骨碌碌地从枷上脱出，横尸官衙。

当时恰逢王安仁儿子也在场，王弘义一不做二不休，也把他杀死，然后将父子二人的头颅都装进盒子里，自己挑着，若无其事地回洛阳复命去了。

从胜州到洛阳要路过汾州，汾州司马毛公硬着头皮接待了这位人间魔王，请他一起进餐。酒宴之中，毛公不知道哪句话说错了，惹得王弘义大发雷霆，他再次挥起大刀，把毛公砍死，把他的脑袋也切了下来。因为王弘义随身的盒子已经装了两颗人头，装不下第三颗，于是他就找来一根长枪，用枪尖挑着毛公的头继续向洛阳前行，沿途之上，路人皆如白日见鬼，避之不及。

如此令人心惊的恐怖场面，就这样在光天化日之下在国家首都公然上演，却无人敢问。王弘义心狠手辣，视法律为粪土，人命如蝼蚁，却高官得做，骏马得骑，为武媚所欣赏重用。

每年夏日酷暑，是王弘义最喜欢的季节。他把拘留的囚犯们都关在一个密闭的小房子里，然后堆上气味刺鼻的毒蒿草，再铺上毡褥，管你是钢筋铁骨，在这热毒的蒸笼里也熬不过一时三刻，要么就认罪求死，要么就诬认他人。春官侍郎孔思元、益州长史任令辉等诸多大臣，都丧命于王弘义之手。

王弘义凭借自己的卑劣和残酷名声大噪，他每次给州县发公文，地方官员都怕得不行。而王弘义则恬不知耻地自我夸耀说："我的文书，就像狼毒、野蒿（均为剧毒植物）一样！"

鲁迅先生曾说过："捣鬼有术，也有效，然而有限，所以以此成大事者，古来无有。"王弘义丧尽天良，终是难逃报应。他奉诏去虢州采办修建佛像的木材，一路上役使民夫全无节制，动辄笞刑，不知害死了多少人，终于因罪被罢官，被流放到了天涯海角的琼州。

流放途中，胆大妄为的王弘义竟然在船上伪造了一份召还自己的敕书，打算半路逃跑。

他的妾侍花严劝谏说："事情已经到了这个地步，你还要再行不轨吗？"王弘义恼羞成怒，呵斥道："你这婆娘想要坏我的事！"竟然捆住花严的手脚，将她投到江里。幸而船上人将这个可怜的女子救了出来，然而王弘义却依旧不依不饶，将她活活鞭打而死。

伪造敕书的事很快败露了，恶人自有恶人磨，酷吏前辈，那个审死鱼保家的胡人索元礼前来审问这案子。王弘义无话可讲，情急之下，竟然和索元礼套近乎说："别忘了，我跟你可是一样的人啊。"

索元礼哪肯听他这话，冷笑道："你当年任御史，我任洛阳县尉；而我今天任御史，你却是个被流放的囚徒，怎么能说我和你是一样的人呢？"

索元礼也懒得再问他，当场一顿皮鞭将王弘义活活打死。

王弘义自己不得善终，而且还贻害子孙。在后来的玄宗时代，王弘义被定性为犯下残害宗室，陷害良善，情状尤其严重的大罪，其家族子孙世世代代禁止仕宦。

牛头阿婆

与侯思止、王弘义这类市井无赖出身的酷吏相比，雍州人周兴可以算得上是酷吏当中的专业人士了。

周兴自幼聪明好学，尤其精通法律，他在河阳县令任上干得不错，名气一直传到高宗李治的耳朵里。李治把他召入长安，准备亲自接见他，而后提拔重用一下这个年轻有为的青年干部。

周兴接到了进京待命的通知，自然是满心欢喜，乐滋滋地去京城等待皇帝的接见，可等来等去，说好的提拔却再没了下文。

原来问题出在周兴的出身上了。

唐朝官制共有九品，每品各分正、从两级。从第四品起每级又各分上下阶，共为三十等。而所有官员按照入仕的起点被分为两种：流内和流外。

流内官，指的是根红苗正的门荫官、科举官，包括三五品以上的公卿，四五品的士大夫，六到九品的任官以及贵族子弟。

流外官，指的是从体系之外后转入的公务员。包括在中央、地方政府各衙门任职的胥吏，有一技之长，工作特别优秀的隶书手、楷书手，技术学校的专业实习生等等。这些没有品级的小吏在工作满一定年限之后，可以经过三次考试逐级升转，最后经过吏部铨选，成为正式品官，进入流内，被称为"流外入流"。

唐朝官员的铨选有一套非常复杂的方法，一般根据身、言、书、判，计算资历、衡量劳绩而后拟定官职。备选者首先集中于吏部进行考试，看书法的好坏，判词文理的优劣；考试合格入选的，要再察看体貌是否丰满高大，言词是否明白准确。入选的即可拟定官职，但也要征询本人意见；官职拟定后，在应选人中公开宣布。公布后本人同意的列为甲类，先报告仆射，再由仆射报门下省，由给事中审读，侍郎查核，侍中审定，也可以对其中不适合者提出异议。审定后上报皇帝，吏部按皇帝旨意授官，分别发给凭证，称为"告身"。

流外官受到轻视，在唐时属于常态。曾经有令史出身的官员张衡已做到了四品官，吏部开始准备呈报升他为三品的材料。有一天他参加朝会回来，看到路边有人卖蒸饼，便买了一块，骑在马上边走边吃。这不大雅观的一幕正好被一位御史看到，回去之后便写了一份报告，弹劾张衡当街吃饼，有违官员行为准则。武媚见后，马上批示道："流外出身，不许入三品。"于是张衡的加阶材料被抽出作废，他的大好前程就这么毁于一块饼上了。

周兴当时就属于这种后加入体制的流外官，故而很被朝中那些流内官看不起。这些人见皇帝想重用他，纷纷表示反对，劝皇帝不要对他加以提拔。周兴虽然在地方上工作成绩很优秀，但国家之中像他这样的人倒也比比皆是，所以李治也就没有坚持提拔他，很快把这个流外小官忘在脑后了，压根儿没把周兴加入铨选的流程中。

周兴在长安无亲无故，在朝里更是没有靠山，关于这些内幕波折，他全不知情，还傻乎乎地一直做着当京官的美梦，却没人将这个坏消息告诉他。

当时的吏部侍郎魏玄同知道这件事的原委，他看到周兴每天满怀希望地傻等，觉得他十分可怜，可是又不能公然泄露朝廷内部的决策，就找了个机会，旁敲侧击地点拨他说："周明府（唐时对县令的尊称）别等了，你该回县里去了。"

这一下，周兴方才如梦初醒。希望越大，失望就越大。满怀抱负的周兴拉足了架势准备在京城大大作为一番，却落了这么个结局，立刻生出了满腹怨毒。

出身贫贱的小官本来就对压抑他们前途的高门贵种有敌视和怨恨的心理。而对于周兴这个心胸狭隘的人来说，更是感觉受到了莫大的侮辱，他恨只看出身、不看才干的内外流官制度，更恨眼前这位来通知他噩耗的魏玄同。认为正是这位主管人事的高官从中作梗，自己才白来一趟，美梦成空。

魏玄同本是好心通知他，却在无意间得罪了一个睚眦必报的小人。

周兴的失意并没有持续很久，自从武媚称制掌权之后，往昔趾高气扬的王公贵族被杀的杀，流的流，而与此同时，小人物们上升的道路，却变得空前宽广了。各路泯灭良知的酷吏，如雨后的野草，疯狂生长，纷纷得到重用，周兴终于找到了再次出山的机会。

当时朝廷明令，铜匦专为百姓所用，朝廷官员不准投书告密。可周兴抱着富贵险中求的想法，冒着丢官杀头之罪，凭借自己精通的法律专业，写了一篇有关监狱方面的论文，投了进去。武媚对铜匦里的文件，向来重视，她读后非常欣赏周兴的才干与勇气，不但没降罪于他，反而任用他为司刑少卿，掌管狱制，后来又提拔他为秋官侍郎，使其成为酷吏之首。

司法机构是一个国家的柱石，而在周兴主管司法机构的年代，却有数千人因为他而蒙冤致死。

曾编撰过《九州设险图》的左史江融名望很高，周兴对他很看不惯，就指控江融与李敬业同谋，最终给江融定了个斩首死罪。

临刑时，江融请求能见太后一面，以辩冤情，周兴坚决不许，江融双目带血，怒斥他道："我蒙冤而死，死了也不会放过你。"

行刑过后，江融身首异处，尸身却直立不倒，刽子手将他尸体踢倒，可尸体倒下又再立起，如此三次。观刑者都感慨江融因为死得太冤了才魂灵不散。

因为很多人都暗地咒骂周兴大肆制造冤假错案，周兴听来听去烦了，就在他的衙门口贴了一张布告，上面书写了十六个凶狠的大字："被告之人，问皆称枉，斩决之后，咸悉无言。"意思是你们这些囚犯被审讯的时候不是个个喊冤吗，怎么把头砍掉之后就没有人说话了呢！

周兴模样生得是慈眉善目，胡子稀疏，外表像个老太太一样。可他办案的风格，却是赤裸裸的恐吓加上毫无节制的杀戮，狠毒异常。人们对周兴又恨又怕，称他为牛头阿婆。就是这样一个混入人间的地狱魔头，在新朝的舞台上大展拳脚，出尽了风头。

自古以来，欺上罔下是一对双胞胎。周兴不仅办案手段凌厉，还格外能上体天心，他投武媚所好，上疏请求武媚把李唐宗室的属籍通通消除，让这些皇族都成为白丁，这样的建议，自然让武媚倍感舒心，给了周兴赐姓为武的至高荣耀，把他当成自己一等一的心腹。

随着权力越来越大，周兴杀的人级别也越来越高，在他主管司法的过程中，杀死了夏官侍郎崔察，太子少保、纳言裴居道，尚书左丞张行廉；而在屠杀李唐宗室方面，周兴更是冲在了最前面，高祖李渊的亲孙子、南安王李颖等皇族十二人都成为他刀下之鬼。

李治一共有八个儿子，除了一子早夭外，李忠、李弘、李贤都先后死于武媚淫威之下，活着的李显被流放，李旦被监禁。而另外幸存的两个儿子泽王李上金和许王李素节也一直都是武媚的眼中钉。除去这两位王子的光荣任务，自然又落到了周兴身上。

周兴想害人太容易了，无非是罗织罪名，诬陷谋反，他下令将二位王子从封地召到洛阳问罪。泽王李上金到洛阳后，很快被逼自杀，他的七个儿子全都被流放显州。其中李义珍、李义玫、李义璋、李义环、李义瑾、李义璇都死在当地，仅剩李义珣一人侥幸存活到了大唐光复那一天。

李素节是萧淑妃的儿子，这就更为武媚所痛恨和不容了。他从舒州出发时，途中看到有人在办丧事痛哭，不由得心生感慨，哀婉地对身边的人说："能够病死其实是一种幸运啊，哪里是想要就可以得到，这些人还哭什么呢？"

李素节行至洛阳龙门驿，武媚压根儿没有容许他进城，即派人将他缢杀。李素节儿子李瑛等九人同时遭诛杀，唯独李琳、李瓘、李璆、李钦古四个娃娃尚属年幼，才得以幸免于难，被长期囚禁在雷州。

嗜血的酷吏周兴勤奋而高效地为主人履行着自己的职责，乐此不疲，他一直没忘记当年魏玄同对他的所谓羞辱。这回有了武媚撑腰，自然要把魔爪伸向这位年已古稀的忠唐老臣。

魏玄同曾经与裴炎关系很好，二人友谊多年如一，人们都称赞他们为"耐久朋"。周兴为了诬陷魏玄同，把这个称谓大大篡改了一番，上奏武媚说："魏玄同认为太后老了，不如事奉皇帝更加耐久。"

对于这样牵强的谎言，武媚选择了相信，将魏玄同看作了裴炎的死党和余孽，下令赐魏玄同在家中自尽。

被派来监刑的御史房济实在替这位老宰相感到冤枉，就劝魏玄同说："您老人家为何不也告密揭发别人，这样就能得到太后召见，有机会当面为自己申诉冤情。"

作为魏徵的同族，一生光明磊落的魏玄同宁死不要这种靠出卖别人换得的自证清白的机会。他一口回绝，掷地有声地说："人杀鬼杀，亦复何殊，岂能做告密之人！"而后慷慨赴死，享年七十三岁。

玉可碎不改其白，竹可焚不毁其节。在那个山河变色，神州陆沉，豺狼当道，百鬼狰狞的年代，魏玄同以自己高贵的生命坚守着一个正人君子最后的道德底线：不告密。为那些暗无天日的岁月燃起了一簇微弱但明亮的正义之光。

魏玄同洞悉时务，有理政之才干，无罪而死于酷吏之手，可悲可叹。刘昫等史官曾在书中公正客观地写道："玄同富于词学，公任权衡，当为典选之时，备疏择才之理。但以高宗弃代之后，则天居位之间，革命是怀，附己为爱，苟一言之不顺，则赤族以难逃。是以唐之名臣，难忘中兴之计；周之酷吏，常谋并进之谗。玄同欲复皇储，固宜难免，死而无过，人杀何妨。"此论不虚。

宋太宗曾有诗云：报应终还有，邪求不易寻。匆忙谁正定，须是合天心。像周兴这样的恶贯满盈之徒，又岂会一直得意。在当时人人告密的风气下，有人指控武神勣谋反，结果就牵连到了他的狐朋狗党周兴。

这个武神勣，就是当年杀害章怀太子李贤的丘神勣，武媚一度对他十分宠信，给了他和周兴同样的待遇，赐予武姓。然而从古至今，为鹰犬者皆没有好下场，这两位改了姓的酷吏，末日一起到了。

丘神勣被人举报谋反后，武媚全然没念旧情，很快下令将他斩首处死。而周兴也在毫不知情的情况下被列入黑名单，被交给另一位酷吏审问。

负责审问周兴的这个人，是酷吏当中的后起之秀，比周兴名气更响，专业更强，他的名字叫来俊臣。

罗织

来俊臣和周兴是老乡，也是雍州万年县的人。他原本应该姓蔡，因为亲生父亲老蔡是个赌棍，在局中输了十万钱不能偿还，只好拿自己怀孕的老婆抵债，押给了另一个姓来的赌徒。

这个赢钱又赢老婆的赌徒名字很清新，叫来操。而那个在娘胎里就被转了户口的娃娃，数月后就在来家呱呱落地，被取名来俊臣。

来俊臣很对得起他的这个名字，一张小脸眉清目秀，很是俊美，可惜就是不干人事。他完全继承了亲生父亲的无赖家风，并将之发扬光大。他天性残忍，反复无常，从来不事生产，从会走路那天起就偷鸡摸狗，最后身犯国法，被关入和州大牢。

当时告密之风刚刚开始流行，身为囚徒的来俊臣和其他同道中人一样，立刻发觉这是一个改变自己命运的好机会，就在监狱里提出申请，声称要上告太宗的孙子、琅琊王李冲谋反。

当时和州刺史也是太宗之孙、东平王李续。李续为人正直，平生最恨这种信口雌黄的无耻小人，何况被告者又是自己的堂兄弟，所以不仅没有接受来俊臣的状告，反而把他狠狠打了一百大板。来俊臣的第一次告密以狠狠碰壁，头破血流告终。

来俊臣在监狱里又蹲了若干年，一直等到包括李续在内的李唐宗室已经被武媚杀得七零八落。他找了个机会，再一次提出有重大密情上告。这回，来俊臣终于走运了。

武媚在接见告密者方面可以说是宵衣旰食，兢兢业业，听闻有人告密，她以太后之尊竟然亲自接见了来俊臣这个囚犯。而来俊臣也迎来了他人生最大的转折点。

来俊臣相貌英俊，口齿伶俐，说起话来头头是道。他在武媚面前恰如其分地表现出既委屈又欣喜的样子说："我曾经想状告琅琊王李冲，结果被李续给阻拦了。现在幸好陛下您把他们都杀掉了，所以我这样的小民才有冤屈伸张的一天。"

武媚对这个机灵帅气的小伙子十分喜爱，竟然当场赏给来俊臣侍御史官职，让御史这个以正直坚贞为座右铭的职位一次次蒙羞。

来俊臣得宠之后，立刻发挥出极大的酷吏天赋，"专以夷诛大臣为功"。

箕州刺史刘思礼，年轻时曾经跟风水大师张憬藏学习过相面之法。这位老师名声在外，却没什么真才实学，竟然毫不负责任地对自己的学生说，你可以官至太师。

恩师的话刘思礼是真往心里去了。他心知太师地位尊贵，只有有拥立之功的大臣才能得到，自己给李旦当太师是不大可能了，想必得物色一个新皇帝才有可能提携自己。于是他用自己学的相面之法把身边的人看了个遍，最终看好了洛州录事参军綦连耀是两角麒麟的化身，有做皇帝的前途，就神秘兮兮地对他说："您身上有真龙气，帝王相。"

这个綦连耀智商也不是太高，给点阳光就灿烂，非常配合地回应道："你姓带金刀，理应当辅佐我。"这两妄想之人就这么如做游戏一般互相约定了君臣关系。

长安县有个县尉叫吉顼，此人很有头脑。他知道这件事后，立刻举报给了武媚。

武媚下令将这一案件交给来俊臣和吉顼审理，此二人都是头脑灵活、智虑过人的聪明人，自然不会放弃这个大显身手的机会，使出了酷吏惯用的所有手段不断让案件扩大化。他俩先将刘思礼逮捕入狱，然后以保全他的性命为诱饵，令他不断攀咬，先后将凤阁侍郎李元素、夏官侍郎孙元通、天官侍郎刘奇、石抱忠、凤阁舍人王处、来庭等海内名士三十六家全部牵连进来，最后竟然导致数千人因此丧生。

办下这样一起大案，来俊臣很想独揽此功，最后干脆给举报人吉顼也安了个罪名，想连同他一起干掉。幸亏吉顼机灵，得到了武媚的单独召见，并在朝堂上作了辩白，这才幸免于难，从此也跟来俊臣结下了仇。

和以往那些酷吏一样，随着恩宠日盛，一般级别的官员，来俊臣已经看不上了，他那双毒辣的眼睛专往当时朝中位高权重的高官身上盯。

来俊臣纠集了数百恶棍爪牙，遍布全国，一个告状，千里响应，客观上造成一种既定事实的舆论导向，故而凭这一招想整死任何人都无往不利。司刑史樊戬受诬身死后，其子被迫剖腹证以清白，秋官侍郎刘如璿为此伤心流涕，结果就被来俊臣当成樊戬同伙而流放。这个时候的来俊臣已成了十足的瘟神，谁碰上谁倒霉。

如大名鼎鼎的春官尚书狄仁杰，天官侍郎任令晖，文昌右丞卢献，冬官尚书、同凤阁鸾台平章事李游道，凤阁鸾台平章事袁智弘，大理卿崔神基等人，通通被来俊臣构陷下狱。来俊臣仅凭一人之力，几乎就能把朝中精英一扫而空。

来俊臣逼供很有一套方法，非常善于运用心理学。他往往先奏请武媚下发宽恕罪犯的敕书，然后拿着敕书要求这些被诬告的大臣承认自己的罪状，因为这样做至少还可以避免其族人被连累，故而无人不招。

鱼保家只发明了一个铜匦，他若见了来俊臣还得叫声师傅。来俊臣亲自发明了许多拷讯囚徒的严刑酷法，最经典的是十种型号的大枷，一曰定百脉，二曰喘不得，三曰突地吼，四曰著即承，五曰失魂胆，六曰实同反，七曰反是实，八曰死猪愁，九曰求即死，十曰求破家，任哪一件拿出来都能将人折磨得求生不得，求死不能。不用动刑，光是听到这些名字，就足以让人魂飞魄散了。

当初太宗李世民在位时，有一次去逛太医院，看到太医院的墙上挂着一幅"明堂针灸图"，上面画满了人体的各个经脉的分布，细心和宽厚的李世民发现人身上有很多经脉都聚集在背部，而屁股上面的经脉则很少，故而下令，杖责犯人时只许打屁股。

初唐时的刑法按李世民从宽的要求，做了大量富于人情味的调整。特别是针对死刑，李世民更是要求千万慎重。不仅审案的大理寺、复核的尚书省要慎重，担任监督工作的御史台也要深入监督官员们是否有舞弊行为。对于终审通过的死囚，官员们在行刑日还要再向皇帝请示三次。

而到了武媚当政之时，仁政治国之训早被抛到九霄云外。酷吏们各逞残暴，竞相夸耀，各种变态的逼供手段花样翻新，对于杖打后背这种简单的刑罚已经不屑一用，什么泥塞耳朵，笼罩脑袋，重枷磨脖颈，头上勒铁箍，以醋灌鼻，投人入粪不过是热身活动，他们打折囚犯胸骨，给手指钉竹签，吊头发，熏耳朵，号称"狱持"；不给囚犯食物，通宵审问，昼夜摇撼，不许睡觉，号称为"宿囚"，还有什么"驴狗技撅""凤凰晒翅""玉女登梯""猕猴钻火""方梁压髁""仙人献果"等千奇百怪的花样，每一个名目下面都有成百上千血肉模糊的冤魂。被拷打的犯人哪有几个是铁打石刻的硬汉，不过都是活生生的血肉之躯，为了避免眼前生不如死的痛苦，无论多大的冤屈，也都只能含冤认罪。

《权力的游戏》中临冬城主艾德·史塔克曾说："我们相信判决死刑的人必须亲自动手。如果你要取人性命，至少应该注视他的双眼，聆听他的临终遗言。倘若做不到这点，那么或许他罪不至死。"而对于武媚来说却正好相反，正是因为身边有一大批来俊臣这样的冷血杀手，她才能在白天趾高气扬，夜里安然酣睡。

希腊有一种非常残酷的死刑叫"烤火牛"，先将犯人装进铜牛里面，然后架起火堆烤铜牛，由于铜的导热性非常好，所以铜牛瞬间就会变成一头火牛，刑具滚烫无比，难以忍受的犯人痛苦地哀号，声音会通过气管传播到外面，如同水牛低沉的哞声。过不了多久，里面的犯人就会皮焦肉烂。暴君法拉里斯特别喜欢用烤火牛这种酷刑折磨犯人，后来愤怒的希腊人民冲进皇宫，将法拉里斯扔进了火牛，法拉里斯成了作茧自缚的一个典范。

同样的故事，在酷吏周兴身上得到了重演。

来俊臣跟同乡周兴原本私人关系不错，但他受命于武媚要审讯周兴，就不能不翻脸了。一日二人相对饮酒，来俊臣故作谦虚的样子问道："现在的犯人越来越强硬，怎么拷打都不交代，您是前辈，再教我几招逼供之法吧。"周兴一看来俊臣这么恭维他，心里很得意，轻佻地说："这还不好办，你先放一口缸，然后把缸周围围一圈炭，生起火来，让犯人坐进缸里头，你看他能坐多久，恐怕一会儿下来，想让他招什么他就招什么。"

来俊臣闻言大笑，马上让手下人就地拢一堆火，又搬来一口大缸。然后收起笑脸，冷冷地说："我现在奉圣旨查办你的谋反案，请你坐进那缸里去吧。"

周兴一听，当时就遍体冷汗，瘫如死狗，他太知道酷吏的手段了，坐在地上有气无力地说："我今天算栽了，你问吧，我无有不招。"

按法律，犯了谋反罪的周兴当处死刑，但武媚向来对自己这些立过功的走狗都会网开一面，所以赦他免死，改判为流放岭南。周兴这几年做官，仇家没有一万，也有九千九，哪容他平平安安走到岭南，他刚走到半路上，即被仇家所杀。

来俊臣毫无顾忌地挟制群臣，在他手上前后夷灭了上千家族。以至于朝廷上下，文武百官，人人忌惮来俊臣的淫威而不得自安。朝臣们在路上相遇，话也不敢说，只是远远互相对个眼神，便匆匆离去。周厉王时代的道路以目，又在武媚时代重新上演。

我们可以与前朝相比较一下，太宗时代对司法是何等尊重，对死刑判决是何等慎重，对真正的罪犯尚且抱以仁慈之心，再对照武媚执政后百鬼狰狞的黑暗现实，简直是天差地别，让人不由得为之气结。

所谓三百六十行，行行出状元，酷吏来俊臣聪明过人，竟然把自己种种诿上欺下的作恶手段进行了理论总结，写出了一本制造冤狱的经典，叫作《罗织经》。这一本集邪恶智慧之大成的诡计全书，第一次揭示了奸臣为何会比忠臣过得更好的奥秘，简直是一部赤裸裸的行恶告白。酷吏政治严重地破坏了司法，更破坏了人心，正直的朝臣自保还来不及，哪里还有心思为国建树。

据说武媚也曾看过此书，还当场自叹道："如此机心，朕未必过也。"但明眼人都看得清楚，在那浊流暗涌的年代，所有祸源和责任皆为最高当权者的授意。残民以逞、贪酷自肥的酷吏们正因为是受命于上，所以才有恃无恐，用刑严苛，杀气腾腾，令人闻之色变，望风自诬。来俊臣能够编撰《罗织经》，事实上是揣摩透了主子的心思，君不见《罗织经》的第一篇就是《事上》。

武媚在洛阳城西丽景门内设置了一个特别监狱，其内阴风惨惨，杀气霏霏，凡是被关入这个监狱者，必定是走着进，抬着出。所以王弘义曾戏称丽景门为"例竟门"。"例"者，惯例也，"竟"者，结束也，意思是凡进入此门者，依照惯例，必死无疑，无一例外。

来俊臣后来在丽景门又设立了一个自己专用的监狱，称为"推事院"，同样是个暗无天日的人间地狱，凡是入此狱者必受百般拷掠，楚毒备至。

在巨大的恐怖气氛之下，朝中的官员人人自危，每日入朝前，总会与家人依依诀别，忧虑地说："不知道是否还能再相见？"宫里守门的婢女给这些官员起了一个外号：鬼朴。一看见有官员入朝，就说鬼朴来了，意思是送死的又来了。

检校天官尚书同凤阁鸾台三品乐思晦的儿子未满十岁就被没入司农寺中为奴。一天，恰巧被武媚碰见了，就问这个小孩子什么原因入宫。这个早熟的小孩恨恨地回答说："我如今父死家破，可惜的是陛下的法令被来俊臣等人把持。陛下您要是不相信，请把您信任的清廉忠臣交给来俊臣审问，他肯定承认自己谋反。"

强娶

来俊臣为官天良丧尽，做人同样道德败坏。他于女色上十分要紧，每每仗势贪求，凡是官民家中妻妾有漂亮女子只要被他盯上的，必定指使人罗织罪名以陷害，然后再假传太后旨意来夺取。

隋唐时期，世家大族在社会上享有崇高的威望和地位。其中陇西李氏、赵郡李氏、博陵崔氏、清河崔氏、范阳卢氏、荥阳郑氏、太原王氏最为尊贵。五姓中李氏与崔氏各有两个郡望，所以称之为五姓七望。故而唐朝成功人士的最高境界，就是"中进士，娶五姓女"。尽管贞观年间李世民下令修《氏族志》，其目的就是为了抬高自己和当朝贵戚，打压山东士族，可当朝官员们依旧以与山东士族联姻为荣。前文说薛元超为娶不上五姓女儿终身遗憾，就是这个意思。

流氓无赖出身的侯思止就是众多酷吏中想吃天鹅肉的癞蛤蟆之一，他妄图攀上百年名门赵郡李氏的高枝，以改变自己低劣的血统。由于门户极不相对，加上侯思止恶名天下皆知，赵郡李氏自然是一百个不愿意。侯思止痴心妄想成了心病，竟然奏请武媚亲自为他撑腰。

武媚竟然也真把这个恶奴的话当回事，她召集起所有宰相，特意在政事堂开会商议此事。宰相李昭德可一点没给侯思止留面子，他听罢情况，拊掌大笑，对众宰相道："真是太可笑了，酷吏来俊臣强娶太原王氏女，已让国家蒙羞。今日侯思止这个奴才还想让国家再次蒙羞吗！"

鉴于所有宰相都一齐反对这桩婚事，武媚也只得驳回了侯思止的请求。

侯思止攀高枝失败了，因为他还不够下流和卑鄙。而来俊臣成了酷吏当中唯一的骄傲，因为他成功强娶到了天下名门士人都梦寐以求的王氏女。

太原王氏在五姓七望中稳坐头把交椅，当时的门阀望族王庆诜生了四个女儿，一个许配给了陇西李氏，一个许配给了清河崔氏，也算是门当户对，强强联合。

王庆诜的二女儿最为貌美，原本定下的夫婿是敦煌段氏一个叫段简的公子。可悲的是，这个不幸的女孩居然被来俊臣看上了。

五姓家族都十分高傲，极重门第，高宗时期，出身寒门的宰相李义府向清河崔氏求亲尚且被拒。李义府已经算是小人中的极品，而来俊臣不愧是武媚第一爱将，手段更胜一筹。在那个暗无天日的时代，来俊臣不亚于活阎罗一般的存在，多少大臣将军都死于其手，天下又有谁敢跟来俊臣对着干呢？太原王氏虽然地位崇高，在朝中却无靠山，在豺狼一般的酷吏面前，不得不低下一头，忍辱屈从。

来俊臣竟然求来了圣旨赐婚，然后再以此逼王庆诜与段简撕毁婚约。太原王氏的二小姐，就这样心不甘情不愿地成了来俊臣的夫人。

唐代士族嫁女都会索要天价彩礼，李世民就曾批评他们："每嫁女他族，必广索聘财，以多为贵，论数定约同于市贾，甚损风俗。"能娶得起王氏女，也可见来俊臣这些年官做下来，私囊颇丰。

只要来俊臣看在眼里的女人，管你什么背景，什么出身，一定会想方设法得到。

突厥酋长阿史那斛瑟罗投奔大唐后，被拜右屯卫大将军，号竭忠事主可汗。他家中有个美貌小婢，能歌善舞，也被来俊臣看上了。为了满足自己的淫欲，来俊臣让他的党羽诬告斛瑟罗谋反，意图置其于死地。幸亏阿史那斛瑟罗人缘还不错，与他亲近的各部大小酋长全部来到朝廷，割耳破面，为阿史那斛瑟罗申述冤情，这才让这位万里来投的突厥可汗躲过一场灭族之罪。此事一传出，还有哪个突厥人敢来投奔中原。

来俊臣的色心，已经影响到了国家的声誉，但武媚不闻不问。

末日

上天欲其灭亡，必先令其疯狂。有人问善于品评人物的小说家张鷟来俊臣如何，张鷟说："俊臣之辈，何异豺豺也！俊臣面柔心狠，行险德薄，巧辩似智，巧谀似忠，倾覆邦家，诬陷良善，其江充之徒欤！蜂虿害人，终为人所害。"

来俊臣恩宠日盛，官运亨通，从六品御史一步步升任为从三品的太仆卿。这时的他已经陷入了空前的亢奋和癫狂之中，自称才能可比五代时的皇帝石勒，天天弄一些石片做成靶子，写上朝廷里官员的名字，投石打靶，砸中谁就对谁下黑手，甚至把武媚的侄子和女儿也放在其中。

来俊臣在《罗织经》里写道："官之友，民之敌；亲之友，仇之敌，敌者无常也。荣之友，败之敌；贱之友，贵之敌，友者有时也。是以权不可废，废则失本，情不可滥，滥则人忌；人不可密，密则疑生；心不可托，托则祸伏。智者不招己害，能者寻隙求功。饵之以逮，事无悖矣。"意思是官吏的朋友，在百姓眼里便是帮凶；亲人的朋友，在有仇者眼里便是敌人，可见敌人是变化不定的。显贵时的朋友，败落时就成为敌人；贫贱时的朋友，富贵时就成为敌人，可见朋友只是暂时的。所以，权力不可废弃，废弃了就失掉了根本；同情心不可随便施予，太随便了就会招人忌恨；与人交往不能过于亲密，太亲密就会产生疑虑；心里话不能说出来，毫无保留就潜藏着祸患。

来俊臣理论写得明白，可自己却也没有能够完全做到，他的败亡，就败在他的一个好朋友身上了。

来俊臣有个关系亲密的下属叫卫遂忠，二人臭味相投，私交不错，经常在一块喝酒谈天。某日，卫遂忠闲来无事，又拎着酒来找来俊臣，打算小酌几杯。可是那天恰好赶上来俊臣有家宴，而且宴请的是妻子的娘家人，也就是太原王氏家族。卫遂忠来时，来府中已经开始大排筵宴了，室内灯火通明，好不热闹。

如果说来俊臣和卫遂忠真是好友，那么请他一同宴饮也无妨。可这时候看出来了，来俊臣压根儿没看得起卫遂忠这个马仔，只是把他当成自己日常驱使、陪伴解闷的狗腿子罢了。狗肉自然是上不了宴席的，他听说卫遂忠来找他，就让门房告诉卫遂忠，说主人不在家。

如果是个知道好歹的正常人，被上司明确拒绝之后，也就知趣地离开了。偏偏酷吏都有个变态心理，绝对不走寻常路。这个卫遂忠非但不走，反而当场发起飙来，他深感受辱，血冲脑门，竟然推开大门径直闯进宴会厅，指着来俊臣夫人的鼻子破口大骂起来。王氏家族的客人们对这种市井乡村的污言秽语闻所未闻，个个目瞪口呆，王氏更是又羞又愤。

来俊臣被搅了宴会，当时也觉得很没面子，立刻叫人把卫遂忠绑了起来。卫遂忠痛快地发泄了一场，直到绳索上身才冷静下来。他看到来俊臣怒气冲冲的面孔，如梦初醒，知道自己闯了祸，赶紧跪地求饶。

来俊臣的家风是老婆可以送人抵债的，他心里也并没有觉得老婆被人辱骂是一件多么了不得的事。过了一会，他气消了，也就放了卫遂忠，并没有打算和他计较。

来俊臣不当回事，可被迫下嫁的王氏女却过不去这道坎。向来以门第自矜的山东大族连李唐皇室都看不上，如今王氏女嫁给臭名昭著的酷吏本来就满腹委屈，又当着娘家所有亲属的面丢尽面子，心里觉得完全不能承受这样的屈辱，便默默进了内室，愤然自杀。

家里发生这么大变故，来俊臣却如同没事人一般，不仅毫无悲痛之情，反而又看上了段简的一个小妾。来俊臣对段简又是一顿威逼恐吓，而倒霉透顶的段简不得不再一次把自己的女人送进了来府。来俊臣怀抱新美人，该吃吃，该喝喝，来府之内依然是欢声笑语，夜夜笙歌。

虽然冷血的来俊臣对夫人之死一点没放在心上，可卫遂忠却多心了。自古小人度量最狭，眼孔最浅，偶尔替人做件事，侥幸得效，便道是泼天大功，挟持成就，竟想厚报，稍不如意，便要翻转脸来反噬故友。来俊臣交错了朋友，却还不知自己即将受到荼毒。

卫遂忠暗自思忖自己毕竟逼死了天下第一酷吏的妻子，恐怕早晚要被报复。反正翻脸无情是酷吏的必备素质，不如来个先下手为强。反正对他来说诬陷长官不过是小菜一碟，只要能升官自保，即便自己的亲人也不在话下。卫遂忠一不做二不休，直接找到武媚的大侄子魏王武承嗣，煞有介事地对他说："恭喜魏王您中奖了，来俊臣上一次扔石子打靶砸中的就是您老人家的大名！"

来俊臣向来以疯狗乱咬而恶名远播，早有传言他要对武承嗣、太平公主等人下手。所以武承嗣不敢怠慢，赶紧联络了一大批人去找姑妈武媚状告来俊臣。至于罪名嘛，还不是张口就来——谋反。再具体点说，就是来俊臣曾经自比石勒，想联合皇嗣李旦及庐陵王李显要与禁军一同谋反。

如果是换了别人被冠以这样的罪名，几百次也死过了。可武媚对这位办事得力，杀人不眨眼的帅哥向来都另眼相看，压根儿不信他会造反。所以对这件案子始终犹豫不决，迟迟不肯批复。

眼看来俊臣就要躲过一劫，武承嗣等告状的人可都傻眼了。自古除恶务尽，如果来俊臣这次被无罪释放的话，等冬眠之蛇醒过来，所有告他的人就要面临灭顶之灾。

自古善恶终有报，天道好轮回，生死攸关之际，来俊臣之前得罪过的一个关键人物，这时候跳将出来给他补上了致命一刀。

这个人就是吉顼。

吉顼的心机头脑不在来俊臣之下，他上次被来俊臣构陷后大难不死，竟然开始走大运，当上了右肃政台御史中丞。

一日，吉顼陪同着为来俊臣一案满腹心事的武媚骑马散心，武媚纵马跑了几圈后，随口问身边同行的吉顼说：最近外头可有什么新闻吗？

吉顼正愁没有机会找到话题，听到太后询问，心头暗喜，却故作平静地说：

"没什么大事，大臣百姓都各司其职，无非是常常私下议论，说您怎么还不判处来俊臣的死刑呢？"

既然说到这了，武媚干脆摆明了态度说："来俊臣也算是有功于国，你们为何非要让他死呢？"吉顼正色跪下，义正词严地说："来俊臣聚结不逞，诬构良善，赃贿如山，冤魂塞路，国之贼也，何足惜哉。"他的这段话其实是有潜台词的，暗指陛下您如果纵容这样的国贼，自己又是什么人呢？

吉顼的这段话，深深触动了武媚。原本酷吏亦如同厕纸，用过就可以丢弃。于是武媚终于痛下决心，下令把来俊臣斩首。

行刑那天，洛阳城的老百姓倾城而动，比过年还高兴。来俊臣这些年别的没存下，仇家大概可以从洛阳排到长安。午时三刻，刽子手手起刀落，终于砍下了来俊臣这颗恶贯满盈的头颅。他的头刚一落地，刑场周围老百姓立刻都扑了上来，扒皮的扒皮，挖眼的挖眼，把来俊臣的五脏六腑都掏得稀烂。权倾一世的来俊臣，最后连骨头都被愤怒的人群碾成了碎渣。

这令人惊心动魄的一幕很快传到宫里，就连武媚也大为震惊，她没想到自己的心腹爱臣真的是这般万人痛恨的国贼公敌。同时她也觉得庆幸，幸好听了吉顼的话，自己主动把来俊臣给处理掉了，否则，那天下人之仇恨还不得撒在她的头上。

武媚的心机深邃，她既然下决心抛弃来俊臣，就要和他彻底划清界限。于是俨然成为正义的化身，写了一篇《暴来俊臣罪状制》，亲自带头批判来俊臣的种种罪行，尤其是文章的结尾两句："宜加赤族之诛，以雪苍生之愤。"竟然要把来俊臣全族诛杀，替天下的百姓报仇雪恨，仿佛全然忘了自己前几天还在说的话："来俊臣也算是有功于国，你们为何非要让他死呢？"

在两唐书中单独成章的《酷吏传》中的人物，无不劣迹斑斑，血债累累，每个人的恶行劣迹都馨竹难书。而他们最终的结局大部分都是被武媚杀掉，或者自杀，或者发疯，无一善终。

来俊臣死后，朝中血腥杀戮开始日渐平息，在一段时期内安宁了不少。正如侍御史周矩所说："如今天下太平，人们有什么必要造反？难道被告发的人全是英雄，想谋取帝王的地位吗？他们只是受不住酷刑，被迫认罪罢了。如今满朝百官都坐卧不安，以为陛下早上同他们亲近，晚上即与他们成为仇敌，难以保全性命。周朝行仁义而昌盛，秦朝用刑罚而灭亡。愿陛下减缓刑罚，施行仁义，则天下百姓就很幸运了。"

当初在来俊臣掌权的时候，每次铨选，吏部受他要求违规越级授官的有数百人。来俊臣垮台后，武媚责备吏部官员没有尽到职责。这些官员悲哀地申辩说：

"我们辜负陛下，确实该当死罪。但我们扰乱国家法度，只是加罪于自身；我们如果敢违抗来俊臣的意旨，就会立即遭到灭族啊！"

多日无事，武媚觉得不太适应，就问大臣姚崇："过去有周兴、来俊臣等办理朝政，朝臣总是互相检举、揭发，经常有大臣犯罪。但是自朕杀掉了来俊臣与周兴等人，现在却没有贪官及造反的人了，这是不是来俊臣等人的过错呢？"

姚崇心里明白得很，来俊臣、周兴之流不过是帮凶和工具，执行的都是她的旨意。但话不能这样明说，就拐弯抹角地回答说："来俊臣只是揣摩陛下的意思办案，案子想办成什么样，都是看陛下您的脸色来的。所以，这些案子是信不得的。东汉末年有'钩党'一说，现在也有，只是在来俊臣那里，换了个名目改作'罗织'而已。"

姚崇所说的"钩党"，指的是东汉宦官为了迫害窦武、陈蕃、李膺等社会名流，向汉灵帝进谗言，诬陷这些人意图谋反。当时年仅十四岁的汉灵帝哪懂得是非，故而被宦官所蒙蔽，大兴冤狱，将李膺、杜密、翟超、刘儒、荀翌等百余人全部下狱处死。而在各地陆续被逮捕、杀死、流徙、囚禁的士人有六七百名。

在那次"大肃反"中，此前曾得罪过宦官的名士之首张俭也在被迫害的名单之中，所以只能四处流亡。路途之上，很多人家即便知道收留张俭会引来杀身之祸，但出于公义还是愿意收留他，令张俭最终逃亡塞外，得以存活。但因为收留张俭而被追究责任甚至灭门的，前后竟有数十家之多，很多郡县因此残破不堪。故而谭嗣同临终诗云："望门投止思张俭。"就是指的这段历史。

然而东汉末年残酷的政治清洗和当下酷吏横行的现状相比，却又是小巫见大巫了。姚崇非常珍惜朝廷眼下来之不易的清宁，大着胆子进一步劝谏说："我敢以身家性命与陛下打个赌，其实谁也不想谋反，那些谋反的宗室与官员，是陛下您自己逼出来的。如果您不去逼迫他们，不任用来俊臣这种人，他们放着太平日子不过，为什么非要选择造反呢？"

客观地说，武媚执政以来确实惯用重典，滥杀勋贵大臣，但她这些残暴行为都带有强烈的政治针对性，目的就是为了打击政敌，威慑群僚，以巩固自己的统治。因此所诛杀对象，主要是李唐宗室贵族、各级官吏及其家属，至于其中被牵涉的平民百姓，并不太多。高宗永徽三年（652 年），全国人口共有 380 万户，而到武媚执政的最后一年，也就是神龙元年（705 年），全国人口已达到 615 万户，虽然朝廷内官不聊生，但百姓的生存状态尚可，且户口大增，这也是不可否认的事实。

武媚心里很清楚，当前主要政敌已经被清扫一空。而在相对安定的政局下，如果继续滥用酷吏只能起到激化矛盾的相反作用。聪明的武媚欣然接受了姚崇的建议，以高压治国的手段开始有所缓和，酷吏集团亦逐渐消失殆尽。

从光宅元年（684年）的飞骑告密，到神功元年（697年）来俊臣被杀，暗无天日的酷吏政治整整持续了十三年多。尽管从表面上看，武媚的统治地位已经变得稳如泰山，但实质上公义已经被表面的秩序所牺牲，整个朝廷只是弱者对强权的被迫服从。

第六章

最后的皇族

东风未燥昭陵土，感业尼称天下母。

唐室山河忽变周，李氏儿郎更姓武。

洛水泱泱出宝图，黄金烂烂铸天枢。

五王不入迎仙院，二竖能忘受命符。

君不见汉家元后号文母，庙食从来侄祀姑。

这是元朝一个不大出名的诗人张宪写的一首诗，而其中的真意，要看了本书全文才可参得透。

源出陕西，东向河南的洛水是一条神奇的浩瀚大河，黄帝在这里兴兵，仓颉在这里造字，伏羲的女儿在这里香消玉殒，一只不知活了几万年的神龟，背负着解读宇宙真相的图腾爬上了岸，可惜天下无人能够真正破解其中的奥秘。

隋末群雄争霸之时，神勇无敌的秦王李世民挥师攻入洛阳，定鼎中原，大败一代枭雄王世充。就在这洛水岸畔，把《隋唐演义》里那些名噪一时的大将单雄信、段达、王隆、崔洪丹、薛德音、杨汪、孟孝义、杨公卿等猛人尽悉斩杀，一时间洛水呜咽翻滚，波涛为之变色。

寒尽韶关路，春归洛水边。垂拱四年（688 年）的早春，一个叫唐同泰的雍州人，跨过黄河，翻越吴山，千里迢迢来到洛水岸边，开始了一场预谋已久的拙劣表演。

唐同泰是来洛水之中寻宝的，不过他的做法是先射箭后画靶子。唐同泰在河边装模作样地来回溜达了几趟，找到了一个画有标记的地方，然后轻轻松松地在水中捞出一个稀世珍宝。这水中宝物既非珍珠，也非琥珀，而是一块西瓜大的白色顽石，上面歪歪扭扭地刻着八个紫红色的篆字："圣母临人，永昌帝业。"

唐同泰做人很有素质，知道捡到宝贝要交公，而且要大张旗鼓地交。而此人献宝之时，洛阳城接待他的各级官员都不敢有丝毫怠慢，大家都知道这块石头非同寻常，毕竟当时天下敢称圣母的，唯有太后武媚一人。

这一出"石头记"的总导演，不是外人，正是武媚那孝顺机灵的大侄子武承嗣。他虽然武不能骑马安天下，文不能提笔著文章，但承颜候色，揣摩上意的本事却是天生的高段位。武承嗣心里很清楚，要体现自己的价值，唯有讨好姑妈，投其所好，走阿顺承旨这一条捷径。而姑妈心里想的是什么他最清楚，所以费尽心思，精心安排了这一起具有历史性意义的献宝事件。

武承嗣先选了一块大小适中，平平整整的白石头，然后暗中派工匠在上面凿刻出"圣母临人，永昌帝业"八个字，再用紫色的石粉调和黏性药物将字迹填平，趁夜黑无人之时抛入洛水，同时标好记号。一个月后，唐同泰隆重登场，也难为他怎么在浩荡洛水中寻到这块沉石，不过总算是顺利完成了武承嗣交代的任务。

白石头被装进了黄金匣，顿时身价倍增，从则天门被一路捧进了紫宸殿，交到了太后手中。对于侄子这片孝心，武媚自是心领神会，虽然明知这是一出拙劣的闹剧，却依然非常配合地做出大喜之态，心照不宣地把它郑重地接受了下来，还给这块白石起了个名字——"宝图"，后来又改为"天授宝图"。唐同泰因为献宝有功，被擢升为游击将军。

事实上这个"宝图"是个套餐，唐同泰本人也是和石头配套的一宝。他姓唐，而这"唐"正是当下的国号。"同泰"二字有一荣俱荣之意，意味着必须有太后在位，大唐王朝才能国泰民安。而唐同泰的籍贯是雍州永安人，这"永安"二字，勉强也附会得上帝业永远安定昌盛的意思。

此后不久，流淌了数千年的洛水也跟着白石头沾了光，被改名为"永昌洛水"，而掌管洛水的洛神则被加为"显圣侯"，发现"神图"的这片水域更被命名为"圣图泉"。朝廷甚至额外在洛水沿岸新划了一大片区域，重新设置了一级政府叫永昌县。

洛神若是真有灵，大概会很高兴自己被加官晋爵，可洛水两边靠水吃水的渔民可倒霉了，因为从此以后，禁止任何人在洛水中捕鱼。

五月十一日，武媚宣布今年冬天将要亲自前往洛水去祭拜洛神，感谢洛神赐予她这块"宝图"。而这将是一次重要性不亚于封禅泰山的重要典礼。

对于如此意义重大的祭祀典礼，武媚要求所有的李唐宗室、外戚，各州府都督、刺史统统都要参加。为了保证这些皇亲国戚、达官贵人能够按时出席，武媚严令所有勋贵高官必须提前十天到神都洛阳来集合。

又过了七日，一个为武媚所独创的，具有划时代意义的新尊号诞生了。武媚的太后之位虽然尊贵，毕竟是后，是附属于皇帝的女人。武媚岂会甘心一辈子活在李治的阴影下，她要的是登上前台，威慑四方。洛水宝图的现身，给了武媚巨大的勇气和信心，于是她终于公开为自己冠以了一个以往只有最高统治者才可能获得的尊号：圣母神皇。

神皇这个名字似是而非，虽然看似是天子之号，但毕竟还不能完全等同于天子。寓意微妙的文字游戏的背后，是武媚小心翼翼地第一次向皇位的试探。

一方面武媚带着家族子弟们大张旗鼓地宣传天意，折腾得热闹非凡，而另一方面却是朝臣们鸦雀无声，一片死寂。所有大臣都静静看着这位圣母一步步逼近皇位而不敢劝谏一言。因为不久之前，已经有冯元常悲惨的先例。

冯元常是高宗时期的一位名臣，他阖门孝友，忠孝正直，明察事理，政事娴熟，政绩斐然，深受李治的信任。冯元常曾出任过剑南道巡察使，到任后在蜀地兴利除害，造福百姓，对全蜀的发展起了极为重要的作用，后被擢升为尚书左仆射。高宗病危之时，曾对群臣嘱托说："朕身体不好，百官奏事，可以直接向元常宰相汇报。"可见他对冯元常非常信赖。

目光锐利的冯元常早就看出了当时还是皇后的武媚喜欢弄权、不守妇道，所以常常找机会在皇帝面前进言，提醒李治现在皇后的权力越来越大，极有干涉朝政的可能。昏弱的李治虽然也认同冯元常的看法，却一直没有采取什么实际行动去限制武媚的野心。李治越信赖的人，武媚自然就越仇视。她在皇帝身边早就收买了耳目，很快就知道了冯元常的奏言，自此以后便异常厌恶这位人格品行近乎完美的宰相。

武媚当权之后，非常喜欢祥瑞之说。上有所好，下必甚焉，早在唐同泰献宝之前，嵩阳县令樊文总就已经向武媚进献过一块"瑞石"。

当时武媚下令把"瑞石"摆放在朝堂上，得意扬扬地向文武百官展示。而耿直的冯元常毫不惯病，当场拆穿道："看这石头的样子明明很普通，非说它是瑞石，明显是有阿谀欺诈的嫌疑。我们可不能这样欺骗上天和天下百姓啊！"冯元常这番直言谠论惹得武媚老大不高兴，就借机把他贬出朝廷去做陇州刺史。

冯元常离京后几次调任，还陆续出任过眉州刺史和广州都督。是金子到哪都闪光，冯元常的本事才干明摆在那儿，无论在任何地方为官都战功卓著，政绩斐然，可武媚却从不对他予以奖赏。朝廷在乾陵举行高宗皇帝的葬礼，按照礼制，全国重要州郡的刺史都要来乾陵祭拜，唯有冯元常被禁止回来参加。最后还是酷吏周兴最能了解上意，设法构陷，把冯元常召回京城，逮捕入狱，终将这位忠正能臣迫害致死于大牢之中。

在皇帝的新衣面前，说真话的人就是这样的下场，群臣谁还敢再开口。

洛水宝图出水一个月后，另一个大臣郝象贤的死更是为群臣敲响了恐怖的禁言之钟，朝臣们愈发知善不荐，闻恶无言，隐情惜己，噤若寒蝉。

郝象贤是高宗朝中书侍郎郝处俊的孙子。郝处俊这个人我们在前文提到过，当年正是他以宰相的身份极力劝阻李治不要将朝政委托给武媚掌握。武媚对郝处俊打断了她的摄政美梦一直怀恨在心，因为郝处俊死得早，所以武媚就将他的孙子郝象贤当成了报复的对象。

郝象贤官职不高，不过是区区一个七品太子通事舍人，帮皇帝李旦的儿子李成器做些上传下达、内外启奏的日常工作。

在大兴诬告的风气下，郝象贤家中的奴仆诬告主人谋反，武媚立刻命周兴负责审讯。

酷吏主审，这起冤案的结果已经是不言自明，周兴对女主的意图心知肚明，很快就报告说郝象贤谋反案"罪证确凿"，应处以族灭之刑。

郝象贤毕竟是宰相之孙，在朝中也有几个朋友，其家人向监察御史任玄殖申诉，要求澄清事实。任玄殖是个有良知的官员，他为此据理上奏，断言郝象贤的谋反罪名根本就是无凭无据，压根儿不能成立。可向来视法律为粪土的武媚哪里肯听，就地罢免了任玄殖，维持对郝象贤的原判。

郝象贤外表文弱，相貌清秀，外号叫"宠之"，但性情刚烈，像极了他爷爷，他虽身处武媚的淫威之下，却丝毫不辱郝氏门风，从含冤入狱以来没有半点屈从告饶的意思。

就像海明威所说的一样："一个人并不是生来就要给打败的，你可以消灭他，可就是打不败他。"行刑当日，郝象贤大义凛然，毫不畏惧，在刑场众目睽睽之下大展口才，痛骂武媚谋图篡位、残害忠良、放荡淫乱。响亮的骂声如同一连串晴空霹雳，隆隆回响在洛阳上空，其大无畏态度让监斩官也慌了神，只能急忙下令将郝象贤斩首、肢解。然而围观的千万百姓，都已经听了个痛快，无不对他肃然起敬。

杀死郝象贤后，武媚又下令挖开他爷爷和父亲的坟墓，毁棺焚尸。此时郝处俊已经入土七年，他的命运和功盖日月的大将军李勣一样，死后数年又屈辱地重见天日。

从此之后，朝廷立下一个新规矩，法官对犯人用刑前，都要先以木丸塞其口，不让犯人出声。由此可见，八面威风的上天之子虽然掌握着朝廷大权与全国军队，看似拥有无限权力，却连让一个反对者说话的勇气都没有。

明堂

因为洛水岸边的庆祝大典具有极为重要的象征意义，自然不能潦草行事。武媚一手挥动屠刀，一手却大兴土木，将一座堪为旷世经典的帝国图腾建立于镣铐与血痕之上。

光宅元年（684年），著名的大文豪陈子昂上疏武媚，建议修建明堂，并强调了明堂的建设对于塑造君主权威具有独特意义："方兴三皇五帝之事也，与天下更始。不其盛哉。"这份上疏让武媚开始对明堂的建造兴趣盎然。

所谓明堂，就是儒家典籍中的圣殿，是古代圣君秉承天意颁布圣教的地方。孟子曰："夫明堂者，王者之堂也。"历代帝王朝会、祭祀、庆赏、选拔士官、开办国学都在此地，相当于国家最高级别的大礼堂。经过代代相传，无论是礼部的专家还是官僚士大夫们，都逐渐抽绎出这样一种政治理念——哪个皇帝要是能将传说中的明堂建成，就将开创和"三皇五帝"一样万世称颂的伟业。

因为明堂在人们心目中已经成为完美的、乌托邦式的施政之宫，所以明堂也就不再是一座普通的殿堂，而是登上了至尊无上的地位，给后世帝王以极大影响。从周至唐历朝历代之中，能够建成明堂者寥寥无几，包括隋文帝、唐太宗等诸多君王都曾计划建筑明堂，天才建筑大师宇文恺甚至连明堂的模型都做出来了，可最后还是一座空中楼阁。

明堂与封禅一样，之所以成为"稀旷"之典，正因为其繁复的理念和与之对应的构造。其建筑的每一个构成都具备独特的含义与功能，象征着一种完美的"宇宙秩序"。因此如果每一个建筑构件都必须"务从典故"的话，难免就是一场旷日持久的理论论战。

千年以来，明堂的建设就在皇帝们意图垂范后世、建立不世功业的宏大愿景，以及博学的儒生们争执不已、日益繁复的设计中，搁置不进，屡屡成为空谈。唯有当初高宗李治为了给太宗祈福重修的象征着道教、国家祭祀与皇室家族结合的昊天观，才勉强可以算是一个简易版的明堂。

除了明堂本身被儒家所赋予的神圣光环外，明堂所具有的现实作用和影响力也是促使武媚热衷于修建明堂的一个重要因素。因为修建明堂需要诸多特定的条件，如国力雄厚，民心安定，国库充盈等。能够建成明堂从某种意义上来说是只有明君圣主才能完成的丰功伟业。这一切美好的寓意对于自信、好强的武媚来说具有非常大的魔力。自视甚高的武媚当然想借助修建明堂以夸功当世、留名青史，所以她在修建明堂的过程中，极尽铺张之能，把原本应该富于内蕴、朴实无华的明堂修建得极为富丽奢华。

无论是修明堂，还是改李唐，武媚都有一位现成的好老师，他就是大名鼎鼎的东汉国贼王莽。

　　当初王莽摄政时，就是大张旗鼓地沿袭周制，建造明堂。他在篡位之前，多次到明堂祭祀，并仿周公旧制封建诸侯，分茅裂土，当然这一切所为都是为自己篡权夺位所做的预演。

　　和王莽一样，在整个预备称帝的过程中，凡是跟远古周朝有关的一切制度都被武媚拿来比附现实，强行把深受历朝称颂的周王朝和自己联系起来，完全模仿它的官职、称号、建筑、典礼和历法，为未来的禅代寻求理论根源，取得社会及舆论支持，借周礼之名，行革命之实。所以要取代李唐，必须要假说周制以表明正统，作为王权和神权的双重象征的明堂必须建！

　　修建明堂并非易事，为什么武媚以一女子之身反而能完成数代男主未毕之功呢？这也和她果断、独立的性格有关，武媚避开了诸曹尚书、太常、国子秘书官、弘文馆学士等腐儒没完没了的讨论，只是同她的北门学士们略做商讨，就很快拍板定案：将神都皇城内的乾元殿拆毁，在其原址上建造明堂，并大手笔调动全国数万民工一同参加施工。

　　出人意料的是，要完成这样一个旷古未有，规模宏大的史诗级工程，武媚却选派了一个出身卑贱，身份可疑的野和尚来担任工程总监。

面首

　　在日本明治维新之前，实力强悍的大名带兵攻入京都的行动被称为"上洛"，如同春秋时齐桓公会盟诸侯，被公举为霸主之意。

　　这个"上洛"的"洛"，即谓洛阳，但这个洛阳不在中国，而是在日本。

　　一千多年来，日本的首都一直是平安京，也就是今天的京都。平安京最初被规划为东西两部分，东侧的"左京"被称为"洛阳"，西侧的"右京"被称为"长安"。因为当时负责选址的风水师拜师不名，学艺不精，居然给右京长安选了一块沼泽地，故而无法建城，京都就只剩下了左京"洛阳"，后来这个"洛"也就成了代指京城之意。

　　日本的洛阳，城北中央为皇室所在的宫城，宫城之外是作衙署之用的皇城，而皇城之外是作为一般官吏、平民居住的都城。其街道纵横，沿着朱雀大街对称相交，形如棋盘。日本之"洛"，至今仍然是日本人的精神故乡与文化源点所在。

　　仿建的日本洛阳尚且成为流传至今的经典，那么隋唐时期建成，规模宏大数倍的真正的洛阳更在世界建城史上拥有自己独特的崇高地位。

当初才智过人的大隋君王杨广登基后，术士章仇太翼上表建议迁都洛阳时说："陛下是木命人，雍州是破木之冲，不可久住。开皇之初，有童谣云'修治洛阳还晋家'。陛下曾封晋王，此其验也。"

杨广听了这番话很是受用，于604年冬巡幸洛阳。他登临汉魏洛阳故城西边的邙山，放眼远眺，看见南面三十里处的伊河，以及伊河两边的香山和龙门山，感慨地说："这简直就是龙门啊，自古何因不建都于此？"仆射苏威不失时机地追捧说："自古非不知，是就等着陛下呢。"隋炀帝非常高兴，下决心要将洛阳建设成为超越长安的帝国新都。

大隋帝国最聪明的两个人，尚书令杨素和将作大匠宇文恺再次开始了密切配合。他们都深深了解杨广"心在宏侈"的想法，为了让这位才智超群的皇帝满意，他们二人一个拨款，一个监工，依照杨广的心意，役丁两百万人，以周王城以东、汉魏洛阳以西为范畴，开始了营建新都的伟大工程。

修建东都是国家级的大型建设项目，规模至为庞大，而全国民众为此付出了惨重的代价。江南的奇木异石被源源不断地运至洛阳，运输过程极其艰辛。宫殿所用的大梁巨柱，须从豫章郡（治今江西南昌市）采集大树，运来加工。一棵大树要两千人才能拖得动，如果用木轮车运送，便会摩擦起火，只能改用铁轮车，运一二里铁轮便坏，只好由数百人尾随，专门供应铁轮，因而一天不过运送二三十里。一棵大木梁运到洛阳，不算沿途食宿费用和铁轮车成本，仅脚力一项，即花费数十万工。沿途民工劳苦不堪，竟有一半人累死在运输途中。

十四个月后，新洛阳终于建成，可谓规模宏大，布局有序，穷极壮丽之姿，其气势甚至超过了关中的大兴城，一时间天下无双。

洛阳城区由宫城、皇城、外郭城三部分组成。宫城在城市的西北面，叫作紫微城，是皇帝、后妃生活的宫殿区。皇城在宫城的南面，是中央机构建筑群，叫作太微城。在整个洛阳城的构建中，深深融入了"天"的元素，城的最南头是天阙（龙门），然后沿着南北中轴线，贯通南北的定鼎大街叫"天街"，下来依次是天门（定鼎门）、天宫寺、天汉（洛水）、天津桥、应天门，极为符合天子身份。

洛阳城以洛河为东西轴线，分为洛南和洛北两个城区，洛南有九十六坊，洛北有三十坊。外郭城内有三个大型市场，尤其是位于通远市南的丰都市，周长八里，有十二个市门，市内有一百二十多种行业，三千多家商户在此营生，店铺鳞次栉比，井然有序。琳琅满目的各类商品从全国各地汇集到这里，又远销到西域、高丽、日本等地。

在这日日人声鼎沸的闹市之中，一个走街串巷卖野药小货郎的身影，常年出没于其中。

这个货郎名叫冯小宝，是鄠县（今陕西户县）人，他天生一副关西大汉的魁梧身材，浓眉大眼，相貌堂堂。因为小宝很是能说会道，加上天赋异禀的胯下之物，所以在每日为衣食奔忙之余，亦有旺盛的精力干点副业，等闲便勾搭上了一个大户人家小婢女，吃口软饭。

这小婢女虽然相貌平平，但家中的主人却身份甚高，乃是高祖李渊的第十八女千金公主，高宗李治的亲姑妈。

千金公主年轻时曾嫁给宰相温彦博的儿子温挺，没想到这温挺是个短命鬼，婚后没挺几年便撒手人寰。当时唐人的贞操观还没有后来那么变态，妇女改嫁是常事，于是千金公主又嫁给了齐州刺史郑敬玄。

郑敬玄出身于名满天下的荥阳郑氏，祖父、父亲都是高官，夫妻两个也算门当户对。二人婚后家庭和睦，千金公主为郑家生下两个儿子，郑克义和郑克俊。

当时武媚已经开始大肆屠杀唐室的忠臣与宗室成员，在这种极度恐怖氛围的影响下，千金公主为了求生自保，不仅每天变着法地谄媚巴结武媚，还独出心裁，剑走偏锋，公然上书请求认武媚做干妈。

面对千金公主的热情认亲，武媚当时那真是一个大写的尴尬。李治的姑姑自然也是她的姑姑，而且千金公主年纪比她还要大上十几岁，现在要来给她当女儿，这里外里差出了两辈，饶是武媚脸皮再厚，也很难坦然接受。

千金公主倒是很聪明，很快给干妈找到了一个得体的台阶：太后是九五之尊，是天下人的父母，她如今要认太后为母，理所当然。

既然有这么一个说法，武媚自己也觉得合情合理了，便心安理得地笑纳了这个鹤发鸡皮的干女儿，并把她改封为延安公主，取其延年益寿、平平安安之意，还把侄孙女嫁给了干孙子郑克义为妻。

就在别的宗室每天都提心吊胆，朝不保夕的日子里，千金公主却因为有干妈罩着，地位稳固，高枕无忧，得以继续安享奢靡荒淫的生活。她家的豪宅阔大，奴仆婢女众多，上梁不正下梁歪，也就发生了婢女在外面偷偷找小货郎做情人这件事。

世上没有不透风的墙，一次冯小宝偷偷溜到公主府与婢女私会，不小心东窗事发，被延安公主捉了个正着。这位七十高龄的老公主起初是勃然大怒，但是看到跪在地上的冯小宝相貌威风，一身腱子肉，如同一团行走的荷尔蒙，便一个没忍住，就对这个小伙子进行了一次惩罚性试用。

这一试可了不得，延安公主遍体舒畅，如焕二春，所以不但没有责罚冯小宝，还把他当宠物养了起来。

延安公主想得很明白，冯小宝这样的宝物，百年不遇，自己是无福多用的，得先想着孝敬干娘。她为冯小宝沐浴熏香，教授礼节，调教了数日，然后颤颤巍巍地亲自入宫，献给了已经寡居多年的武媚。

武媚当时虽已六十多岁，但仍有正常的生理需求，更何况她还是号令天下的"圣母神皇"。身强力壮的冯小宝也真是不负千金公主的厚望，他使出浑身解数，一次媾合就把武媚彻底征服，从此武媚对他宠爱有加，留在宫中，作为面首专供自己享用。

《辞源》里面说："面，貌之美；首，发之美。面首，谓美男子。"中国父系氏族历史悠久，历来男子才是这个世界的主宰，如今一个女人登上权力的巅峰，违背世俗豢养面首，明里暗里都要面对很大的舆论压力。为了避免外朝大臣诟病，同时也为了提高小宝的出身，武媚慷慨地赐给了小宝双重身份，先令他改姓薛，假说小宝是她女婿薛绍的叔叔，再为他剃度为僧，取法名为怀义，这样卖野药的小贩冯小宝被包装成了出身薛氏贵族的有道高僧。

如此掩耳盗铃一番之后，薛怀义便可以每日大大方方地以国师的身份自由出入宫禁，美其名曰诵经念佛，实则天天与武媚切磋研习"阴阳欢喜之道"。一个流窜街头、衣食不周的二混子，一夜间竟然成了神皇的枕边红人，薛怀义的日子过得不要太快活。

对于武媚和薛怀义公然秽乱宫廷之事，朝臣们看不惯的人不少，但敢说话的不多，只有左拾遗、监察御史王求礼给武媚上书说："太宗时，有一个名叫罗黑的人，弹琵琶的技能很高，太宗为了让他入宫教授宫女们演奏，只好把他阉了。今天薛怀义有方法可以供您娱乐，臣不反对他随意出入宫廷，但请求您把他阉了，以端正宫闱的风气。"

薛怀义变成薛公公还能娱什么乐？武媚深恶王求礼心理之阴暗，对于这样没事找碴的迂腐之言，理都懒得理他。

小人得志，向来是猖狂万分。现如今薛怀义出入宫禁都骑着高头大马，身边带着徒弟、内侍十余人前呼后拥，无论官民，见了他都要绕道走，躲避不及就会被当街暴打，打不死算走运，打死了算活该。

满朝文武和名流政要，如今见到薛怀义都要尊称他一声"薛师"。就连当红外戚武承嗣和武三思兄弟也不例外，见了这位从天而降的叔叔竟相以晚辈身份执童仆礼，甚至为他牵马执辔。薛怀义是个实在人，大大方方地把自己当作二武的长辈，对他们的恭敬视若无睹，压根儿没把武氏兄弟放在眼里。

一个薛怀义就把洛阳城闹得鸡飞狗跳，让许多老百姓深受其害，各级府衙却没人敢管。右台御史冯思勖疾恶如仇，实在看不过眼，多次将薛怀义的喽啰逮捕法办。薛怀义对他恨之入骨，竟使出流氓手段，找了个机会把冯思勖堵在下班回家的路上，命手下大打出手，直到把冯思勖打得奄奄一息才扬长而去。

信仰

从魏晋南北朝时期开始，佛教大兴，快速成长为足以和儒、道并立的一大教门，僧团也发展壮大，动辄以数百数千计。无论北朝还是南朝都推崇佛教，一度使得佛教成为当时第一显教，风头甚至盖过了儒、道。虽然经历过北魏太武帝拓跋焘、北周武帝宇文邕的两次"灭佛"，对佛教僧团进行了强力的打击。但这种打击并不是针对佛教的独立性，拓跋焘灭佛是为了抢夺佛寺僧团的财富和人口。宇文邕灭佛则是为了彰显自身为华夏正朔。他们的灭佛运动很快都人亡政息，既没能消灭佛教，也没能驯化僧团。

一直到大唐开国以后，中国又开始极力尊崇道教，以老子为先祖，尊他为"太上玄元皇帝"，用道教来抬高李氏皇族地位，道教重回三教之首，佛教开始走入低谷。武德八年（625年），唐高祖李渊就儒释道三教的顺序正式发布诏令："老教、孔教，此土元基；释教后兴，宜崇客礼。今可老先，次孔，末后释宗。"《道德经》成为当时科举考试的必考科目，就连宣教于外邦诸国，也是派人去讲道德经。李治在他生命的最后几个月，更将年号更换为"弘道"，下诏令天下诸州都要修建道观。

在李治尊道的日子里，虽然武媚自幼深受母亲熏陶，笃信佛教，但为了取悦丈夫依旧毫无留恋地把佛祖丢在一旁，做出一副真心诚意热爱道教的样子。武媚刚刚当上天后的时候，在"建言十二事"中主动提出全国王公以下都要学习《老子》，并将管理道士的机构改为"宗正寺"，让道教与政治的关系在制度上得到了承认。

政治与宗教本是一对孪生兄弟，宗教地位的排序，宗教管理机构的变更，全都是凭帝王的主观权力意志随意发挥。武媚本着需要与利益的原则来推崇道教，自有她额外得到的好处。因为道教之中女仙众多，既然李治推崇老子，武媚偏要盖过他一头，直接推尊老子他娘，宣称老子的母亲也应有一个尊号，将其尊为"先天太后"，并在老君庙为这位道教太后敬立尊像。

龙朔二年（662年），高宗李治曾下过一道"令道士女冠僧尼于君皇后及皇太子其父母所致拜"的敕书，要求出家人改变礼仪，对皇帝、皇族以及自己的父母行跪拜礼。

这份诏敕一经发出，立即在宗教界引起轩然大波。道教倒没什么反应，而当时一些著名高僧，如大庄严寺的威秀、西明寺的道宣等人则纷纷上书，坚持"沙门不应拜俗"。甚至有长安僧人二百余人聚集蓬莱宫，向皇帝请愿收回成命，许多高僧都发动了与自己关系密切的皇亲国戚代为说项。

面对巨大的反对声浪，李治的态度倒还十分民主，他"大集文武官僚九品已上并州县官等千有余人"以及众多高僧一起集会，公开辩论此诏敕是否合理。集会上众说纷纭，难有定论，然后居然进行了一次民主投票，结果发现赞成此事者只有354人，而反对的倒有1539人。李治无奈，只得又颁布《停沙门拜君诏》，允许僧人"于君处勿须致拜"。

这次"致拜君亲"事件，表面上看是佛门的一次重要胜利，其实是李治与武媚之间的一场暗中较量。李治夫妻二人虽然携手铲除了以长孙无忌为首的关陇旧臣，但武媚却趁机形成了自己的政治势力，开始咄咄逼人地与丈夫分庭抗礼。身体日益病弱的李治为了对武媚进行遏制，想要通过这一事件来打压武媚的气焰，也借此试探朝野对自己的态度。没想到武媚羽翼已丰，竟然借着佛门的反对将李治这一诏敕推翻。

关于佛教这一次"致拜君亲"的争论，不再是纯粹的皇权与教权的冲突，更是夹杂了皇族内部的政治斗争，佛门获得的胜利也已不再是以佛法服人，而成了李、武政争的附属品。现在李治已成枯骨，而武媚本人却成了"圣母圣皇"，格外搞笑的是这个尊号早些年曾专指老子之母。

武媚称制之后，已经不再需要看李家人的脸色，整个国家的宗教风向，瞬间发生了巨大变化，武媚开始有意识地贬抑道教，而佛教的地位则得到迅速提升。可怜太上老君竟然和李显一样苦命，居然被废黜了"太上玄元皇帝"的尊号。

道教地位的变化，甚至使得唐朝在宗教管理上一度出现了混乱。最初因为道教始祖老子李耳被李唐皇室认为祖先，道教便被划归宗正寺掌管。到武媚为了压制李唐将佛教地位抬于道教之上时，道教又被划归隶于礼部的祠部司管理。

武媚一出手，废掉了一个人间皇帝，又废掉了一个神仙皇帝，大展神皇之威。

垂拱元年（685年），薛怀义提议重建洛阳西阳门外三里处御路南面的白马寺院，武媚立刻照准，并命薛怀义监修。因为武媚既要利用佛教为自己代唐而立的做法寻求法理的依据，又希望通过佞佛之举获得神佛的护佑，消解她自身因逆承大宝所带来的心理焦虑，故而薛怀义翻建白马寺的建议深得其心。

关于白马寺，这里不得不多着墨几笔，因为它在中国佛教史上的地位非同寻常，堪称中国第一古刹，世界著名伽蓝，虔诚的佛门弟子一向公尊洛阳白马寺为"祖庭"和"释源"。

白马寺初为汉朝明帝所建，相传汉明帝曾夜梦金神，背后有日月光明，有胡人告诉他这就是"佛"。于是汉明帝就派出使臣到西域求佛，得到了经书和佛像，因为是用白马负经而来，因此以白马为寺名。

白马寺塔前种有品种极好的石榴和葡萄，很可能是随着经书一同从西域而来，这些果树枝繁叶茂，果实甘美，一颗石榴可以重达7斤，葡萄比枣子还大，为京城一绝。历朝皇帝常常派人去采摘，赐予宫人，而宫人们都会当成宝物一样转送给亲属，得到者也不舍得马上就吃，往往要找来一大群朋友予以展示炫耀。

有国库充沛的金钱和女主无上的权威助力，天下大概没有干不好的工程。重建后的白马寺气势恢宏，大放异彩，而野和尚薛怀义也有了自己的地盘和新的身份，晋升成为这座千古名刹的住持。

薛怀义是个机灵人，他能轻而易举地一步登天，自然要对女主倾心相报。除了肉体上的付出之外，薛怀义对女主尊佛抑道的心思也是心领神会，积极配合，对道教极为仇视。薛怀义召选了一群无赖之徒剃度收为徒弟，带着这些爪牙到处仗势横行，每次遇见道士，必定极力痛打，甚至将他们的头发剃光，以示侮辱。

一时间，沉寂已久的佛教迅速在国中重新盛行开来，各地官吏为了巴结佛门，纷纷动用民力劳役为佛门修建寺庙，并要求百姓缴纳无尽无休的"佛礼钱""诚心钱"，让百姓们苦不堪言。很多人为了躲避横征暴敛，干脆直接皈依寺庙要求出家。也有很多确实虔诚向佛的百姓将房产、店铺、田产通通"供奉"给寺庙，造成了国家的户口流失和税收减少，极大地破坏了社会稳定和生产。

佛教的畸形繁荣造成了国家经济相当程度的混乱，但武媚顾不得这许多民间琐事。鉴于薛怀义在白马寺的工程干得不错，武媚便常常令薛怀义入宫主持各类土木营造工作。而建造明堂这件具有极强政治寓意的重要差事，被自然而然地交到了薛怀义手中。

反抗

武媚自诩神皇，一步步逼近皇帝之位，她自以为已经用太尉、司徒等高官显爵麻痹了宗室诸王，但宗室们却不是傻子，所有人都敏锐地觉察到了洛阳这位神皇的来意不善。这一次祭拜洛神大典，武媚下诏令让已如惊弓之鸟的李唐宗室限期到洛阳集合，这让所有宗室都忐忑不安，都猜度着这一次很可能会是自投罗网，被早有图谋的武媚一网打尽。

盘点一下如今活着的核心宗室成员，高祖李渊的二十二子还剩四人：韩王李元嘉、霍王李元轨、舒王李元名、鲁王李灵夔。

太宗李世民的十四子现存二人：越王李贞、纪王李慎。

至于高宗八子，已经可以忽略不计了，除了武媚自己所生的李显和李旦在重压中苟活外，其他两个庶子李上金和李素节早已命在旦夕。

原本宗室之中就一直酝酿着浓厚的反抗情绪，这些王爷们都有兵有权有地盘，自然不愿坐以待毙。近些年来，他们在自感危机的同时，也在暗中不断联络，意图奋起自保。

鸟无头不飞，宗室中的领头人，当属声望最高、实力最强的韩王李元嘉和越王李贞。

李元嘉的辈分最高，他的生母宇文昭仪当年深受高祖宠爱，差点被立为皇后。李元嘉成年后娶的是一代名相房玄龄的女儿。当初武媚拿虚衔大赏诸王的时候，头一个要给面子的就是这位韩王殿下。

李元嘉品行极好，有口皆碑，他虽为天潢贵胄，却从不以皇子自居，一向修身洁己，内外如一，一副寒门名士的做派。李元嘉自幼勤奋好学，成年后才华横溢，既工行草书，又善于绘画，无论龙、马、虎、豹都画得惟妙惟肖，他诗写得也不错，曾有"珠璧连霄汉，万物仰重光"这样的佳句。

李元嘉有一个最大的特点就是智商极高，从小就有"神仙童子"的美称，据说他可以左手画圆，右手画方，口诵经史，目数群羊，这可比周伯通传授给郭靖、小龙女一心二用的左右搏击之术难上百倍。这还不算，李元嘉同时还可以吟诵一首四十字诗，再用脚执笔写一首五言绝句。这样一心六用的本事就算放在今天的《最强大脑》里恐怕也无人能及。

用今天的科学观点看，李元嘉一心六用和周伯通等人能左右互搏，并非金庸所说是因为他们"性情纯朴"，不善于心机。经过现代医学的神经科学研究，这其实是一种神经性疾病，叫作"裂脑综合征"。在正常情况下，人类的左右脑靠中间的胼胝体接通，互相交换信号，最终做出某一协调后的行为或者动作。但裂脑病人由于中间的桥梁缺失，左右脑无法正常沟通或者缺乏沟通，因此会出现各行其道，无法协商没有统一的情况。

譬如电影《雨人》的原型金，他无法独立生活，没有人际交往的能力，但他同时也是一位不到40岁就能扎实记住九千本来自15个不同领域书籍的天才，而且只读一遍就能记住其中98%以上的内容。这又和黄药师的妻子冯蘅看一遍就能牢记《九阴真经》何其相似。拥有这样的天才记忆力，正是因为金和冯蘅的左右脑是分开的，能够用两边的大脑同时读一本书的两页，因此他的阅读速度和记忆效率远高于常人。

可以说李元嘉无论人品、才华、智力都是诸王之中当之无愧的佼佼者，可至于运筹帷幄，杀伐决断，排兵布阵的本事，李元嘉却是万万没有的。

在李治这一辈的亲王中，真有大才者如李泰、李恪都已经在政治斗争中死去多年，活着的当属越王李贞还算比较优秀，他虽然不会像叔叔一样一心六用，但精通骑射，又好涉猎文史，综合素质还算不错。唐代著名建筑越王楼就是李贞任

天枢坠落：武周政权的崛起与终结

绵州刺史时所修建，此楼高十丈，历经三载建成，与滕王阁、黄鹤楼、岳阳楼并称中国四大名楼。

李贞虽有才能，但在私德方面远比不上叔叔，他有个最大的缺点就是耳根软，信谗言，导致手下正直之士多被遣退，而家人奴仆却仗着他的威势欺凌百姓，危害一方，故而虚名虽高，在当地却并没有多少人对他真心拥戴。

自从李显被废以后，李元嘉和李贞两大亲王为了自保，开始了频繁而隐秘的沟通。

一开始，谨慎的李元嘉想试试李贞的反武心意是否坚决，就先让他的儿子黄国公李撰给李贞写了一封信，信中这样写道："我的内人病情严重，需要及早治疗，如果等到冬天，恐怕就成了不治之症，所以我们宜早下手。你接到信之后，请速速给我一个回话。"

看似普普通通的一封家书，其中却隐含着极为重要的内容。信中的"内人"，指的是独掌大权的武媚，"冬天"是指武媚召集大家到洛阳集合的时候，而"宜早下手"当然就是号召诸王迅速起兵反抗自保。

李贞很聪明，接到信后心领神会，立即回信表示愿意积极配合。从此诸王间的书信往来不断，大家都在相互警告，暗暗做反抗的准备。这次洛水大典，变成了引爆诸王与武媚决裂的一个导火索。借此机会，李元嘉紧急传话给诸王："这次典礼之际，神皇必遣人告密，说我们诸王谋反，然后她就可以借机大行杀戮，李唐宗室恐怕没有人能活命了。"

此时宗室起兵已经是箭在弦上，不能不发。李元嘉打算以李显的名义伪造一封信发给诸王，内容是："朕被幽禁，诸位速速发兵勤王。"李贞却对这封信的内容不屑一顾。从他的角度看，这封废帝的救急信并不管用，起不到鼓动宗室的目的。因为宗室们在意的是自己的身家性命，权力富贵，至于皇帝是否有难其实对大家触动不大。李贞和他儿子琅琊王李冲重新伪造了一封信，派遣使者送到四方，以祸及自身安危的理由来号召诸王同仇敌忾，信上写道："神皇欲倾李家之社稷，移国祚与武氏。"直接点破武媚的目的就是想把李家的江山打翻，而覆巢之下无完卵，李家宗室子弟一个也活不了！

果然还是李贞这封信的效果立竿见影，不仅宗室诸王接到信之后个个群情激愤，连公主和驸马们也被动员起来了。

李贞发了书信联络寿州刺史、驸马都尉赵瑰说："我会带领义军到你的地盘。"赵瑰大喜，亦回信一定率兵响应。赵瑰为什么这么恨武媚？我们前文讲过，李显的妻子被武媚活活饿死。她的父母就是赵瑰和常乐公主。贵为太子妃的爱女惨遭杀害，这对夫妇又怎么会不对武媚恨之入骨。

对于李贞起兵反武的倡议，常乐公主尤其表现出不逊色于男人的血性，她对李贞的使者慷慨激昂地说："为我报越王，与其进不与其退。尔诸王若是男儿，不应至许时尚未举动。我常见着老云，隋文帝将篡夺周室，尉迟迥是周家外甥，犹能起兵相州，连结突厥，天下闻风，莫不响应。况尔诸王，并国家懿亲，宗社是托，岂不学尉迟迥感恩效节，舍生取义耶？夫为臣子，若救国家则为忠，不救则为逆。诸王必须以匡救为急，不可虚生浪死，取笑于后代。"

常乐公主这番豪言可谓气壮山河，大概意思是一同起兵反武必须有我一个，绝不退缩！你们宗室诸王如果还是男人的话，早该起兵了，还能等到今天吗？老人们常常回忆当年隋文帝杨广篡了北周的皇位，大司马尉迟迥是皇室的外甥还能联合突厥谋图复国，你们都是宗亲，怎能不舍生取义跟武媚战斗到底！你们救国是忠臣，不救就是逆子，千万不要虚度生命，贻笑后人。

至此，一个以韩王李元嘉父子、越王李贞父子为核心，成员包括数十位亲王、郡王、公主、驸马以及忠唐官员在内的救国同盟算是正式宣告成立了。至少从纸面上看，这个联盟的实力极为强大，而由宗室们来兴兵勤王，比当年的李敬业起兵更加名正言顺，而且宗室诸王全都在各州担任主官，手中都有军队，如果大家能齐心合力，统一行动，对洛阳形成四面围攻之势，反武大计完全有可能一举成功。

对于这次义举，李贞一直是信心满满，他在担任蔡州刺史的时候，就曾多次奏请免除百姓租赋以结人心。他又私人豢养了悍勇家丁上千人，战马数千匹，带着他们日日以狩猎的名义进行军事操练，可以说早就做好了准备。

李贞见时机已经成熟，开始让长史萧德琮等公开招募士卒，然后分别送信给最有实力的绛州刺史韩王李元嘉、青州刺史霍王李元轨、邢州刺史鲁王李灵夔、贝州刺史纪王李慎，让他们各自起兵，共同进攻洛阳。

就在宗室紧锣密鼓准备行动的关键时刻，一件令人切齿的意外发生了。鲁王李灵夔的儿子李霭，竟然带着诸王起兵的全盘计划连夜叛逃到洛阳，把所有的秘密向武媚和盘托出。这下子，尚未准备就绪的李唐宗室从暗处一下子被推到了明处，局面变得被动起来。

垂拱四年（688年）的八月十七号，一个历史应该铭记的日子。一位英武的年轻郡王率先举兵，继李敬业之后再一次举起了反武勤王的大旗。他就是李贞的长子，时任博州刺史的琅琊王李冲。

李冲自幼好文学、善骑射，可谓文武双全。曾历密、济、博三州刺史，皆有能名。他收到父亲的信后，匆匆招募了五千人马，第一个出兵了。李冲打算渡过黄河去攻打济州，以扫清进攻洛阳的道路。可惜他的队伍还没走到黄河岸边，就在博州下属的武水县遭到了激烈的抵抗。

当时武水县县令郭务悌不在岗位，据说先跑一步到魏州请援去了，恰好附近莘县的县令马玄素领兵一千七百人前来救援，就在武水城内当起了临时指挥，部署军民闭门拒守，稳住了人心。

满腔热血地喊口号是一回事，真刀真枪两军对垒又是一回事了。李冲骑马打猎的本事是有的，可从未上过战场。他手下的兵原本不多，也没有什么攻城武器，竟然受困于这个小小县城之外，难有进展。当时正好天刮南风，李冲情急之下想出一条火攻之计，下令部下准备了几辆干草车，打算火烧南门，然后再破城而入。

有道是：运去不逢青海马，力穷难拔蜀山蛇。李冲举兵那日大概没看皇历，这一天老天爷也真是不帮李家，火之未起，南风确实呼啦啦刮得甚急，可等火燃起来，南风竟然一下子变成了北风，熊熊大火铺天盖地的反烧回来，风助火势，一下子把李冲的兵丁烧死了一大片。

李冲这些部下大部分都是临时招募的平头百姓，并没有和官军拼命的决心和斗志，大家看到仗还没开打，就死了这么多人，军心大涣。李冲手下有个军官，原来是堂邑县丞，叫董玄寂，这时候也反了水，放声高喊道："琅琊王与国家交战，这分明在造反啊。"

李冲急火攻心，冲过去一刀砍死了董玄寂。可董玄寂的这番话已经给李冲的军队造成了致命的伤害，五千军兵顿时都作鸟兽散，逃入草地大泽之中没影了，李冲身边转眼间只剩下几十个还算忠心的家丁，迷茫地跟在他身后不知所措。

继续攻打武水县是没可能了，李冲无奈，只好带着这一小队人马垂头丧气返回自己的根据地博州。可出乎意料的是，等他回来时，博州也不姓李了。满身烟尘，疲惫不堪的李冲刚进入大开的城门，当地一个叫孟青棒的亡命徒，猛地冲上前去，还没等李冲看清他狰狞的面孔，已经人头落地。

李冲的家丁们吓得四散奔逃，无人想着替主人复仇，孟青棒得意地捡起这颗双目不瞑的人头，大摇大摆地奔赴洛阳邀功请赏去了。

人头送到了洛阳，武媚果然赏给孟青棒一个五品将军的职位，而他的名字，后来被那个不学无术的酷吏侯思止当成了一种刑具。

李冲刚刚在博州起兵之时，早有防备的武媚已经委派左金吾大将军丘神勣为清平道行军大总管，率十万大军前来征讨。可前后不过七天的工夫，到了八月二十三日，李冲已经在一个小小县令的阻拦下兵败身死，丘神勣的军队才刚刚到达。

孟青棒杀了领头人李冲，主动献出头颅，博州百姓还以为这事就算到此结束了，可以躲过一劫，可他们太低估丘神勣这位杀人将军的恶意了。

丘神勣到达博州后，压根儿不问青红皂白，立刻指挥官军对手无寸铁的当地百姓进行搜捕杀戮，博州城内处处惨喊哀号，千户百姓血染街巷。丘神勣数日间血洗了博州城，而后带着一大串血淋淋的平民人头回朝复命请功，自称平定了叛乱，被武媚擢升为大将军。

李冲的孤军就这样轻易地失败了，他虽然在出兵前已经遍发檄文通知宗室，可并没有等到他想象中的四方义军一呼百应，浩荡而来的场面。在那个通讯不发达的年代，那些有兵有地的亲王郡王要么是没来得及反应，要么是没收到信，要么是还没准备好，更多的人则是三心二意，观望犹豫，唯一一个与他呼应的，就是他的老爹李贞。

李贞倒是一点没犹豫，于八月二十五号也在豫州举起了义旗，可他还不知道，自己兴兵之日，英勇的儿子已经人头落地两天了。

此时朝廷的另一路十万大军在左豹韬大将军麴崇裕和夏官尚书岑长倩的带领下，正气势汹汹地向他逼来。而节度诸军的总指挥则是凤阁侍郎、同平章事张光辅。

这个麴崇裕是个外籍将领，很有些来历，众所周知，李世民曾经派大将侯君集灭了西域一个国家叫作高昌。高昌末代国王叫麴智盛，他有个弟弟叫麴智湛，这个麴崇裕就是麴智湛的儿子。

有赖于李霭的告密，武媚迅速派出一个宰相，一个尚书，两个将军共率大军，以牛刀杀鸡之势对付一个又一个势单力孤的州郡，诸王还没等正式起兵，失败的命运已经注定了。

麴崇裕大军还没到时，得知儿子死讯的李贞就已经先颓了。他和之前的斗志昂扬的状态判若两人，变得垂头丧气，甚至精神崩溃，竟然想把自己锁起来到洛阳去请罪。李贞这些荒唐的举动，让那些抛家弃子打算与他一同成就大事的人大受打击。幸亏此时新蔡县令傅延庆带着自己招募的勇士二千余人来投奔，才算是给李贞注射了一支强心剂，让低落了好几天的李贞稳住了心神，重新燃起了斗志。李贞忍着悲痛欺骗众人说：“我儿子琅琊王已攻破魏、相数州，现在已经聚起大兵二十万，朝夕即到，大家要跟我一起奋力作战啊。”

李贞把自己七千部下分为五营。他自领中营，任命汝阳县丞裴守德为大将军、内营总管，还在阵前把女儿嫁给了他；任命赵成美为左中郎将，押左营；间弘道为右中郎将，押右营；胡人安摩诃为郎将，掌管后军；王孝志为右将军，掌管前军。又任命蔡州长史韦庆礼为银青光禄大夫，然后大封官职，不过七千人的队伍，就有五百多人被封了官。他还找了一帮和尚、道士来给这些士兵念经，挨个发放据说可以刀枪不入的“避兵符”。

李贞看似一通操作猛如虎，实则颠三倒四，全无章法，七千部下多是被迫胁从，全无斗志，也就裴守德还能实心实意地为岳父忙前忙后，可仅仅凭他一人之力，又有什么用呢？

很快，麹崇裕率领的官军抵达豫州城外，李贞派次子李规和女婿裴守德出城迎战。两下一交手，豫州这边的乌合之众就露怯了，那些避兵符一遇到真刀真枪全无效果，兵士们该死的死，该伤的伤，被麹崇裕杀得大败，再次重演了李冲的经历，全部四散逃亡。

李贞在城头看着自己辛辛苦苦拼凑的七千兵马刚经过一场战斗就一个不剩，或死或逃，不由得五内俱焚，想起自己在蔡州的时候，有一次路过城西水门桥，临水自鉴，不见其首，心里觉得大大的不吉利，这回果然是要大难临头了。

和李冲的最后时刻一样，李贞身边也有少数忠诚家丁没有逃散。官军很快就来攻城，一个贴身家丁一边拼死抵抗，一边提醒他说："事既如此，王爷您岂能受杀头之辱，赶紧想后事吧。"李贞此时已经是无路可退，只得长叹一声，饮药而死，算是维持了最后的尊严。

李贞死后，他的儿子李规也勒死了母亲，而后自杀。裴守德和自己的妻子一同上吊，李家的男女老少几十口全部自杀而死。

李贞家族最后的惨状，《旧唐书》中曾用《诗经》中的鸱鸮之句来描绘："鸱鸮鸱鸮，既取我子，无毁我室。恩斯勤斯，鬻子之闵斯。"意思是："猫头鹰啊猫头鹰，你已抓走我小鸟，不要再毁我的巢。我含辛茹苦抚育后代，为了儿女已是心碎重病。"

豫州之乱同样被轻易平定了，麹崇裕立下大功一件，他命人斩下了李贞父子以及裴守德等人的头颅，快马送到洛阳，悬挂于城楼高处示众。李贞起兵也不过二十日，就和儿子一同走向一条不归之路。改名专家武媚下令将李贞家族改姓为"虺"，是一种毒蛇的名字。

李贞父子堂吉诃德式的抗争最终却以悲剧收场，让其他原本跃跃欲试的诸王都惊破了胆，再无人有敢于反抗的勇气，只能怀着活一日是一日的心理苟延残喘。当年李敬业起兵反武好歹还打了几场硬仗、胜仗，可一直为武媚所忌惮的这些所谓有兵有钱有地盘，"地尊望重"的亲王们，到了关键的节骨眼儿上全都无所作为，只会甘当鱼肉，排队等着神皇一个一个把他们送入黄泉。

李贞和四个儿子虽然都死于官军的杀戮，但他的家族中仍有幸存者逃过一劫。李贞最幼子李珍子的后代一直被流放岭南，数世不能归。直到唐文宗开成年间，李贞六十三岁高龄的玄孙女，女道士李元真不远万里，一路跋山涉水护送四位祖先的棺椁回到了长安，引起巨大轰动。这样的孝节义举让唐文宗深受感动，终于让李贞及其后人重新回到李唐皇室的族谱上。

李贞的陵寝作为昭陵陪葬墓之一，坐落于陕西省礼泉县兴隆村以东，被发现时已经只剩下个荒凉的小土丘，成了当地生产队的麦场。

1972年，李贞墓被以考古的名义打开，人们发现里面仅存一颗悲凉的头颅，而他那纠结无助的身躯早已不知所踪。

遗害

李唐宗室的反武运动雷声大雨点小，被武媚仅用一根小手指就轻松碾灭了。然而一场暴风雨般的大清洗也由此拉开序幕。

皇室血脉，即为国家血脉，所以姓李就是原罪。武媚要求全国各地同时展开一场大规模的搜捕行动，仅仅被判处有谋反死罪的就有六七百家，还有五千多人受到籍没官府充当奴婢的惩罚。

武媚对这起宗室武装反抗事件十分重视，派出了一位自己非常器重的官员来督办此案。这位来接替李贞的检校（代理）豫州刺史，就是驰名当世、流芳千古的一代名臣狄仁杰。

狄氏家族一直是东羌豪族，但他们很早就开始了同汉民族交流与融合，在使用汉姓时往往取其名称的第一个字，即为狄姓。由于世家望族都喜欢给自己找一个名头响亮的祖先，因此狄仁杰声称自己是孔子门生狄黑的后人。

狄仁杰从小就流露出非同凡人的气质，他幼年时一次与同学在路边玩耍，遇到了著名的看相大师海涛法师。海涛法师惊奇地说："此郎位极人臣，是天下苍生的依靠。可惜我年纪大了，看不到他日后的成就了。"

狄仁杰通过明经入仕后，开始了自己的屡屡被后人书为传奇的宦海生涯，时任工部尚书的大画家阎立本也对狄仁杰十分欣赏，盛赞他为"海曲明珠，东南遗宝"。

在阎立本的推荐下，狄仁杰去并州担任法曹一职。有一次，他的同僚郑崇质要到很远的地方公干，但是郑崇质的母亲年老多病，故而郑崇质一直对这次远行忧心忡忡。狄仁杰知道这件事之后，主动找到郑崇质对他说："你母亲病重，而你却要出远门，怎么能让亲人为远在万里之外的你担心呢？"狄仁杰于是去见并州长史蔺仁基，请求代替郑崇质出行。

其实狄仁杰也同样惦念家人，他在出差途中登临太行山，南望白云飘飞，跟身边的人说："我的亲人就生活在白云之下啊。"言罢涕泪交流，伫立良久，等到那片白云飘走了才继续前行。

蔺仁基对狄仁杰的品行与才干极为赞赏，对人称赞狄仁杰说："狄公之贤，北斗以南，一人而已。"

由于工作政绩格外突出，狄仁杰后来被委任幽州都督这样的要职，他在自己的官服上自制了十二个金字："敷政术，守清勤。升显位，励相臣。"这十二个字也成为激励狄仁杰一生的座右铭。

今天，《神探狄仁杰》家喻户晓，被改编成各种影视作品，这在很大程度上要归功于荷兰汉学家高罗佩撰写的英文巨著《大唐狄公案》，这一著作前后共用了15年时间完成，包括《铜钟案》《迷宫案》《黄金案》《铁钉案》《御珠案》等16个长篇和8个短篇，此书英文版一经面世，即在欧美引起轰动，甚至成为美国芝加哥大学学生必读书。

事实上，狄仁杰断案的故事全部都是虚构，高罗佩把狄仁杰塑造成神探，主要依托的背景是他做司法官员的一段经历。

上元二年（675年），也就是北门学士刚刚登上政治舞台那一年，狄仁杰从地方被调入京城担任大理丞，正式进入司法部门任职。当时考核官员的是尚书左仆射刘仁轨，他对狄仁杰的工作成绩不大了解，给狄仁杰的评级是中上等。大理卿张文瓘替狄仁杰不平说："狄仁杰一年审理的积压案件，涉案人数多达一万七千多人，其中无一个人感到冤枉。"刘仁轨听后也十分惊异，遂把给狄仁杰的评级改成了上下等。

此后狄仁杰又在地方历练了数年，再次回京已经是冬官（刑部）侍郎了。这一期间他作为江南安抚使巡视吴、楚地区，又做了一件惊天动地的大事——把当地的淫祠一扫而空。

所谓淫祠，就是非佛非道非儒的民间庙宇，其中供奉的有周赧王、楚王项羽、吴王夫差、越王勾践、春申君、赵佗、马援、吴桓王等形形色色的历史人物。

与国家祭祀中弘扬道德的价值取向不同，淫祠由于其天生具有的地缘性与独立性特征，往往缺乏伦理道德意识，而仅仅只是突出"灵验"这一信徒的心理需求。

更令人感到恐怖的是，淫祠中常有杀人祭鬼的风俗，信众们会把活人祭品分为几等，譬如官员、秀才等被称为聪明人，一人可以抵三人；僧道之流的修行者，一可抵二；而妇人及小儿则只能算一个。很多愚民为了乞求神灵满足其私欲，甚至会屡屡绑架过路士子、僧侣、行人，将他们剖腹取肝用来献祭，导致很多家庭骨肉相离，造成惨祸无数，其恶状罪行多不胜数。

狄仁杰天生不信邪，他在做度支员外郎时，有一次李显的车驾将要前往并州的汾阳宫，狄仁杰作为先遣官员去疏通道路，而这条道路恰好经过当地一座著名的淫祠妒女祠，里面供奉的是春秋时割股奉君的忠臣介之推的妹妹。并州长史李玄冲神秘兮兮地出面阻止狄仁杰说："如果有大规模的车队经过这里，必然导致雷风之异，还是走别的路吧。"

狄仁杰深信邪不压正，坚持不改道，坦然说道："天子行幸，千乘万骑，风伯清尘，雨师洒道，妒女如何敢于阻拦而让天子来躲避她！"后来皇帝车驾经过，果然平安无事，李显闻听此事后，赞叹说："狄仁杰可谓真丈夫也！"

在狄仁杰的铁腕治理下，整个江南地区一千七百多所淫祠尽被拆除，仅仅留下了称得上道德表率的夏禹、吴太伯、季札、伍胥四位君子之庙。

狄仁杰官做得好，却不是一个木讷无趣的老夫子，他的性格倜傥不羁，十分幽默。当初他刚做司农员外郎时，每次审理案件只能作为副手随声附和正官的裁决，狄仁杰认为太不公平，诙谐地说："员外郎如同侧室，主官如同正房，这女主人实在太难侍候，怎么干也得不到一点儿笑脸。"

狄仁杰喜欢开玩笑，也有作茧自缚的时候，有一次他拿秋官侍郎卢献的名字戏谑说："足下配马乃作驴。"卢献也没客气，照猫画虎回击他道："中劈明公，乃成二犬。"狄仁杰大为不解，说："狄字明明犬旁加个火嘛。"此话正中卢献下怀，大笑道："犬边有火，乃是煮熟狗！"

狄仁杰的正直与诙谐背后，是一颗忧国恤民的赤子之心。这一次朝廷派狄仁杰以代理豫州刺史的身份来处理李贞叛乱的遗留问题，尽管司刑使不断催逼狄仁杰对罪犯尽快处决，但狄仁杰却非常想要挽救这些无辜百姓的生命。他自作主张，暂停了行刑，派人飞马密奏武媚，恳切地说："我知道如今上奏为这些百姓求情，有为叛逆者申辩的嫌疑；但如果我知而不言，又恐怕会违背陛下怜悯苍生的本意。这些人本意并非想反，确实都是受到牵连被冤屈的啊！"

向来欣赏狄仁杰的武媚这一次算是从善如流，下诏赦免了豫州这一大批罪犯的死罪，改为发配丰州。丰州在今天的内蒙古河套地区西北，也是极为荒凉偏远的地方，可总比掉脑袋要强上百倍。

成千上万步履蹒跚的豫州流犯在官兵的押送下，一路前往丰州，他们在途经宁州时，当地百姓都跑到郊外迎接，告诉他们说："是我们的狄使君救了你们的命！"囚犯们这才知道自己能够侥幸活命的原因。他们互相搀扶着前往宁州百姓为狄仁杰所立的石碑前，痛哭流涕，以谢再造之恩。而后又斋戒三日，方才离开宁州。而这些人到达丰州后，又为狄仁杰立碑，以颂恩德。狄仁杰一封奏章，就挽救了上千人的性命，功德无量，善莫大焉。

狄仁杰日后成了武媚时代首屈一指的明相，却也有自己的无奈。他有个姓卢的堂姨，和独生子一同住在洛阳通仙桥南面的庄园里。有一年休假，狄仁杰到庄园看望卢堂姨，正赶上表弟带着弓箭，拎着山雉野兔从外面回家。表弟进屋后忙着做饭，只是向狄仁杰随便打了个招呼，并没有把这位当宰相的表哥放在眼里。被人尊捧惯了的狄仁杰不大高兴，便向卢堂姨说："我现在身为朝廷宰相，表弟喜欢干什么，我有能力一定让他如愿以偿。"可卢堂姨却淡然地说："宰相的权势自然是极为显贵的，但你姨只有这么一个独生儿子，我可不想叫他去侍奉伪朝女皇。"狄仁杰听罢，满脸羞愧。

我们前文讲过，这一次平定宗室之乱，统领几路大军的总司令是宰相张光辅。他仗没打几场，威势倒是摆得十足。张光辅刚到豫州的时候，纵容手下将士四处扰民，征敛无度，大肆勒索，搞得豫州乌烟瘴气。狄仁杰很看不惯他这种扰民的行为，予以坚决的抵制。张光辅大怒说："你一个小小州将怎么敢轻视全军主将！"狄仁杰毫不畏惧，据理力争说："汝南作乱的只有一个越王李贞，现在一个李贞死了，又出现了一万个李贞！"

张光辅怒气冲冲地责问狄仁杰这话是什么意思，狄仁杰说："明公您统兵二十万平叛，仗没怎么打，却一味放纵军士凶暴地抢掠，滥杀已投降的人用以报功，让无罪百姓流离失所甚至肝脑涂地，这不是一万个李贞又是什么！现在官军到来，归顺者数以万计，您却纵容邀功的官军滥杀归降的百姓，搞得民间冤声沸腾，响彻天地。我恨不请来天子的尚方剑斩了你，再去向陛下复命，虽死如归！"

张光辅被狄仁杰一番话气得暴跳如雷，却又无语反驳，他回到洛阳后，便向武媚状告狄仁杰不配合平叛，结果狄仁杰被降职为复州刺史，从上州被降职到下州去了。狄仁杰到了复州后，依旧本色不改，爱民如子，对当地百姓大行恩惠，百姓们都为他立生祠以表示感激。

到了九月，搜捕与清洗的行动不但没有结束，反而愈演愈烈。事实上李贞父子的仓促起兵，为武媚找到了一个消灭宗室的最好理由，正好可以痛下杀手。她命办事果决的监察御史苏珦为主审官，把目标指向了威望最高的韩王和鲁王。

然而令武媚没想到的是，任用苏珦这个人，她又看走眼了。

苏珦为官正直，刚强不阿，他接到任命后经过一番调查，然后上报说没有发现任何证据可以证明两个亲王谋反。这下可把武媚气坏了，却又拿苏珦没办法，因为杀了他只能成全他的忠诚美名，于是只好自找台阶，悻悻地对苏珦说："我忘记了卿是大雅之士，怎么能让你来审案子？对你还是另有重用吧。"遂把苏珦派往河西道监军去了，眼不见心不烦。

大雅之士审不了的案子，那么交给大恶之徒就再合适不过了。武媚紧接着换上了自己的王牌杀手——周兴来审理此案。

"牛头阿婆"一接手，审案效率马上就提高了百倍，他罗织罪名，将大批宗室王公和忠唐大臣都列入同谋的行列，一一加以搜捕诛杀。

九月，一心六用的韩王李元嘉在洛阳被捕，赐死。

鲁王李灵夔被流放振州，途中自杀。

李元嘉的儿子黄公李撰被杀。

常乐公主、赵瑰夫妇在狱中被杀。

十月，虢王李凤的儿子东莞公李融被押往街市斩首示众，全家籍没。

十二月，抵抗突厥的名将霍王李元轨被流放黔州，死于途中；他的儿子江都王李绪被斩首。

在镇压扬州之乱中立下大功的李孝逸，也被武承嗣暗地里使人诬告，说他曾自解名字中的逸字，兔在月中，自当会有做天子的名分。这样荒诞不经的污蔑，居然也被武媚采信，将李孝逸削除名籍，流放儋州。儋州在今海南省儋县西北，天气酷热不说，生活条件更是极为恶劣。李孝逸到儋州后不久便含恨而死。

在这次对李唐宗室的清洗中，一桩无头奇案意外地浮出水面。

在黔州被杀的曹王李明有两个儿子，零陵王李俊、黎国公李杰，他们都没有逃过此劫，双双被牵连诛杀。有司在籍没其家时，竟然发现了一个漆好的头骨，被当作盛粪便的器具，上面赫然写着"谢祐"二字。原来五年前这起刺杀都督的大案，是李明的儿子们幕后操纵的。如今，李明的儿子也纷纷殒命，却再无人为他们复仇。这些曾受到上天眷宠的天潢贵胄，金枝玉叶，转眼间凋落飘零。

除了宗室被大量屠戮之外，大批朝臣因为与宗室有着千丝万缕的密切关系，也纷纷坐罪被杀。

左肃政大夫、同平章事骞味道被指控参加了谋反活动，主审官是殿中侍御史周矩。以前，骞味道是周矩的上司，他对下属很严厉，多次批评周矩"不能了事"。这回风水轮流转了，周矩公报私仇，恶狠狠地对骞味道说："骞公常责备我不了事，今天我一定要为骞公了事！"最后骞味道及其儿子骞辞玉一起被诛杀。

从垂拱四年（688年）一直到永昌元年（689年），全国各地持续笼罩在一片恐怖肃杀的气氛当中，就连武媚的女婿也未能幸免。

武媚育有四子二女，除了幼年时被她害死栽赃于王皇后那个长女之外，还有一个从小备受父母钟爱的幼女太平公主。

太平公主成年后，嫁给了李治的亲外甥薛绍。河东汾阴薛氏是唐代高门大姓，人才辈出，枝叶硕茂，所谓"两代尚主，四世封侯"。薛绍两岁就被授以六品奉事郎的官职，侍奉沛王，也就是后来的章怀太子李贤。

薛绍不仅出身高贵，而且仪表堂堂。薛绍和太平公主可以说是门当户对的一对金童玉女。然而跋扈专横的武媚认为薛绍的嫂嫂萧氏和成氏出身不够高贵，怕辱没了自己的女儿，竟然管到人家家里去了，霸道地逼迫薛绍的两个哥哥休掉自己妻子。

太平公主与薛绍成婚后，夫妻二人相敬如宾，情投意合，生了两个孩子，过了八年恩爱美满的幸福生活。这段时间算是驸马薛绍人生中最得意的时光，他夫凭妻贵，一路官至右武卫大将军兼检校右散骑常侍，年纪轻轻就成为正三品中央高官。那时候让薛绍感到唯一美中不足的就是被迫认下了个有辱门楣的小叔叔——卖野药的冯小宝。

盛衰各有时，立身苦不早。二十多岁的薛绍大好年华刚刚开始，厄运来了。

薛绍的哥哥薛顗、薛绪都是忠于李唐，仇恨武媚的热血男儿，他们听说李冲起兵，立刻响应，开始招募人马，打造兵器。谁料到李贞父子败得太快，薛氏兄弟的准备工作尚未完成，就被捕入狱，尽被诛杀。而那位驸马爷薛绍也被牵连了进来。

按理说薛绍当时是三品大员，既清且贵，而且家庭和美，儿女双全，堪为人生赢家，他自己又是个翩翩公子，从不会舞枪弄棒，可以说既无野心，也无本事，更无动机，无论如何不可能去参加造反来对付自己心狠手辣的岳母。可惜，武媚不管那一套，儿子尚可杀，又何况女婿。

就这样，薛绍一夜之间从人生巅峰跌入地狱，先被杖责一百打得血肉模糊，然后被关入监狱，断绝饮食。

遥想屈原被放逐北海时，尚能啮雪吞毡，保全性命，可岳母的大牢里无雪无毡，只有烂泥在手头。薛绍上天无路，入地无门，太平公主多次试图搭救而不得，只能眼看着丈夫哀号数日，活活饿死，其死状之凄惨，令人不胜唏嘘。

薛绍死了，太平公主痛不欲生。可武媚就如同没事人一般，又让女儿改嫁给侄子武攸暨。

那武攸暨早有家室，而且夫妻恩爱。武媚为了确保女儿能当正室，竟然丧心病狂到给武攸暨之妻赐了三尺白绫，逼她自缢身亡。武攸暨哪里敢得罪武媚，只能眼睁睁看着爱妻被姑妈逼死在眼前。两个原本恩爱和睦的家庭，就这样被武媚轻易拆散葬送了，世上又多了两个无辜的冤鬼和两个无依的灵魂。而这第二段被强行匹配的婚姻中，武攸暨和太平公主的感情又怎么会好呢？

在这一场不分青红皂白的滥杀之下，不少恶人也遭到了报应。

李灵夔之子李霭起初因告密有功免于一死，还得了官职，被擢任右散骑常侍。没想到武媚杀来杀去，杀红了眼，没过几日干脆连告密者李霭也给处死了。李霭陷害了整个家族，仅仅换取了几个月的活命，就可耻地离开了人世，不知道他在九泉之下以何面目再见自己的亲人。

当初那个在豫州纵兵行暴，滥杀无辜，诬陷狄仁杰的张光辅，也被一个他绝没想到的人给了致命一击，这个人便是第一代举兵反武的头领——扬州李敬业的弟弟，李敬真。

当年李敬业失败后，李敬真被流放绣州。可他也真有本事，居然越狱逃跑了，还打算去投奔突厥人再图为哥哥报仇。洛州司马弓嗣业、洛阳令张嗣明都是起义的同情者，暗中供给李敬真财物，帮他离开。可惜李敬真千辛万苦逃到了北方的定州，但最后还是未能躲开官吏的追捕。

再次入狱后，李敬真在百般拷掠下供出了他的那些资助者，又胡乱诬告了大批官员，张光辅也被牵连在其中，他的罪名是在征讨豫州时曾私下议论王者受命的征兆以及天象变化，在朝廷和反叛者之间脚踩两只船。

尽管张光辅人品确实不怎么样，但栽赃在他头上的这些罪名也确实纯属无稽之谈。

武媚作为最高统治者从来都是宁可信其有，错杀千万也不放过一个，对于张光辅这样的鹰犬与李敬真这样的敌人绝对做到一视同仁。第二年，也就是永昌元年（689年）八月初四，张光辅和李敬真、张嗣明等一起被处死，并被查抄家产，原告和被告落得同样身首异处的结局。

同样被李敬真诬告下狱的还有彭州长史刘易从。刘易从和张光辅不一样，他是个仁爱孝顺，忠诚谨慎，襟怀坦白的好人。民心是公正的，刘易从将在街市被处死时，怜惜他无罪的官吏和百姓从远近各处奔赴刑场，争相脱下外衣扔在刑场中以为刘易从乞求冥福。事后有估价，这些堆积在刑场的衣服价值多达十多万钱。

今天，没有资料去精确地统计死于那个时期的具体人数，但那一定是一个长长的死亡名单。司马光在《资治通鉴》中总结说："太后自垂拱以来，任用酷吏，先诛唐宗室贵戚数百人，次及大臣数百家，其刺史、郎将以下，不可胜数。"

功成

起兵造反者都被消灭了，屈膝告密者亦被诛杀，而妄图首鼠两端自保者，同样难逃一死。

当初越王李贞发难时，曾派使者约东莞公李融一同起兵。李融虽然内心很想响应，但匆促间来不及准备，反而在属官逼迫下逮捕了李贞的使者，上报给朝廷，因此竟然稀里糊涂地因功被升任左赞善大夫。

武家的官不是好做的，那些太尉、太师的下场就是最好的例子。李融对武媚深怀戒心，就暗中派使者去询问自己在洛阳的朋友高子贡参加洛水大典是否安全。高子贡给了他非常肯定的回答："来，必定死。"李融不愿送死，便声称有病不能去洛阳。

李融本以为自己在家当鸵鸟可以躲过一劫，谁知阎王爷的生死簿自有期限，他只躲了不到一个月，就为其他宗室所牵连，还是被抓捕下狱，处死于街市之上，家产尽被抄没。而那个给他出主意的好友高子贡，也一同被处死了。

杀尽了李家人，世上再无敢于反对武媚的声音与力量。垂拱四年（688年）十二月二十五日，在平定宗室之乱中大获全胜的武媚亲自驾临洛水，一场旷世典礼正式开始了。这是武媚篡唐前最重要的一次预演，所以仪式之隆重、规模之宏大、人数之众多，都超过了大唐开国以来历次国家级典礼。

这一天，洛水两岸人山人海，喧闹非凡。傀儡皇帝李旦、皇太孙李重照及朝廷和地方上的主要官员、各部酋长都被要求集合于洛水大堤之上。熙熙攘攘的人群中，似乎没有人注意到，大部分李唐宗室的亲王、郡王们都缺席了。

中国古代的君主都有两种身份——皇帝与天子。皇帝身份表明自己为先帝之后，传家族之统；天子身份表明自己是昊天上帝之子，受上天之命。武媚大张旗鼓地操办这次祭拜洛神的大典，主要意图是让自己逐步向天子的角色圣化来使王朝交替的过程模糊化。

奢华巨大的祭坛上，陈列着无数珍禽异兽与稀世珍宝，林林总总，光彩夺目。武媚当场以神皇的身份封洛神为"显圣侯"，并在众目睽睽之下正式接受了那块她的侄子粗制滥造的"天授圣图"。

与此同时，万众瞩目的明堂也终于大功告成了。

明堂所在的位置在洛阳宫殿群的核心区，即高宗李治一手建造的乾元殿的所在。自隋以来，乾元殿一直是象征皇权的标志性建筑。原本庞大的洛阳有的是地方，可武媚偏偏选择了拆旧建新，其寓意不言自明。

明堂取法古代"辟雍"（国家大学）的建筑规范，整体呈正方形，共有三层，上方是斗斜柱屋檐，下面安置铁制水渠，高三十丈，周长一百二十丈，中间有十围粗的巨木支撑，上下贯通。要说薛怀义还真是有几分歪才，他想出了置"号头"的方法来统一调动人力，号头一吼，千人齐和，故而众多民夫可以步调一致地将千钧大木稳当有序地一根根搭建起来。在明堂施工期间，一座宏伟的建筑在宫城内拔地而起，号子震天，日日增高，给洛河南岸的万千士民带来了巨大的视觉冲击。

作为一个崭新帝国的标志性建筑，以"天地之制，阴阳之统"为建筑灵魂的明堂内涵极为丰富，可以说一砖一木皆有典故。

明堂的第一层共有四面，分为青、白、赤、黑四色，意为四季；第二层呈十二角形，意为十二月；最上层为二十四边形，取法二十四节气。明堂内部金碧辉煌，耀睛夺目，雕梁镌玳瑁，绣柱嵌珊瑚，到处是名贵的饰物构成的十四气、八风、五行、二十八宿等宇宙之象征，极尽奢侈铺张之能。

明堂的屋顶造型极有创意，被设计成巨大的圆盖，由九条张牙舞爪的金龙捧起一只高达一丈、金光耀眼的凤凰，傲然屹立于明堂之巅，铁凤入云，金龙隐雾，距离洛阳百余里外仍可遥望。龙在中国王朝中历来是皇帝和男权的象征，如今却围绕在凤凰的周围，不消说这只展翅欲飞、卓然不群的凤凰，便是武媚本尊至高无上的化身了。

修文馆学士刘允济作《明堂赋》赞曰："粤自开辟，未有若斯之壮观者矣……盛矣美矣，皇哉唐哉！"

经过历朝儒家大师的附会，明堂已经具有了某种类似神庙的功能，佞佛信神的武媚非常希望这座建筑能够沟通人神，祈求上天的保佑，满足自己膜拜神灵的要求。因此武媚在明堂建成之后把它命名为万象神宫，并且在明堂的北面又别出心裁地另外修建了一座庙宇——天堂。

天堂楼起五层，规模略小于明堂，但更加高耸，登上第三层就可以俯视明堂。天堂中建有一尊九百尺高的夹贮构造大佛像，漆以色彩，佛像的鼻子有如承载千斛的大船，可容数十人共同乘坐，其小脚趾上也能容纳数十人，真可谓佛像建造史上的奇迹。

天堂高于明堂，实为武媚主张佛教高于儒教理念的外化，这种严重违背儒家关于明堂礼制规定的做法虽然显得不伦不类，却恰恰体现了武媚试图融合佛、儒的佞佛心态。

由于薛怀义有监造之功，一代知名的面首再度平步青云，被封为左威卫大将军，进梁国公。

对于这座建筑奇观的出现，朝臣们褒扬者居多，但也有人表示了不同意见。曾要求阉割薛怀义的那位王求礼就是其中之一，他痛切地上书陈说："这座建筑极尽工巧、堂皇富丽，简直可以与商纣王的琼台、夏桀的瑶室相提并论。而古代的圣王，居住在茅屋里就能治理天下。从轩辕黄帝以来，人们都是驾着牛车马车代步，而你乘坐的辇却要许多人抬着，这是把人当畜生看啊。"

王求礼这篇奏章非常大胆，竟然把神皇比作丧国的暴君，言辞激烈至极，不过好在当时武媚还沉浸在这一世纪献礼工程的喜悦之中，心情大好，对王求礼的不恭之词并没有追究，王求礼也算侥幸躲过一劫。

明堂的建成确实为武媚带来了巨大的政治声誉，以至于边远的沙州，都流传着"圣母神皇，爱构明堂"的歌谣。与日新月异的洛阳相比，唐都长安早已经相形失色。可惜的是，这一栋耗资巨亿、前无古人的宏大建筑，不仅后人无福得以欣赏，在当时也只存在了七年便灰飞烟灭了。

第七章

兵连祸结

在《权力的游戏》里，临冬城主艾德·斯塔克曾对儿子布兰说："统治者若是躲在幕后，付钱给刽子手执行，很快就会忘记死亡为何物。"

永昌元年（689 年），一场接着一场的腥风血雨仍未停歇，神都洛阳高高飘扬的金色旗帜上散发着浓重的血气，李氏残存的宗室如麦田里的野草般被一片片清除。

这一年被杀者的名单已然很长，包括汝南王李炜，豫章郡王李亶，鄱阳公李諲，嗣郑王李璥，嗣滕王李琦，许王李素节之子李璟、李瑛、李琪、李琬、李瓚、李玚、李瑷、李琛，南安郡王李颖，郁国公李昭及宗室李直、李敞、李然、李勋、李策、李越、李黯、李玄、李英、李志业、李知言、李玄贞；另外还有宰相裴居道、元万顷、苗神客、韦方质，将军阿史那惠，太常丞苏践言，右司郎中乔知之，尚书右丞张行廉，太州刺史杜儒童，秋官尚书张楚金……

纪王李慎被流放到山高水远的巴州，十分可疑地死于半路。李慎家族原本枝繁叶茂，有八个儿子，长子李续已封东平王，这一次被连根撅起，纪王一族也就彻底断了香火。

天官侍郎邓玄挺是汝南王李炜的岳父，因为没有告发自己的女婿，也被处死。

到此，李唐皇族几乎被清除一空，仅存的年幼苟活者都在岭南的穷山恶水间熬日子，毫无反抗之力，只能日复一日地在密林瘴气中苟延残喘，无助地等待死亡的降临。成为神皇之后的武媚已然独步天下，无人敢与争锋。

在李唐子孙的惨叫哀号声中，一场造神运动一浪高过一浪。

日月当空

十一月初一，冬至。是日大雪，千云昏昏，万境罼罼，六花狂舞，三界不乐。冬至又名"一阳生"，是中国农历中一个重要的节气。而在唐人眼中，冬至还是一个颇为凶险的岁时。因为从古代农事信仰来看，冬至时分，恰逢阴阳交割，农事终结，万物亡寂，大自然的一切都处于由死转生的微妙节点之上，人类应小心谨慎地度过，所以每年的冬至，大唐的皇帝都会由帝国的正宫太极宫出发，到城南的圆丘进行国家的祭天仪式——冬至祀，祈求上天佑护明年风调雨顺。

这一年的冬至，大唐帝国又发生了一项划时代的变革：神皇武媚下诏废除唐历，改用周历。唐人认为中国古代的太平盛世，唯周、汉两代。太宗治世崇尚汉法，那么武媚必然反其道而行之，认为应该承袭周制。故而她改永昌元年十一月为载初元年正月，以十二月为腊月，夏历正月为一月。

新年伊始，踌躇满志的武媚就驱使着形同虚设的皇帝李旦和有名无实的太子李成器共同献祭于新建成的万象神宫。

此时的武媚，又是一番不凡气象。她身穿华贵的礼服，头戴皇冠，腰带上插着只有皇帝才能使用的剑形大圭，手捧着晶莹剔透，象征着"镇安四方"的镇圭，以国家之主宰的身份第一个登台献祭。

时任凤阁侍郎的宗秦客为神皇贡献了一份别具新意的礼物，那是他精心制作的十二个人们闻所未闻的新字：曌、而（天）、埊（地）、囩（日）、囲（月）、〇（星）、罳（君）、恖（臣）、埀（人）、熏（载）、䙫（年）、晸（正）。

宗秦客的母亲是武媚的堂姐，所以也算是外戚成员之一，因为这层关系，宗秦客一度很受信任。

欲灭其国者，必先灭其史。武媚篡唐自立绝非鲁莽行事，而是有一个漫长的、处心积虑的酝酿过程，这其中包括大量的政治、舆论、文化方面的准备。宗秦客的一项主要工作，就是组织一帮御用文人，主持编写《圣母神皇实录》，以神化武媚，美化朝政，粉饰太平，为武媚的登基大造舆论。

创制新文字，以彰显新王朝的"革命"是宗秦客格外用心的另一个重要使命，尤其是对于武媚的名字"曌"字，宗秦客更是夙夜匪懈，耗尽心血，终于拼凑出这个日月凌空、千秋万世的华丽之字。

相传仓颉造字时，有鬼夜哭，因为造化的秘密被泄露了。而武媚造字，还要求全国统一使用，却是滑天下之大稽，因为这些笔画复杂的新字完全违背了汉字形成的规律，远不如本字传写方便。

宗秦客曾因为造字的功劳，被任命为内史，可是他只做了短短四十天宰相，就因贪赃枉法的罪名，被贬为遵化县尉，死在了当地，结束了他毁誉参半的人生。他创造的那些复杂的，类同符咒的怪异新字，也不过是昙花一现，仅仅存世十几年，就在武媚死后湮灭不闻，静静地消散于历史的河流当中。

劲敌

武媚在国内使用铁血手段对忠唐派势力实施了无情的镇压，然而面对强大异族的大举进犯，她那些凌厉的本事运用起来可就没有那么得心应手了。

近些年来，帝国的边境局势持续恶化，积重难返，出现了前所未有的危机。

在高宗李治临死前，负责防御突厥的安北都护府仍然在大唐的有效控制之中，但由于武媚杀害了大批能征惯战的宿将名帅，使得国家防御力量被严重削弱，导致对外战争频频失利。无心应敌的武媚在北方采取了消极的防御政策，竟然下旨将安北都护府内迁。太宗、高宗两代皇帝苦心孤诣经营了数十年的广大安北辖区全部被放弃，致使突厥的势力重新扩张到漠南和漠北。

从垂拱元年（685 年）开始，北方新兴的突厥旧部在首领阿史那骨笃禄的带领下多次入侵边境，屡屡大败唐军，同罗、仆骨等部落也纷纷发动叛乱。

咄咄逼人的突厥已经让武媚头疼不已，却还不是最严峻的边患，大唐帝国真正的致命强敌，是国势正隆的吐蕃。

在公元 7 世纪前后，亚洲广阔的土地上，存在着两个声威与国力足以与大唐帝国并驾齐驱的强大王朝，一个是阿拉伯帝国，另一个就是吐蕃。

早在 7 世纪之初，吐蕃还只是西藏高原上一个中等邦国，它的周边有很多邻国，如阿里的象雄国、拉萨河谷的苏毗国等，都比吐蕃强大。直到雄才大略的第三十三代赞普松赞干布即位后，吐蕃如同得到了天神的加持，被赋予了无穷的力量与运气，才开始迅速强大起来。

十二岁即位的松赞干布不仅被视为观音的化身，还是有口皆碑的祖孙三大法王之首。他连年兴兵，东征西讨，灭国无数，将吐蕃国土扩大到了涵盖青海全部、甘肃大部、陕西西部、新疆南部、四川西部、云南北部，及拉达克（今印控克什米尔）、勃律（今巴控克什米尔）等地，建立起一个幅员辽阔的强大政权。

青藏高原分为藏布江流域区、羌塘区、拉达克区和康区四大自然区域，疆域虽然广阔，但多苦寒之地，其中仅有平均海拔四千米以上的藏布江流域区土地肥沃，适宜农耕，能够生长大麦、小麦、玉蜀黍、豆类等农作物。而其他如羌塘等地区山高民苦，很多人一辈子难得吃几顿饱饭，只能以抢劫为业，倒也养成了当地勇猛善斗的民风。

松赞干布是个有福的君主，他在位期间，吐蕃王朝恰好赶上了一段高原难得一见的温暖期，高温让雪山融雪增加，给河谷地区带来了丰沛的径流，使得吐蕃的农业和牧业都得到迅速发展，整个吐蕃物阜民丰，国势快速上升。

丰足的物质为吐蕃建立一支强大军队奠定了坚实的基础。松赞干布亲自创造了一套结合军事、社会、行政、生产于一体的制度——"五茹六十一东岱制"。该制度将国土划分为五个"茹"（军区），每个"茹"都设有一"茹本"，在"茹"以下，又设有若干东岱（千户），"茹本"和"东岱"在外是统军的大将，在内又是地方行政官员，军政民政一手抓，权力很大。

"五茹六十一东岱"的体制如同一张覆盖全国的网络，将星散于广阔领土的吐蕃百姓牢牢控制在一起，很快迸发出了巨大的能量。每"茹"的战马和旗帜都使用相同的颜色，登高一望便可知是哪一"茹"的军队的行动，十分有利于指挥、作战和奖惩。

吐蕃战士出征时，大多身穿红色军服，骑兵周身披挂锁子甲，仅露出眼部，劲弓利刃常不能破，阵列部署严谨，甲仗整肃。吐蕃战士的头盔上常装饰有三只彩旗或鸟羽，以表示其出生年月。对于在战场建立功勋的勇士，国家会奖励以虎豹皮制的服饰作为荣耀的象征，而对于怯懦者则在其头上悬挂狐狸尾巴，羞辱其如狐狸般怯懦，故而每逢战事，士兵们莫不奋勇争先，唯恐被挂上一根狐尾。

作为一个奉行军事扩张理念的奴隶制帝国，吐蕃的民众被分为两大阶层，分别是被称为"桂"的武士阶层和被称为"庸"的下层平民和奴隶。

"桂"的构成包括能自带马匹、盔甲和武器的小贵族与军户，除了来自五茹六十一东岱的本土战士外，还包括被吐蕃征服的象雄、苏毗、森波、吐谷浑等地的贵族和战士。"桂"在国家中的地位与日本的武士相似，是军中最勇猛的核心骨干力量，他们把战死沙场视为最大的荣耀，而把病死于床榻看成是可悲的结局，有序的管理、优良的装备加上亡命的精神，让他们成了唐军最可怕的敌人。

在吐蕃法律中，"桂"的社会地位很高，所负担的劳役与赋税也比一般民户为轻。吐蕃法律里甚至写明了禁止"农户"转为"军户"的规定。"桂"如果在纠纷中被杀，其赔偿的身价远在其他庶民之上。

作为吐蕃人口另一个重要组成部分的"庸"的人数则更为庞大，他们往往在部队中担任步兵、弓箭兵，或者从事生产、运输等工作，地位十分低下，需要依附于各个"桂"才能生存。

在吐蕃持续不断的对外战争中，往往会夺取大量土地、人口和财富，每次战争所获得的土地都要上缴给赞普和头等大贵族，而浮财和人口则由参战的"桂"分掉。"庸"的地位虽然低下，但并非处于社会最底层，同样也有自己的盼头。他们可以通过战争分到数量不等的"扬更"（奴隶的奴隶）、"宁更"（被奴隶的奴隶指使的奴隶）和"温末"（汉人奴隶），只要打了胜仗，同样可以体会到作为奴隶主的成功感觉。

正是这些丰厚的激励政策把吐蕃军人造就成为如狼似虎、勇猛无畏的勇士。

当这样一支军容肃整、敢死无畏的铁骑冲下高原时，无论是善于骑射的白兰羌、党项，还是人口众多的吐谷浑各部族都纷纷跪倒纳降。松赞干布执政期间，吐蕃的军力之强大，已经完全可以与最盛时期的大唐相抗衡。

松赞干布刚建立起吐蕃王朝时，看到突厥可汗和吐谷浑王都娶到了唐朝公主，觉得自己未受到重视，便派出自己最得力的大臣噶尔·东赞出使长安，要求大唐也嫁一个公主给他。

一开始太宗李世民并不了解遥远的吐蕃的实力，所以压根儿没有同意这桩婚事。这一拒绝的态度让从未遇到过对手的松赞干布很不服气，一心想和这个立国不久的中原汉家王朝较量一番。

由于当时恰好吐谷浑王诺曷钵也入唐朝见，噶尔·东赞回来后便告诉松赞干布，声称唐廷拒绝婚约是由于诺曷钵在从中作梗。松赞干布本来就觊觎吐谷浑的富庶，遂借机出兵，连番击败了吐谷浑、党项、白兰羌诸部，兵锋直逼唐朝的松州（今四川松潘）地界。据吐蕃史书《世系明鉴》记载，不可一世的松赞干布以极为狂妄的口气致书李世民："若不许嫁公主，当亲提五万兵，夺尔唐国，杀尔，夺取公主。"

当时唐廷的敌人非常之多，突厥难平，高丽未定，薛延陀蠢蠢欲动，南方蛮人常有叛乱，李世民当然不想再开辟第五条战线。在与吐蕃经过了一番规模不大的军事冲突之后，双方都对彼此的实力有了清晰的认识，李世民最终选择了以和为贵，终于同意遂了松赞干布的心愿，将江夏郡王李道宗之女封为文成公主，远嫁吐蕃。在某种程度上来说，这一次为后人不断歌颂的和亲也是大唐帝国在异族军事胁迫下的一种无奈之举。

松赞干布去世后，把妻子文成公主和偌大的一个王国都留给了年幼的儿子。吐蕃主幼国疑，朝中大权全部落入当年曾出使大唐的大论（首相）噶尔·东赞手中。从此噶尔家族父子相继担任国家大论，摄政整整五十年，成了吐蕃的曹操与霍光，他们为吐蕃的强大做出了卓越贡献，其庸桂制度的进一步完善就是东赞的杰作。

治国有术的东赞同样教子有方，他培养出来的五个儿子个个都是人中龙凤，尤其是二子噶尔·钦陵，更是文武双全，连番暴击中原名将，成为当之无愧的战神。

首败

吐蕃总人口最多时大约有 350 万，还占有被掳掠和征服的汉人、南诏人、门巴人、珞巴人奴隶数百万，其军队数量的峰值达到 46 万人之多。然而即便处于气候温暖的农业生产高峰期，青藏高原严酷的环境、落后的生产力水平和近千万级的人口基数，依然不足以支撑噶尔·东赞建立一个伟大帝国的野心。

以战养战是奉行军国主义的吐蕃持续发展的唯一出路，噶尔·东赞秉承松赞干布的遗志雄心，屡次亲率铁骑杀下高原，连续用兵党项和白兰羌，并于龙朔三年（663 年）将凶狠的目光盯上了雄踞黄河的唐廷属国吐谷浑，发动了志在灭其国的大举进攻。

地处青海地区的吐谷浑也算是个区域强国，疆域正处于中西交通的要道上，往东、北、西、西南都有畅通的交通路线通往中原、漠北、西域和西藏高原等地。军力强盛时曾与隋朝几度交手，互有胜负。对于唐廷来说，控制吐谷浑，就等于控制了丝绸之路的南道与北道，一方面可以打通商道，使西域与中原王朝保持密切的经济往来；另一方面，唐廷一直以吐谷浑为基地征讨西突厥，以恢复巴尔喀什湖以东以南各地和内地的联系。

作为西北的屏障，吐谷浑对唐廷的重要性不言而喻，一旦失去吐谷浑，唐朝的陇右地区就会面临吐蕃巨大的威胁。从这一点来说，控制吐谷浑对唐廷抗衡吐蕃、稳定边疆的意义十分重大。因此，当年太宗李世民才会不惜代价以武力征讨吐谷浑，使之成为大唐的属国。征服吐谷浑后，李世民又在贞观十五年（641 年）帮助吐谷浑平定了宣王叛乱，为维护吐谷浑王诺曷钵的统治可谓不惜代价，大费心力。

在吐蕃军的连番凶猛进攻下，具有四分之一汉人血统，才能平庸的傀儡吐谷浑王诺曷钵被打得落花流水，毫无自保之力，只好带着弘化公主以及数千帐残部狼狈逃至大唐境内的凉州，这个立国三百五十年的鲜卑古国从此宣告灭亡，吐谷浑数千里的疆土成了吐蕃争霸亚洲的前哨站和补给基地，吐蕃的"军粮马匹，半出其中"。

噶尔家族并非吐蕃根基最深厚的豪门，甚至没有和赞普联姻的资格，在西藏本土的领地一直排名在十几个老牌大贵族之后。但东赞和钦陵父子彻底灭亡了吐谷浑，把吐谷浑贵族迁到西藏本土之后，成了实力超群的政坛暴发户，实力空前强大，也就有了藐视一切老牌贵族的本钱。

在吐蕃连年进取及至消灭吐谷浑时，唐廷却一直毫无作为。因为高宗李治正在全力解决与高句丽的战争问题。唐廷征辽战争前后已经用了十几年的时间，投入大量的兵力物力，朝中最有名的大将尽数投入其中，虽然最终取得了胜利，但也付出了巨大代价，根本抽不出更多的兵力协助吐谷浑对吐蕃进行反击。

占领吐谷浑后，吐蕃的北境直接与唐境接壤，大唐失去了一个重要盟友作屏障，和吐蕃之间再没了任何缓冲，河陇、西域地区全都受到严重威胁。

乾封元年（666年）五月，李治终于振作精神，重封亡命凉州的诺曷钵为青海王，积极整军备战，表现出意欲帮助诺曷钵重返吐谷浑的强大决心。

当时吐蕃崛起之势已是不可阻挡，总章三年（670年），噶尔·钦陵先发制人，又向大唐的西域发动了大规模进攻。他率领举国之兵四十万穿越巍巍昆仑山，以破竹之势连克西域十八州，又攻占了安西的龟兹（今新疆库车）、于阗（今新疆和田）、焉耆（今新疆焉耆）、疏勒（今新疆喀什）四镇和安西都护府的治所拔换城（今新疆阿克苏），彻底动摇了大唐的统治，把刀尖逼到了李治的鼻子底下。

在这种东西方两面受敌的局势下，一场举世瞩目的大非川之战由此拉开序幕。

四月初九，李治派出国中第一名将，右卫大将军薛仁贵为逻娑道行军大总管，左卫员外大将军阿史那道真、左卫将军郭待封为副总管，领十万大军开始了反击吐蕃之战。雄心勃勃的李治意图依靠当时名气高涨的猛将薛仁贵一举收复沦陷的安西四镇，并帮助吐谷浑国王复国，甚至打算直捣拉萨，彻底消灭吐蕃。唐与吐蕃之间的战争从此全面爆发。

薛仁贵的大名自不必说，自从李勣、苏定方去世后，他已经稳坐大唐名将头把交椅，两位副总管也都是将门之后，当时李治刚刚封禅泰山，大唐处于国力最强之时，对外战争一直都所向披靡，鲜有败绩。

远离中原在西北地区作战，比敌人更可怕的往往是恶劣的气候与险峻的地势。十万唐军千里行军，在平均海拔4000米的青海腹地艰难跋涉，历尽千辛万苦，总算是经鄯州（今青海省乐都县）来到了青海湖南的大非川，也就是今天青海共和县西南的切吉平原。

薛仁贵深知敌人的强悍，更知道己方远道而来，补给困难，所以必须在冬季到来之前，集中兵力，速战速决。经过一番仔细谋划，薛仁贵决定留下全部辎重，命令副总管郭待封分兵两万驻守，凭险置栅，构筑工事。自己则率领八万主力战兵轻装奔袭，去寻找吐蕃军决战。唐军开局进展顺利，先在河口地区（今青海省玛多县）胜了一阵，俘获了大批牛羊，攻占了乌海城。

鄯州位于河湟谷地，海拔尚在2300米左右，但唐军到了海拔4000米以上的乌海则会有相当一部分士兵出现高原反应，身体虚弱者会发生急性肺水肿甚至心脏病，而多数战士都会有眩晕、头痛、心慌、腹泻、疲乏的症状。薛仁贵指挥部队"轻锐倍道"，快速由低海拔地带推进到海拔较高地带，大批唐军缺乏适应高原环境的必要时间，体力消耗巨大，这对唐军战斗力的损害非常严重。

噶尔·钦陵少年时曾留学于长安，在唐军中真刀真枪地实习过，对唐朝政治、军事体系非常熟悉。他作战勇猛，但更善于用计策，他每次作战时往往先诱敌于险境，然后再一举歼灭之。

在这次大非川之战中，钦陵成功地运用了这一战术。薛仁贵急于速战的意图，被钦陵一眼识破。河口之战只是钦陵的诱敌之计，他的目的是以少量蕃军将薛仁贵主力引入草原深处，使唐军前后脱节，首尾不能相顾，再寻找机会发动攻击。

被留在后方守护辎重的郭待封是个志大才疏之人，他因为耻居于薛仁贵之下，没有听从薛仁贵的命令在大非岭上建立坚固的防御阵地，而是也带着辎重继续缓慢前进，结果刚进入乌海地区就被突然出现的吐蕃军队团团包围。

一直以来，吐谷浑内部都存在着两股势力，一股是唐朝扶持的吐谷浑王诺曷钵的势力，而他在国内其实威信并不高，影响力着实有限。而另一股附蕃势力的贵族实力却相当雄厚，他们给予了蕃军以极大的支持，故而吐蕃军队征召了大量吐谷浑人参战，而且在当地补给人员粮草都非常方便。

蕃军利用骑兵的机动性和兵源人数上的优势，调集了二十万大军，以绝对优势的兵力对郭待封的后军进行了围歼。唐军精锐已经被薛仁贵带走，郭待封手下多是辎重兵，战兵很少，加之双方兵力差距悬殊，结果被蕃军杀得大败，辎重粮草丢得精光。

前方刚打了一场大仗，还没来得及休整的薛仁贵得知后军兵败，粮秣全失的消息后大为惊惧，只得回撤，率领疲于奔命的唐军又一次回到了大非川，与郭待封所剩无几的残部会合。惊魂未定的薛仁贵再不敢轻易出战，只能硬着头皮，饿着肚子，与吐蕃军一直对峙，等待时机试图撤退。

噶尔·钦陵对薛仁贵的大名早有耳闻，故而相当重视。到了八月，他再倾全国之力，集结了四十万大军对唐军发起了战略性的总攻。吐蕃骑兵装备精良，皆着重甲。尽管薛仁贵本人骁勇善战，率部与吐蕃军进行了顽强的对抗，可惜唐军远道而来，客场作战，水土不服，无援无粮，可谓天时地利人和一样也不占，在几番较量后，终是寡不敌众，遭到了史无前例的惨败，数万壮士尽殒命疆场，大非川一带碧血满地，白骨撑天。

薛仁贵、郭待封、阿史那道真三员大将侥幸存活，但都成了光杆司令，只得放下大国名将的面子，在与噶尔·钦陵和谈后才得以生还。想来败军之将，哪里还有资格和对手平等地谈判，三人应该是背着皇帝做出了某种不再进攻吐谷浑的保证，才得了一条生路。

三将军回国后，也幸亏李治厚道，未动杀机，只是将他们全部削职为民作为惩罚。而噶尔·钦陵一战封王，从此威名远播，成为唐军最为畏惧的杀场克星。

大非川之战是大唐开国以来最大的一次惨败，以至于元气大伤，短期内再无还手之力，只能被迫将安西都护府内迁至西州（今新疆吐鲁番），而平庸无能的吐谷浑王诺曷钵依靠唐廷力量复国的希望也变成了泡影。

吐蕃凭此一战，一举奠定了其东亚挑战者的地位，让亚洲各个大小王国都看到了一个能与大唐帝国分庭抗礼的新兴霸主的降临。

自从噶尔·东赞死后，继续掌握吐蕃大权的噶尔家族承包了吐蕃所有的对外战争，其家族分工十分明确：老大赞悉若在国内担任大论，管理朝政和军队后勤，是家族的政治代言人，最高首领；老二钦陵一方面掌管最为富庶的吐谷浑，一方面充当战场救火队员，其他兄弟搞不定的对手由他出马，折磨了从李治到武媚整整三十年，未遇一败；老三赞婆主要在青海一线负责对唐作战；老四悉多干、老五勃论负责西域、南诏和剑南道方向的战场。另外东赞的几个兄弟也都在朝中担任要职。在这一大批百年不遇的精英们的持续努力下，吐蕃的实力年复一年地提升，成为令东西方邻邦都望而生畏的强大政权。

自松赞干布之后，吐蕃强盛了整整二百余年，其间与唐朝发生了无数血战，大唐帝国数得着的名将们，从薛仁贵到后来的王孝杰、娄师德、王忠嗣、哥舒翰、郭元振等人，对吐蕃作战都曾遭遇败绩，吐蕃在实力巅峰之时，甚至曾一路打入长安。

更让人称奇的是，强悍的吐蕃竟然还可以常年保持着两线作战的实力，在中亚内陆又与阿拉伯帝国抗衡百余年。阿拉伯骑兵在西亚所向无敌，但在与吐蕃的战争中同样没有占到分毫便宜。

又败

仪凤元年（676年），李治接到了一份让他迷惑不解的战报，一直在河西虎视眈眈的噶尔·钦陵忽然撤军而去，而督军反复攻打西域的噶尔·赞悉若也南返回朝。

吐蕃军的异常动态让唐廷迷惑不解，李治经过多番探查，一年多以后才得知，原来是吐蕃赞普芒松芒赞猝亡，之前被吐蕃吞并的象雄等国都发生了严重叛乱，故而噶尔兄弟不得不舍弃东南方向的战线，率军归国平叛。

吐蕃的内乱正是唐廷反攻的良机，李治当机立断，决定再次出兵吐谷浑故地，以报大非川之仇。

当时在唐初极为有效的府兵制已经因为严重的土地兼并而逐渐崩坏，折冲府内多是老弱病残、混吃等死之辈，根本谈不上有多强的战斗力。为此，李治颁下了一道《举猛士诏》，招募身体强健、弓马娴熟的民间勇士作为职业军人入伍。当时唐人的尚武之气未衰，大批有志于建功立业的青年纷纷应征，就连身为文官的监察御史娄师德也头戴红抹额应募出战。李治大喜，任命这位日后的一代名臣为朝散大夫，随军出征。

唐军募兵从正月开始，到六月就已经迅速成军。其成员以河陇老兵为核心，也算军容齐整，士气高涨，唯有在主将任命上出现了致命的问题。这里我们不得不提到一个至关重要的人物，就是在前文中多次出现的刘仁轨。

刘仁轨自平定百济之后，内修国史，外御敌寇，往复几次出将入相，为大唐帝国立下了不世之功。仪凤二年（677年）五月，吐蕃进犯扶州（今甘肃文县）临河镇，唐军又一次兵败。李治只好把这位镇国老臣再次请出来担任洮河道行军镇守大使，总揽河西军务，抵御吐蕃。

刘仁轨为将在外，后方的支持却很不给力，一直受到中书令李敬玄的牵制。刘仁轨只要提出任何军政大计，李敬玄不分青红皂白，全都予以反对。刘仁轨原本也不是心胸开阔之人，不由得怀恨在心，决心狠狠给李敬玄挖个带铁钉子的深坑。他明知李敬玄一介书生，不是将才，却故意上奏道："镇守西边的重任，非李敬玄去不可。"

这位结仇于刘仁轨的中书令李敬玄出身于赵郡李氏南祖房，年轻时博览群书，精通礼制，做过李治的侍读。后因为人严谨、治学勤勉，一路从中书舍人、弘文馆学士做到中书令，成为宰相。从他的过往经历可以看出，李敬玄虽是从龙之臣，但一直在京为官，属于典型的温室里的花朵，连长安都难得出去，更别说领兵远征了。

李敬玄做过五年吏部侍郎，两年吏部尚书，主掌国家人事部门整整七年，又和赵郡李氏联宗，前后三任妻子都出身山东士族，因此在朝中势力极大，连李治也对他十分忌惮。

对于刘仁轨的提名推荐，深有自知之明的李敬玄当然是极力推辞，但李治也已经不愿容他在朝中了，冷冰冰地对他说："刘仁轨如果需要朕去，朕都会主动前往，你如何还能推辞？"

既然皇帝都这么说了，李敬玄再没任何借口和理由不去赴任，只好硬着头皮接受了洮河道大总管兼镇抚大使、检校鄯州都督的头衔，战战兢兢地率军奔赴与吐蕃作战的最前线。

就算李治一时任性糊涂，至少戎马半生的刘仁轨是见过大风大浪的，根本不会辨识不出谁是将才。百战宿将薛仁贵都不是吐蕃人的对手，如今换上个只会吟诗作赋的京官老爷，这不是开国际玩笑吗？显然李治和刘仁轨这对君臣都私心超过了公心，把心中的个人恩怨，摆在了对国家和将士生命的责任之前。

既然退无可退，李敬玄也只能硬着头皮向前了。当年六月，他率领检校左卫大将军刘审礼、右卫大将军李谨行，凉甘肃瓜沙五州经略使契苾明，河源军副使、右武威卫大将军黑齿常之，以及当时还寂寂无闻的下级军官王孝杰、娄师德等人，带着十八万唐军，浩浩荡荡地开赴青海。李敬玄手下的将领包括汉人、铁勒人、靺鞨人、百济人，也征发了很多部族军队，简直是一支联合国军。而吐蕃方面派出迎战的主将还是那个可畏的军事天才噶尔·钦陵。

到了七月，天气大热，千里草原上艳阳当空，浮云扫净，蝗螟得意，鱼鳖潜踪，在炎炎烈日下走了一个月的唐军在龙支（今青海乐都南）与吐蕃军队猝然相遇。担任前军指挥的刘审礼率本部一万兵士奋勇冲杀，先打了两个小胜仗。

蕃军小败，但绝非战斗意志不强烈。他们与唐军仅仅是稍一接触，就远遁数百里，而唐军则紧追不舍，再一次行至大非川。这一次战斗的前半程，简直和当年薛仁贵遭遇的情况一模一样。

大非川上，白骨累累，旌旗覆地，到处散落着当年唐军战败后留下的断刀残甲。刘审礼等人越看越心惊，正踌躇之际，周遭已经是喊杀声四起，伏兵尽出，唐军再想要退兵已经来不及了。原来蕃军之前的退却，还是噶尔·钦陵的诱敌之计。此刻二十万蕃军早已布下天罗地网，只等刘审礼等人钻进口袋。

尽管刘审礼率军英勇血战，无奈众寡悬殊，蕃军四下围堵，反复冲击。唐军几经厮杀也未能成功突围，最终刘审礼重伤被俘，大非川上，又添了一万唐军的冤魂。

身为主帅的李敬玄此时还在后面慢吞吞地行军，听闻前军大败的消息，虽然手中还掌握着十几万大军，却已经吓破了苦胆，再不敢向前一步，立刻下令全军撤退，将大量辎重都丢弃于山野之中。

这回轮到噶尔·钦陵紧追不舍了，唐军刚退至承凤岭（今青海西宁西南千户庄），钦陵派出大将跋地设率领一支轻骑绕于路前，在山前险要处设栅挖壕，挡住了唐军归途。

李敬玄退无可退，战又不敢，只好也下令在结营固守，此时蕃军大部从四面合围而来，眼看十几万唐军就要变成瓮中之鳖。

在此千钧一发之际，大将黑齿常之站出来请命，他计划趁着夜色，只带五百骁勇战士，冒死攀缘上山劫营，打通一条归国的血路。

黑齿常之原本是朝鲜半岛上的百济国人，祖先被封于黑齿之地，故以黑齿为姓。他身高七尺，相貌堂堂，喜读《春秋》，作战勇猛，腹有谋略，颇有些关二爷的意思。

百济被唐将苏定方灭国之后，黑齿常之率先起义，成为"复国军"的重要将领，他为了匡扶祖国多次与唐军作战，屡屡建功。苏定方派兵多次进剿，亦无功而返。复国军的兴起给镇抚百济的唐军造成了巨大危机，几乎被赶出占领地，让平定百济之战功亏一篑。最终多亏刘仁轨的到任，加上"复国军"内部的自相残杀，才扭转了局面。黑齿常之一人之力拯救不了整个沦陷的国家，复国无望之下，最后只好投降了唐军。

高宗李治在治国前期还是非常善于用人的，他对黑齿常之的军事才能十分赏识，任命他为左领军将军兼熊津都督府司马，加封浮阳郡开国公，食邑二千户，成为替大唐镇守百济的军事主官。黑齿常之倒没有学关羽一般降汉不降曹，此后一直忠心耿耿地效忠李治，尽心尽力地服务于大唐，开始了全新的征战人生。

再说蕃将跋地设安置好营寨后，堵住了唐军的退路，满心期待着第二天会合主力来个瓮中捉鳖。可他做梦也没想到，已经被视为俎上鱼肉的唐军竟然主动出击，打到他的大营来了。跋地设在黑夜中难辨唐军多寡，只闻得营内杀声震天，箭镞乱飞，以为唐军主力在全力向他进攻，顿时觉得气虚胆寒，竟然抢了匹马只身逃走了。蕃军见主将跑了，军心大溃，四下奔逃，竟然给唐军放开了一条生路。

李敬玄这时总算干了一件聪明事，他抓住这个转瞬即逝的机会，立刻驱动部下拼命南逃，算是逃过了全军覆没的厄运。尽管如此，唐军依旧在一路的溃逃与蕃军的追杀下损失大半，只有数万人逃回鄯州。

噶尔·钦陵十年之内两度大败唐军，成就了他吐蕃一代战神的赫赫威名。

唐军中有一个叫王孝杰的小军官，战败后同刘审礼一同被俘。他本来已经是难逃活命，但吐蕃军民都说他与已故赞普芒松芒赞长得一模一样，以为他是天神下凡，竟然对王孝杰颇为优待，最后平平安安地让他回归大唐。

当时的无名小卒王孝杰意外地死里逃生，又继续在日后的战争中屡立奇功，直至登坛拜将，最后马革裹尸，我们后面还会讲到他的传奇故事。

被蕃军俘获的前军主将刘审礼出身于一个以孝悌闻名的家族，他少年丧母，为祖母元氏所养。隋末大乱时，道路不通，年幼的刘审礼背着祖母渡江逃难。等到元氏年纪大了，刘审礼也当上了高官，可祖母每有疾病，刘审礼总会亲自煮药，尝过之后再进给祖母。

刘审礼的父亲虽然已经去世很多年，但他依然对父亲十分怀念，每见父亲的旧日同僚，必呜咽流涕。他对继母同样十分孝顺，所得禄俸，皆送到继母家里，还把自己的爵位让给继母的儿子，而自己家中的妻子却常受饥寒之苦。刘氏家族合门二百余口，人人以刘审礼为榜样，相处得极为和睦，从无纷争是非。

在这样的家风熏陶下，刘审礼的儿子们自然也极重孝道，他们听到父亲受伤被俘的消息后，都自相捆缚，到朝中向李治请求让自己去作为人质到吐蕃赎回父亲。李治十分感动，最后同意刘审礼的次子刘易从前往吐蕃寻父。

等到刘易从千里迢迢来到吐蕃时，刘审礼已经不治而死。刘易从终日号啕大哭，痛不欲生。吐蕃人见他可怜，便将刘审礼的尸体交还给他。刘易从赤脚而行，鲜血淋漓，行程千里，一路将父亲的尸体运回长安。

自毁长城

承凤岭之战，唐军虽然大败，但黑齿常之独放异彩，以一人之力拯救了数万袍泽的性命，逐渐成了大唐军中的擎天一柱，独立支撑起烽烟四起的西北边陲防御。

河源军（今西宁市东郊）是陇右节度使下辖最大的一个军，有驻军14000人，处于对抗吐蕃的最前线。黑齿常之作为经略大使前后在这里坐镇七年，多次击退吐蕃的进攻，大大巩固了河陇的边防。当时安西都护王方翼还没有被害，也在西域经营有方，稳扎稳打，大唐两大将星交相呼应，吐蕃虽然兵势强盛，却在这两个方向上都无机可乘，深畏惮之。

唐廷长期派重兵镇守河源军这个和吐蕃寸土必争的前沿阵地，后勤耗费十分巨大。黑齿常之决心与吐蕃人打一场持久战，他命部下在此地设置烽燧七十多所，屯田五千余顷，每年的收成多达五百万石，完全保证了河源军的军粮自给自足。

吐蕃军队没有专门的后勤建制，在出动军队时补给都由士卒自行解决，所以每次打仗时不得不带着大批牛羊一起奔赴前线，很不方便。吐蕃将领噶赞婆看到唐军屯田有方，也来了个照猫画虎，亦在对面屯田修城，准备与唐军长期对峙。

黑齿常之哪里肯容敌军在自己眼皮底下积蓄力量，开耀元年（681年），最善夜袭的黑齿常之趁着麦熟之时，率一万精骑在夜晚对蕃军驻守的良非川（今青海恰卜恰河）发动了大规模的进攻。这次突袭一举毁掉了三万吐蕃军辛辛苦苦种了一年的麦田，斩首二千级，缴获羊马数万头，又烧毁了吐蕃人的粮仓，噶赞婆吓得单骑逃走，此一战让吐蕃军元气大伤，过了好久才恢复过来。

到了李显即位的嗣圣元年（684年），黑齿常之已经凭借军功升迁左武卫大将军，而当时国内的形势已经发生了巨大变化，武媚终于堂而皇之地临朝称制，成为大唐帝国的最高统治者，战功赫赫的程务挺和王方翼都遭毒手，大唐边疆因为缺乏名将驻守而陷入重重危机，黑齿常之的存在更显得尤为重要。

垂拱二年（686年）九月，后突厥的创始人阿史那骨笃禄可汗纵兵攻掠唐河东道（今山西）北部地区，黑齿常之再次奉命领兵抗击。

突厥曾经是东亚不可一世的霸主，后分裂为东西两部，依旧各有庞大的势力范围，彼时突厥人甚至想效仿北魏道武帝拓跋珪入主中原。直到公元630年，太宗李世民派出了李靖、李世勣、尉迟敬德、秦叔宝、程知节这样超一流的豪华阵

天枢坠落：武周政权的崛起与终结

容，经过多年征讨，才将突厥降服。

我们前文讲过，高宗朝时期，裴行俭、程务挺等人击败了造反的东突厥余部，但高宗李治对投降的阿史那伏念不予宽容，反加杀害，为突厥上层人物的再次叛唐埋下祸根。伏念死后，他的族人阿史那骨笃禄率十七勇士作为起家的本钱，逐渐招集亡散残部，并抄掠九姓铁勒的大批羊马，实力逐渐强大，自立为颉跌利施可汗。

阿史那骨笃禄堪为后突厥一代开国雄主，他一生东征西讨，频繁出击，先后对唐廷北部、九姓铁勒、三十姓鞑靼、契丹、奚族都进行过攻击，总计出兵47次，其中亲自参战20次，一刀一枪地奠定了后突厥汗国的雄厚基业。

面对突厥的大举进攻，唐军北进至两井（今河北鹿泉北）地区布防时，与突厥三千骑兵遭遇。善于骑射的突厥人这次一反常态，他们见唐兵已至，均下马着甲，准备步战。黑齿常之却反其道而行之，亲自率领200名最勇猛的骑兵凶猛冲击突厥人的步兵队列，打得突厥人措手不及，落荒而逃。

傍晚时刻，大批突厥兵赶来增援，欲与唐军再战。黑齿常之见突厥军盛，难以力敌，就派人伐木，在营中燃起大量篝火，以虚张声势。当时东南方向忽然刮起大风，风助火势，熊熊之势更猛。突厥见遍野火起，如同烽燧，疑心唐军有大队援兵到了，越看越怕，竟然乘夜狼狈逃走。黑齿常之不战而胜，因功被进封燕国公，食邑三千户，后又改授右武威卫大将军、神武道经略大使。

黑齿常之爱兵如子，有古代名将之风，朝廷每次赏赐黑齿常之，他都慷慨地分给部下将士，自己不留分毫。黑齿常之有一匹心爱的良马，有一次被军士不小心弄伤。副将牛师奖请求鞭打这名士兵予以惩罚。黑齿常之不忍，劝阻说："怎么能因私人的马匹鞭打官家的士兵呢！"结果没有追究这个士兵的过错。

黑齿常之的威名，在大唐已经是无人不知，无人不晓。当时流传着一个笑话，我们前文提到那个作诗讽刺滥官太多的张鷟，一生仕途坎坷，寂寂无名，但他即便如此也不愿上战场过刀口舔血的日子。张鷟个性十分幽默，有好友劝他说："你的官职卑微，为何不跟随黑齿常之将军去图个军功？"张鷟当场念诵了两句打油诗："宁可且将朱唇饮酒，谁能逐你黑齿常之？"

转眼到了垂拱三年（687年），阿史那骨笃禄和阿史德元珍在凛冽的寒风中再次率兵入侵昌平（今属北京）和朔州（今山西朔县），气焰十分嚣张。武媚任命黑齿常之为燕然道行军大总管，左鹰扬卫大将军李多祚为副大总管，率军进讨。

李多祚世代为靺鞨酋长，骁勇善战，后率部归顺唐廷，参与过与后突厥、黑水靺鞨、室韦及契丹的多场战役，屡立军功，此人在后文中还会出现，是为大唐复国的重要人物。

黑齿常之和李多祚率部在黄花堆（今山西山阴县东北）与突厥军遭遇，双方发生激战。黑齿常之指挥唐军奋勇冲杀，大破突厥兵，阿史那骨笃禄向沙漠以北逃走溃败，唐军乘胜追击四十余里，军威大振。

本来唐军已经取得大胜，却没能把胜利果实留到最后。这时一个猪队友离奇地出现了，他就是左监门卫中郎将爨宝璧。

这个爨宝璧因为妒忌黑齿常之的战功，遂越级上表武媚，请求单独去追击突厥人。武媚接到表章后，回答得模棱两可，既没说同意，也没说不同意。只表示让爨宝璧与黑齿常之商议，互相配合。

爨宝璧求功心切，认为突厥人已经受到重创，只要再打一个胜仗，就可全歼突厥军队，他不等黑齿常之同意，便擅自率一万三千名精锐士卒出发了。一个中郎将，敢越过大总管和副大总管，独自率领精兵行动，这和武媚的私下纵容与授权不无关系。

爨宝璧率领唐军深入沙漠二千余里后，终于追上了阿史那骨笃禄所率部队，而突厥军也确实没想到唐军能追出来这么远，如果爨宝璧此时发动突然袭击，尚有五成胜算。

然而爨宝璧这时却做出了一个蠢哭了所有人的举动，他自恃兵力强盛，竟然派人去向突厥人下战书，打算跟突厥堂堂正正约个日子来一场大会战。唐军千里奔袭，已经是筋疲力尽，突厥军原本就是以逸待劳，这下又有了准备，哪里还会给唐军留活路。

没等到约定的日子，突厥军主动找上门来了，两军一交手，唐军大败，全军覆没，血染大漠。爨宝璧扔下部众单身逃回，最后落了个被武媚下令处死的可耻下场，他自己蠢不要紧，却还拉上一万三千将士陪葬。

爨宝璧的单独行动，造成唐军这次远征的整体失败，成为黑齿常之军事生涯中鲜有的败绩。

武媚对阿史那骨笃禄恨之入骨，却又无可奈何。好在她善于改名，将阿史那骨笃禄改名为不卒禄，诅咒他将不得好死。经过这一番自欺欺人的把戏，方才勉强算出了一口闷气。

黑齿常之作为一个外国来投的降将，在大唐无根无梢，靠着十余年来在沙场上出生入死，才算在朝中有了自己一个立足之地。他天性宽厚，为人又十分低调，也算是个善于自保的人。

据说当年他统率河源军的时候，城里突然窜出三只恶狼，围着官舍转圈圈，后来被军士射死。黑齿常之感到此事是个不祥之兆，下令将狼尸远远地丢到城外去，然后给皇帝递上了请求去讨伐党项酋长的奏章，另谋他职去了。

李治下旨委派参加过承凤岭之战的靺鞨大将李谨行接替黑齿常之。而河源军这个地方果然妨主，据说李谨行刚刚上任十多天，就意外暴毙，一命呜呼了。

具有超强第六感的黑齿常之，半生为大唐浴血尽忠，又战战兢兢地勉力自保，却依旧没有逃出被清洗的命运。

就在举国欢庆洛水出白石的永昌元年（689年），一代名将黑齿常之被关入了暗无天日的大狱。理由很简单，只因为周兴诬陷他与右鹰扬将军赵怀节一同谋反。

身入公门，如陷汤火，黑齿常之半生沙场征战，十万敌军都不放在眼里，今番却落到这些毫无人性的酷吏手中，正所谓虎落平阳被犬欺。他在狱中被酷吏一颗颗地敲掉牙齿，受尽痛苦与屈辱。性情刚毅的黑齿常之不愿承认谋反之罪，更不愿为酷吏所折磨侮辱，便找了个机会自缢而死。

落叶飞花飘落地，唳累长空泪垂流。黑齿常之智勇兼备，是大唐不可多得的天纵之才，可叹一代名将未能马革裹尸，却这样无声无息地冤死在大狱之中，让时人无不为之哀痛叹息。

一败再败

黑齿常之被杀之后，朝中再无良将。并不擅长军事的文昌右相韦待价被起用为安息道行军大总管，第三次奉命率唐军出击吐蕃。

韦待价出身于京兆韦氏，因为先祖在北周时隐居不出，前后十次拒绝朝廷征辟，所以被赐号为"逍遥公"，这一支韦氏则被称为逍遥公房。

韦待价人生的前半程十分倒霉，屡屡躺枪。他把妹妹嫁给了唐太宗的第五子齐王李祐，可这位齐王殿下自大而愚蠢，竟然不自量力地想起兵谋反，最后事败被赐死。幸而太宗宽厚，韦待价没有被连坐受到处罚，却也大大受了一番惊吓。

韦待价自己娶的妻子是江夏王李道宗之女。结果到了高宗朝，李道宗又卷入了更凶险的房遗爱谋反案，被流放象州，死于途中。这次韦待价没能躲过去，被连坐贬为卢龙府的果毅都尉。

幸亏这两次出事是在太宗和高宗执政的时期，如果是赶上眼下酷吏横行的时代，无辜好人尚且被诬陷至死，像他这种至亲两次卷入谋反大案，韦待价十个脑袋也不够杀的。

韦待价虽然才干平庸，但做官为将还算是恪尽职守，先后担任过凉州司马、萧州刺史、右武卫将军、凉州都督等职，他在高丽前线流过血，在吐蕃战场负过伤，却毫无怨言，勉力苦战，后被晋封为扶阳县侯。

弘道元年（683年），天下已经多半姓了武，韦待价的运气也来了，他换了个没有风险有前途的好工作，以山陵使之职全面负责高宗陵寝的营建工作。韦待价兢兢业业，耗时近一年，将规模宏大的乾陵修建完毕。这一时期，他的官运也达到了顶峰，被加封为金紫光禄大夫，授天官尚书、同凤阁鸾台三品，迁文昌右相。

品级是提上来了，可惜韦待价出身武职，是个粗人，身为宰相一不懂治国安民，二不会鉴别人才，以致典选工作杂乱无章，受到同僚和舆论的鄙薄。韦待价很有自知之明，心中不安，多次上表请辞。武媚竟然每次都下诏对他加以褒奖，将他的请求驳回。

对韦待价这样名不副实的庸相委以重用，恰恰反映出武媚在用人方面的特色。岑仲勉先生在《隋唐史》中写道："武后任事率性，好恶无定，终其临朝之日，计曾任宰相七十三人。"

七十多名宰相什么概念？我们可以做个比较。太宗李世民执政23年，用过29个宰相。高宗李治执政34年，用了47个宰相。武媚执政不过21年，实际上用了77名宰相，换宰相就像她换年号一样随心所欲。岑仲勉先生还总结说：武媚用的这些宰相，七成以上都是或平庸或奸佞者，还有四分之一绝无表现。能被称为良相的，不过狄仁杰、杜景俭、苏良嗣、李昭德、王及善等寥寥数人而已。这些宰相结局大多不妙，其中在史籍中有记录的六十九人当中，竟然有十九人被杀，22人遭到流贬。

当时西南边陲形势紧张，吐蕃屡屡入寇。永昌元年（689年），在宰相位置上待得难受至极的韦待价主动上疏朝廷，请求率军征战。武媚也真是无将可派，遂任命韦待价为安息道行军大总管，统领阎温古等三十六总管，征讨吐蕃，并将他的爵位进为扶阳郡公。以往唐军出征，都是一个大总管配一两个副总管。而武媚当权之后，唐军的战力虽然越来越弱，但出征的将领却越来越多，也是她滥封官职的一种副产品。

凤阁侍郎韦方质上奏，建议按照惯例派御史前往部队监军。武媚这一次给了韦待价极大的信任和权力，宣布此后主帅领兵出战，朝廷不再派御史随军监控，对韦待价能旗开得胜寄予了很大的期望。

是年七月，韦待价率大军进至南天山的寅识迦河（今新疆伊宁西南），与蕃军遭遇，双方摆开阵势，展开一场战略性的生死大战。

在一场双方士兵实力相当的战役中，统帅的能力对战斗的结果将起到至关重要的作用，包括其军事天赋，沟通、协调、组织能力，甚至受到士兵爱戴的程度。韦待价从来没有过独当一面指挥大兵团作战的经历，明显也不具备那些名将应有的素质。唐军先胜后败，再次重演了大非川和承风岭的惨痛经历。

由于副总管阎温古畏敌如虎，逗留不进，又加上战事拖延到了冬天，天寒雪冻，粮草不足。出征时威风凛凛的唐军在蕃军面前已然成了待宰的羔羊，他们在韦待价毫无章法的指挥下，连战连败，死伤惨重，士气低迷到了极点。韦待价眼看着部下越来越少，不仅求胜无望，能否求活都成了未知数，无奈之下只得率残军一路败退到防守严密的弓月城，才得以留下一条活命，狼狈返回洛阳。幸亏安西副都护唐休璟及时出面收集了唐军的残余部队，才勉强安定住了西部边地。寅识迦河之败，彻底撼动了大唐在西域的影响力。

武媚闻得败讯大怒，将韦待价撤销名籍，流放绣州，并处死了阎温古。

曾观前定录，生死不由人。勇猛无敌的薛仁贵，位高权重的李敬玄，戎马半生的韦待价，一个个全都遇蕃不胜，劳师远征的结局不仅是丧师失地，也搞得自己身败名裂。

重臣宿将出兵征战皆遭惨败，偏偏有个一不懂武艺，二不知兵法的和尚，竟然也被授命为大总管，领兵二十万去讨伐突厥，他就是武媚心爱的面首薛怀义。

情夫挂帅，和尚领军，千古奇闻，到此大唐的脸面算是彻底丢光了。不过这薛怀义确实运气好，他率军出发后，一路大张旗鼓进军到紫河，也就是今天内蒙古的乌兰木伦河，居然连一个突厥人的影子也没遇到，于是就在单于台刻石纪功而回，这次出征最辛苦的成员，恐怕也就是随军的石匠们了。

薛怀义算是圆满完成了爱人所交给的任务，再次得到重赏。不过也真幸亏没有遇到突厥人，否则不用打仗，已经足以令突厥人活活笑死。

第八章

——

谁家之天下

边陲连绵的烽火，将士惨烈的死难，丝毫不能延缓武媚改朝换代的脚步，对她来说，这一场用毕生时间来追逐权力巅峰的马拉松，终点已经近在咫尺。

一个女人想要改朝称帝，势比登天，至少需要具备几个必要条件：第一是绝对的权威和实力，第二是法统上的合理性和延续性，第三是民心民意的支持。

对于武媚来说，虽然绝对的权威早已经树立，但法统问题是个不能逾越的难题。就在武媚为这个看似无解的障碍踌躇和头痛的时候，她的情人薛怀义当仁不让地为女主扛起了这面意识形态的大旗。

大云经

薛怀义虽然大字不识几个，但他毕竟是国家第一大寺的住持，其特殊的身份让他能够动用全国的资源，迅速组织起一个强大高效的工作班子，来完成为武媚身份背书这光荣而艰繁的工作。

白马寺本来已经是人才济济，薛怀义又额外请来了外援——另一座大寺东魏国寺的高僧法明、云宣人，作为他的得力助手。

有了这一大批有道高僧相助，薛怀义如虎添翼，他又拿出当年修明堂时期拼命三郎的劲头，带着众僧一头扎进了藏经阁如瀚如海的经书之中，苦苦为武媚寻找佛经中有关女主天下的理论依据。

千淘万漉虽辛苦，吹尽狂沙始到金。在薛怀义和法明等人夜以继日的勤奋攻坚下，竟然真的找到了他们迫切需要的理论依据——《大方等无想经》，又称《大云经》。

《大云经》共有4卷，分37"健度"，也就是37个篇章。其第36章《如来涅槃健度》中有这样的记载：净光天女曾在同性灯佛那里听过大涅槃经，由此因缘，又在下一世释迦佛在世时再次听闻佛法深义。天女在后世以女身成为国王，得到转轮王统领疆土的四分之一的阎浮提，守护正法，化度众生。阎浮提也就是《西游记》里所说的南赡部洲，即人类居住的这个世界。

在《大云经》第37章《增长健度》里，还记载着另外一个类似的故事，说的是南天竺有一小国叫作无明国，其王后产育一女，名曰增长，其形端严，人所爱敬。无明国因为这个女孩的诞生而谷米丰熟，人民炽盛，再无病苦忧恼和恐怖祸难，所以老王死后，国中臣民就奉此女孩为女王。

《大云经》中的这两则故事意思差不多，都是为武媚提供了女人同样可以登基称帝的有力依据。女主当国是佛旨天意，凡人不可违背。

《大云经》原本就不是给普通老百姓看的，文字晦涩，义理艰深，非"专业人士"很难读得通。而且佛经中两位女主角净光和增长知名度又都不高，不像龙王、天女、太上老君之类的神仙家喻户晓，故而仅靠她们两个支撑场面略显单薄，不利于塑造神皇的无上权威。胆大妄为的薛怀义等人决定篡改这部经书，再造一个新神，搞一个他们想让天下人看到的魔幻版本——证明武媚是弥勒转世的《大云经疏》。

按照佛教经典，弥勒是释迦牟尼的大弟子，释迦灭度之后，弥勒当在未来降生于阎浮提，救度众生，而后成佛。而疏，就是比注更详细的解释。

薛怀义等人将弥勒下生之说与净光、增长女人主天下的故事混为一谈，编造说弥勒下生之时曾说武媚相见，还为武媚修建了造化城，也就是明堂，大肆宣扬神皇武媚就是当世弥勒，自然应该代唐而为天下之主。

《大云经》的原文中有这样一段话："女既承正，威伏天下，所有国土，悉来奉承，无违拒者。"这段话到了薛怀义口中，被恶狠狠地注释成了："此明当今大臣及百姓等，尽忠赤者，即得子孙昌炽，皆悉安乐……如有背叛作逆者，纵使国家不诛，上天降罚并自灭。"等于在声色俱厉地警告天下百姓："如今是女主要威伏天下，唯有俯首从命者才能子孙昌盛，安居乐业；谁人敢于违抗女主，不仅朝廷要问罪，佛祖也要降下罪来，使之自行灭亡。"显而易见，薛怀义等人的注疏早已背离了佛理，丝毫没有佛陀经劝人为善的慈悲，完全是酷吏们杀气腾腾的嘴脸，明目张胆地对无知百姓进行赤裸裸的恐吓。

《大云经疏》被送到武媚面前，她读了这部为她量身定制的奇书，果然喜出望外，大手笔重重褒奖了这群立下舆论大功的和尚们，将云宣等九人全部赐爵县公，还赐给他们官员才能穿戴的紫袈裟、银龟袋。给和尚封爵，还真是标新立异的头一遭。

这些佛门子弟既然接受了封赏，也就承认了被管理的身份，失去了独立性。因为在唐以前，僧见君皆不称臣，称天子为檀越，自称为贫道。因为佛教也只是被当成一种异域道术，因此佛教僧侣的自称都是"贫道"，而"贫僧"则是僧团的自称。

自此以后，一向特立独行的佛教终被皇权驯化，僧侣们亦开始称臣矣。由于佛门与皇权联系过于紧密，虽看似风光无限，但也再无超然于外的底气，也为未来自己遭受毁灭性的打击埋下了伏笔。

武媚当政后，攀附女主的佛教地位迅速凌驾于道教之上，开始演化成为一股极为特殊的强大势力，百姓们争相削发，寺院遍及全国，以致出现了"逃丁避罪，并集法门"的局面。成千上万的寺庙拥有大片土地和自己的专属佃户，与国家争夺税粮，以致在后来的玄宗时期，政府不得不出面干预，大量裁汰僧尼，收回耕地，才取消了佛教享有的特殊待遇。

可怜一部佛教经典被薛怀义篡改成了荒唐可笑的御用宝书。这部宝书被正式进献给圣母神皇后，薛怀义等人代表宗教界庄重表态：神皇就是弥勒佛临世代唐的国主，希望圣母神皇尽快颁诏制于天下，完成革故鼎新的历史使命。武媚自然积极响应，立刻下令举国学习此疏，大唐十道两京三百州之地，都由政府拨款兴建大云寺，而且每一寺都要收藏一部《大云经疏》。

一时间，倡议武媚登基之人如过江之鲫，从全国各地挤满了洛阳城，歌颂与劝进之声纷纭杂沓，不绝于耳。趋炎附势者纷纷上表请求抄经，以便流传。一时间洛阳的纸张打着滚地涨价，纸店老板都大发其财。

看到和尚们占尽了劝进风潮的先机，许多不甘人后的朝臣也纷纷上表迎合，吃屎御史郭弘霸首当其冲，自撰表章，宣称圣母神皇就是弥勒佛化身，理应为帝，并在朝廷中请诸臣联署签名，得到了大批朝臣的响应。而朝野内外沉默的大多数，只能继续保持沉默。

此时的武媚距女皇的宝座仅有一步之遥。

请愿

垂拱三年（687年）七月，冀州上报：母鸡变性，成了公鸡。

永昌元年（689年）七月，松州和朗州上报：又有母鸡变性。

《尚书·牧誓》中说："牝鸡无晨。牝鸡之晨，惟家之索。"孔子的十世孙孔安国对此做过注解说："索，尽也。雌代雄鸣则家尽，妇夺夫政则国亡。"当然这话说得有那么点歧视妇女的意思，换成现在白话就是："母鸡本来不应该打鸣，如果母鸡打鸣，那么将意味着国破家亡。"当然这样的话武媚是不信的，不但不信，还偏要打给你看，一鸣震乾坤！

载初元年（690）九月三日，则天门外，人声鼎沸，热闹非凡，却没有一个兵丁敢于出面制止。一个京中七品小官，带着九百个衣衫褴褛的所谓"关中父老"，乱哄哄地跪倒在宫门外面请愿。

　　这些请愿者大多似农民模样。而他们所请的内容，却无关减赋税、免钱粮之类关乎民之生计的内容，而是一个不仅与农民毫无关系，而且听起来非常大逆不道的请求：请圣母神皇更改国号，自当皇帝！

　　这群人的领头者叫傅游艺，是豫州汲县人。他虽然已经年过花甲，但做官的时间却不长，不过是三任县尉，两历主簿，全都是地方小吏。本来傅游艺再干几年也就该退休了，但他仕进之心仍炽，虽然最近刚刚被升迁为左肃政台御史，却仍不满足，打算有生之年一定要做一件惊天动地的大事，名垂青史。

　　傅游艺剑走偏锋，费尽心机地组织了几百个百姓劝进请愿，背地里着实很费了一番心思。他在奏表中大谈与圣母神皇有关的种种符瑞，大部分内容无非还是洛水白石以及《大云经》等老生常谈，但其中最为惊世骇俗的部分，是第一次敢于公开表述请求让武媚来做皇帝，改唐为周。

　　按照傅游艺一干人对姓氏溯源的考证，武氏原本出自姬氏，而姬氏正是立国八百年周王朝的建立者。传说周平王姬宜臼的幼子一落娘胎，手掌中便有一片"武"形花纹，故平王给他赐名为武，他的后人以武为氏，慢慢演化成姓。武媚自称是姬武的第四十代后人，而那座美轮美奂的明堂，亦是仿照西周时周公在雒邑的明堂而建。

　　武媚一直表示她有承周礼、治盛业的治国方略和政治抱负，而孔子一生的追求就是"恢复周礼"，因此武媚以"周"为国号也相当于是在实践孔子的遗志。

　　对于傅游艺等人的大逆之言，武媚表现出前所未有的慈悲与大度。她表面上态度和蔼地谢绝了民众的请愿，表示自己并无做皇帝的意思，然后却将傅游艺的官职由从七品上的侍御史晋升为正五品上的给事中。刘宝瑞有个相声叫连升三级，讽刺刘瑾给不学无术者胡乱加官。而傅游艺却可以凭借一番谬言一日之内连升十阶，此等恩遇，旷古未闻。

　　傅游艺的加官晋爵让朝野内外都看了个明白，神皇表面上对皇位的拒绝和谦让的姿态，实际上是一种等待，更是一种含蓄的不满。究其根源，只因为九百余人的劝进规模太小了，推动力不够！

　　天物来，圣人革，时哉！傅游艺这根导火索让洛阳城一夜之间陷入了一种极度疯狂的气氛之中，朝臣们这个说看到凤凰飞入上阳宫，落在左肃政台的梧桐树上，那个说看到上万只象征大周火德的朱雀聚集在朝堂，是天神显灵的征兆，一个比一个卖力地散布各种祥瑞和征兆。

人世间哪有凤凰，所谓凤凰不过孔雀所扮，而朱雀"云集朝堂"就更简单了，武媚事先派人在朝堂上布满鸟食，掐准时机将数万饿了许久的朱雀从笼中释放，鸟儿们见到朝堂上的小米盛宴，自然群起食之，久久不肯离去。

三天之后，一场规模比之前扩大了百倍的劝进大戏正式开场。这一批参演者不再是单纯质朴的关中农民，而变成了文武百官、皇亲国戚、和尚尼姑、四夷酋长，加上数以万计的不同职业、不同身份的市民百姓，人数多达六万余人。声势浩大的人群聚集在则天门外，磕头请愿之声、哭喊万岁之声如同山呼海啸，昼夜不停，一副女皇不掌国广大人民群众绝不答应的癫狂劲头。就连一向以正直刚强著称，再三上书批评酷吏和苛政的大才子陈子昂也写下了著名的《大周受命颂》，为崭新的时代唱起了赞歌："乃命有司正皇典，恢帝纲，建大周之统历，革旧唐之遗号，在宥天下，咸与维新。"

在这场意在改朝换代的举国狂欢之中，全国最为尴尬的人莫过于名义上的天子李旦了。在一浪高过一浪的劝进请愿声中，李旦非常自觉、明智、诚恳地领悟到了性命比面子重要的真谛，连续三次提出禅让皇位给母亲，并请求改姓为武，希望母亲能够体察自己无比真诚又充满敬畏的心意。

武媚终于心满意足了，筹划着大周新帝隆重的登基大典将在则天门上进行。

《论语》有云："巍巍乎唯天为大，唯尧则之。"则天者，以天为法，治理天下！洛阳宫城正面大门有三座，东为兴教门，西为光政门，而正当中那座气势雄伟、飞观相夹的巍峨门楼就是则天门。则天门是由门楼、朵楼和东西阙楼及其间的廊庑组合为一体的"凹"字形巨大建筑群，上题"紫微观"三个大字。门前置有象征皇家威仪的双向三出阙，东西两边共计十二阙，是古代城门建制的最高等级，天子独享的最高礼制。

载初元年（690年）九月九日，这一年武媚正好六十六岁，六六大顺又逢九九归真，是个百年不遇的好日子。从这一天开始，"载初"这个最后与大唐王朝有关的年号和它所象征的时代一同结束了。

雄浑壮美的则天门数十年来见证了历次登基、改元、国宴及接见万国来使的重大时刻。张扬倨傲的杨广在这里宣布过大赦；刚毅内敛的李世民在这里曾下令焚城；她的丈夫李治在盛年之时也曾在这里挥洒英姿，举行阅兵，接受献俘，在人生的最后时刻望楼兴叹，黯然神伤。

是日，武媚第一次以皇帝的身份登上了这座她无比熟悉的门楼。她穿着天子专用的"玄衣纁裳"，上面用金线绣着日、月、星、龙、山、锦鸡、火、酒器八种精美花纹，象征着皇帝无与伦比的至高权力，耀眼的光芒夺人眼目。高高的冕冠上，十二旒晶莹的垂珠摇摇晃晃，闪烁出让人眩晕的流光溢彩。冕的左右两侧悬

　　　　　　　　　　　天枢坠落：武周政权的崛起与终结

挂着名贵玉石制的充耳，用意是提醒皇帝不要轻信谗言。在武媚的面前，跪拜着成千上万心怀敬畏的文武朝臣，在女皇的身后，是洛水嵩山，是万里山河。武媚遥想当年骆宾王在《为徐敬业讨武曌檄》中愤怒地写道："请看今日之域中，竟是谁家之天下？"嘴角不由得划过一丝轻蔑的浅笑，今日已然有了答案！

武媚伫立于恢宏的城楼上，风吹发鬓，远望浮云翩跹，苍穹无垠，不由得暗暗感慨六十六年往事如风。

她尚在襁褓为一婴童之时，就被一代相术大师袁天罡所看重，预言她："龙瞳凤颈，极贵验也，若为女，当做天子。"

她十二岁时，父亲去世，在并州老家寄人篱下，她和寡母饱受同族的白眼与欺凌，尝尽人间的心酸与炎凉。

她十四岁时，出落为一个水剪双眸、花生丹脸的秀美的少女，怀着"侍奉天子，焉知非福"的壮志，如同一颗充满无限魔力的种子，悄然无息地飘落于帝国的深宫，默默地生根，顽强地成长。

她二十六岁时，已经长成一个丰姿妖艳、明艳动人的成熟女人，轻而易举地用爱情征服了小自己四岁的新君李治，从昭仪之位平步青云，在通往皇后乃至天后的道路上一路斩将过关。

她虐杀情敌，屠戮宗室，囚诛皇储，消灭异己，她的人生每一步都堪称胆大妄为，虽然自称弥勒临凡，却每个脚印都布满累累尸骨与斑斑血痕。然而历史总是由胜利者来书写，从天授圣图到天授皇权，以女子之身成帝王伟业者，泱泱中华唯有武媚一人，她至，她见，她胜，她前无古人，后无来者，单就个人成就而言，三千年来可谓无人可以匹敌。

在李治死后的第六年，大唐建国的第七十二年，一曲恢宏的帝国乐章戛然而止，取而代之的是一个叫作大周的新王朝，她的诞生，如同在乾元殿的废墟中昂然矗立的明堂一样光彩夺目又令人凛然生畏。这一刻，是一个崭新时代的永恒。

如今在则天门上俯视众生的武媚，已经真的化身成为明堂屋顶那只展翅高飞的凤凰，上击九千里，绝云霓，负苍天，足乱浮云，尽情翱翔于九霄苍穹之上。登上了一个人，而不仅仅是一个女人所能达到的巅峰。

在登基大典上，圣神皇帝武媚屹立于高旷的天宇下，以其洪亮的女性声音庄重地宣布：改唐为周，改元天授，大赦天下！

现在武媚终于可以按照自己的心愿在上都洛阳建立武氏七庙了，想想几年前裴炎的极力反对，武媚恨不得现在裴炎还活着，让他好好看看武家今日的荣光，从今以后，武家就是中华正朔，就是堂堂正正的九五之尊。

认祖宗是一件少有的低成本而高回报的快事！武媚先是追尊西周的周文王为

始祖文皇帝；周平王姬武为睿祖康皇帝，之后又尊父亲武士彟为太祖高皇帝。当然这些虚名对祖先来说是没有任何实际意义的，真正得到实惠的，是武家的子孙后人。

武媚封武承嗣为魏王，武三思为梁王，武攸宁为建昌王，血缘再远一些的侄子侄孙如武攸归、武重规、武载德、武攸暨、武懿宗、武嗣宗、武攸宜、武攸望、武攸绪、武攸止通通都被封为郡王，而她的诸姑姊都被封为公主，所有武氏家族成员一夜之间由外戚变为皇族宗亲。不仅武氏宗亲得利，就连没有血缘关系的姓武者也跟着借光，当年次月，武媚宣布免除天下所有武姓百姓的租赋徭役。

与此同时，位于西京长安的李唐太庙却显得分外凄凉，可悲地沦为"非主流"的享德庙，七庙严重缩水为三庙，只供奉着武媚的公公高祖李渊、丈夫兼公公太宗李世民、丈夫高宗李治三人。

李旦凭着自己的乖巧和自觉总算保住了性命，好歹没有成为"先皇"，而是被封了一个不伦不类的"皇嗣"称号。他的儿子皇太子李成器也跟着自动降了一级，成了皇太孙。然而李旦的忍让和退避并没有让他躲过武氏新贵和酷吏们的攻击，他更为艰难的皇嗣生涯才刚刚开始。

刚刚称帝的武媚尤为赏识那个首倡改朝换代的傅游艺，登基数月后就加封他为同凤阁鸾台平章事之衔。同月，又加朝散大夫，授鸾台侍郎，依旧同平章事，并赐他武姓。一个七品小官通过一次投机便轻而易举一跃成为炙手可热的国姓宰相。

傅游艺的哥哥傅神童也兄以弟荣，被加官为冬官尚书，兄弟俩并承荣宠。傅游艺做梦都没想到，自己能在一年之内穿遍青、绿、朱、紫四种官服，时人对他坐火箭一般的快速升迁又是鄙夷，又是嫉妒，都称他为"四时仕宦"。

跟武周时代的大部分宰相一样，傅游艺权势炽盛之时也不过短短的一年光景。小人得志难免忘形，言语肆无忌惮。他有一天和亲信闲聊，竟然得意扬扬地吹嘘自己做了个梦，在梦里登上了湛露殿。

湛露殿是皇帝召见大臣的所在，傅游艺这番话，多半是无意的戏言，他再蠢也不至于认为自己是当皇帝的材料。然而傅游艺命运的悲剧在于，他忘记了当今是一个人与人之间互相倾轧伤害的告密时代，而这个时代是他所拥戴的女皇一手打造的。

傅游艺的亲信很快将这件事上报给了女皇，武媚出离愤怒了。做皇帝这件事只能由她自己来亲力亲为，岂容他人觊觎垂涎，即使在梦中也不行！武媚派出了爱将来俊臣来审问傅游艺，这位四时仕宦的宰相下场也就可想而知了。

傅游艺因口出大逆不道之言而平步青云，又因为一个大逆不道之梦命丧黄泉。

后来中宗李显在恢复了大唐之后，倒是帮傅游艺实现了垂名于青史的理想，将傅游艺与来俊臣同列奸臣名单之中。傅游艺的后人都受到牵连，终生不能做官，傅家子孙的政治生命在傅游艺做梦那一刻就被彻底封杀了。

守节

在那场全民癫狂的劝进热潮中，群小丑态百出，独有一人出淤泥而不染，沉静无言，远离喧嚣，就像一个孤独的骑士，执着地守卫着早已崩塌的城堡，他，就是一代名臣刘仁轨的儿子刘浚。

刘浚少年英才，十七岁时就跟随父亲出征百济，亦在平定李敬业之战中立下大功，在武媚称帝之前，他已经官任秘书丞。

武媚特意遣人向刘浚示好，希望收买刘氏这种有威望的大族为其称帝摇旗呐喊。如果刘浚愿意昧着良心屈从，出面为武媚篡位背书，便是大周的开国元勋。可刘浚生为大唐之臣，根本不想背主，非但没有答应，反而义正词严地拒绝说："忠臣守节，不附邪谋，死而后已，未敢闻命。"

遭到拒绝的武媚恼羞成怒，当即下令让酷吏罗织罪名，将刘浚流放于岭南。如孟子所说："富贵不能淫，贫贱不能移，威武不能屈，此之谓大丈夫。"刘浚面对巨大的压力与迫害，依旧坚贞不屈，毫不妥协，终于在四十七岁时含恨死于广州，用自己的生命实现了"不附邪谋，死而后已"的誓言。

将刘浚迫害致死后，武媚如同没事人一般，还想继续拉拢刘家的孤儿寡母，假惺惺地赦免了刘浚的夫人李氏及两个儿子刘晃、刘昂之罪，并让其长子承袭刘仁轨乐城郡公的爵位，许诺他们可以继续子承父业，恩荫为官。

刘家两代忠臣孝子，于国有功，于己无愧，何罪之有，用得着你赦免？李氏深明大义，将国仇家恨铭刻于心，一心秉承丈夫的遗志，同样毫不犹豫地拒绝了女皇的示好。

李氏语重心长地告诫两个儿子说："我们可以承袭爵位，以得到免除赋役的待遇，因为这是你们的父祖效忠大唐得到的爵位。但你们绝对不可恩荫为官，你们的父祖都是大唐的耿耿忠臣，尤其是你们的父亲还因此以身殉国，如今我们迫不得已苟活在伪周的天下，食周粟已经愧对祖先的英灵，如果你们还要出仕伪朝，日后有什么脸面祭拜先人，去面对九泉之下的列祖列宗呢！"

花蕊夫人有诗云：十四万人齐解甲，更无一个是男儿。与傅游艺、李霭之流的须眉男子奴颜屈膝以求富贵相比，李氏身为一个弱女子，却在大是大非面前坚守原则，绝不妥协，格外令人钦佩。其二子刘晃、刘昂也很争气，将母亲的教诲牢记在心，一直待在乡下过着清静淡泊的日子，坚持不到武周的朝廷做官。

直到李显上位复唐后，李氏连夜带着儿子赶到长安庆贺李唐的复兴。李显对于刘氏一族历经磨难却依旧保持对李唐的忠贞十分感动，当即下令追赠刘仁轨为太尉，李氏的两个儿子也终于堂堂正正地回到朝中，重新当上了官员。

刘仁轨一生出将入相，为大唐王朝鞠躬尽瘁，他的子孙后代同样坚守"不事伪主，有奉神明"的家训。刘家父子堪称有唐一代忠臣孝子的杰出典范。

到了玄宗李隆基时代，玄宗同样没有忘记褒奖刘氏绵延百年的忠诚，下诏赐刘仁轨配享高宗庙；刘浚被追赠为太子率更令，与夫人李氏双双陪葬在唐高宗的乾陵墓区。这些崇高的荣誉对于刘氏一族来说，无疑是最高的褒奖与最圆满的安排了。

闹剧

武周代唐之后，最大的受益者除了女皇本人之外，当属新贵之中年纪最大、资历最高的武承嗣无疑了。他不但受封为魏王，而且官拜文昌左相，成为百僚之首，可谓一人之下，万人之上，地位无人可以撼动。

人的欲望和野心总是无限膨胀的，对愚蠢的人来说更是如此。武承嗣觉得既然自己的姑妈已经奇迹般地实现了皇帝梦，那么自己是不是也可以把这个美梦华丽地接着做下去呢？毕竟他如今深得女皇信任，只要能再进一步，就是大周名正言顺的皇位继承人，而阻碍他前进的唯一一块绊脚石，就是那个姥姥不亲舅舅不爱的前任傀儡皇帝，如今的皇嗣李旦。

武媚当上皇帝之后，并没有正式册立太子。李旦的新封号是皇嗣，皇嗣从字面的意思来说也可以理解为皇储，说起来也有七分太子的意思，可就是不那么名正言顺。

天授二年（691年）九月，上都洛阳又发生了一次小小的集体请愿活动，形式和规模跟傅游艺组织那一次差不多，只是领头人换成了一个叫王庆之的无赖，他纠集了数百个同道中人，联名上表奏请废黜李旦，册立武承嗣为皇太子。

其实武媚自己并没有想清楚继承人的问题，但她知道如果一旦传位给李旦，他当了皇帝之后肯定还得恢复李姓，那么自己几十年苦心经营，好不容易建立的大周王朝就又要回到李唐的原点。如果是这样看，传给侄子武承嗣倒也是一个可以考虑的选择。毕竟侄子姓武这件事是改变不了的，武承嗣才是武家真正的嫡系继承人。

可怜废帝李旦如今已经毫无尊严，他刚从皇帝的位置被赶下来，还没来得及喘口气，皇嗣的地位也快要不保了。

武承嗣早看出了姑姑的犹豫和纠结，也就等于看到了自己承继大统的希望和机遇，自然要全力以赴去争取。李旦虽然看似毫无还手之力，但在朝廷大臣中依旧有大批明里暗里的支持者，于是一场新的夺嫡大战就这样悄无声息地展开了。

太子是国家之本，武媚必须慎重考虑，她先找来了朝中地位仅次于武承嗣的文昌右相岑长倩，想听听他的意见。

岑长倩一直都是武媚的心腹之臣，在讨伐越王李贞时就以兵部尚书的身份担任后军大总管，此时刚刚被封为辅国大将军，让李旦改姓为武，就是他的主意。

岑长倩的想法和裴炎、刘祎之这些人非常相似，他虽然表面上看起来确实是为武媚所用，但骨子里对李唐王朝始终有一种不可磨灭的忠诚和感情。他推戴武媚当皇帝，一方面确实因为武媚的绝对权威和无人可比的能力，自己做大臣自然是趋利避害，背靠大树好乘凉。但另一方面，他认为武媚这个皇位迟早还得要传给儿子李旦，让李旦暂时改姓实际上也是对李旦的一种保护。在岑长倩看来，大唐江山只是暂时借给武媚保管，早晚还要回到李氏手中，到时候李旦愿意姓李还是姓武，就不是武媚所能掌控得了的了。

可是现在武媚竟然流露出要将李旦废掉，册立武承嗣为太子的意思，这可就大大突破了岑长倩的心理底线了。他一改往日对武媚顺从谦和的面孔，当场坚决反对，表示绝对不可以动摇李旦的位置。

岑长倩这一关没过去，让武媚很是失望，她又换了个人，去询问地官尚书、同平章事格辅元的意见。

格辅元的反应和岑长倩一模一样，也是坚决反对易储。两个宰相都反对废李立武，其他的宰相也就敢说话了，纷纷表示反对，武媚无奈之下，只好先把这个议题暂时搁置一边。

文官集团的激烈反应，给了武承嗣当头一棒，他这才意识到李旦没有他想象的那么软弱可欺。自己想要干掉李旦，就必须先剪除其羽翼，方可下手。

武承嗣使出一条调虎离山之计，以吐蕃犯边为名，撺掇女皇派岑长倩领兵去征讨吐蕃。岑长倩奉命出征后，还没到达前线，武承嗣就紧跟着又奏上一本，告岑长倩谋反。

岑长倩已经效忠武媚半辈子了，说他谋反，鬼都不信。但在岑长倩反对易储的一刹那，武媚就已经动了杀机。岑长倩从半路被匆匆召回，下入大狱。与他一同下狱的，不必说还有另一个反对立武的宰相格辅元。

这起突如其来的谋反案的主审官，还是那个人间魔头来俊臣。罗织罪名，来俊臣向来是最有办法的。岑长倩坚贞不屈，不肯承认谋反，他就抓来了岑长倩的儿子岑灵源，酷刑逼供，让他诬告司礼卿兼判纳言事欧阳通等数十人，说他们一同谋反。棰楚之下，何求不得，岑灵源被迫屈打成招。而欧阳通被捕后，尽管来俊臣亲自审讯，用尽酷刑，"五毒备至"，但欧阳通始终不肯屈服。

天授二年（691年）十月十二日，武媚下达了对岑长倩、格辅元、欧阳通等人的诛杀令，三大重臣为了保护李旦，将自己的生命献于武周恐怖统治的祭坛。岑长倩的五个儿子与被牵连的数十名大臣也一同被杀。

这场易储风波过后，武承嗣第一次让所有大臣见识到了他的真正能量，他不过轻轻动了动手指，就把一干位高权重的反对者悉数铲除，可见此时忠唐老臣在与武氏新贵的抗争面前是如此不堪一击。

在扫清朝中的障碍之后，武承嗣趁热打铁，赶紧再度指使王庆之上奏，再次要求女皇易储。这次武媚亲自接见了王庆之，当面问他说："皇嗣是我的儿子，为何要废他？"

王庆之在背地里不知道已经排练了多少遍台词，当场声情并茂地表演道："神灵不接受异族的供奉，百姓不祭祀异族的祖先，如今是谁在掌握天下，为何还要立李氏为继承人呢？"说到情绪激动之处，他竟然趴在地上号啕大哭，撒起泼来了。

武媚听罢，沉思良久，没有表态。她觉得王庆之的话有几分道理，却又不完全是那么回事，就赏了王庆之一张特别通行证，允许他任意出入宫禁，打发他走了。毕竟接班人问题是个极其重大的议题，关系到一个帝国未来的走向，需要深思熟虑，权衡各方利弊才能决定，绝对不是一介草民哭闹要挟就可以拍板定论的。

王庆之本来就是个不知深浅的粗鄙无赖，这下有了通行证，真的觉得自己可以任意对女皇指手画脚了。他反正一天到晚也没有什么正事，就隔三岔五来一趟皇宫找女皇谈话，又哭又闹，苦苦相逼，非让武媚明明白白地对他承诺到底立谁为太子。

这么一来二去几番下来，王庆之终于把武媚激怒了。她的皇帝瘾才过了两年，且没享受够这种君临天下的感觉，结果王庆之这个不知死活的东西天天来逼问武媚死后如何如何，换谁的心情也不会太爽。

武媚心里很清楚，王庆之只是个演员和棋子，背后的总导演是武承嗣。被惹恼的武媚还是打算再给自家侄儿留点面子，没有亲自处理王庆之，而是找来了凤阁侍郎李昭德，让他出面赏这个王庆之一顿板子，予以教训。

这个人，武媚算是找对了。

李昭德是武周朝一位数得着的能臣，他精明干练，思虑敏捷，以不畏权贵著称，而新建上都洛阳的庞大工程就出自他的手笔。

当时天下人皆知女皇喜好祥瑞，便常有人借此献媚。有个老百姓打算效仿唐同泰，也在洛水捞出一块带有几个红点的白石，来到宫前请求献给皇帝，称："此石赤心，所以来进。"赤心自然就是忠心之意，但李昭德对这种把戏十分不屑，怒斥他道："此石赤心，难道洛水中其他石头全都要造反不成！"

襄州人胡庆用的心思多了点，他用红漆在一只老龟的腹部书写下"天子万万年"几个字，也到皇宫门口进献。李昭德一眼看破，拿刀子几下就把字刮除净尽，当面揭穿了这个献瑞者的拙劣手段。他奏请武媚将这个骗子法办，可武媚却轻飘飘地说："这个人用心并不坏嘛。"下令将骗子当场释放。

与岑长倩一样，李昭德同样对李唐王朝深富感情，他接到武媚对王庆之用刑的指示后，马上找来几个五大三粗的卫士，把王庆之如鹰抓小鸡一般拖到光政门外，向外面围观的大臣大声宣布："就是此贼欲废我皇嗣，立武承嗣。"

李昭德一个眼神，几名卫士就看懂了。他们将王庆之狠狠地摔倒在地，直摔得他耳朵和眼睛鲜血迸流，然后开始对他重施刑杖。王庆之哪里想到进宫请愿还有板子炒肉招待，自是大喊冤枉。卫士们的棍棒上下翻飞，李昭德一直冷眼旁观，就是不喊停。打了半晌，开始还鬼哭狼嚎的王庆之变得不声不响，李昭德这才让人停刑检视，王庆之已经魄散魂飘，没了气息。这家伙为了让武承嗣当太子，曾在女皇面前以死相求，这回总算是求仁得仁了。

请愿大使王庆之被活活打死了，遭受重创的武承嗣总算暂时消停了一段时间，但他的地位依旧安如泰山，而且有越爬越高之势。

李昭德看到这种情况，忧心忡忡，找了个机会向武媚进谏说："天皇是陛下的丈夫，皇嗣是陛下的儿子，陛下生有天下，当传之子孙为万代业，哪能给侄子啊。再说武承嗣当了皇帝一定是祭祀自己的父母，没听说侄子给姑姑立庙祭祀的。您受过天皇的重托，现在却想把江山传给武承嗣，日后不仅自己得不到祭祀，连天皇也要跟着沦为饿鬼了。"

与王庆之的胡搅蛮缠相比，李昭德讲的话却是在情在理，武媚听完大受触动，心里还是很有几分认同的。李昭德一言兴邦，从此以后，李旦受到的威胁和压力得到了大幅度的减轻。

姑妈态度的转变，武承嗣那一边明显能感受得到。他知道是李昭德做的手脚，气得七窍生烟。可他还没来得及对李昭德进行报复，李昭德那边就先发制人，又给了武承嗣沉重的一击。

有一天，李昭德来到宫中，神神秘秘地向武媚密奏道："现在魏王武承嗣的权力太大了。"

武媚倒毫不介意，淡淡地说："因为他是我的侄儿，所以才视为心腹啊。"

李昭德早有准备，接过话题说："侄子和姑母的关系，怎么比得上儿子跟父亲？自古以来，儿子为了篡夺君权而弑父者尚且比比皆是，何况侄子！武承嗣作为陛下最宠爱的侄儿，既是亲王，又是宰相，权力之大已经不亚于陛下，臣非常担心陛下难以长久地保住皇位啊！"

听罢李昭德的一番话，武媚惊出一身冷汗。她多年来敢于对任何威胁到自己地位的人痛下杀手，但唯独忽略了对身边武氏宗亲的警惕。

想到就要做到，武媚向来是雷厉风行的行动派，长寿元年（692年）八月，武媚做了一番重要的人事调整，改文昌左相、同凤阁鸾台三品武承嗣为特进，明升暗降；改纳言武攸宁为冬官尚书；改武承嗣的亲信，夏官尚书、同平章事杨执柔为地官尚书，将这三个武系宰相一并去职。

李昭德敢于和武承嗣正面对抗，是冒着极大风险的，毕竟他前面已经有数十个高级官员被杀。然而几番斗智斗勇，都是李昭德取得最后胜利。

满腔怒火的武承嗣拼命在武媚面前说李昭德的不是，可是他的反击却显得那么苍白无力，当时武媚对李昭德圣眷正隆，冷冷地对武承嗣说："自从我任用昭德之后，夜晚才能得以安眠，他这是在替我分忧解劳，你根本比不上他，还是趁早闭嘴吧。"

自从大唐变革为武周之后，朝中风气却没什么变化，依旧是酷吏横行，大肆陷害忠良，而百官大都潜身缩首，无所作为。大才子苏轼的先人苏味道就是一个典型的例子。

苏味道历任中书侍郎、吏部侍郎等职，两度跻身宰相。其人文才出众，尤其诗风清正挺秀，绮而不艳，曾写出过"火树银花合，星桥铁锁开"这样为历代传诵的佳作，堪为一代诗作大家。然而就是这样一个才华横溢的俊才，在武媚强权当政之时，为相数年一直明哲保身，圆滑度日，毫无作为，他常对人说："处事千万不能决断得太明白，否则错误必遭谴责，只要模棱以持两端不清楚表态就行啦。"故而得了个"苏模棱"的外号。

在这样万马齐喑的大环境下，唯有李昭德不肯苟图衣食，虚度年华，他倚恃着武媚短暂的信任期，大展拳脚，多次当廷参奏酷吏枉法，大挫酷吏气焰，如同一座舍身抵挡狂浪席卷的巍峨山崖，给了人命危浅、朝不虑夕的同僚们一个安全的港湾，堪称武周朝中第一硬汉。同为宰相的豆卢钦望、韦巨源、杜景俭、苏味道、陆元方等人都恭敬地依附于李昭德的羽翼下，对他言听计从，从不敢明言李昭德的过失。一时间朝中大权，尽掌李昭德一人之手。

《西游记》里有这么一句话：树大招风风撼树，人为名高名丧人。李昭德毕竟不是完人，他本身就是个意气轩昂、个性张扬之人，性情刚愎有余而恭宽不足。

独揽朝政久了，难免行为跋扈，这就让武承嗣抓住了机会，开始怂恿一批武党小人对李昭德背后连放冷箭。

鲁王府功曹参军丘愔向武媚上疏弹劾李昭德说："自长寿年以后，陛下非常信任李昭德，让他参与机密，决策朝政。一些有利于国家的决议，他事先不参与商议，待到已批示将要推行时，他又另提出不同意见，以表现自己的独断专行。天下重任不可轻易委托于人，应该防微杜渐。如果大权旁落，再要收回就困难了。汉光武帝任用庞萌，曾以为这个人足以托孤。而魏明帝托孤司马懿，结果如何呢？"

三人成虎，说李昭德坏话的人多了，武媚也开始对个性直率的李昭德有了憎恶之心，私下里对新任的文昌左丞姚璹道："如果事情真的像群臣所弹劾的那样，李昭德实在是有负于国家。"

延载元年（694年）九月，李昭德的硬汉生涯终于宣告谢幕了，因为一点小小的过失，他被贬到了南宾县（今广西灵山）去做县尉，这对一个当朝宰相来说，可谓莫大的侮辱。一直和他搭班子的豆卢钦望等五位宰相也全部受到牵连，被贬到各地方去做刺史。

万岁通天二年（697年），李昭德被召回洛阳，重任监察御史，但这次回程，已是一条不归路。此时的洛阳已经不再是当初任李昭德纵横捭阖的政治舞台。太仆少卿来俊臣和秋官侍郎皇甫文再次诬告李昭德谋反，翻脸无情的武媚很快将李昭德下入大狱，判处死刑。

巧合的是，来俊臣前脚刚审完李昭德，自己也被告发下狱。是年六月，二人被一同斩首于洛阳天津桥畔。

行刑那一天，先狂风漫卷，乌云翻墨，继而飙举电至，大雨滂沱。李昭德一生亲手除掉了多少酷吏奸佞，今日却落得和酷吏同样的下场，可叹：平生纵有英雄血，无由满溅津桥头。

铁骨铮铮的李昭德死了，刑场上围观的万千百姓都非常感念李昭德抑武护唐之功劳，痛惜其命途之多舛，而对恶贯满盈的来俊臣遭到报应拍手称快，纷纷感叹道："今日大雨，真是一悲一喜啊！"

第九章

君子知命

岁去无情，盛景难留，再高的权势地位也挽不回年华的流逝。到了天授二年（692年），女皇已近古稀之龄。对于一般女人来说，到了这个岁数，无论精力还是体力都会大不如前，正所谓东隅诚已谢，西景惧难收。

　　然而武媚却不同，她非常善于修饰自己的容颜，在权力和面首的双重滋润下，可谓芳华常驻，即使左右近侍也感觉不出她衰老。就在这一年，武媚居然又长出了新牙，大有返老还童之势。

　　又是一年九月初九，心情大好的武媚下旨将年号改为长寿元年，给了自己一个最美好的祝福，并再次亲临则天门宣布大赦天下罪人。

　　作为中国历史上政治地位极为特殊的女皇帝，武媚一手建立了具有独特政治符号的大周政权，成为最有权势的女人。在煊赫一时的政治光环下，武媚内心却隐藏着十分强烈的负罪意识与自卑感。为了宣泄这种不足为外人所知的情绪，武媚自创了一套四段式解压大法，那就是：改名、改年号、改尊号、大赦。

　　除了给本朝政府机构大改名字外，武媚非常喜欢通过给敌人起绰号、改恶名来愉悦自己，而她这种做法倒也并非她原创，而是古来有之。譬如王莽篡位后，把匈奴的名字改为"恭奴"，把单于改为"善于"，谁愿意天天被人喊"鳝鱼"呢，匈奴老大不高兴，为此两国还大动刀兵。聪明如武媚不仅学会了王莽的篡位，也把他的改名手段发扬光大，屡创新意，达到了后人所不能企及的新高度。

　　最早有记录的改名是从王皇后、萧淑妃开始的，二人备受折磨惨死后，武媚还觉得不解气，把两人的姓分别改为"蟒"和"枭"，意为蟒蛇和猫头鹰。

　　李贞等宗室被屠杀后，被改姓为"虺"。而"虺"是一种长相丑陋的毒蛇。

　　武元爽、武元庆哥俩被流放，武惟良、武怀运被杀，他们的"武"姓被改为"蝮"，意思就是蝮蛇。

　　除此之外，武媚还更改了相当多的国内地名，以迎接新生政权，可把做地图

　　　　　　　　　　　　　　　　　　　天枢坠落：武周政权的崛起与终结

的部门给忙活坏了。为了表示她个人的圣威和武氏统治的兴隆昌盛，武媚将家乡文水县改成了武宁县，并先后建置了两个武宁县、三个武兴县、三个武隆县、三个武安县、两个武昌县、两个武盛县，以及武圣、武威、武荣、武丰、武泰、武延、武义、武乡、武源、周昌等县各一个。在她称帝的十五年中，居然改了二十五个用以显示武周昌盛兴隆的地名。然而与这些地名相对立的是，大周时期也依然存在大量"唐兴""唐昌""延唐"等带有"唐"词的地区名称，这些名称并不是简单的行政称谓，而是带有十分深刻的政治文化内涵，处处显露着唐人对已逝政权的不舍与留恋。

至于改年号这件事，实际上也是改名活动的一种延伸。从西汉到明清，大部分皇帝都是一帝一元，唯一一个不走寻常路的人就是武媚，年年改元已经成为习惯，最多的时候一年三改元，执政21年改了17个年号，这个纪录一直保持到清末宣统退位也无人可以打破。

改尊号，则是改名运动的升级版，武媚所有政治、宗教身份的获得，都凝结在屡屡更改的皇帝尊号上了。

长寿二年（693年），武承嗣率领五千人请愿，涕泪交流地请求给女皇加尊号为金轮圣神皇帝。佛教之中有地位极高、法力强大的转轮王，分为"金银铜铁"四个等级，寿命长久，威德具足，七宝化现，正法御世。当然金轮王是其中最为厉害的。

获得转轮王的称号，就意味着武媚从"得转轮王所统领处四分之一"的阎浮提主正式变成驾驭四天下的转轮王。武媚自己也非常入戏，每逢朝会庆典，必把金轮、白象、珠宝等所谓七宝满满当当摆出来，一副当世女佛王的神圣模样。

"金轮圣神皇帝"的尊号叫了不到一年，武媚又改称"越古金轮圣神皇帝"。

可惜越古不古，这个名字很快又改为慈氏越古金轮圣神皇帝。慈氏是梵文弥勒maitreya的音译，到底要做法王还是做弥勒，女皇大概自己也没想好。

没想好也没关系，这个尊号又只用了不到一年，又改了，称"天册金轮大圣皇帝"，就差叫齐天大圣了！

无论改名、改元还是加尊号，都属于女皇君臣姑侄带着武家一干子弟自娱自乐的休闲活动，无非是多花一点国库的银两搞几场庆典，和平民百姓关系不大。然而大赦这件事，却关联到一个人数极为庞大的特殊群体，这些人的共同身份就是：囚徒。

大赦

　　大赦，是皇帝独有的至高特权。每当新皇登基后，往往下达的第一个命令就是大赦天下，这种宣扬皇权的赦免被称作践祚大赦，其最直接的意义就是"与民更始"，抹除掉前朝所有的罪恶和刑罚，给罪人一个重新开始的机会，以此宣扬新皇的仁义，拉拢民心，算是一种对民间百姓的巨大恩惠。

　　因为大赦是在全国范围执行，它的作用之广大，影响之深远绝对不能小觑。而理论上那些罪人及其家属必然会因为对皇帝的感恩戴德而无限尽忠。

　　历朝历代，大赦都有一套严格的操作流程，一般是在朝堂上由皇帝或大臣提出，经三省主官商议确定后，再选择文采过人的大臣起草赦书，交付众大臣讨论，再三修改，最后方能颁布。每一份颁发下去的赦书都要在宫内留有副本，交由记事官保管。就连誊写的纸张亦需按照规定使用黄藤纸，到诸州向下颁布时再用白绢誊写。

　　因为大赦是一种与国家法制自相矛盾的行为，除非是在非常时期，否则君王绝对不应该随意实施。自开唐以来，对大赦一向非常慎重，李世民在位23年，总共大赦了7次，其中两次是传统大赦，起因是践祚和册立太子，当时还史无前例地一次性放出宫女3000人，做了件大好事。而另外的五次都与百姓生活、国家安定息息相关，四次因为干旱洪水，还有一次是庆祝大破突厥。

　　对国家法制高度重视的李世民对大赦这件事一直持有非常谨慎的态度，他曾对侍臣说："小人之幸，是君子之不幸。故朕有天下以来，不甚放赦。今四海安静，礼义兴行，非常之恩，施不可数，将恐愚人常冀侥幸，唯欲犯法，不能改过。"

　　而到了武周朝，可让天下的不法分子们赶上幸福时代了，因为武媚对大赦的态度简直与李世民大相径庭，让这件非同寻常的国家手段被轻率地频频使用，在她统治的22年里，竟然一共大赦了30次！

　　我们可以随便举几个例子来看：

　　弘道元年（683年），高宗崩，李旦即位，大赦；

　　嗣圣元年（684年），废李显为庐陵王，立李旦为皇帝，大赦；

　　文明元年（684年），改旗帜颜色，改东都为上都，大赦；

　　垂拱二年（686年），平定徐敬业，大赦；

　　垂拱四年（688年），改明堂为万象神宫，大赦；

　　载初元年（690年），革唐命，改国号为周，大赦；

　　……

根据文献记载："每当大赦时，海内具僚九品以上，每岁逢赦，必赐阶勋。"说白了就是小官和百姓也和囚犯一样能够在大赦中受惠。散官能提升勋级，而百姓能得到粟、帛，或者减免赋税等实实在在的物质福利，那么臣民们自然都会觉得皇恩浩荡，感恩戴德不已，恨不得月月大赦才好。

武媚掌权以来的密集大赦，自然是为了给自己博得一个宽大为怀的好名声，以争取更多人的支持。然而如此频繁的大赦只是让杀人越货的真正罪犯逃脱了法律的制裁，却无法让被酷吏和告密者陷害的无辜者得到解脱。因为每有制书赦宥囚徒时，来俊臣之流必先遣狱吏尽杀之，然后再宣示。

如果说武媚在称帝以前的屡屡大赦是一种为了对天下人表现仁德的手段以稳固皇位，多少还算有个正当理由的话，那么她称帝之后的屡次大赦就越来越如同儿戏了，而那些理由奇葩的大赦，多半是为了缓解其内心担忧上苍怪罪的恐惧。

譬如天授二年（691年）因为日食而大赦。

如意元年（692年）大赦了两次，先是在四月间因为日食大赦，接着九月份因为女皇长出了新牙，再次大赦。

武媚当政这些年来肆意大赦的做法，事实上严重破坏了国家的司法制度。因为当时犯罪成本实在太低了，犯罪分子每年都有1.5次被无罪释放的机会。这种无原则的大赦，不但不会让民众感受到皇帝的恩德，反而让恶人横行，违法犯罪者肆无忌惮，给社会治安造成极大破坏。

在掌握了这个司法漏洞的规律后，许多恶人开始肆无忌惮地盗窃奸淫，杀人越货，官员则大肆贪赃枉法。反正即使犯案进了监狱，也不必慌张，只要运气好能活过十个月以上，大赦只是早晚问题。只要赦令一到，所有罪行一笔勾销，又是自由身，还可以继续作恶。

大赦带来的种种弊端，聪明过人的武媚不会不知道，只是她并不在意。宣扬女皇的至高神性和天命所归就是最大的目的。如果天下敢于作奸犯科的恶人都支持自己，那么老实巴交的顺民就更不必担心了。

六道

长寿二年（693年）九月，监狱里的劣迹斑斑的恶人们被再一次无条件释放到了民间。而被流放岭南的那些无辜的政治犯们却遭遇了一次空前骇人的灭顶之灾。

在历代王朝的法律中，所有的流放地必然都是山峦险峻、人迹罕至的地方。今天很多山川秀美，引得大量游人向往的旅游胜地，在当年却是国内最为偏远荒凉，让人望而生畏的天然牢笼。《左传》上解释说，这是为了让罪犯们痛苦地感受到流放地与中原有所区别，从而产生对刑法的敬畏。囚徒们即使侥幸到达了目的地，也很难在当地恶劣的环境中长期生存，尤其是出身高贵、养尊处优的政治犯，他们共同的结局往往都是客死他乡。

我们在前文中提到过一个著名的流放地房州，那里是为了照顾王公贵族而设的高级监狱，而唐朝真正的主要流放地岭南，对那些囚徒们可就没有那么友善了，是一个让全国人民都闻之生畏、望而却步的恐怖地狱。

岭南之"岭"即为五岭，是湘、桂、赣、粤交界地带五座大山的合称，分别是越城岭、都庞岭、萌渚岭、骑田岭、大庾岭。虽然它们并非一个连脉延绵的整体，一千米左右的平均海拔也算不上高峻，但五岭与周围大小不一的群山共同组成的南岭山脉，却是一条重要的自然地理界线，清晰地划分出了岭南这个独立的地理单元。

自古以来，中原王朝就习惯以五岭作为中土与蛮夷世界的分界线。岭南远离中原，道路崎岖，别说到岭南服刑，人们能从中原跋山涉水徒步走到岭南，多半就已经只剩下半条命了。

唐人对于岭南的畏惧能达到何种程度呢？贞观初年，交州都督、遂安公李寿因为贪污挪用公款获罪，太宗李世民想寻找一个好的官员接替他，因为朝廷大臣推荐卢祖尚文武全才，廉洁正直，可以为任，于是把卢祖尚征召到京城，对他说："交州是个大地方，离京师很远，需要贤能的州牧安抚。以前的都督都不称职，因为你有安抚边疆的才略，请为我镇守边境，不要因为路远而推辞。"

卢祖尚当时一听就蒙了，虽然也硬着头皮跪拜称谢，但他出朝之后，回家睡了一觉立刻就后悔了，然后以旧病复发为理由推辞出任。一开始李世民还耐着性子，派宰相杜如晦正式地去传皇帝的旨意，可卢祖尚依旧坚决推辞。

李世民没办法，又派卢祖尚的大舅哥左屯卫大将军周范去好言相劝，并传达了皇上的态度："普通人许诺了尚且有信用，你当面许诺于我，怎么能后来反悔呢？你最好早早上路，三年之后一定召还你，你不要推辞，我一定守信。"

这个卢祖尚也是一根筋，油盐不进，他让大舅哥给李世民带话说："岭南瘴疠，皆日饮酒，臣不便酒，去无还理。"意思是岭南瘴气很重，需要整天喝酒才能够抵抗瘴气不至于中毒，因为我不能喝酒，怕是有去无回。

卢祖尚三番五次抗旨，李世民脾气再好也无法容忍如此不服调动的官员，他大怒道："我安排一个人做事他都不听从，怎么能号令天下呢！"下令将卢祖尚斩首。由此事也可见岭南在唐朝官员心中的可怕程度，宁可死在京城，也不愿去岭南做官。

作为一个边徼蛮荒的化外之地，那时的岭南也有蓝天碧海与洁白的沙滩，金翠色的孔雀、斑斓的鹦鹉，机灵的金丝猴，别致精巧的竹楼和令人垂涎的山珍与海鲜，但这些美好画面却与犯人们所要面对的场景大相径庭。唐时的岭南是个散发着死亡气息的不祥之地，充满了悲剧的色彩与恐怖的气息。其山地崎岖，林木蔽日，瘴气、毒草、毒蛇、蛊毒、鳄鱼等恶物遍地皆是，尤其以瘴气弥漫最为令人恐惧。所谓瘴气，是指山林中植物腐烂，蒸郁致病的恶浊之气。

武媚时代被流放岭南的诗人沈佺期，在《入鬼门关》一诗中写道：

> 昔传瘴江路，今到鬼门关。土地无人老，流移几客还。自从别京洛，颓鬓与衰颜。夕宿含沙里，晨行冈路间。马危千仞谷，舟险万重湾。问我投何地，西南尽百蛮。

诗中充满了绝望与怨恨，道尽了岭南流人的辛酸。岭南这样的险恶之地，对于惯于大兴牢狱的武媚来说，却正好是一处极为理想的，充满残酷意味的惩戒之地。

有一个叫严善思的监察御史，生性耿介，疾恶如仇。因为当时告密者不可胜数，武媚亦厌其烦，就命严善思复核。结果严善思一下查出了以诬陷为事，凭空捏造、陷害报复、投机钻营的告密者八百五十多人。严善思的行为大大打击了酷吏们的嚣张气焰，但也引起了来俊臣等人对他的刻骨仇恨，于是这些人便给他罗织罪名，将他流放到骥州，也就是今天的越南义安省荣市，距离京师11959里，堪为当时流距之最。

在漫长的暗夜十三年当中，武媚杀害的宰相就有近二十人之多，宗族王公数百人，而被牵连流放者则数以万计。并不是所有人都如李显一般幸运，还能在房州的庐陵王府中吃饱穿暖，苟延残喘，大部分被流放囚徒及其家属的归属都在岭南。这些人犯要么曾经是贵族，要么做过官员，虽然已经失去了政治生命，但冤狱在身，恨意难平，故而难免对这位残暴的女皇有所抱怨。

两年前风头正劲的傅游艺早就建议女皇尽杀岭南流人，以绝后患。长寿二年（693年）正月，被朝野唾弃的酷吏们迫于臭名昭彰、人人喊打的不利形势，为了重新争宠，也发起反击，诬告岭南的流人密谋造反。

心思歹毒的补阙李秦授向武媚上奏说："陛下登基以来诛斥李氏及诸大臣，其亲人家族流放于外有数万人。这些人如一旦同心，找机会聚集造反，出陛下不意，臣恐怕社稷必危。今有谶言曰：'代武者刘。'刘者，流也。陛下不杀这些流放之人，臣恐他们成为国家的祸患。"

流人何辜！他们已经在冤屈中身受离家万里之苦，却还要被小人构陷，要被夺去性命，这个李秦授，当真禽兽不如！

既然收到了关于流人谋反的报告，武媚还是和以往一样，立刻派出得力的干将司刑评事万国俊担任监察御史，前往岭南处理流人，并授权给他"若得反状，便许斩决"的特权。万国俊自然也领会得到其中的真意。

到达广州后，万国俊压根儿没做任何调查，更没有经过审讯，而是随便找了个野地河边，将几百个流人集中起来，假传圣旨，赐令所有流人自尽。

这些流人得知自己要不明不白地在这荒郊野岭丧命，如闻晴天霹雳，个个呼天喊地，啼哭怒骂，大叫冤枉。

万国俊早料到这些人不肯乖乖自尽，他狞笑着一挥手，一旁磨刀霍霍的刽子手立刻冲进毫无防备的人群，开始了一场血腥屠杀。不多时，三百多人全数毙命，尽数被丢入江中，连个全尸也未能留下，清澈的河水被污浊的血色染红。

万国俊以极高的效率杀光了广州流人，然后洋洋得意地回到京城报告说："这些流人确实都心怀怨望，意图造反，如果陛下不早做处置，只怕不久就会有叛乱爆发。臣因为担心局势发展下去于国不利，所以把他们当场诛杀。"

这就是典型的莫须有罪名，我假设你心里有可能想造反，所以提前就按造反罪论处。对于万国俊这一番荒诞残忍的言论，武媚反而认为万国俊行事果决，处置得当，对其大加赞赏，提拔他为朝散大夫兼侍御史。

广州屠杀过后，武媚认为既然广州的流人暗藏反意，岭南地方那么大，其他地方的流人恐怕也不会安分。于是她接连下旨，又派出了右翊卫兵曹参军刘光业、司刑评事王德寿、苑南面监丞鲍思恭、尚辇直长王大贞、右武威卫兵曹参军屈贞筠担任代理监察御史，让他们带着"墨敕"分赴剑南、黔中、安南等地去审查流人，这五个催命鬼加上万国俊一共六人，专门处置流人，时人称他们为"六道使者"。

万国俊因为"一朝杀三百余人"而得到女皇的提拔重用，让其他几个酷吏分外眼红，一个个早就憋足了劲有样学样，唯恐落后，于是一场令人胆寒的屠杀竞赛由此展开。

"使者"们分头到达流放地后，刘光业大展身手，一日之间就杀掉了九百流人，遥遥领先。王德寿杀了七百人，紧随其后，而其他几个使者每人手上也都有数百条人命。有的流人是早在太宗时代就因罪被流放的，已经在岭南被囚禁了大半辈子，根本不知道武媚是谁，却也在这场杀人竞赛中无辜殒命。

"六道使"一共屠杀了两千多人，连走过场的审问的形式都不屑一做，一纸矫诏就让大批流人人头落地，这一恶行在政局已经相当稳定的当时显得格外骇人听闻。六道使者滥杀无辜的消息一传出，举国震惊，不少正直大臣实在忍耐不住，纷纷上书要求整顿酷吏，结束滥刑，重建法制。

这时候大周建立已经三年了，本来应该天下澄清，迩安远至才是，可如今却依旧乱象纷纷，法律形同废纸，人命轻如草芥，司法体系依旧形同虚设，混乱不堪，酷吏们继续上蹿下跳，分外活跃。这些人心中完全没有道德底线，唯一的兴趣是攫取权力，换取富贵，打着女皇的旗号大杀四方。

武媚站在上帝的视角，心里很清楚，对酷吏什么时候重用，什么时候丢弃。她在利用六道使者尽杀流人之后，立刻转变了立场，宣称六道使者的所为非法，下令给他们全部戴上枷锁，押解他们到各道曾经滥杀的地方处斩，表示慰藉那些冤死流人的亡灵。还宣布大赦幸存的流人，允许他们统统返回故乡。

若是追究六道滥杀惨案源头的责任，作为幕后主使的武媚自然责无旁贷，但她是绝对不可能承认自己有过的。然而在武媚多年来的历次大赦里，唯有这一次赦免流人带着亡羊补牢、幡然悔悟的性质，也算是她隐然表现出了后悔之意，让这次大赦有了那么一丝丝的人情味。

后来李显重归帝位后，曾下过一道诏书，名为《追夺刘光业等官爵诏》，诏书中罗列了武周朝知名酷吏二十七人，可谓将这些恶人一网打尽。

恶贯满盈、臭名昭著的周兴被排在第十位。被百姓食肉拆骨的来俊臣排在第十一位。而排在第一位的却是并不那么出名的刘光业，而且诏书名头也唯独提到了他的名字。可见李显对这位杀人冠军恨之入骨，将他列为头号酷吏，以彰其恶，以警后人，以抒愤懑，以慰冤魂。

无踪

岭南的血雨腥风似乎让数千里外的上都洛阳也嗅到一种不祥的气息。武媚最小的儿子李旦，空顶着一个不伦不类的皇嗣之名，每日深居偏殿，无所事事，基本上就是混吃等死。然而正所谓"无事家中坐，祸从天上来"，低调内敛的李旦从来不敢惹事，可依旧难求平安，被一场无由的祸端找上门来。

武媚身边有一个户婢，就是看门料户的贴身宫女，名叫韦团儿。她生得眼如银杏，口辅双涡，唇红齿白，很有几分姿色，而且聪明伶俐，能说会道，深得女皇的喜爱。

按照惯例，李旦要在固定的时间定期拜见女皇，每次他来到武媚住所时，都是韦团儿负责接待引领，一来二去，韦团儿就看上了这个相貌俊朗、气质忧郁的王子。

唐朝的女人，胸怀野心者格外的多，韦团儿思忖着别看李旦现在孤立无援，但毕竟是名义上的皇位继承人，如果凭借自己的美貌拿下这条暂时困于泥潭的潜龙，那么麻雀也许真能变成凤凰也未可知。

既然藏了这个心思，韦团儿可就有的忙活了。她日日精心打扮，花枝招展，香气袭人，李旦来，她含情凝视，李旦走，她回眸流盼，一双妙目冲着李旦咔咔咔就是放电。无奈李旦年纪不大，定力却很深，如同是到了女儿国的唐三藏，任你百般勾引，始终行如老僧，坐似枯木，全然不为所动。韦团儿一腔热血，百般柔情，只贴了个冷冰冰的千年顽石，人家皇嗣根本不屑一顾。

李旦绝非不解风情之人，他一生生有六个儿子，十一个女儿，甚至可以说男性能力很强。但一方面因为他与几位夫人十分恩爱，另一方面更忌惮母亲的威势与敌意，所以丝毫不敢对女皇身边的人动一点杂念。

长寿二年（693 年），正是李旦一生中最为艰难的时期。正月里万象神宫举行祭天大典，毋庸置疑女皇作为首献第一个捧上祭品，而亚献历来都应该由太子来担任。四年前武媚以太后的身份献祭的时候，亚献的荣誉就给了当时还是皇帝的李旦。可如今时过境迁，武媚竟然让她的侄子武承嗣作为亚献献礼，而最后一个奉上供品的终献是梁王武三思，从头到尾都没有李旦什么事，这可是一个非同寻常、极为凶险的政治信号。

失去了追随皇帝祭祀的资格，李旦意识到自己的处境越来越孤立和危险，性命攸关之下，他又哪里有胆量和心思去招惹女皇身边的婢女。

无论韦团儿如何引诱，李旦就是不为所动。一来二去，大伤自尊的韦团儿由爱生恨，终于恼羞成怒，不仅放弃了一步登天的幻想，还决定狠狠报复一下这个不识抬举的男人。她不好直接向李旦开火，就把怨气全都撒在了李旦的两个妃子——皇嗣妃刘氏和德妃窦氏身上了。

刘氏夫人出身功臣世家，祖父是刑部尚书刘德威，父亲是陕州刺史刘延景。她才貌俱佳，性格温婉，以宫女身份进入相王府后，深得李旦宠幸，没多久便被纳为王妃，夫妻和美，相敬如宾，陆续生下了长子李成器及寿昌、代国两位公主。

窦氏夫人同样出身宦门，家中三代为官，曾祖父窦抗是初唐宰相，祖父窦诞官至大理卿，父亲窦孝谌也曾出任润州刺史。窦氏姑娘也十分温顺贤惠，十五岁嫁给李旦后，同样深得丈夫喜爱，窦氏为李旦生了两个女儿，分别是金仙公主、玉真公主，又生了一个不得了的儿子，就是未来大名鼎鼎的唐玄宗——李隆基。

常在深宫，足不出户的刘氏和窦氏做梦也想不到，尽管她们一直恪守妇道，从不出去招惹是非，却已经莫名其妙地成了韦团儿的情敌，一场飞来横祸，近在眼前。

韦团儿深知武媚最恨宫中厌胜之术，便投其所好，煞有介事地状告皇嗣之妃刘氏和窦氏暗中制作桐人，还写上了武媚的生辰八字，埋进土里，日日诅咒，其心可诛。

武媚闻报，自是勃然大怒。其实这件事稍一调查，便可水落石出，但武媚没有这样做。因为她是夺了儿子的皇位，所以潜意识中必然怀疑儿子和儿媳妇们对她恨之入骨。李旦一家人虽然明里不敢反抗，但极有可能偷偷以厌胜之术对她进行报复，也算是情理之中的事。

武媚的原则从来是宁可错杀一千，绝不放过一人。岭南流人不过是被猜疑心怀怨望，就要被诛杀，更何况两个儿媳妇，既有作案的动机，又有证人的举报，那就休怪婆婆翻脸无情了。

正月初二，按照惯例，李旦的妃子要到嘉豫殿去给武媚拜年。临出门之前，李旦心中就一直有一种不祥的预感，他不敢明言，只是对二位夫人再三叮咛，面见女皇时需要万分谨慎，小心伺候，早些回来。这两位妃子都是大家闺秀，向来恭顺贤良，让她们搞点事情都不敢，又哪里会有半点别的心思，自然是诺诺称是。

李旦无论如何也想不到，这一天将是他人生中最为痛苦的一天，清晨时他与两位夫人依依惜别，已经是一家人最后相聚。这两位单纯善良、不谙世事的女子，从走出家门的一刻起，已是身如五鼓衔山月，命似三更油尽灯，下一步便要踏入地府之门。

妻子们走后，李旦一直如坐针毡，耳听得漏刻滴答，感觉度日如年。他左等右等，等到天色渐暗，等到明月高悬，可两位夫人依旧毫无踪迹，仿佛人间蒸发了一般。往年去拜望婆婆，顶多是半天的光景，今天却过了这么长时间还是杳无消息，这在以往是绝对不可能发生的事情。

李旦一夜未眠，直到第二天清晨，他看着喷薄欲出的红日，终于痛苦地明白了，这红日自己看得到，而两位夫人却再也看不到了。昨日的分别即是诀别，从那一刻起，自己已永失挚爱，而家中年幼的儿女们也再也见不到母亲了。

自古福无双至，祸不单行，德妃窦氏悲惨地人间蒸发之后，窦家灾难才刚刚开始。

武周时代的社会风气，是有很多无耻小人引诱别人家的奴婢去告发主人，借以获得赏赐。窦家有个心思阴险的奴仆，他半夜里扮作妖怪去恐吓德妃的母亲庞氏。庞氏心中害怕，不知所措，奴仆又怂恿她夜间向神灵祈祷以消除妖异。庞氏不明就里，就依照奴仆的话去做了，然后这个奴仆抓住把柄，转过头来就去告发庞氏施行巫咒。

女儿搞厌胜，母亲又施行巫咒，这更加证实了武媚对儿媳的猜测。大发雷霆的武媚下令将庞氏逮捕下狱，命令监察御史薛季昶负责审理。薛季昶是名将薛仁贵的儿子，总的来说算是个能臣，但在女皇的压力下，他也只能曲从上意，昧着良心诬称"庞氏所为，臣子所不忍道！"按武媚的意思指控庞氏大搞巫术的罪状属实，依法当处斩刑。

一夜之间，窦家一片凄风惨雨，眼看就要家破人亡，庞氏的儿子窦希瓅抱着最后的希望，找到了司刑丞徐有功去申冤。

徐有功，名弘敏，字有功。他在乱世之中逆潮而立，初任蒲州司法参军时，就以宽大治狱为原则，从不滥用刑杖。对他的宽仁深怀敬意的属吏和百姓们约定，有犯法者能让徐有功动用刑杖的，一定是罪大恶极，大家一致斥责他。直到徐有功任职期满，他也没有杖责过一名犯人，而境内的治安却得到了显著改善。

武媚当政后，徐有功历任左肃政台侍御史、司刑少卿等官职。当时酷吏恣横，构陷无辜，严刑峻法，朝野震恐，莫敢正言。别的司法官员都靠诬人杀人升官发财，唯有徐有功以活人为己任，屡屡犯颜护法，结果三次被罢官，但他矢志不渝，凡是被酷吏诬陷的人，如果案卷到徐有功手里，他都竭尽全力为他们平反，前后救活了上百人。

当年李冲举兵反武失败后，博州一个叫颜余庆的县令糊里糊涂地被牵扯进来。酷吏来俊臣审理此案，给颜余庆定下了谋反的死罪。本来武媚已经下旨批准。徐有功却坚持颜余庆不能杀，因为他是从犯不是"魁首"。

武媚大怒，恶狠狠地问徐有功："什么是魁首？"

徐有功答错一个字就有性命之虞，而他却不慌不忙地说："魁者，大帅；首者，元谋。"

武媚又追问："颜余庆怎么不算魁首？"

徐有功从容答道："要说魁首就是李贞父子。魁首已经被处死刑之后，颜余庆现在才被追究，不是从犯又是什么？"

最终武媚辩不过他，到底还是免除了颜余庆的死罪。

有一个叫韩纪孝的人，在李敬业起兵时也参加了义军，接受了官职。后来虽然韩纪孝已经死了，但朝廷在审理李敬业案时还是要求籍没韩纪孝的家产。徐有功不容如此断案，抗辩说："人已经死了，就不应该再追究其罪，更不应该株连其他人。"在他的保护下，因为这个案子获得宽恕的百姓就有几十人。

徐有功曾经说过："今身为司法官员，人命关天，绝对不能顺着上头的旨意做坏事，以求保全自己。"对于庞氏一案，徐有功一边发文要求停刑，一边上奏武媚为庞氏辩白。薛季昶十分恼火，反过来弹劾徐有功徇情枉法，攀附权门，罪当处死。

徐有功的下属官吏把当前严峻的形势告诉了他，让他早做防备。徐有功却大义凛然地说："难道只有我一个人死，其他人可以永远不死吗？"众人都以为徐有功大难临头，必定内心忧愁恐惧，可他吃了晚饭，便去掩面大睡，鼾声震天，压根儿没把生死当回事。

武媚亲自召来徐有功，当面责问他说："你近来办案，对于重大案件要么不办，要么轻办，你的过失为何如此之多！"徐有功坦然回答说："重罪不办或轻办，是做臣下的小过失；而留下性命让人活着，是君主的大恩德。"

这样一顶轻飘飘的高帽子送过来，武媚倒不好再发怒了，最终还是按照徐有功的意思，免除了德妃之母庞氏死罪，将她和三个儿子一起流放岭南，德妃的父亲窦孝谌被降职为罗州司马。

徐有功光明磊落，胸怀正气，仁义相辅，刚直不阿，上不诣暴君，下不惧酷吏，前后纠正大案六七百件，救人何止千万，自己却因守法屡逆上意，很快付出了代价，被削除名籍，回家种地去了。

徐有功在司法任上工作了十五年，依旧不过是个五品官员，升迁速度远远比不上来俊臣、周兴等一干酷吏，而名气与功业也比不上狄仁杰、娄师德、李昭德等出将入相的重臣，然而炳烛之明虽不拟日中之光，却以其微弱的火焰照亮了那些漆黑阴沉，做鬼易，做人难的漫漫长夜。即使在最绝望的厄困之中，徐有功也一直保持着从容的态度，堪为流芳千古的一代楷模。正是因为有像徐有功这样的奇男子愿意以生命和前途为代价，坚守原则，捍卫司法，才让泱泱中华的浩然正气代代相传。

庞氏老夫人在徐有功的保护下侥幸得了一条活命，我们再回头来接着说她的女婿，一夜丧两妻的李旦。

虐人害物即豺狼，何必钩爪锯牙食人肉。韦团儿一出手就轻而易举地干掉了皇嗣两个妃子，大为得意。她一不做二不休，打算干脆把李旦也拉下马，一解心头之恨。可是韦团儿见识浅陋，忘了螳螂捕蝉黄雀在后的道理，你会告密，别人也会。很快，就有人控告韦团儿诬陷皇嗣妃，所谓的桐人事件，压根儿就是她自导自演，事先偷偷埋好的。

以武媚的头脑，其实早就对韦团儿搞的一系列把戏心知肚明。只是要利用她给李旦点颜色看看罢了。如今韦团儿已经没了作用，武媚又岂能容她再次愚弄，结果二话不说就命人杀了韦团儿。

在这一幕宫闱惨剧中，心中最为悲苦的就是李旦了。夫人死了，他不敢哭；仇人死了，他也不敢笑。他只能把所有复杂的情绪都深深压抑在内心深处，就像一个没有灵魂的麻木躯壳，每日若无其事，神态如常，吃饭睡觉，跪拜请安，就像什么事也没发生过一样。无人得以知晓，有多少个凄冷长夜，李旦独坐在空荡荡的内室，是如何熬过那些悲恸与绝望的分分秒秒。

今天，根据考古人员考证，当时李旦失去的不仅仅是史书中记载的两位夫人，而是四位。2005 年 3 月，洛阳市第二文物工作队在洛南新区翠云路建设工地发现了李旦另外两位夫人唐氏和崔氏的墓葬。令人毛骨悚然的是，唐氏的死亡时间也是长寿二年正月初二，与刘氏、窦氏一模一样。崔氏虽然没有墓志资料，但由于两处墓葬仅有约一百五十米的距离，且墓葬形制、随葬器物基本相同，结合当时的阴森恐怖的政治环境考量，她与唐氏死亡的时间、地点与原因完全一致，几乎可以确定同为一个真凶。而且她们都是在死后十余年才被正式安葬的，更证明此二妃也不是正常死亡。

能将四个儿媳一天内同时处死，只因为对儿子子虚乌有的猜忌与怀疑，武媚内心之阴毒，手段之狠辣，于这一件事上便可见一斑。

比李旦更难过的，还有他的孩子们。一个七岁的男孩在一夜间长大了，母亲的离去在他头脑中刻下了一生难以磨灭的灰色记忆，在他稚嫩的心田播撒下复仇的种子。历经一千三百余年的历史穿越，今天的我们可能永远无法懂得，这一段刻骨铭心的经历能给一个男孩的成长带来多大的力量。

这个男孩叫作李隆基。

对妻子们的死，李旦至少在表面上看起来是完全无动于衷的，甚至连问都不问，日常也没有哀痛之色，这在武媚看来太过反常，反而觉得儿子心机太深，对李旦更加猜忌和怀疑了。这一年腊月，武媚下旨把李旦的五个儿子全部降为郡王，女儿一律降为县主，同时进一步加强了对李旦的监控，不许他迈出东宫一步，更不许朝臣和他有任何来往。

李旦身上流着的是陇西李氏的血，这就天然地让他在朝中拥有无数明里暗里的同情者和支持者。尚方监裴匪躬、内常侍范云仙、左威卫大将军阿史那元庆等人，都不忘李唐旧恩，一同偷偷去看望和安慰了这位形同囚徒的皇嗣。

这一次事不机密的私下会面，给这些忠唐大臣惹来了杀身之祸，"私谒皇嗣"在武媚看来就是心怀不轨，就是和自己公开对着干，形同谋反，她立刻下旨将三人逮捕。

张虔勖半生浴血疆场，铁骨铮铮，又有协助武媚上位的大功，被捕后很不服气，厉声上辩，负责审案的来俊臣懒得听他辩解，下令将其乱刀砍死。范云仙是服侍过李治的内廷老奴，亦坚决不肯认罪，被羁押后不断愤愤不平地诉说自己对先帝高宗有功，竟被割去舌头。最后武媚下令将他和裴匪躬一同押往闹市处以重斧腰斩之刑。

腰斩这种残忍的行刑方式，在整个唐朝也很不常见，有记载的仅有李世民对造反的夏州都督刘兰和私通公主的辩机和尚动过腰斩之刑，而李治则压根儿一次没用过。这种骇人的处死方法以其巨大的威慑力成功地吓住了满朝文武，此后再无一人敢去看望李旦。

孤立无援的李旦只能凭借自己异于常人的坚忍和强大的精神意志，在后宫顽强地活着。可他没想到的是，有形之斧好避，而一把叫作构陷的无形巨斧，已经在他头上高高悬起。

剖腹

宋徽宗赵佶在位时，号称"六贼"之首的奸相蔡京当政掌权。蔡京官品人品都不怎么样，但书法水平是没的说，当时可谓天下无双。赵佶授意蔡京写了一份"奸党"名单，将司马光、苏轼、秦观、黄庭坚等三百余大臣都列入其中，只因为这些人反对朝廷日夜搜刮民财的新法，批评新法违背了"藏富于民"之义。

蔡京笔走龙蛇写好了这份长长的名单后，赵佶又下令天下各州县都要根据名单刻成"奸党碑"，侮辱性地将这些人的名字立遍全国。

既然要刻石碑，就需要找石匠。在长安城有一位石匠叫作安民，他接到朝廷派下来的刻碑任务后，跑去见地方官说："安民是个愚蠢的底层人，理解不了国家要立碑的深意，但像司马光这样的人，大家都称赞他很正直，朝廷却说他是个坏人，我不敢相信，也不忍将他的名字刻下。"

地方官闻言勃然大怒，要给安民治罪。安民心中害怕，只好哭泣求饶道："朝廷既然非把任务派到我头上，我是不敢不听。但请不要将我的名字留在碑上，我不想让后世之人知道我刻字的罪过。"

宋人邵伯温把这个故事记录了下来，正是为了称颂安民虽然只是一个小小石匠，但尚且知道分辨是非，不去作恶，比许多人模人样的达官显贵强多了。

很多时候，与肉食者相比，小人物的良知和情怀，往往会迸发出更加炽烈的人性光辉。

武媚剥夺了李旦接见公卿百官的权力后，李旦所能打交道的，除了他自己王府的宫女太监，也就只剩下工匠和戏子了。

武承嗣一直在冷眼旁观李旦日渐窘困的遭遇，心中倍感舒畅，但依然不满足，他的终极目标是想让李旦去见一个人——阎王。很快，武承嗣再施重手，把一封伪造的匿名信交到了武媚手中，里面详细地描绘了李旦如何仇恨女皇，如何意欲谋反，夺回皇位的种种想法和举动，如同亲眼所见一般。

我们多次说过，宁可信其有是武媚的一贯行事原则，她立刻下令让心腹爱将来俊臣来审理皇嗣谋反案。苍天在上，明明是武媚夺取了儿子的皇位，可如今这个下台的皇帝倒成了谋朝篡位者了！

选择来俊臣这个人面魔鬼来做主审，不用等审问结果出来，女皇的心思大家就都已经看懂了。对于这个身边仅存的儿子，毫无慈母之心的武媚可以说已经打定了主意，准备宣判儿子死刑。

能够去提审皇嗣，甚至把他搞下台乃至处死，也算是来俊臣职业生涯的高光时刻。来俊臣接到任务十分兴奋，立刻打起百倍的精神，带着一干打手兴冲冲地来到李旦宫中现场办案。

李旦宫中这些宫女太监，平时都和主人一样活得战战兢兢，今天一看名闻天下的杀人魔王亲临现场，还带着一大堆血迹斑斑的刑具，一个个全都吓尿了裤子。来俊臣刚开始拷打审问，皇嗣宫里已是一片鬼哭狼嚎。众人都明白：招也是死，不招也是死，还不如早些认罪少受些皮肉之苦，死得还能痛快些。来俊臣也早让手下准备好了纸笔，准备录入关于李旦如何谋反的口供。

李旦身为皇嗣，却不如囚笼之鸟，只能眼睁睁看着末日逼近，却无能为力。他唯一能做的，就是闭上眼睛，静静等待着不久之后到地下和四位夫人相见。

就在这个万分紧急的关头，一个叫作安金藏的乐工从人群中忽然冲了出来，他使出全身力气，以一种高亢又绝望的声音大喊："皇嗣没有谋反！你们如果不信我说的话，我愿意剖出自己的心来证明！"

这个安金藏不是汉人，原是中亚的安国胡人，其父安菩为粟特首领，后率百姓归附中国，被封为五品定远将军。根据史书记载，安进藏幼年时父亲就死了，因为身份的原因，他成了一名不入流的贱籍成员——负责宫廷祭祀乐舞的太常寺的乐工，当代亦有考证他也可能是一名医工。

作为工乐户，安金藏的身份和其他命运悲催的杂户、官户、官奴一样，没有户籍，没有自由，完全隶属于官府，处于国家金字塔的最底层。因为《唐律疏议》中有明确规定："奴婢同于资财"，"奴婢贱人，律比畜产"，也就是说这一人群只是如同牲畜一样的私产，在人格上并不被看成是人，身份比庶民还低，只有受到额外的赦免才可以恢复平民身份。

然而就是这样一个连做"平民"资格都没有的"贱民"，却出乎所有人意料地发出了振聋发聩的最强音。安金藏的怒吼之音未落，又从怀中掏出一把锋利的短刀，他几步走到来俊臣近前，用喷火的双目直视他的眼睛，然后狠狠地将刀子刺入自己的身体，顷刻间五脏皆出，血溅五尺。

民不畏死，奈何以死惧之！安金藏的这一壮举震撼了整个殿宇，宫中所有人都瞠目结舌，说不出话来，就连历来杀人不眨眼的来俊臣也吓得当场变色，因为毕竟审讯尚未有结果，就在皇嗣宫中闹出人命，他也无法向女皇交代。

酷吏们的嚣张气焰，就这样被安金藏一腔热血浇熄了。来俊臣不敢擅作主张，只得宣告审讯暂停，马上派人去向女皇汇报。

武媚第一时间听说了安金藏赤心护主、义薄云天的壮举，也深受震撼，立刻叫人将安金藏用宫车载入殿中，让御医用桑白皮线为他缝合伤口，又敷上药物，予以治疗。失血过多的安金藏直到第二天才苏醒过来，他见到女皇亲自前来探视，挣扎起来，不问自身安危，用微弱的声音说出的第一句话就是："皇嗣不反。"

面对这样的忠肝义胆，便是铁石心肠亦会被深深触动，武媚不由得对他肃然起敬，叹息道："我的儿子自己不能辩冤，却使你受这种痛苦！"

安金藏的热血，彻底打消了武媚的疑心，随后武媚下令停止审讯，彻底放弃了对李旦的追查，李旦以及他宫中的所有侍从，在地府门前远远地打了个照面，终于化险为夷，死里逃生。

这就是小人物的力量！是正义与牺牲的力量，是勇气和良知的力量，让魔鬼收敛，让暴君敬服，让无辜者能够还得清白！

安金藏对李唐的忠诚最后得到了回报，他后来累迁右武卫中郎将。玄宗李隆基即位后，追思安金藏之忠节，下制褒美，擢拜右骁卫将军，并在其寿终正寝之后追赠他为兵部尚书。

十六年后，李旦登基成为皇帝，第一件事就是派人寻找夫人们的遗骸。大批太监拿着锹镐挖地三尺，翻遍了嘉豫殿内外每个角落，却依旧一无所获。

李旦心中凄楚，万般无奈，只好找出夫人们当年穿过的衣物，举行了一次伤感的招魂仪式。事隔十六年，衣裙上似香气犹存，佳人却已不知所踪。

李旦将遇难的刘、窦二妃都追谥为皇后，并在洛阳城南筑起了两座衣冠冢，为她们补上了一个隆重的葬礼，希望二妃的冤魂可以不再漂泊无依。

魂归来兮。

第十章 ———

虎山狐河

唐代大文豪元稹有诗云：开远门前万里堠。

　　巍巍长安城，周遭九十八里，外城四面皆有一个巨大的城门，城南名永宁门，城东名长乐门，城西名安定门，城北名开远门。

　　单说这开远门，是西去丝绸之路的商贾旅人和安西、北庭都护府驻守军队的必经之路。门旁竖有一块巨大的里程碑，碑文是由大书法家虞世南亲笔题写，上面龙飞凤舞九个大字："西去安西九千九百里。"

　　安西，是大唐帝国版图最西边陲的所在，司马光在《资治通鉴》中写道："自开远门西尽唐境，凡万二千里。"比虞世南说的还多了两千里，其终点就是安西。对于当时的人来说，安西远得超过想象，一去安西，意味着壮士投笔从戎的豪情壮志，也意味着与家人此生难见的生离死别。

　　安西是对大唐安西都护府的简称，后期又增加了北庭都护府。作为帝国管理西域重要的军政机构，安西都护府下辖龟兹、毗沙、焉耆、疏勒四镇，最大管辖范围一度完全包括天山南北，并至葱岭以西直达波斯。

　　中原王朝对西域控制的历史，早在西汉时代就开启了。汉宣帝神爵二年（前60年），在西汉连番的军事打击和联姻结盟的孤立政策下，往昔强盛的匈奴在西域已成强弩之末，匈奴日逐王先贤掸因与单于不和，率众降汉。这一年西汉将领郑吉又击破车师兜訾城，断绝了匈奴通往西域的通道，设置了西域都护府，从此西汉取代了匈奴开始控制西域，正式将其纳入汉家王朝的版图。

　　然而此后两千年间，西域却并非一直都在中国的固有疆域之中，"安西"只是一个一厢情愿的梦想。中原王朝对西域的实际统治时断时续，除了两汉魏晋和隋唐时期，有相当多的时间西域会因为变幻莫测的政局和无尽无休的战争脱离中原王朝的有效控制。蒙古人建立大元政权一统华夏后，虽然新疆被重新纳入管辖范围，但很快又成为察合台汗国的领地，直到1759年清朝平定天山南北，西域才再度纳入中原王朝版图。

大唐贞观十四年（640 年），太宗李世民遣大将侯君集远征西域，平灭高昌，又征服了焉耆和龟兹，招降了疏勒和于阗，在交河城（今新疆吐鲁番西雅尔郭勒）正式设立了安西都护府，开始了唐帝国对西域新一轮的管辖。

所谓安西四镇，原本是西域四个历史悠久的绿洲小国，各有不同的民族特色。管辖四镇被冠以都督和刺史名号的都是原来的国王们，唐廷给予他们高度自治权，代代世袭，不用纳税，但唐军出战时，各镇都必须提供粮饷和军队予以支持。

气候温热的龟兹国是西域诸多绿洲中的第一大国，实力最强，人口有八万之众，经济繁荣，善于冶铸，故而也是各方势力在西域争夺和拉拢的主要目标，唐、周时的安西都护府的府治就设立在龟兹王城。

焉耆国有人口三万，战士六千，这样的实力在西域绝对也算一个大国了，国力仅次于龟兹。据说焉耆境内有一座胭脂山，当地妇女都采其颜料用来涂面。在匈奴统治时期，常把胭脂带回给本国女人。焉耆归附汉朝后，匈奴人作歌哀叹：夺我胭脂山，使我妇女无颜色。焉耆有一大著名的特产就是良马，有龙驹、海马之称，其品质丝毫不逊色于大宛的汗血宝马。

于阗国地处玉龙喀什、喀拉喀什两河交汇之处，是丝绸南道的必经之地，也是西域最早接受佛教的国家。于阗盛产美玉和葡萄酒，著名的和田玉就出产于当地。于阗人口不满两万，但当地百姓长相和高鼻深目的西域人大不相同，反而和汉人极为近似。

疏勒国有大城十座，小城数十座，人口不满万人，是丝绸之路最早的站点，东西商人在此交汇后，便都不再前行。据说这个国家的孩子生下来都是六指，如果是五指，就要丢弃，可见疏勒人是一个相当独特的人种。

蚕食

我们在前文讲过，大唐帝国的最强之敌吐蕃正在快速崛起。自从北向攻灭了吐谷浑和白兰羌之后，吐蕃又开始继续南进，兵锋直指西域，位于今阿富汗东北境之瓦汉地区的护密国第一个被吐蕃吞并了。

护密国是西域与吐蕃之间的最后一道屏障，如此一来，吐蕃进入西域的道路已然畅通无阻，蕃军可以直接翻越葱岭，对疏勒造成威胁。

三十年前，安西都护府就曾遭遇过建成以后的第一次危机，吐蕃与突厥弓月部落组成联军，一同进攻安西唐军，与安西都护苏海政在疏勒以南的平沙旷野进行了一场激烈的较量，结果疏勒被占。

一年之后，吐蕃再度联合弓月、疏勒大举进攻于阗。于阗国弱，有兵不过两千四百人，哪里是吐蕃的对手，国王连夜派人向大唐告急。已经失去了疏勒的唐廷自然不愿再失去于阗，安西都护高贤、西州都督崔知辩、左武卫将军曹继叔相继从龟兹和西州挥军驰援。这场战斗异常惨烈，杀得天昏地暗，血浸黄沙，唐军在付出巨大代价后，终于保住了于阗。

很多时候，和平是靠武力来保证的，此一战之后，强悍好战的吐蕃整整消停了七年。咸亨元年（670年），吐蕃再次以庞大的兵力对西域发动进攻，这一次，唐军战败了，吐蕃成功控制了且末、鄯善、疏勒和于阗，赞悉若指挥如潮水一般的红甲大军荡平了唐廷在西域地区的十八个羁縻州及安西都护府驻地龟兹拔换城（今阿克苏），将安西四镇完全收于囊中，控制了从四镇至天山以南的大片领土。

由于中原到西域路途遥远，在当地的驻军规模十分有限，而内地向西域调兵遣将，即需要漫长的时间和巨额的军费开支。李治无奈之下，不得不放弃西域，把安西都护府迁回西州（今新疆吐鲁番）。

唐廷的势力退却了，但西域这块肥肉并不好消化。对于吐蕃来说，控制西域同样存在巨大难题。吐蕃军队需要翻越高大的昆仑山才能进入西域，且沿路高海拔的恶劣地理条件给蕃军的战斗力同样造成了巨大伤害。故而吐蕃占领西域后，没有驻军，而是交给了臣服于自己的西突厥旧部来管理。

高宗调露元年（679年），唐军发起一场漂亮的帝国反击战，一支精锐部队经过长途奔袭，一举击溃了归附吐蕃的突厥阿史那都支，重新恢复了安西四镇。然而这已经是大唐安西军在李治时代的回光返照。随着李治驾崩，唐廷在西域的统治日益衰微，百年基业随之倾颓。

到了武周时代，西突厥再次崛起，屡屡内犯。武媚顾此失彼，在国内大举发兵镇压李敬业、李贞等人的同时，却在西域采取绥靖政策，对吐蕃及突厥的进犯一再姑息纵容，退让屈服，甚至唱起了"务在仁不在广，务在养不在杀，将以息边鄙，休甲兵"的高调，下令削减防务，万千唐军浴血奋战打下来的安西四镇再度被放弃。

周军的主动撤出给吐蕃深入西域带来了绝佳的机会，咄咄逼人的吐蕃大军立刻挥师东进，进占了整个西域，兵锋直指敦煌，河西地区开始面临着吐蕃的重大威胁。

公元692年（长寿元年），镇守武周最西边陲的主将——西州都督唐休璟上疏女皇，提出了一个震惊朝野的惊人提议：发兵收复陷于吐蕃的安西四镇！

唐休璟，京兆始平（今陕西兴平）人，是北魏名臣唐和的后裔。高宗永徽年间，唐休璟以明经科文职入仕，曾在吴王府做过"典签"，就是代表皇帝监视亲王的官员。后来又做过绵州巴西尉、同州冯翊主簿官，任职期间一直是政绩寥寥，乏善可陈。

如果把高傲的苍鹰一直关在鸡笼里，人们永远也无法看它展翅翱翔的雄姿。调露元年（679年），沉寂多年的唐休璟终于得到了一鸣惊人的机会。

这一年，单于大都护府下属的突厥酋长阿史那德温傅和阿史那奉职率二部反唐，立阿史那泥熟匐为可汗。北部二十四个羁縻州的突厥酋长们群起响应，反叛部落蜂集数十万人，河东、河北诸道震动。

高宗李治震怒之下派出宿将单于大都护府长史萧嗣业、右领军卫将军花大智、右千牛卫将军李景嘉等率兵征讨，却赶上天降大雪，士兵们冻伤严重，列营不整，结果被突厥趁夜偷营，唐军大乱而败，死伤万余。

在这种危局之下，李治只好派出了压箱底的名将，刚平定了东突厥的裴行俭为定襄道行军大总管，领兵十八万再次出征。当时裴行俭又加派了西军检校丰州都督程务挺、东军幽州都督李文暕的部队，总兵力达到三十万之众，声势浩大，旗帜绵延千里，"唐军出师之盛，未之有也"。那一年五十二岁高龄的骆宾王也随军一同前往西北边陲，开始了他的军旅诗人的生涯。西北边塞高山大川为骆宾王提供了丰富的创作素材，成就了他诸多壮美诗篇，开创了唐朝边塞诗的先声。

当时处于边境最前沿的营州（今辽宁朝阳）已被突厥截断包围，深陷敌后，成了一座孤城。面对强大的敌人，营州都督周道务依旧派营州户曹的唐休璟率军出城迎敌，以配合裴行俭的主力作战。

若是换个人，接到这种明显是去送死的任务，恐怕要吓尿了裤子，但在这种九死一生的危局下，唐休璟却迸发出前所未见的强大战力，他抱着必死之信念，凭借独护山的地形优势，率领部下以少胜多，创造了大破突厥军的奇迹，因战功被升任丰州（今内蒙古五原南）司马。

从这时候开始，唐休璟终于找到了自己的人生位置，他凭借过人的军事才能，开始步入刀光剑影的战争舞台。

弘道元年（683年），也就是高宗临死那一年，阿史那骨笃禄在朝那山大败唐军，活捉了丰州都督崔智辩。封疆大吏成了敌人的阶下囚，这样的折辱令朝廷大为震动。可久病缠身的李治与大权方揽的武媚都畏于突厥的强势，不仅无心发兵破敌，然而决定放弃丰州，将百姓南迁至灵州（宁夏灵武）、夏州（陕西靖边）一带。

此议令在丰州刚做了三年司马的唐休璟大为不满，他认为一味绥靖苟安，只会导致边境军事压力越来越大，于是上表力陈说："丰州自秦汉以来便是国家重镇，土地肥沃，适合农牧生产。隋末大乱时因为将百姓迁至宁、庆二州，致使胡寇深入，灵、夏二州成为前线。贞观末年，朝廷重新移民充实丰州，西北才得以安宁。如今若废除丰州，黄河将再为胡寇所占有，灵、夏等州亦不能安居，这样做对国家安全大为不利。"

李治还算虚心纳谏，经过一番考虑，总算接受了唐休璟的建议，唐休璟也顶住了突厥的压力，将丰州这个黄河北岸的战略支撑点牢牢守住。

唐军在寅识迦河畔大败于吐蕃之后，盛怒之下的武媚处斩了阎温古，流放了韦待价，而形势急剧恶化的西域残局只能由当时的安西副都护唐休璟来收拾。

唐休璟果然不负众望，他一方面召集唐军残部，安定人心，另一方面从庭州（新疆吉木萨尔）调集部队赶赴西州，硬是扛住了吐蕃一轮又一轮的凶猛进攻，让西域局势转危为安。

凭借着在边防前线卓越的表现，武媚钦点唐休璟升任西州都督，唐休璟也成为安西都护府撤销后负责武周西北军务的一把手。

长寿元年（692年）前后，由于吐蕃国内赞普与大论之间势同水火，摩擦不断，西域各部落纷纷动摇，开始倒向中原政权，西域形势发生了有利于武周的变化。

向来注重情报收集工作的唐休璟敏锐地察觉到了局势变化，立刻上书武媚请求派兵，力图再次光复安西。武媚拿不定主意，把此事交给群臣商议，当时朝中的名相狄仁杰等大臣都大力反对，认为应拔除四镇戍兵，将西域交由当地首领负责，以减轻国家财政和人力的压力。唯有左史崔融极力赞同唐休璟的意见，说："夫四镇无守，胡兵必临西域，西域震则威儋南羌，南羌连横，河西必危！"

反击

刚刚长出新牙的女皇武媚这时也多了几分往日的血性锐气，经过多番考虑，最后力排众议，批复同意了唐休璟用兵安西的建议。她派出在承风岭之战后在吐蕃当了多年战俘，详知吐蕃内情的右鹰扬卫将军王孝杰为武威道总管，与左武卫大将军阿史那忠节一同出兵西域。

当年王孝杰因为长了一副与吐蕃赞普芒松芒赞一样的面孔，被俘后被吐蕃人厚加敬礼，视为仙神，不仅保住了性命，还平平安安回到了祖国。可作为一个武将，为敌军所擒，在他心里始终是个不能忘怀的奇耻大辱，他一直憋着一口气想要复仇。王孝杰当年虽然没有立下战功，但那次战斗仍然让他获益匪浅。从尸山血海的生死边缘挣扎回来的人，意志和才能都得到了最大限度地提升，王孝杰相信只要自己有这一股复仇的信念在，报国建功的机会一定还会有。

这一次，王孝杰终于等到了这个天大的机遇，能够亲自领军再战吐蕃，可以把国仇家恨一起报了。他打起十二分的精神，发誓要干出点名堂来，重扬国威军威。

寒秋十月，冷风透甲如利箭，寒尘扑面似铁砂，周军经过长途跋涉，顺利到达西域后，立刻开始了一系列犀利高效的军事行动。

王孝杰本身就具备高超的指挥作战技巧，加上对吐蕃军事情报的了如指掌，又得到了西域诸部的有力支持，结果从发动攻击开始就连战连胜，彻底击败因为国中内乱而斗志全无的吐蕃军，全面收复了安西四镇，打出了一场武周朝时代极为罕见的漂亮胜仗，在龟兹重新建立起了安西都护府。

安西各国军民在臣服吐蕃多年后，终于再一次看到中原旗帜高高飘扬，只是旗帜上那熟悉的国号大唐已经改成了陌生的大周。

在此前烽鼓不息的22年间，安西四镇曾经六度易手，连年不断的战火让西域一带白骨紫野，民生凋残。而这一次，王孝杰一战定乾坤，终结了唐蕃在西域反复争夺的拉锯战，让中原对西域开始保持了相当长一个阶段有效的控制。

这一次，武媚接受了安西四镇几度失陷的教训，在王孝杰的建议下派遣了大量军队常驻安西。"西向轮台万里余，也知乡信日应疏。"从这一次收复西域开始，中原军队一直在安西四镇部署了达到四万人规模的军队，除了都护府的24000直属军队外，四镇每镇还有约五千人的驻防军守卫。这些在帝国边疆终日与风沙为伴的驻军，离家万里，来自全国各道的62个州郡，很多部队都是以故乡为单位来区别划分。

从一般常识上来看，仅仅靠数万军队来控制疆域广阔的安西都护府明显是力不从心的，但周、唐时期在安西四镇的军事部署非常有层次和系统，野战部队与守捉兵、烽戍兵等治安部队密切配合，从而构建成为安西铜墙铁壁般的防御系统。这些远离故土的战士并不全驻扎在四镇高大宽敞的城堡内，而是分散布防于广袤西域的各个交通要害，守卫着一个个屯城、烽燧、守捉和馆驿。

除了军容鼎盛的汉家军队外，安西四镇还格外依靠两支胁从部队的支援。其中一部分是西域边缘及褾带之地的羁縻都督府的军队。根据民族自治的唐朝羁縻管控原则，这些军队大都是当地首领的私兵，以轻骑兵为主，他们是周军重装步兵有力的协助，天然的战斗伙伴。

而在安西本地，各个小国的国王们也都有一支规模不大，但装备精良的近卫军。这些军队都在周廷军事控制的体系内，而且更加熟悉安西风土地形，每到战时都为周军提供了大量协助，是周军最理想的本土向导。

对于国小人稀，耕地极为有限的安西四镇来说，供养数万远道而来的军人，并不是一件轻松的事情。从唐朝早期开始，军需都要由转运使、军镇使来负责后勤物资的补给，无论对于国家还是地方，都不堪重负。幸亏周军很快就自食其力，可以由屯田来完成补给。而大量的军饷和军事设施建造费用，则由当时独具特色的军事商业活动来提供。

朝廷明文规定胡汉之间不能直接通商，但是在安西这样的羁縻州，六胡州和粟特商人组成的商业链，完美地解决了这个问题。在和安西当地政权长期的商业贸易往来中，不但驻军获得了财富，很多部落首领也因此暴富，双方建立了一个利益共同体，让羁縻都督军和当地统治者的私军共同成为中原统治的护卫者。

政治上的开明，财富上的共赢，也是中原军队能够牢牢控制安西的基础。本地区的权贵势力与汉军成为一荣俱荣的团体，他们自然也就成了中原王朝安西政策的拥护者，大大加强了中原王朝在西域的影响力。

到了唐朝中期，在朝廷睁一眼闭一眼的默许下，大量的当地军官的生意做得更红火了，他们开始雇佣胡人商队，从内地向西域运来大量硬通货——丝绸和铜钱，而安西原来的主流货币银币却几乎被淘汰，显示了大唐帝国强大的经济影响力。

在后来的唐玄宗时代，李隆基曾明确下过一道诏书，规定安西镇兵最多服役四年，而且给了一人当兵则家属享受减免赋税的优惠政策，理论上自愿超期服役的士兵，还有额外的福利。这待遇算很不错的，几乎符合现代兵役制度标准了，可惜这些体恤将士的规定并没有得到切实的执行，在安西都护府，超期服役十数载，满头白发难归家的老兵比比皆是。直到安史之乱爆发后，万里戍边的安西将士又谱写出新的壮歌，他们的归属，最终化作万千颗无名的水滴，蒸腾消散于酷热的茫茫大漠之中。

平定安西后，论功行赏，主将王孝杰自然是首功，被拜为左卫大将军。但朝野上下都认为王孝杰能破吐蕃，拔四镇，全赖唐休璟卓越的战略眼光，故而武媚在西州为唐休璟刻石建碑记功，并将他召入朝中，专门主管灵州（甘肃灵武）方面的军务。

安西一战后，王孝杰开始步入了人生的巅峰期，如有神助，逢战必胜。

惨败

飞鸟尽，良弓藏；狡兔死，走狗烹；敌国破，谋臣亡。

历史往往有着惊人的巧合，在大唐出现第一个女皇帝的同时，吐蕃也诞生了一位无冕女王，她就是集王后、太后、太王太后于一身的政治强人——赤玛伦。

吐蕃新赞普赤都松赞渐渐长大后，自觉羽翼已丰，不甘心再做噶尔家族的傀儡，便暗暗积蓄力量，准备和他的母亲赤玛伦一起从权重一时的噶尔家族手中重新夺回权力。

钦陵的叔父噶尔·赞辗有一次入宫拜见赤都松赞时，腰间带了一把宝刀。赤都松赞使了个毒计，声言要欣赏宝刀，却在把玩中半真半假地伤到了自己的手掌。他的虎妈赤玛伦得知心爱的儿子受伤，立刻做暴跳如雷状，借机宣称赞辗谋反，想要刺杀赤都松赞，随后将其处死。

赞辗的死，开启了噶尔家族在吐蕃王朝全面失势的信号。大论噶尔·钦陵十分恐慌，却又无力扭转形势，只能希望通过再次发动战争来转移国内矛盾，以求保身。天册万岁元年（695 年）七月，钦陵与弟弟赞婆率大军取道临洮（今属甘肃），进攻河西，意图切断周廷与西域的联系通道。

一山更有一山高，吐蕃第一名将噶尔·钦陵重新出山，王孝杰的好运气用完了。

对于战争大师噶尔·钦陵的军事水平，无论在唐在周，朝廷一直都有非常清醒的认识，陈子昂就曾夸张地称赞过这位当代军神说：“迩来二十余载，大战则大胜，小战则小胜，未尝败一队、亡一矢。”

既然面对的是这样的神级对手，大周自然也派出了自己最豪华的阵容。万岁通天元年（696 年）正月十一日，朝廷的任命下来了。自然还是夏官尚书王孝杰总领三军，出任肃边道大总管，副总管的位置给了在西北战场一贯表现卓越、前一日刚刚被提升为夏官侍郎的娄师德，这一对兵部的正副长官，一同统率十万周军，承担起了抗击吐蕃入侵的重任。

娄师德是武周朝一个非常有特点的名臣，他二十岁时考中进士，被任命为江都（今江苏扬州）县尉，后累迁至监察御史。娄师德身体肥胖，行走缓慢，加上生性宽厚，虽然战功卓著，官至宰相，却永远是一副憨厚朴实甚至有些平庸的样子。

娄师德曾与性如烈火的李昭德同朝为官，二人一同上朝时，李昭德脚步快，几步就跑到前面去了，却又不得不几次停下等着娄师德。他看着娄师德如田间农夫一般的笨拙样子，不由得轻蔑地骂道：“你这个农民！”娄师德听了，却丝毫不以为意，憨笑道：“我师德不是农民，还有谁更像农民。”

娄师德的性格十分平和宽容，他有一次去巡视并州，在驿馆与下属一同吃饭。发现自己吃的是精细的白米，而下属吃的却是粗黑的糙米，便把驿长叫来，不满地责备他说：“你为什么要用两种米来待客？”驿长惶恐地道：“一时没那么多浙米，只好给您的下属吃粗粮，我有死罪。"娄师德听罢，没有继续发怒，反而自责道："是我们来得太仓促，导致你来不及准备。"然后把自己的食物也换成了糙米。

娄师德当了宰相后，有一次外出巡察屯田，因为足疾发作，就一个人坐在光政门外的横木上，等待部下牵马过来。这时来了一个县令，大大咧咧地自我介绍一番后，与娄师德一同坐在横木上。两个人官位悬殊，县令这么做是大大的失仪，可娄师德却不以为意。过了一会，县令的手下看见这一场景，连忙告诉县令："这是宰相。"这时县令才大惊，连连磕头，口称死罪。娄师德却漫不经心地说："你是因为不认识我才和我同坐的，再说法律也没规定这是死罪。"

很多外表憨厚的人，内心都有深藏不露的狡黠。武媚曾颁布禁屠令，禁止屠宰禽畜。爱吃肉的娄师德到陕西公干，吃饭时厨子违规送上一盘香气四溢的羊肉。娄师德流着口水，却明知故问道："皇帝严禁屠杀，怎么会有羊肉？"厨子早就准备好了说辞，一本正经地说："这只羊是豺咬死的。"娄师德哈哈大笑道："这只豺也太懂事了。"于是美美开了一顿羊荤。过了一会，厨子又端上一盘香喷喷的鱼脍，娄师德再一次走过场问："这鱼是怎么来的？"这厨子也是个一根筋，说："这鱼是豺咬死的。"娄师德当场翻脸，斥骂道："你这个蠢材，豺怎么能咬死鱼呢，你应该说是水獭咬死的。"

君子盛德，容貌若愚。就是这样一个憨厚可喜，团团富家翁模样的娄师德，到了战场上，就像完全换了一个人，变成了一员一往无前的勇将。

当年李敬玄出兵惨败后，娄师德算是侥幸捡了条命。他历尽艰辛返回营地，当时虽然没有立下什么功劳，但能在那场战争中活着回来，就已经很了不起了。我们有理由相信，娄师德能在那场大溃败中幸免于难，不仅仅是因为运气，还依赖于他过人的勇气和才智。

紧接着朝廷派他出使吐蕃，和噶尔·钦陵的弟弟赞婆在赤岭（今青海日月山）进行谈判。处于兵败劣势一方的娄师德展现出无与伦比的口才，喻国威信，开陈利害，把赞婆糊弄得一愣一愣的，不仅宰牛煮酒对他盛情款待，甚至还放弃了占尽优势的进攻态势，撤军回国了。

此后，娄师德收拢了青海之战溃散的唐军，和黑齿常之共同驻防河源军（治今青海西宁）在河湟地区与吐蕃对峙。

黑齿常之是一员武艺超群，艺高胆大的斗将，最喜欢亲自带着轻骑去黑夜劫营。而慢性子的娄师德则另有一套让吐蕃头痛不已的战法。他大力开展拓地屯田，招募周边流民前来耕种，以此来稳定军心，充足补给。随着军镇常驻人口越来越多，经济实力也越来越雄厚，娄师德在外围修筑起各种坚固的防御工事，将河源军镇打造成了一个坚不可摧、密不透风的战略堡垒。

永淳元年（682年）五月，钦陵率吐蕃军大举内犯，同时进攻柘州（今四川黑水南）、松州（今四川松潘）和翼州（今四川黑水东）州，并在十月入寇河源。

身材肥胖的娄师德虽然不能亲自陷阵于万军之中，但他稳扎稳打，修建的防御阵地水泼不进，无懈可击，让兵锋锐利的吐蕃屡屡碰壁，撞得头破血流。等吐蕃军锐气消退之后，娄师德又主动出击，跳出外线作战，在白水涧（今青海湟源南）大败蕃军，随后穷追不舍，八战八捷，打得蕃军狼狈而归。

战后，娄师德受封为比部员外郎、左骁卫郎将、河源军经略副使，与河源军经略大使黑齿常之共御吐蕃。为了不让娄师德推辞，武媚特意强调说："卿有文武才，勿辞也！"

此后娄师德与黑齿常之二人密切配合，屡有胜计，稳稳掌控住了西北边陲的局面。

在大唐改为大周的天授元年（690年），娄师德升任左金吾将军、检校丰州都督。他再一次使出看家的本领，身穿皮袴，亲自率领士卒开垦荒田，一年储积粮食达到数百万斛，使得边军粮秣充盈，让国家再无千里转运的巨大负担。

娄师德在战场上神勇无比，可回到朝中时，慑于武媚的淫威，就又恢复了往日庸庸碌碌的模样，格外怕惹是非，从不敢对朝局有违背上意的见解，更不敢得罪那些凶残的酷吏。娄师德的弟弟被任命为代州刺史后，临行前向他辞别。娄师德对弟弟说："我已位居宰相，你现在又贵为刺史，我们家荣宠过甚，别人将会嫉妒。你有什么办法保全自己呢？"他弟弟懂得哥哥的心思，说："兄长您且请放心，自今以后，即使有人往我脸上吐唾沫，我也默不作声，自己擦干，绝不与人争斗。"

娄师德听罢弟弟这番话，非但没有觉得欣慰，反而很不满意，黯然叹息道："你这样做，正是我担心的行为。别人朝你吐唾沫，你如果动手擦了，那就是与人作对，会更加惹怒别人。唾沫吐到脸上，你不用去擦，过一会自然就会干掉的嘛！"

身为宰相，原本应该以国事为己任，正直敢言，有作为百僚之首的抱负和担当。可在武媚的残暴统治之下，像裴炎、刘祎之、李昭德这样木秀于林的优秀宰相都早早落了个身首异处的下场。像狄仁杰那样凭借自己超强的人格魅力，能圆滑地周旋于武媚身边来实现政治抱负的官员则是凤毛麟角。大部分宰相，都如娄师德一样，有天大的本事，也不敢表露出来。他和那个模棱两可的苏味道一样，都打得一手好太极，奉行的是事不关己、明哲保身的真理，绝对不会也不敢对国政国策表达出任何自己的真实见解。

发掘人才是宰相的重要职责，唯有这一点娄师德做得很好，因为武周朝第一名相狄仁杰就是娄师德上书举荐的。

一个人的伟大，有时也许就是他能够满足于在生活中扮演一个次要角色。狄、娄二人一同位列相班后，狄仁杰也很看不起这个形似农民的同僚，常常当面给他脸色看，娄师德则一贯以龟息大法应对，以不变应万变，不介意，不生气，不反驳，大不了你当面来冲我脸上吐唾沫。

武媚看到这种情景，觉得十分有趣，故意逗狄仁杰道："你觉得娄师德贤明吗？"

狄仁杰不屑地答道："他做将领时还算谨慎，其他的我就不知道了！"

武媚又问："他作为宰相可有识人之明？"

狄仁杰道："臣跟他同僚这么久，从来没听过他还有这个水平。"

武媚大笑，拿出当年娄师德举荐他的奏章说："你看看，你能当宰相就是娄师德推荐的啊！"

刚刚还一脸傲慢，言语轻佻的狄仁杰这下大为惭愧起来，深深后悔自己对娄师德的倨傲态度，羞愧地感叹道："娄公盛德，如此包容我我却不知道，我比他差得太远了！"

蜀中无大将，廖化做先锋，武周朝是个名将凋零的时代，所以武媚能派出王孝杰、娄师德出征迎战吐蕃，已经算是祭出压箱底的法宝了。可惜他们要面对的是战神噶尔·钦陵。

战神与战将的区别，就是胜与败的区别。面对钦陵，无论是骁勇善战的王孝杰，还是稳扎稳打的娄师德，完全不是对手。

周、蕃两军主力相逢于素罗汗山，展开了生死决战，此地亦被吐蕃人称作虎山，战场狭窄，地势险要，乃是一处险峻绝境。双方摆开阵势后，兵对兵，将对将，一场你死我活的激战从晨到昏，直杀得天地失色，血浸川原。吐蕃史中记载钦陵作战勇如牦牛，周军尽管奋力抵抗，依旧完全不是对手。在继大非川、青海、寅识迦河三场历史性的大败之后，周军再一次在严重的高原反应与凶猛的吐蕃战士面前遭遇惨败，十万将士魂断虎山，仅有王孝杰和娄师德得以侥幸逃生。

战后，踌躇满志的钦陵命人立起唐兵尸体，谓此乃杀死十万人的标记，从此这片战场又有了个令人生畏的新名字——唐人坟。

听闻周军再一次遭遇惨败的消息，武媚大为沮丧，可是这王、周二人已经是周廷仅存的最好将领了，武媚没舍得杀他们，只是把王孝杰免职，贬为庶人，将娄师德降任为原州司马了事。

娄师德接到降任的处分通知后，一开始还惊异地问："官爵都被削夺了吗？"随即就恢复了常态，淡淡地说："也好，也好！"

谈判

吐蕃在虎山大胜周军之后，又去攻打凉州，狠狠地洗劫了一番，满载而归。然而蕃军虽然在局部战场一直保持着压倒性的优势，但无论取得多少次局部战役的胜利，都不足以让面前这个强大的中原王朝伤筋动骨。

虎山大胜，并没有缓解噶尔家族面临的危机。自古杀敌一千，自损八百，相比于唐朝数千万量级的人口基数和战争潜力，吐蕃连年征发大量青壮劳力从军，严重制约了内部的经济发展，也让吐蕃贵族阶层的庄园经济的利益严重受损。连年的征战已经让土地贫瘠、人丁稀少的吐蕃显露出捉襟见肘的窘态。

噶尔·钦陵对国内赞普的敌意与极不稳定的政局非常清楚，故而在取得了虎山大捷后，并未趁势挥师东进，而是马上向周廷提出谈判的要求。当然附带的条件非常苛刻，要求周廷重新割让安西四镇，并且放弃对西突厥十箭部落的控制。

按说这时候周廷刚刚损兵折将，已经没有可以和吐蕃平等谈判的本钱了，可偏偏一个聪明的谈判专家发现了吐蕃赞普赤都松赞与钦陵之间已经是水火不容，内斗一触即发。故而主动请缨，把周廷战场上丢失的主动权，又在谈判桌上拿了回来。

这个身处内地，却通晓国际形势的聪明人，相当于诸葛亮未出茅庐而知天下事，他的名字叫作郭元振。

郭元振出身太原郭氏，十八岁考中进士后，被任命为通泉县（今四川射洪）县尉。

作为一个放浪不羁、狂放自负的县公安局局长，郭元振在任职期间完美地演绎了一部持刀哄寡妇、下海劫人船的"恶人传"。他贪赃枉法，铸造私钱、掠卖人口，将种种违法乱纪之事做了个遍，当地百姓对他深恶痛绝，深以为苦，却又拿他无可奈何。郭元振也不求上进，在这个有油水没前途的差事上，一干就是二十年。

长寿二年（693 年），郭元振通泉县一霸的恶名，终于传到了女皇的耳朵里。武媚宣他进京，想看看这个芝麻大的小官如何为患一方能够长达二十年，打算亲自修理修理这个恶官，抓个典型。

可谁也没想到的是，君臣见面后，原本憋着一股气打算下狠手的武媚竟然怒气全消，她发现郭元振长得一表人才，而且气质优雅，谈吐有度，和想象中面目可憎、粗俗无礼的恶霸形象完全不同。素来喜欢帅哥的女皇对郭元振的印象立刻来了 180 度大转弯。

腹有才华的郭元振原本也不是绣花枕头，面圣之前他早有准备，毕恭毕敬地拿出自己的一篇旧日诗作，借剑咏志的《宝剑篇》呈上，更让武媚眼前一亮。

郭元振这首名为《宝剑篇》的长诗，奔放浪漫，慷慨激昂，其不同于凡人的见识、胆略、豪气，跃然纸上，字字精彩，现录全诗如下：

> 君不见昆吾铁冶飞炎烟，红光紫气俱赫然。
>
> 良工锻炼凡几年，铸得宝剑名龙泉。龙泉颜色如霜雪，良工咨嗟叹奇绝。
> 琉璃玉匣吐莲花，错镂金环映明月。正逢天下无风尘，幸得周防君子身。
> 精光黯黯青蛇色，文章片片绿龟鳞。非直结交游侠子，亦曾亲近英雄人。
> 何言中路遭弃捐，零落漂沦古狱边。虽复尘埋无所用，犹能夜夜气冲天。

武媚有两个软肋，一是喜欢帅哥，二是欣赏才子，而这两样郭元振占全了。武媚一看，这郭元振哪里是为害乡里的恶徒，简直是一个被沉沦埋没的稀世大才啊。丈夫生世会几时，安能蹀躞垂羽翼？于是本来应该受到处分的郭元振，从此彻底告别了"尘埋无所用"的县霸生涯，到右武卫报到做胄曹参军去了，而他彪悍的人生此时才刚刚开始。

万岁通天元年（697年）九月，郭元振扬名立万的机会到了，他作为大周谈判特使，来到杀气凛凛的野狐河谈判地，坐到了吐蕃军神钦陵的面前。

野狐河畔，云阴罩野，风涛乱滚。噶尔·钦陵手底下打败过多少汉将自己都记不清了，一个小小郭元振压根儿没放在眼里。他见唐使到来，开门见山，直奔主题说道："因为你国不愿与我和谈，我也一直没派使者去沟通，所以才有我军进攻甘州、凉州这样的战事发生，如今我希望两国交好，你们敢不敢接受和谈啊？"

胸有成竹的郭元振压根儿没接这个话茬，反倒是先对噶尔·钦陵教训了一番："你父亲噶尔·东赞有雄才大略，一直对我国非常友好，你现在却带兵对我们汉地屡屡进攻，父通之，子绝之，你这样的做法分明是不孝啊。"

钦陵闻言刚要动怒，郭元振紧接着话锋一转，又开始给噶尔·钦陵戴高帽说："大论您的英名早已声满天下，如今既然愿意主动示好，我们当然愿意和谈。"

既然愿意和谈，噶尔·钦陵开始提条件了："十姓突厥，四镇诸国，或时附蕃，或时归汉……拔去镇守，分离属国，各建侯王，使其国居，人自为守，既不款汉，又不属蕃。"

钦陵这段话的中心思想很明确，唐蕃两方既然要和好，避免纠纷，就应该从西域各自撤军，让安西各国和十姓突厥各部恢复自治，唐蕃两方谁都不要干涉别国内政。然而这番话听起来虽然很是冠冕堂皇，公平公正，可如果仔细分析，却是吐蕃占尽了便宜。

西突厥十姓部落，早在高宗显庆二年（657年）就已经臣服，成为大唐的羁縻州。而安西四镇我们前文说过，二十多年里六度易手，如今被王孝杰好不容易才收复回来，重新建立起安西都护府这一国家级行政机构，并非无主之地，此时撤军就等于前功尽弃。噶尔·钦陵说是双方一起撤军，实际上等于要求周廷单方面放弃已有的势力范围。

郭元振何等聪明，马上听出了问题所在，正色回答说："四镇、十姓突厥与吐蕃本是不同民族，现在您请求我们撤走大周的部队，将军心里是有兼并安西的打算吧？"

对于郭元振的质疑，噶尔·钦陵自负地说："如果我们吐蕃想要贪求土地，成为中原的边祸，自会出兵东侵甘州（今甘肃张掖）和凉州（今甘肃武威），又怎会谋利于万里之外的西域呢！"

谈判桌上，向来都是刚柔并济，噶尔·钦陵有大将之风，也不都是一味逼迫威胁，几个回合下来，他非常坦诚地向郭元振透露了自己的顾虑。

因为十姓突厥中的五弩失毕部落属十姓右厢，居碎叶川（今楚河）西。共有五部：阿悉结阙部、阿悉结泥熟部、哥舒阙部、哥舒处半部、拔塞干部，每部设一俟斤统辖。他们的领地非常靠近吐蕃边境，骑兵如果快速奔袭，十天就可以打到拉萨的吐蕃王庭。吐蕃的防御重点都在南方，如果有军队想从青海湖经乌海来进攻吐蕃，沿途道路险阻，关隘重重，即便精兵猛将也难以得手。但西部是吐蕃脆弱的腹地，而且道路通畅，就算是赢兵庸将，也能成为肘腋之患。噶尔·钦陵对周廷控制下的突厥部族有深深的戒心，所以才会提出这个要求。

客观地说，噶尔·钦陵的担忧不无道理，郭元振见事关重大，自己当场无法做出决定，就带着吐蕃使者一同返回洛阳，以继续进行第二轮谈判，并等待武媚做出最后批示。

关于第二个议题，安西四镇或保或废，在周廷中也一直存在着完全对立的两派意见。

从女皇武媚本身的态度看，她原本是不大希望用重兵守护安西的，但一味地退让并没有换来西北边陲的和平。当年的唐军放弃安西后，吐蕃迅速填补了安西的军事真空，对播仙镇（今且末）乃至沙州（敦煌）都形成了强大的威胁。另一方面，宰相狄仁杰依旧旗帜鲜明地以"军费不支，有损无益"的理由主张罢黜安西都护府。

这次吐蕃使者来到洛阳，明确提出安西不许驻扎周军的要求，放弃派大臣纷纷上书，表示应该趁机撤回安西军，废黜四镇，与吐蕃达成永久的和平。

平心而论，好不容易纳入囊中的土地，武媚是舍不得放弃的。可噶尔·钦陵实在太强悍、太可怕了。周军新遭惨败不久，元气大伤，朝中再无大将可派，如果再开战端，获胜的几率极其渺茫，到时候吐蕃再提条件，可能比现在还要苛刻。

就在这个关乎一个大国地缘战略决策的关键时刻，郭元振凭借他高远的视野，精准的分析和过人的判断力，为进退两难的女皇出了三条妙计：一招李代桃僵，一招以逸待劳，一招釜底抽薪。

郭元振在面见武媚时为她分析道："对于钦陵要求罢兵割地的要求，现在不应轻易作出答复。如果直截了当拒绝他的善意，结果必然招致战争。毕竟四镇的利益远，而甘州、凉州的受害近，应当拖延时间，使他看到和平的希望。眼下吐蕃非常想得到四镇和十姓，但我们也想要回青海和吐谷浑。所以应该这样答复：'四镇、十姓之地本来对唐朝没有什么用处，之所以派兵戍守是想分散吐蕃的军力，使吐蕃不能全力东侵。现在如果吐蕃没有东侵的打算，就应当归还我吐谷浑各部及青海故地，而大周也愿意把五个俟斤部归还吐蕃'。"

郭元振这一番有利、有礼、有节的应对方案，跟他那首《宝剑篇》一样，字字都说到了武媚的心坎上。她当即拍板，就照郭元振说的办！

郭元振心里清楚得很，吐蕃铁骑有实力走下高原，窥视中原，鲸吞吐谷浑是其中至关重要的一步，为这个战略目标，吐蕃两代赞普加上噶尔家族整整奋战了十年，才有了今天能与汉地叫板的本钱和局面。别说拿安西四镇换吐谷浑，就是拿西域三十六国一起换，噶尔·钦陵也不会同意。

果然不出郭元振所料，大周的和谈条件提出后，吐蕃方面就再也不提安西的事儿了。

至于以逸待劳之计，执行起来就更简单了。你吐蕃不是要谈判吗？大周陪你谈，可就是三个原则：拖延、扯皮、耗时间。

这一招果然有效，因为噶尔·钦陵根本拖不起，他不仅不再提出索要安西，最后干脆连谈判也没心思了。因为此时噶尔家族已经是危在旦夕，深陷摄政数十年以来最大的一场危机。

当年松赞干布刚死的时候，吐蕃新赞普年纪幼小，主少国疑，君弱臣强，一代枭雄噶尔·禄东赞带着几个出类拔萃的儿子，确实为吐蕃开创了一番兴盛强大的局面。但现在吐蕃已经换了两代赞普，新赞普赤都松赞已经二十多岁，可噶尔家族依旧以家为国，把持着大权不放，与王室的矛盾只能越来越尖锐。

禄东赞的五个儿子中，曾当过大论的长子赞悉若，死于家族内讧；四子悉多兵败西域，死于粟特人之手；五子赞刃被赞普所杀；只剩下长年在外领兵的钦陵、赞婆两兄弟，盛极一时的噶尔家族已枝叶凋零，不复往日的风光。

郭元振看准了时机，向武媚献出第三条计策："吐蕃百姓为徭役和兵役所苦，早就愿意与我们和好，只有噶尔·钦陵图统兵专制，不想归附。如果我们每年都派去使者表示和好，钦陵必然反对，而吐蕃王室和百姓对他的怨恨就会越来越深。钦陵在国内会被上下猜阻，与人民离心离德，早晚惹出祸端。若是能除掉了他，吐蕃就等于断了一条最有力的右臂。"

果然不出郭元振所料，不过一年时间，吐蕃赞普赤都松赞就对噶尔家族毫不留情地动手了。他以外出打猎为名，亲自率领三千亲卫军突然袭击了噶尔家族的封地蔚布·蔚达，血洗整个庄园，将噶尔全族两千余口全部杀死。

紧接着，赤都松赞又宣布让钦陵回拉萨议事。回去是什么下场，钦陵心知肚明。他悲愤难当，自然是抗命不归。这下赤都松赞又有了把柄，马上宣布噶尔家族反叛，带着大将麴莽布支率领精兵二十万奔赴青海，来围剿钦陵所部。

与此同时，周廷也得知了噶尔家族被诛的消息，马上派人前往钦陵大营以高官厚禄招降这位昔日的敌手。

噶尔家族专权是不假，但说他们谋反确实有点冤枉。噶尔家族成员个个位高权重，掌握重兵，要想反早就反了，哪里还用等到五十年后坐以待毙，任人宰割。钦陵虽然誓死不降敌国，却也打不赢名正言顺的故主，他属下将领纷纷临阵倒戈，刚一交手就一溃千里，只好含恨自杀而死，吐蕃一代军神就此陨落。

自毁长城只会有一个结果，就是亲痛仇快。钦陵的弟弟赞婆和儿子弓仁，迫于压力，走投无路，只好率部七千余帐归降武周。

武媚闻讯，大喜过望，半辈子都干不掉的敌人，竟然是敌国国王帮自己解决了。她立刻命郭元振与河源军大使夫蒙令卿率兵相迎，将这些被遗弃的吐蕃将士接了回来。

归顺汉家之后，钦陵之子改姓为论，取名论弓仁，成为中国论姓的始祖。此后一直忠心耿耿，为大唐王朝东征西讨，屡立战功，论家后裔一代代均有战功，曾一度官至归德郡王、朔方节度副大使等职，也确实无负于先祖战神之名。

大周对吐蕃不战而胜，全赖郭元振运筹帷幄，因其居功至伟，他被朝廷外放为凉州督军、陇右诸军州大使，终于成为一方大员。

此后郭元振镇边五年，其过人的军事与民政才能都得到了充分发挥，他在南部边境硖口筑起了和戎城（今甘肃古浪）、在北部沙漠中建立了白亭军（今甘肃民勤东北）。并以这两处镇军为支撑点，大规模修建军事设施，堡寨、烽燧、屯兵楼星罗棋布，遍布要冲，将凉州打理得如铜墙铁壁一般。

凉州气候干旱，耕地稀少，一直都十分缺粮，每斛谷子价格高达数千钱。郭元振力推屯田政策，亲自勘测河道，引水灌溉农田，使得凉州连年丰收，粮价大减，一匹细绢就可以换到数十斛粮，囤积的军粮可供数十年之用。

有地斯有粮，有粮斯有兵，随着凉州军事实力的不断提高，周军开始主动出击、北挡突厥、南据吐蕃，不知不觉间竟然拓地一千五百里，一改往日被动挨打的局面。郭元振在凉州任职期间，法令严正，军纪严明，治下牛羊遍野，路不拾遗，深受当地各族百姓敬仰。这时候的郭元振，和当初那个无恶不作的县霸简直判若两人。

建立下如此丰功伟业，郭元振的传奇人生仍未达到顶峰，他后来又都护安西，两度拜相，封爵代国公，绘像凌烟阁。他还被玄宗李隆基盛赞：经纶文章，今之王佐；出入将相，古之人杰。这把宝剑真正实现了"夜夜气冲天！"

第十一章 ——

天枢

《史记·项羽本纪》中记载了这样一个故事：西楚霸王项羽杀入秦国国都咸阳后，在城内大肆屠杀平民，搜刮了无数金银和美女，然后一把大火烧了阿房宫。项羽心满意足，准备荣归故里。

他手下有个谋士很有战略眼光，劝阻项羽说："关中险要，土地肥沃，可以成就霸业。"

可当时关中已经被西楚军搞成了一片废墟，项羽一刻也不想停留，就回绝他说："富贵了不回家乡，如锦衣夜行。"

谋士见主人不从自己的计策，心里又急又气，一时没管住嘴，骂了一句："人言楚人沐猴而冠，果然。"项羽闻言勃然大怒，把他煮成了一锅人肉汤。

就这样，这位谋士用自己的生命创造了一个成语：沐猴而冠，用来形容那些表面上光鲜亮丽，装模作样，实际上粗鄙不堪，不过是靠着侥幸一时窃据高位的小人。

延载元年（694年）三月，靠着一身精湛的床上功夫位极人臣的野和尚薛怀义，再一次代表大周王朝出任朔方道行军大总管，带领十八名将领出兵征讨突厥。当时不仅朝中两位当红宰相李昭德和苏味道要给他充任司马和长史，就连刚刚收复安西，风头正劲的大将王孝杰也要归他节制。

想当年薛怀义刚得宠时，还只是个白马寺住持，有一次他带着一帮小和尚大大咧咧地进宫，恰好在宫门口遇到了宰相苏良嗣。薛怀义哪懂宰相身份的高贵，压根儿没把苏良嗣放在眼里，要抢先进门。苏良嗣大怒，当即叫左右把薛怀义揪过来，劈头盖脸一顿暴打。薛怀义跑到情人面前哭诉，没想到武媚并没有替他撑腰，只是淡淡地劝诫他说："你记住，北门才是你出入的地方，南衙是宰相理政的地方，你不要去那里闯祸。"

随着薛怀义恩宠日盛，地位越来越高，先成了一国的"薛师"，又成了大将军，早已非吴下阿蒙，哪个是纳言、内史，什么叫仆射、平章，在他眼里不如女主的一条走狗，只要敢惹薛怀义不高兴，管你是谁，只管张口便骂，挥拳就打。

李昭德向来以高傲和刚直著称，天不怕地不怕，连魏王武承嗣都不放在眼里。可他在与薛怀义开会时，只因为没有顺从这个无赖和尚的心意，竟然被薛怀义狠狠鞭打了一顿。秀才遇到兵，有理说不清。李昭德身为国家宰相却被一个出卖肉体的面首侮辱，非但没敢反抗，反而在惶惧之下请罪不已。

五年前，薛怀义曾经第一次以左威卫大将军的身份领军出征，那一次他运气很好，一个突厥人也没看到，白白公费旅游了一大趟，便勒石记功而归。

而这一次命运之神再次眷顾了这位风流和尚。突厥人见到周军势大，都跑得无影无踪。薛怀义搞了一趟长途武装游行，依旧一个敌人未见，就宣布得胜还朝了。

在浩浩荡荡的出征队伍里，薛怀义骑着高头大马，身披华贵的甲胄，在薛字大旗之下一马当先，走在众将前列，真是说不尽的顾盼自雄，显不够的耀武扬威，真真把沐猴而冠四个字演绎得淋漓尽致。

这一年，薛怀义登上了他人生的巅峰：

他一手兴建了千古名刹白马寺；

他亲自监造了气势恢宏的万象神宫和天堂，

他主持著述了佛教圣经——《大云经疏》；

现在他又在名义上连续两次击败了强悍的突厥人，尽管他连突厥人长的什么样也没看到。

有这样的丰功伟绩加身，谁还敢笑他只是一个出卖肉体的面首？

前一段时间，武媚身边聚集了一批自称活神仙的江湖骗子，其中一个老尼姑自号净光如来，号称每一日只吃一粒米，一片麻，能预知未来；一个嵩山来修炼者韦什方自称是三国年间出生的人，今年450岁，能炼长生药；而一个老胡僧人自称500岁，说他在200年前就见过薛怀义，今天一看，薛大将军的相貌越来越年轻了。

老胡僧的话，不知道武媚信不信，反正薛怀义是信了。他终于知道自己这么优秀的原因。原来自己是被神所选中的天之骄子，甚至可以说就是存在于这人世间的神！

薛怀义每日醉心于众神棍的吹捧与自己编排的幻觉之中，万丈雄心日复一日地膨胀。他不愿再入宫去伺候那个日益衰老的女人，大部分时间都住在白马寺内。此时薛怀义最想要的是尊严、荣耀、功业，是万众的敬仰，是青史的留名。他招募了身强力壮者数千人为僧，让这些人都簇拥在他左右，时刻再现他往日作为大将领兵出征的威风。

猴子对人类的一切模仿，只能学得来人的动作，却永远学不来人的智慧。薛怀义压根儿没有看明白一个最重要的道理，他所想象的一切荣光，其实皆为虚幻，而只有他开始厌倦的那个老女人，才是满足他一切野心和虚荣的关键所在，和他的个人能力一点关系也没有，如果非要说有，也无非仅仅是他伺候女人的那点能力。

醉心于功名的薛怀义，浑然忘我，开始有意或无意地冷落了往昔的女主，他狂悖无知的行为，让这一对年龄差了足足三十多岁的情人之间，出现了深深的裂痕。

天枢

薛怀义这一场没有取得任何战果的远征，只能带给大周虚幻的荣耀。而真正的战争是残酷的，实际上从前一年开始，周军的其他部队一直在同吐蕃、突厥血战，并取得了辉煌的战果。

为了加强对西域的控制，武媚曾册封西突厥酋长阿史那元庆为左玉钤卫将军、昆陵都护、兴昔亡可汗，统辖咄陆五部。后来又加封他为镇国大将军、左威卫大将军。可就是这样一个在突厥极有威望的重要人物，竟然被酷吏来俊臣所诬陷杀害。

弑父之仇，岂能不报！吐蕃瞅准了这个机会，立其子阿史那俀子为十姓可汗，趁势掌控了西突厥各部。阿史那俀子与吐蕃大将勃论赞刃联军一处，一同向中原再次发动了大举进攻。幸而有周将王孝杰、韩思忠、李多祚等人在泠泉及大岭等地拼命抵抗，连番苦战，杀死吐蕃、突厥军士数万人，并反守为攻，攻陷吐蕃泥熟没斯城，才真正大扬武周天威。此一役再次让王孝杰声名大噪，因功官拜夏官尚书、左卫大将军，封清源县男爵。

载初元年（694 年）五月，趁着北边捷报的来到，魏王武承嗣又发动了一次两万六千余人参加的请愿活动，给女皇再上尊号：越古金轮圣神皇帝。武媚满心欢喜，欣然接纳。

梁王武三思看到哥哥几次三番地通过请愿加尊号的方式给姑妈拍马屁，备受赞赏，自己却一直拿不出什么可以讨好姑妈的好方法，十分焦虑。他左思右想，觉得自己如果再提一个贵而不惠的虚空尊号于女皇而言已不再新鲜，于是决定另辟蹊径，启动了一项别开生面的全新项目，也是一项代价高昂的献礼工程。

掌管礼部的武三思请出了流亡于武周的波斯王子阿罗憾作为领头人，率领所谓四夷首领一同请愿，打算要用数量惊人的铜铁为女皇铸造一座无与伦比的精神堡垒——天枢。

阿罗憾，作为堂堂波斯帝国的王子，怎么会沦落到遥远的中原来给女皇献媚了？这话还得从头说起。

公元 7 世纪，在大唐帝国成为东亚的霸主的同时，在西亚还崛起了另一个毫不逊色的超级大国——阿拉伯帝国。而紧邻阿拉伯帝国，国势每况愈下的波斯萨珊王朝，却成了首当其冲的受害者，面临着覆灭的危机。衰败的波斯根本挡不住阿拉伯人的快马利刃，宛如一个风烛残年的老人，在屡次兵败中无可挽回地走向死亡。

经过二十余年的抵抗与挣扎，当年不可一世的波斯帝国终于覆灭于阿拉伯人的铁蹄之下。而波斯末代君主伊嗣俟之子卑路斯和阿罗憾于穷途末路之下只好投奔了大唐。

两个流亡的王子把妹妹送给了李治，算是与李唐皇族结了亲，并在李治的支援下与阿拉伯人打了多年的游击战，却始终未能挽回局面，最后终于放弃了复国的念头，不尴不尬地留在了中原。落魄的王子们吃喝用度都在主人家，自然要大表忠心以示报答，这就是阿罗憾响应武三思的号召造天枢的由来。

天枢是北斗七星的第一星，又称贪狼星，象征着强有力的统治。武媚要在人间建立天枢，实际上就是打造一个超级的雕塑，寓意武周帝国统领天下，四夷藩属都像众星朝拜北斗一样对她俯首称臣。

自娱自乐，大搞形象工程向来是武氏家族的一贯传统，武媚对建造天枢这一倡议十分热心，下令纳言姚璹担任督作使，负责监造。

在武媚当政之后，姚璹曾一度升任夏官侍郎，本来前途无量，却因堂弟姚敬节参与了李敬业之乱，被贬为桂州（今广西桂林）都督府长史。

好在姚璹十分聪明，他深知武媚最喜符瑞之事，于是跑到岭南，遍查山川草木，只要名字里有"武"字的植物，都把它作为承应国姓，一一列表上奏。这一掌马屁拍得响亮，武媚十分开心，结果不仅赦免了姚璹之罪，还召他回京做天官侍郎，后来又升其为纳言。

姚璹虽然是项目总负责人，但他只是一个文官，不懂专业，具体工作还要由一批来自异域的能工巧匠来实施。来自日本的尚方丞毛婆罗负责设计图纸，高丽王族后裔，镇军大将军高足酉负责造模雕镂；而运输金属的工作，由另一个高丽籍军官泉献诚负责。

要建造这一旷世巨作共需要用铜、铁数百万斤，所耗费的金钱、人工更是不计其数。由于对金属的需求量实在太大，仅靠国库支出和各族酋长、首领捐款远远满足不了需要，武三思干脆派出大批官员深入农村，四处搜罗金属农具和民间器皿以补充不足，至于被抢走农具的老百姓如何耕种生活，那就不是梁王所要关心的问题了。

八个月之后，万众瞩目的"天枢"终于制造完成，树立在上都皇城端门外，上面赫然刻着武媚御笔亲书"大周万国颂德天枢"八个大字。其中"国"字为武媚所创造的新字，写成了"圀"，取天下一统、八方来朝之义。

这座全部由铜铁所铸的巨型雕塑整体高度为147尺，按照现代计量单位大约45米，五色灿烂，光华夺目，相当于十几层楼那么高。其基座为一座雄险的铁铸山，史籍记载高20尺，周长170尺，周围有栩栩如生的铜铸蟠龙、狮子、麒麟等瑞兽环绕；其上为一根顶天立地的八棱铜柱，高105尺，直径12尺；再往上是一个硕大无比的腾云承露盘，盘上又站着四个12尺长的直立龙人，共同捧出一颗圆溜溜的铜火珠。这一"麒麟拜火"之形态，正合波斯国教拜火教所宣扬的"圣王出、天下平"的象征，可谓金彩荧煌，光侔日月。整项天枢工程共计耗费铜五十余万斤，铁三百三十余万斤，钱二万七千贯。如此巨大的投入，只有一个目的：铭纪功德，黜唐颂周。

天枢建成后，当时朝野文士献诗者不可胜纪，而唯有宰相李峤的诗冠绝当时，诗云：

辙迹光西崦，勋名纪北燕。何如万国会，讽德九门前。灼灼临黄道，迢迢入紫烟。仙盘正下露，高柱欲承天。山类丛云起，珠疑大火悬。声流尘作劫，业固海成田。圣泽倾尧酒，薰风入舜弦。欣逢下生日，还偶上皇年。

天枢既然取意北斗，自然要有群星朝拜。天枢上面歌功颂德的碑文由武三思亲自撰写，最亮眼的是其落款处，刻满了天下四方君主的名字，其中包括：波斯国大酋长阿罗憾、高丽蕃长高足酉、新罗国王金理洪、疏勒王裴夷健、于阗王尉迟璥、安国国王昭武氏、东天竺国王摩罗枝摩、西天竺国王尸罗逸多、南天竺国王遮娄其拔罗婆、北天竺国王娄其那那、中天竺国王地婆西那、龟兹国王延繇拔、突厥可汗默啜、羌蛮酋长昝捶、永昌蛮酋长薰期、真腊国王刹利·质多斯那、吐蕃酋长曷苏、日本国持统天皇、大食（阿拉伯帝国）国王阿卜杜勒·马利克、拂菻（拜占庭）皇帝利昂提乌斯。

尽管这份臣服武周之国的名单十分豪华，可谓囊括了亚非所有君主来共襄盛举，然而其真实性却极为可疑，凑数虚构的成分居多，着实让人难以信服。

可以确认的是，有名无国的阿罗憾，高足酉，安西四镇的小国王们，与中原面和心不和的新罗国乃至羌蛮酋长作为藩属，署名其中还算说得过去，但再往后面看，这份名单的真实性就很不靠谱了。

突厥默啜可汗是在第二年十月才派使者虚情假意地与武周通好，当时与武周还处于战争状态，不可能名列臣服者的名单之中。而山高水远的天竺五国国王，更像是吐蕃的附庸，虽然与中原有过一定文化交流，但绝无宗藩关系。

至于吐蕃，和唐、周连年刀兵相见，可谓结下了血海深仇，怎么可能忽然借天枢来屈膝于周廷。而日本即使在大唐最盛时代也从不称臣，处处流露着日出之国与日落之国平起平坐的倔强，要说这两国国王也来认武媚为主，那是绝无可能的事情。

再往后面看，武三思的意淫更是到了癫狂状态，名单里还列上了洲际大国阿拉伯帝国和拜占庭帝国的皇帝名字，这二位无论如何也想不到自己在一座大铜山上被冒签了名。特别是拜占庭皇帝利昂提乌斯是个倒霉蛋，登基三年在政变中被割掉了鼻子，想来绝无心情还顾得上来服拜万里之外的女皇武媚。天枢上面非要将这些完全不沾边的君王硬凑进一个名单，宣扬这些人如何奉女皇为共主，幸亏当时信息不通畅，否则传将出去，真要贻笑万邦了。

天枢建成后，如果仅从艺术品的角度看，确实是一道巧夺天工的美丽风景。但它又如同武媚的皇帝梦一样，绚烂而短暂，存世仅二十年便化为乌有。

李唐复国后，耗费巨资建造天枢被大唐的继承者视为武周强加给李氏的奇耻大辱。开元二年（714 年）玄宗李隆基下令销毁天枢，熔炼工程整整持续了一个月。洛阳尉李休烈目睹了这一场景，作《咏毁天枢》诗讽刺道："天门街上倒天枢，火急先须卸火珠。计合一条麻线挽，何劳两县索人夫。"

俱焚

天册万岁元年（695 年）正月，武媚改派王孝杰为朔方道行军总管，全面负责对突厥的军事事务，以代替自己膨胀到不可救药的情人薛怀义。王孝杰的上任，使突厥感受到巨大的威胁。新败不久的突厥可汗阿史那默啜权衡局势，决定暂时与周廷言和，以避免眼前的危机。

十月，阿史那默啜出人意料地派使者向朝廷请求归降，武媚大喜过望，册授他为左卫大将军、归国公。此时的武媚完全没想到，这只是善于表演的阿史那默啜日后一次次戏耍和羞辱武周的前戏而已。

无论如何，当时武周与突厥之间的危机暂时得到了化解，然而武媚与薛怀义之间的感情危机，却越来越变得无可挽回。

既然薛怀义痴迷于作为一个男人的事业成就，不再殷勤入宫，武媚也没打算为他守身如玉。很快，一个叫沈南璆的英俊御医，取代了薛怀义所留下的空缺。

沈南璆当时已经四十多岁，却独有一份中年男子特有的儒雅和温柔，和蛮牛一般的薛怀义大不相同。恋爱中的女人最美丽，年近七旬的武媚，在沈御医床上床下的精心呵护下，肌肤细腻，容光焕发，甚至齿落更生，重新找到了少女的感觉。昔日旧爱薛怀义，在武媚看来早已经变成了一个渐行渐远的模糊符号。

一叶知秋。薛和尚刚刚开始失宠，对他恨之入骨的朝臣们就已经敏锐地感受到这一信号，立刻行动起来准备对他予以制裁。侍御史周矩史无前例地大胆向武媚控告称："怀义私自剃度了一千多个流氓为僧，恐有阴谋！"这要在以前，周矩凭这份上疏就得掉脑袋。可时局变了，武媚正好也打算借朝臣之手敲打敲打这个不知感恩的家伙，马上下令薛怀义前往御史台接受聆讯。

薛怀义奉旨受审，来是来了，却骑着一匹高头大马，还是以往那副嚣张跋扈的样子。虽说是作为被告而来，却比主审官还要威风十倍。薛怀义径直来到公堂前，一屁股坐在御史台长官的床榻上，还特意敞开衣襟，露出早已肌肉松弛的肥白身体，用一种挑衅的目光直视周矩。

周矩气得七窍生烟，下令左右把他拿下，可惜手下没人敢动薛怀义一个手指头。薛怀义表面上气壮，底下还是有些心虚，他走了一番过场，觉得可以对武媚交代得过去了，便拍拍屁股，骑上马扬鞭而去。

周矩无奈之下，只好如实向武媚报告审讯失败。当时武媚还没想好如何处理这个浑不吝的小情人，只好替他遮掩说："这和尚疯了，不要审他，直接把他剃度的那些流氓处理掉就好。"

有了女皇的指令，周矩迅速着手执行，把白马寺内一千多个半路出家的业余和尚全部流放边地，重还这座千年古刹一份清宁。因为这件事情办得干净利落，周矩被升迁为天官员外郎。

薛怀义哪肯吃这个亏，很快就报复回来，反咬周矩有罪，结果周矩被贬官下狱。朝臣与薛怀义的第一次较量，互有胜负，算是打了个平手。

往昔薛怀义鞭打宰相如同训诫家奴，可如今小小的御史竟然敢向自己挑战。薛怀义一夜间如梦初醒，忽然惶恐地意识到自己已经开始失去了女主的宠信，那些荣华富贵，金冠紫衣，全部来自他面首这个身份。如果失去了这个身份，他在世人眼里依旧一文不值。

为了重新讨得女主的欢心，薛怀义可谓绞尽脑汁。他提前命人在明堂前的空地上挖出了一个五丈深的大坑，在坑里面预先埋下一尊巨大的佛像，装上滑轮，然后在上面用丝绸搭起一座美轮美奂的五彩宫殿。盘算着在证圣元年（695年）正月十五这天精心操办一场世上绝无仅有的精彩表演，给女皇一个绝对意外的惊喜，借此挽回他与武媚之间的旧情。

每年的正月十五是唐时百姓最为期盼的节日——上元佳节。在这一天朝廷会取消宵禁，家家户户张灯结彩，大街小巷车水马龙。而这一天女皇会亲自莅临明堂来参加盛大的无遮大会。

所谓无遮大会，是佛教一种宣讲经义、募集资金的活动。近些年来，薛怀义曾多次举办过无遮大会，名义上是募捐奉佛，实际则是为了炫耀和抬高他自己的身份。举办无遮大会所需的大量金钱，都是经过武媚亲自批准，然后由国库无限供给，所以每逢大会，薛怀义都会风风光光地以车载钱，然后向人多的地方大把抛撒，让与会的百姓们争相拾取，经常有人被挤死、踩死。办一场大会花费的钱财往往以百万计，远远超过募得的资金。

到了正日子，武媚果然在前呼后拥之下来到明堂时，心情紧张的薛怀义汗透脊背，无心观景，像个羞涩的男孩在惶恐地等待着心中女神的青睐。

在万众服拜之后，薛怀义打出了一个手势，数百名早有准备的壮汉一起拉动裹着彩缎的粗绳，奇迹出现了——一尊金光闪闪的大佛从地下缓缓升起，稳稳地落在上方的宫殿之中。这一幕场景在当时那个年代，已经称得上是装置艺术的最高境界了。

大佛升出后，成千上万的善男信女们蜂拥上前，挨肩擦背，齐齐向这尊神奇的大佛抛钱祈福，大家你推我挤，老人和孩子被踩死的有好几个。薛怀义则当场高声宣布这佛像"自地涌出"，是天大的祥瑞，自当献给女皇。

直到整场表演结束，薛怀义都一直满怀期待地看着武媚，希望能够得到以往那种赞赏回应，甚至奖励。可让他大失所望的是，武媚从头至尾都面无表情，只是略略看了一会儿，并不置一言，然后就毫无留恋地转身离开了，只把一个呆呆发愣的胖和尚尴尬地留在了原地。

一招无果，薛怀义并不死心，他想女主也许还要看到他更大的诚意吧。幸好，还有 B 计划。

薛怀义买了好几头牛，就在白马寺内大开杀戒，宰牛取血，然后找来画师用牛血绘制了一幅高达二百尺的巨大佛像，对外宣称是用自己膝盖之血所画。

两天以后，薛怀义向整个上都宣布要开画展，同时大设斋宴，邀请女皇以及所有的和尚尼姑、官绅百姓全都来瞻仰他挂在天津桥南的旷世杰作。

十七日一早，一幅带着血腥味道的巨幅画像准时在天津桥南悬挂出来，参观者人山人海，络绎不绝，挤满了整条定鼎大街。

薛怀义端坐在画像前面，从早到晚，整整坐了一天。虽然前来围观的观众有数十万之多，而唯一没有出现的，就是那个他最渴望见到的昔日爱人。一身簇新袈裟的薛怀义望穿秋水，望断青春。上阳宫里晓钟后，天津桥头残月前。直到天色渐晚，人群散去，巨大的画像已经淹没于夜色中再难看清，薛怀义终于彻底绝望了。

人总是这样愚昧和卑贱，拥有的时候不珍惜，失去了才想要去追回。严冬的冷风，吹不息薛怀义心中的熊熊妒火，恼羞成怒的薛和尚暗想：既然你喜欢沈南璆，既然我得不到你的心，那我们就一同毁灭吧！

有人看到薛怀义阴沉着脸，像疯了一样骑着快马朝明堂方向飞驰而去。

当晚二更，天堂燃起熊熊大火，很快又蔓延到明堂。当年那些集千人之力才搭建起来的巨木，如同顶天立地的火把，照得整个洛阳城亮如白昼，除非天降三日夜的暴雨，否则绝无人力可熄。

明堂之巅，那展翅欲飞的巨大金凤，被火魔煎熬了几个时辰，渐渐变黑，渐渐融化，苦苦挣扎良久，终于轰的一声从天而落，摔得粉碎。当初建天堂的时候，所费数百万计，府藏为之枯竭，其内堆满了从天下各州汇集而来的奇珍异宝，现在全部成为灰烬，连一块完整的木头也没剩下。明堂的金库中存储的大批金银全都被融化了，平地上流淌着一尺深的金液银水，有人不小心踏入其中，立刻就被烧成焦炭。

待到天亮之时，洛阳的百姓们惊恐地发现，巍峨高耸的天堂和明堂都不复存在了，只剩下一片忽明忽暗的炭灰在诡异地眨眼，象征着大周王朝至高光荣的两座最伟大建筑，仅剩下断壁残垣。一阵狂风呼啸而过，带着浓浓不散的黑烟，把天津桥上挂着的那一幅巨大的血佛巨像撕成了数百块，吹散得无影无踪。

大火刚起时，便早有人向女皇报告了谁是纵火元凶，武媚双眼血红，满腔怒火，却无法发泄。心焦如焚的武媚当晚两次亲临火灾现场，却也对这样的漫天大火束手无策。

同年二月，武媚无奈地在尊号中去除了"慈氏越古"四个字，却没有对薛怀义做出任何惩罚，只是硬着头皮说是天堂里干活的工徒疏忽，不小心烧着了麻布，蔓延到了明堂。

见到女皇心情不好，那个不知好歹的老尼姑"净光如来"特跑到宫中请安，想向女皇表示安慰。武媚压根儿不领情，见了她倒仿佛终于找到了个出气筒，冲老尼姑大吼说："你天天吹嘘能够预知未来，为什么明堂失火这么大的灾祸，你居然事先没有报告？"

此时武媚已经由对薛怀义的不满延伸到对整个宗教骗子们的重新思考，并开始有所警醒。这时候才有人敢对女皇说实话，原来这位老尼姑白天宣称自己每日只吃一片麻、一粒米，晚上却在寺中烹牛宰羊，摆宴设乐，男女徒众整夜宣淫，搞得乌烟瘴气。

被薛怀义深深刺痛的武媚立刻开始着手整顿身边妖僧异道肆虐的乱象，她下令把老尼姑和她的男女弟子尽数逮捕，收入宫中充当下等奴婢。那位自称四百五十多岁，能制造长生之药的韦什方，听说事情败露，自缢而死。而声称两百年前就见过薛怀义的老胡僧，也闻讯逃亡，不知所踪了。

棒杀

承天命，御万民的神圣图腾——万象神宫就这样被一把火烧没了，证明了再伟大的建筑也不过是历史长河中的虚幻泡影，浩瀚宇宙中的水滴尘埃，完全与天命的神圣无关。

对于这种罕见的国家之耻，朝中不断有大臣编造出各种荒诞的理由来安慰失魂落魄的女皇。

左史张鼎上奏说："这次明堂大火，就像当年周武王时有流火进入王屋一样，是彰显大周之祥。"

通事舍人逄敏说："弥勒佛成道时有天魔烧宫，七宝楼台顷刻崩坏，这次大火更证明女皇是佛身转世。"

造天枢的内史姚璹引经据典地说："周宣王时宣榭失火、汉武帝时柏梁台失火，不但没有带来灾祸，反而使国家更加昌盛，这次明堂失火，并不是灾难，皇帝没有必要辍朝停宴。"

只有左拾遗刘承庆还说了一点实话："大火从夹纻的佛像烧起，后来又牵连到明堂，证明了佛自身难保，因此修造佛寺纯属徒劳无益。"

武媚何等聪明，所有的道理她都明白，可她要的是女皇的面子，女皇永远是正确的，绝对不能让臣下看出她所托非人，她很快整理好心情，绝口不提抓纵火犯的事，而是心平气和地下令重新建造明堂、天堂，并要求再铸造一批九州铜鼎及十二属相神，反正大周国库里还有钱。这一重建工程的总负责人，仍然是薛怀义。

薛怀义听到这个任命的消息，不由得喜极而泣，他觉得自己这一步险棋走对了。女皇是真心爱他的，什么御医沈南璆，不过是个屈膝在女人裙下不入流的面首，给男人丢脸。唯有自己，才是那个能为心爱的女人建功立业，撑起一片天的真汉子。

薛怀义冲动的行为来自其简单的头脑，再一次证明了他确实只是个沐猴而冠的蠢货。那一夜的大火，已经对女皇造成了无可挽回的巨大伤害，现如今暂时还留着他的性命，那是为了武媚自己的尊严，不想惹来朝臣的非议，而绝非对薛怀义还有丝毫情义。

薛怀义走马上任后，立刻认真地履行起监工的职责来，日日拿出十二分的精神投入明堂和天堂的重建工作中，他日夜赶工，恨不得吃住都在工地。而他对于百官甚至武媚的态度，又恢复往日嚣张狂傲的混账模样。

武媚心里清楚，薛怀义昨天能烧明堂，明天不知道还会有什么更疯狂的举动，已经不可再留。但要除掉这个疯子，肯定不能从官方的角度，而且要先稳住其人，否则也没必要再次任命他为新明堂的监工。武媚经过一番深思熟虑，找来了两位至亲做帮手，一个是女儿太平公主，一个是太平公主的大伯子，时任宰相的建昌王武攸宁，准备寻个恰当的机会送薛怀义去西天见佛祖。

太平公主深谙母心，她让自己的奶妈张氏秘密训练了一百多个身强力壮的宫女作为杀手，这样既不会引人注目，又便于在适当的时候下手。后世的康熙在决定除掉鳌拜时，也是为了掩人耳目，挑选了一批身强力壮的亲贵子弟在宫内整日练习摔跤，八成是受了太平公主的启发。

天册万岁二年（694年）二月初四，薛怀义忽然收到了女皇让他去太初宫瑶光殿面圣的通知。瑶光殿位于紫微城内九洲池三岛之上，风光旖旎，花木葱茏。薛怀义不由得回忆起当年与武媚在岛上颠鸾倒凤的种种销魂时光，倒也情思缱绻，急急忙忙乘船而来，思忖着旧梦重圆大概就在今朝。

薛怀义来到岛上，发现周遭一片死寂，并不见皇帝的銮驾仪仗。他正纳闷，忽然间迎面来了数十个体态矫健，目露凶光的胡服女子，人人手持大棒，到了近前，劈头就打。断骨伤筋之痛一瞬间震醒了薛怀义的美梦，原来，武媚要的不是他这个人，而是他的命。

随着无数棍棒上下翻飞，在冰雹一般的致命击打下，鲜血很快模糊了薛怀义的视线，也模糊了他的思维，他来不及回忆那些前尘往事，更没有机会哀告求饶。这个擅宠国朝，威震天下的大将军原来是那么脆弱和不堪一击。薛怀义含糊地叫骂了几声，就稀里糊涂地送掉了性命。

太平公主完美地完成了母亲交代的任务，后面的活就交给武攸宁了。武攸宁的手法也很利落，他安排手下将薛怀义的尸体秘密运到了白马寺，一把火烧成了灰烬，然后将这些骨灰深埋于地下，并在上面建起一座佛塔以示镇压。至于薛怀义手下的一干徒子徒孙，全部被流放边地，再无出头之日。

十年风光，一朝殒命。从此，世间再无薛怀义，只有一个叫冯小宝的冤魂野鬼，依旧恋恋不舍地盘旋于白马寺的上空，无尽无休地哀哭，飘荡。

薛怀义死了，可大周帝国不会停止造梦的脚步。没有怀义和尚的监工，气势恢宏的新明堂依旧在极高的工作效率下重新屹立于原址，可见地球离了谁都一样转。由于这次新修的明堂供奉的是武氏祖先，所以被命名为大周明堂，又名"通天宫"。

在李唐王室的眼中，明堂和天枢一样，具有非常明显的屈辱和讽刺意味。玄宗李隆基登基之后，先是将明堂恢复为原名乾元殿，紧接着干脆派诏匠作大臣康素往东都，将其彻底拆毁。

举世无双的明堂从建立到废弃，伴随着武媚篡唐建周的整个过程，带有强烈而特殊的政治色彩。因此，明堂的使命也必然随着武周的覆灭而结束，一代王朝倾力建成的旷世经典，也不过在历史的书卷留下寥寥几句，浅淡异常。

嵩山

天册万岁二年（696 年）腊月，从不会停止折腾的大周王朝再度迎来了新一场举世瞩目的盛典——封禅嵩山。

封禅在中华帝王看来是一件极为神圣的事情，预示着国家进入了一个昌盛发展，繁荣富强的时期，士读于庐，农耕于野，工居于肆，商贩于市，各安生业，共乐承平。从秦始皇到宣统帝，中国历史上一共出过四百九十四个皇帝。其中举行过封禅大典的仅有七人，秦始皇、汉武帝、汉光武帝、唐高宗、唐玄宗、宋真宗六位男性皇帝全都是封禅泰山，唯独武媚独绽奇葩，打算封禅嵩山。

薛怀义被铲除，众妖僧被法办后，日渐年老体衰的武媚对她当年不遗余力，大力支持的佛教越来越无感，反而重新对道教产生了极大兴趣。究其根源，就是女皇已经等不了那虚无缥缈的转生来世，而是想要追求眼前的长生不老，现在，立刻，马上见效。

这一年大周的国号又改成了"久视"，这是一个特别富有道家色彩的词，出自《老子》五十九章："有国之母，可以长久，是谓深根固柢，长生久视之道。"武媚专门从中抽取了"久视"二字，希望这个年号能够保佑她统治长久，生命长久。

皇宫大内有个粗黑肥短的"光禄掌膳"叫作朱前疑，他瞅准了女皇格外期盼长寿长生这个节骨眼儿，大着胆子一本正经地上奏女皇说："我梦见陛下寿满八百岁。"就凭这么一句淡出鸟来的废话，居然让武媚格外振奋欣喜，当即赏了这位大厨一个拾遗的官职，反正"拾遗凭斗量"，多一个吃官饭的废物也无关紧要。

朱前疑做梦也没想到，原来做梦真的能升官，这份俸禄来得未免太容易了！人的贪欲是无限的，一个小小拾遗他已经不能满足了，于是不久后刚刚告别了油锅马勺的朱前疑故伎重演，再次上奏说自己又做梦了，梦见女皇的头发白了又变黑，牙齿掉了又再长。就这路荒唐可笑的蠢话，随便一个天津桥边讨饭的傻子大概都不会相信，可偏偏武媚就吃这套，再一次提拔了朱前疑，升他做驾部郎中，掌管全国的牛马羊驴。

如果按这个节奏，朱前疑只要一个月做一次梦，当宰相也是指日可待之事。朱前疑胆子越来越大，又搞出了创新。他有一次奉命出差，回到京城后，立马上奏女皇，说半道上曾经听到嵩山在高呼万岁。

这回武媚表现得还算理智，没有再升他的官，不过也算是表彰他有心，赐给他一个红色的算袋作为奖赏。

算袋俗称金鱼袋，是一种高级官员用来装毛巾、笔砚、小刀等随身用品的小布兜。韩愈曾有诗云："开门问谁来，无非卿大夫。不知官高卑，玉带悬金鱼。"在官员之间，算袋也是一种最显著的身份象征。

管驴马的朱前疑级别不够五品，只能穿绿色的官服，原本是没有资格戴红色算袋的。可他偏偏一身绿衣却非要佩戴着这个不合礼仪的饰品四处招摇，显得十分突兀，结果成了一个笑话。

朱前疑的连篇鬼话，武媚其实是听进心里去了，激发了她心中原本就有的封禅情结，然而泰山无论如何不能再去了。原因很简单，武媚如今不但已经和李唐王朝恩断义绝，更杀得李家人七零八落，如果再去泰山，自己的所作所为恐怕没法和两位丈夫、昊天上帝以及泰山山神有所交代。

于是武媚认真地做出了一个惊人决定："我要封禅嵩山！"

客观地说，与泰山相比，嵩山与洛阳近在咫尺，不过百十里地，武媚作为一个七十有三的老妇，长途奔波身体能不能吃得消也是一个不能不顾虑的重要前提，所以综合考虑各种因素，还是封禅嵩山来的现实。

《诗经》有云："嵩高惟岳，峻极于天。"中岳嵩山，北瞰黄河、洛水，西接上都洛阳，是洛阳东方的重要屏障。嵩山是中国佛教禅宗的发源地，同时也是著名的道教圣地。嵩山的道教文化虽然不像武当山、三清山那么有名，但其境内的中岳庙亦有"道教第六小洞天"之称，更有始建于汉武帝元封元年的崇福宫，已有千年历史，是历代著名道学方士的栖身传教之所。

中岳信仰，比其他的四岳为早。当年周武王、周成王都曾经祭祀过嵩山，嵩山君神，姓春名选群。某教授曾说过嵩山山神姓武，不知道是从哪里寻来的典故。

女皇做事素来都是雷厉风行，天策万岁元年（696年）腊月初一，武媚带着大批官员和随从，从洛阳出发，浩浩荡荡直奔嵩山而来，并在腊月十一这一天正式举行登封大典，封太室，禅少室，还封了嵩山的山神为神岳天中皇帝，春选群一定没想到过，自己有幸成了五岳山神中第一个称帝的神。

更为搞笑的事还在后头，武媚封春选群为皇帝之后，竟然还给这位山神找了个妈，把传说中夏启的母亲女娇封为钰董太后。当时如果李显在场，一定会劝劝这位山神皇帝多加小心，毕竟有太后管着的皇帝不好做，更不要妄想让自己的岳父做宰相！

整个封禅嵩山大典一共进行了二十天，告成功，求福佑，武媚终于实现了自己前无古人的心愿。她心中一激动，又把年号给改了，由天策万岁改为万岁登封，嵩山所在的松阳县也被改为登封县，这个名字一直沿用到了今天。这次封禅，天下百姓都跟着借到了光，免交一年的租税，全国大宴九天。

封禅嵩山圆满成功了，而那个首倡嵩呼万岁的朱前疑，最后却落了个非常有讽刺意味的结局。

当时朝廷正准备与契丹开战，号召在京官员献马，能献马一匹以供军用者，就赐给五品官衔。

朱前疑感到把身上官服由绿变红的机会终于来了，他口挪肚攒，倾尽家中每一个铜板，总算凑够了钱，兴冲冲地买了一匹马交了上去，可左等右等就是不见升迁令下来。

于是朱前疑便急不可耐地向武媚连番上疏，索要官职，一来二去，竟然把女皇惹毛了。武媚认为朱前疑贪得无厌，欲壑难填，下令把他进献的马匹退回去，所有官职一撸到底，派人把他押回农村老家。

朱前疑稀里糊涂丢了官，一夜回到解放前，再次变得两手空空。果然人生如同大梦一场，只是从此之后，他再也不做梦了。

不该给官的时候乱封，该给官的时候又食言，这事也不全怪朱前疑。

武媚与嵩山的不解之缘不仅仅是封禅这一次，四年之后，七十七岁高龄的武媚再次驾临嵩山，并在嵩山玉女台下的平洛涧玉石淙河旁边大宴群臣。结果在那次会饮之后，武媚忽然患上了一场莫名的重病，情况非常凶险，差一点就要和李治重聚首。

幸得太医手段高明，那场急病最后还是痊愈了，但武媚的心态却发生了巨大的变化，少了三分自信，多了七分惶恐，连夜噩梦不止。

武媚内心深处这种深深的恐惧和负罪感，其实在数年前新明堂的金凤被风吹落时就已经开始了。迷信天意的武媚不敢再让象征着自己的凤凰凌驾于群龙之上，而是在原来凤凰的位置放置了一颗更显低调的铜火珠。好在女皇做什么事都有道理，都有人追捧，新科进士崔曙诗曾作《明堂火珠诗》，颇为传神："正位开重屋，凌空出火珠。夜来双月满，曙后一星孤。天净光难灭，云生望欲无。遥知太平代，国宝在上都。"

数十年来，武媚先后成为父子二人的配偶，而后又背叛了自己的丈夫和儿子，为了夺取皇位，违背了发过的誓言，毫无顾忌地大肆屠杀。这些沉重的过往，日复一日地折磨着女皇衰老不堪的脆弱神经，让她原本就存在的负罪感越来越重。狂风吹凤、重病突袭，在武媚看来都是上天将要对自己降临惩罚的不祥预兆。

有一个叫胡超的道士，看出了女皇心中的痛苦挣扎，建议她制一枚金简，把自己的罪过和忧虑刻在上面，投到嵩山，以祈求天神能够宽恕，武媚深以为然。

久视元年（700年）的七夕佳节，一枚用纯度极高的黄金制成的金简被胡道士投入嵩山。金简正面以遒美俊秀的双钩楷书镌刻铭文三行六十三字，十八个新造的字都在其中，铭文曰："大周国主武曌，好乐真道，长生神仙，谨诣中岳嵩高山门，投金简一通，乞三官九府除武曌罪名。太岁庚子七月甲申朔七日甲寅，小使臣胡超稽首再拜，谨奏。"

金简的内容嘛，翻译出来其实很简单：三官是指道教早期信仰的三位至高神灵，赐福天官、赦罪地官、解厄水官。九府下辖一百二十曹，总统天上天下灵仙鬼神、群类万物，也泛指各路神仙。总之一句话，武媚乞求天上地下所有神仙都来帮忙为她免除罪恶。

但存方寸无私曲，料得神明有主张。电影《非诚勿扰》中有这样一段剧情，葛优在小教堂不停地忏悔，搞得牧师几乎崩溃，哀告他说："我的教堂太小，容不下你这么多罪过。"巍巍中岳，小小一枚金简，真的能消除武媚一生的滥杀之过吗？

1982年5月21日，河南省登封县一个二十三岁的农民屈西怀在嵩山太室山植树造林时，意外发现了这枚金简，而后上交国家，现今就收藏在河南博物院里。

疯狂和伟大是同一枚硬币的两面。封禅嵩山之后，大周帝国折腾的脚步依旧没有停歇。武媚再次下令收集天下之铜五十六万零七百余斤，铸成九州巨鼎及十二个一丈高的生肖神，把它们全部安置在通天宫。其中最大的一个豫州鼎高一丈八尺，能容一千八百石；其余各州鼎各高一丈四尺，能容纳一千二百石。

武媚还想再用一千两黄金来涂鼎，纳言姚璹赶紧阻拦说："九鼎是神器，可贵的是天质自然，我看它五色光芒相互辉映，不需要靠黄金装点就能放出华彩。"武媚这才作罢。

九鼎无比沉重，搬运是个大问题。为了运输九鼎，武媚下令宰相、诸王率领南北衙禁卫军十余万人及皇家仪仗队中的大牛、白象一同牵拽，那场面真个是惊天动地，壮观非凡。

第十二章

何不归我庐陵王

契丹，东胡鲜卑之后，意为镔铁，乃是发源于中国东北地区一个历史悠久，强悍善斗，半农半牧的族群。

今天人们一提起契丹，往往会想到耶律阿保机所创建的大辽国。辽国皇位共传九帝，享国整整二百一十八年。实际上在相当长的一段时间内，辽的国号就叫大契丹，其国势强盛之时，太宗耶律德光曾数次兵临河洛，连陷洛阳、汴梁等大城，灭掉了后唐、后晋两朝，俨然已经是中原的太上皇。萧太后更是领兵深入宋境内，直逼澶州，吓得宋真宗几乎要迁都南逃。经过数代君王的东征西杀，大辽疆域东到日本海，西至阿尔泰山，北到外兴安岭，南到河北中部，一度在东北亚纵横无敌，不可一世。

因为中原王朝与契丹之间爆发过多年战争，故而留下很多脍炙人口的传奇，如石敬瑭认父、萧太后南征、燕云十六州、澶渊之盟、杨家将等等，一直都深入人心，家喻户晓。

从当代出土的众多辽代墓志中可以看到，在契丹或辽的国号前都有"大中央"或"南瞻部洲"的字样，虽然今天我们说契丹人是北方少数民族云云，但当年契丹人俨然是以中国之主自居的。

不仅契丹人自己自诩主流，在俄语、希腊语和中古英语中，都把中国称为契丹。从中亚直到西欧各国，也都认为契丹是古代中国的代名词，马可·波罗在《马可·波罗游记》一书中将元朝称契丹，而明朝著名意大利传教士利玛窦在1605年寄回家乡的信函中断定，中国就是马可·波罗笔下的契丹，可见强盛的契丹民族对世界亦有巨大影响。

契丹王朝那些举世瞩目的辉煌功业，大部分都发生在10世纪前后，而在隋唐之前尚处于幼年期的契丹，还十分弱小，文化落后，人口稀少，军事孱弱，一直备受周边大国欺凌。

天保四年（553年），刚刚有了一些发展的契丹人第一次遭遇了来自中原的灭顶之灾。北齐文宣帝高洋亲率大军出征契丹，他露着发髻，光着膀子，一路上大块吃肉，痛饮泉水，昼夜不息，带着部下一口气行军一千多里，直奔青山的契丹营地。人数众多、装备精良的北齐军杀得契丹人大败，被俘虏者有十余万之众，各种牧畜被缴获几百万头，给了契丹部族以毁灭性的打击。元气大伤的契丹人只好忍辱纳降，臣服北齐。

正所谓祸不单行，北齐大军撤走没多久，迅速强大起来的突厥也来进攻契丹。刚刚遭受重创的契丹还没恢复经济和人口，完全没有抵抗能力，除了一部分契丹人向东迁徙外，其他部众纷纷投降，融入突厥，又成为突厥的附庸。

半个世纪后，到了隋朝的大业元年（605年），契丹人再一次遭到了毁灭性打击。隋炀帝杨广命通事谒者韦云起联兵突厥一同进攻契丹，当时突厥派出两万精骑，受韦云起指挥。韦云起将兵马分为二十营，诈称是向高丽进兵，所以契丹人并未设防。在离契丹营地五十里时，突厥和隋军突然一同向契丹发起袭击，俘获契丹男女四万口。联军将契丹男子全部杀掉，将女人及牲畜平分，悲惨的契丹人再次受到了几乎亡族灭种级的重创。

弱小民族的命运大多相同，契丹人虽然剽悍善战，但经济落后，人口也得不到发展，刚繁衍起来一批就被屠杀一次，一面受到中原王朝的无情碾压，一面受到突厥汗国的屡次侵扰，虽有血海深仇却不能报，只能在两大强权之间当个墙头草，纳贡称臣，谁强大就依附谁，以求自保。

惊风飘日，光景西驰，转瞬间隋没唐兴，到了大唐武德六年（623年），一直依附于突厥的契丹酋长大贺咄罗做出了一个历史性的选择，他派使者来到长安，向高祖李渊进贡名马、丰貂，重新与中原王朝建立起了联系。

到了贞观二年（628年），大贺咄罗之子大贺窟哥正式决定归顺和依靠唐帝国这棵大树，接受了唐王朝的册封和旗鼓。李世民在师、营二州建立起松漠都督府作为管理机构，封各部酋长为刺史，以达稽部为峭落州，纥便部为弹汗州，独活部为无逢州，芬问部为羽陵州，突便部为日连州，芮奚部为徒河州，坠斤部为万丹州，伏部为匹黎、赤山二州，以大贺窟哥为松漠都督，让他统领八部，并赐他国姓李。

到了高宗朝，随着东突厥的灭亡，契丹人得到了宝贵的休养生息的时间，大贺窟哥的孙子李尽忠继承了松漠都督的职位，又被加封为武卫大将军，继续统御契丹八部。契丹部族居住区域的人口构成与民族关系十分复杂，营州一带除了契丹人之外，还有内附的突厥人、库莫奚人、靺鞨人、汉人以及大量唐灭高句丽后强迁而来的遗民，他们都居住于此地，一代代繁衍生息。

大唐帝国眼中的对手，向来是大漠的突厥，高原的吐蕃，桀骜不驯的高丽，反复无常的新罗，乃至吐谷浑、薛延陀等反复叛乱的部族，从来没有把契丹这种没开化的小部落放在眼里过。

然而到了武周时代，谁也不曾想到，弱小的契丹人居然喊出了气势惊人的口号，并爆发出异常凶悍的战斗力，狠狠地修理了周军。原本一场小规模的地方叛乱，却让武媚陷入了焦头烂额的境地，徒有其表、外强中干的武周军队在契丹人面前屡战屡败，让天下万邦都见识到了这个新王朝真正的军事实力。

无上可汗

万岁通天元年（696年），契丹人聚居地区发生了十分严重的自然灾害，人无粮，畜无草，民不聊生，几乎陷入绝境。松漠都督李尽忠与妹夫归诚州刺史孙万荣心急如焚，联名打报告给顶头上司赵文翙，请求大周政府能够给予救济，援助契丹人一些粮草物资。

这个赵文翙时任东夷都护府大都护、营州都督，是朝廷派驻东北，专门管理奚族和契丹的首席长官。中原王朝对羁縻地区的管辖，向来是恩威并施，恩在前，威在后。可赵文翙这个都督做得很不称职，他性情残暴，骄横无礼，向来把契丹人视为野人，平时的态度就是非打即骂。

根据唐代的中央集权制度，凡遇到灾荒，地方行政长官需上报朝廷，待批准后方可开仓赈给。面对契丹发生的大饥荒，赵文翙只有奏报之责，并无擅自赈灾的权力。营州离长安千山万水，其中申请救灾的手续公文更是十分繁杂，加上赵文翙本来也全无爱民之心，镇抚之能，权变之策，故而他不仅对李尽忠等人的请求视而不见，而且还继续横征暴敛，根本不把契丹人的死活放在心上。

青牛白马的后人，岂能甘受欺辱，坐以待毙。契丹虽然弱小，却也已经有了十万部众，青壮男子皆为战士，族群向心力向来很强。孙万荣是契丹另一个著名头领孙敖曹的后人，素有军事才能，在契丹人中同样很有威望。血性十足的李尽忠与孙万荣俩人一合计，与其活活饿死，不如趁大周现在内忧外困，朝野不宁，人心思唐，干脆扯起大旗，举兵反周。

李、孙二人说干就干，在五月十二日，他们聚起壮士，突然发难，一举攻破了毫无防备的营州城。跋扈又愚蠢的赵文翙这下傻了眼，威风全无，根本无力反抗，只能乖乖地送上人头。

营州沦陷了，作为周廷行政机构的松漠都督府也就不复存在了。李尽忠干脆自立为"无上可汗"，以孙万荣为军中主帅，并号召契丹各部"共襄义举"。远近契丹八部早就受够了武周的鸟气，纷纷响应，四方聚集的人马达到了数万之众。契丹酋长自称为可汗，就是从这个时候开始的。

孙万荣是个将才，作战十分勇猛，又有谋略，他领一路军马为前锋，一路南进，攻城略地，所向皆下，旬日之间便打到了北边重镇檀州（今北京密云区）城下。

契丹人造反的消息很快传到了上都洛阳，女皇武媚表面上大发雷霆，内心深处却着实有几分欢喜。因为这次叛乱，让武媚找到了一个让武氏那些不成器的族人积累军功，建立威望的大好时机。

从武媚的角度看，整个契丹的人口还没有武周的兵多，根本就是癣疥之疾。但面对这样一个影响力很小，实力与周廷完全不成比例的小部族，善于作秀借势的武媚却大大夸张了战争的影响和朝廷的重视程度。她也不问是非曲直，当即下令大举兴兵，命左鹰扬卫将军曹仁师、右金吾卫大将军张玄遇、左威卫大将军李多祚等二十八人为将，大张旗鼓地出兵北上平叛。具体出征人数，史料上没有记载，但从遣将之众及后面几场战事来看，武周派出的军队数量不会低于十万。

曹仁师和张玄遇都是名不见经传的军官，从来没听说过他们有什么拿得出手的战功，唯有靺鞨人李多祚是个人才。李多祚是盖川（今辽宁盖州市）人，世代为靺鞨酋长，骁勇善战，后率部归顺唐，他对于东北一带诸族的情况非常熟悉，曾参加过平定后突厥、黑水靺鞨、室韦的战事，屡立军功，是一员宿将。

武媚揽权是行家，军事上却是大外行。因为高宗时代留下的名将已经被她杀光了，本朝唯一两个有点本事的将领王孝杰和娄师德又刚刚都被贬，所以从她的角度看，现在遣将应敌，务求多多益善。上次她派薛怀义出征突厥，就配置了十八将军，这一次干脆又加派二十八将，以彰显自己兵多将广。

大军出征，靠挂名的将领人多来虚张声势，实在是开唐以来从未有过的怪事。可惜二十八将没几个真能打仗的，单凭李多祚只能控制少数兵力，实在难有什么作为。周军虽然在表面上声势浩大，兵强马壮，装备精良，却无人掌控全局，将士离心，悲剧性的结局自出兵之日已经注定了。

曹仁师、张玄遇等统率的大军前脚刚出发，武媚立刻任命了梁王、春官尚书武三思为榆关道（今河北山海关）安抚大使，屯兵胜州（今内蒙古托克托），作为总预备队。

当时朝中立储大事已经迫在眉睫，武媚心知肚明，李显和李旦无论是谁接班，即位后必然会废周复唐。所以武媚打算趁自己活着的时候对武三思、武承嗣等亲族委以重任，悉心培养，把权柄持久地留在武家。无奈武家所有的头脑都给了武媚一个人了，其他那些武氏再想挑出第二个争气的都没有，各个不但才能平庸，人品也都差得要命，在朝中既无威信，更无根基，满地烂泥一个也扶不上墙。

这一回契丹人闹得"好"，趁机让武三思堂而皇之地登台挂帅，才是武媚此次兴兵的核心目的所在。武媚觉得前方有二十八将在领兵作战，取得胜利必然唾手可得，而乖侄儿武三思只需要在后方装装样子，自可安安全全地等着分享战功，稳稳地捞取一大票丰厚的政治资本。

李尽忠听说朝廷军队大举前来进攻，丝毫没有畏惧慌张，而是有条不紊地开始调兵遣将。此前契丹人在攻占营州时，曾俘获了数百名周军，关在大牢。这时候李尽忠把这些俘虏都放了出来，以契丹人特有的真诚态度对他们说："我们粮食紧缺，无法养活你们，又不忍心加害，现在决定放你们出去。"还煮了顿稀饭算是给这些惊魂未定的战俘饯行。

这批大难不死的俘虏离开营州后，一路跑回到幽州，纷纷向远道而来的周将汇报了他们的经历和当地的情况。各路将领都对契丹人粮食已尽这件事深信不疑，更加觉得击溃这样一群饭都吃不饱的契丹饥兵是件轻而易举的事情，所以人人快马加鞭，日夜赶路，力求抢先进攻，以立头功。

就在周军毫不知情，盲目乐观的情况下，契丹人早已暗暗调集精锐，在西硖石谷布下伏兵，只等猎物入网。看这个地名就知道，这里是一处非常适合设伏袭击的绝地。

曹仁师部的动作最快，先率军队进至黄獐谷（今河北卢龙县东南）。李尽忠唯恐他不上当，又派出一些老弱部民向周军投降，还把一些老牛、瘦马驱赶到路旁，以迷惑引诱周军。收获了不少战利品的曹仁师这回更冲动了，求胜之心更炙，干脆将步兵留在后面，自己率领骑兵日夜拼命赶路，务求速战速决，一战而胜。

八月二十八日，苦苦行军了一个多月的周军曹仁师、张玄遇、麻仁节统领的前军全部进入了契丹人的包围圈。李尽忠一声令下，以逸待劳的契丹人伏兵四起，居高临下地发起了猛烈的进攻。战场上喊声震天，飞石如雨，周军仓促应战，伤亡惨重。

峡谷之内仅有一条崎岖艰险的小路，因为后路已经被封死，周军退无可退，只能硬着头皮继续前行，结果步步流血，遭到了勇猛善战的契丹人一边倒的屠杀。契丹人中有一员大将叫李楷固，非常骁勇，善于使用套绳、骑射和舞槊，所向无敌。张玄遇、麻仁节、曹仁师等周军大将都被他一个个用套绳生擒。这一阵直杀到天色将暮时，谷内人声渐稀，周军死伤殆尽，几乎无人生还。

急匆匆前来送死的周军前军就这样在一天之内覆没了，而此时后军还一点也不知情。要说李尽忠和孙万荣确实都称得上是战术大师，他们为了对付周军后部，又使出一条妙计。

契丹人用缴获的周军兵符伪造了一份军令，强迫张玄遇等人签署姓名，然后派人把命令送到后军将领燕匪石、宗怀昌等人手中，以严厉的态度声称："官军在前方已经大破叛贼，你们后方部队必须火速跟进。倘若迁延观望，等到克复营州之日必定予以严惩，将领一律斩首，士卒不计战功。"

燕匪石等人得令后，一要争功，二怕受罚，于是连夜驱赶着部下将士拼死往黄泉路上狂奔。等疲惫不堪的周军再一次进入契丹军的埋伏圈后，悲剧再次重演，万箭千刀一夜杀，平明流血浸空原，剩余的周军再次遭遇了灭顶之灾，遍谷横尸，无一幸免。

契丹军这一仗打得十分漂亮，尤其以孙万荣在战斗中表现卓越，其机谋通变令他名垂青史。西硖石谷一战被很多版本的《三十六计》列为经典，成为第十七计"抛砖引玉"的代表性战例。

过了些时日，纯粹为镀金而来，在后方等着摘胜利果实的武三思终于闻听前方惨败的消息后，吓得肝裂胆寒。作为身负重任的平叛主将，他手握重兵却毫无作为，压根儿不敢派出一兵一卒对前方予以增援，只是在后方如同空气一般存在着。

北征军惨败的消息传回上都，朝野为之震动，武媚这才明白，对付异族训练有素的军队，完全不像镇压宗亲造反那么容易，哪怕是小小的契丹，也是一颗咬不动、砸不烂的铜豌豆。当年她曾在朝堂上不可一世地大喊"不利于朕，朕能戮之"，何等威风，可如今这冲天豪气却在人口不过十几万的异族对手面前荡然无存，只剩下一种前所未有的无助和尴尬。

有一种人，在无法通过实力战胜对手，内心受挫时，为了安慰自己脆弱的小心脏，就要关起门来骂人，用意淫的方式来缓解心中的焦虑和失落。这种精神胜利法的使用者与身份无关，可以低微如鲁迅笔下的阿Q，可以高贵如君临天下的女皇。

武媚被小小的契丹部杀得心胆俱丧，又毫无应对之法，只好祭出自己最擅长的大招：将李尽忠改名李尽灭，孙万荣改名孙万斩。而这种幼稚可笑的精神自慰传到契丹人耳朵里，让大周又一次沦为笑柄。

勒索

名字是改了，可李尽灭没有真的被灭，孙万斩也无人能斩，契丹的势力反而越发强大起来。而此时武周王朝的尴尬之处在于，由于连年的惨败，已经损失了数十万士兵，国家不仅无将可派，甚至已经无兵可征了。耗费巨资修建的明堂和天枢虽然高大威风，关键时刻却毫无用处，吓不住敌人。

自从高宗即位以来，为开创大唐做出过巨大贡献的府兵制就已经开始衰落，随着天下人口剧增，土地不敷分配，加上豪强大户兼并之风日益猖獗，导致大量农民无地可耕，只好四处流亡，到了武周时代已经发展到"天下户口，亡逃过半"的地步。

面对如此窘境，武媚穷极生智，颁布了一道让敌人笑掉大牙的旨意："天下各州县囚犯以及官民家中奴仆，若有骁勇者，可由官府替其赎身，编入军队，以击契丹。"

遥想太宗时，人们为了荣誉而战，甚至可以不要军饷，自费从军。高宗时期，人们为了金钱而战，唐军每攻占一地常常会滥杀平民，大肆掳掠，倒也士气高昂。而如今朝廷要让这些强征来的囚徒、奴隶到东北那个天寒地冻的不毛之地去送死，战士的斗志如何，也就可想而知了。

就在这个让女皇头痛的节骨眼儿上，遥远的草原上送来了一只看起来十分靠谱的友谊之手，新崛起的后突厥默啜可汗突然派遣使臣来到上都，不仅谦卑地声称要当武媚的干儿子，还誓言出兵帮助武周攻打契丹。

我们前文提到过的后突厥一代开国雄主骨笃禄病死后，因为其子年幼，他的弟弟阿史那默啜继承了可汗之位，史称默啜可汗，也就是给武媚写信这位。默啜的军事才能不在哥哥之下，而在狡黠凶残方面更胜一筹，同样是纵横草原的一代枭雄。

默啜即位后，继续光大哥哥未竟的事业，西讨党项、拔悉密、突骑施及西突厥十姓部落，东击奚、契丹等族，又远征中亚昭武九姓，扩地万里，将漠北各部族全都牢牢控制在手中，让涅槃重生的后突厥汗国实力几与当年东突厥全盛时期相当。

如今这个野心勃勃的默啜可汗忽然提出要来给女皇武媚当儿子，身上还散发着国际主义精神的光芒，口口声声要提供援兵，助周平叛，这不是太阳从西边出来了吗？

当然不是！默啜可汗这一声"妈"可不是白叫的。

自从突厥复国之后，所面临最大的问题就是人口不足。他给武媚当儿子的前提条件，是要收回河套及河南地区的突厥部众。至于说出兵助周攻打契丹，是因为突厥本来就把契丹视为本国的叛徒，如今眼看契丹实力蒸蒸日上，三拳两脚竟然就把武周打得鼻青脸肿，也担心契丹过于强大，难免日后不成为突厥的肘腋之患。

黄鼠狼给鸡拜年，鸡往往满心欢喜。武媚无暇顾及默啜可汗的居心叵测，虽然没有当场认下这个干儿子，却也很快遣使前往突厥示好，不仅痛快地答应了默啜的要求，还任命他为左卫大将军，并册封其为"迁善可汗"。《易经》上说："君子见善必迁。"《孟子·尽心上》说："杀之而不怨，利之而不庸，民日迁善而不知为之者。"越老越糊涂的女皇天真地相信，草原狼王阿史那默啜能去恶向善，改为吃草了。

到了十月，又有好消息传来，首先是契丹的灵魂人物李尽忠病死了，只剩下一个孙万荣，契丹士气大为削弱。数日后前方又传捷报，"迁善可汗"果然投桃报李，真的出兵从背后袭击了契丹，还打了个大胜仗，一举俘虏了李尽忠和孙万荣的家属。

损兵折将的大仇就这样被突厥人给报了，武媚无暇去思考周军和突厥军的战斗力为何差距如此悬殊，反而心花怒放，大喜之下一个没按捺住，直接又给默啜改了个名字，改成了"立功报国可汗"。到了这个时候，武媚觉得自己已经算是守得云开见月明，平定契丹指日可待。至于那些招募来参军的囚徒和奴仆，大概可以全部遣散，该坐牢的接着坐牢，该做工的就让他们继续去做工好了。

可惜天不遂人愿，真相也不会为表面的虚假所掩盖。武媚高兴得太早了，契丹人的坚忍和剽悍远远超过了她的想象。

虽然李尽忠死了，可二把手孙万荣同样出身大族，本身也具备一定的影响力，加之他通过一系列的胜仗为自己在契丹人当中树立起了很高的威望，故而顺利地接手了契丹首领的位置。

在孙万荣的指挥下，契丹军心安定下来，很快斗志复振，重整之后的部队以迅雷不及掩耳之势攻占了位列九州之首的冀州，杀死刺史陆宝积和百姓数千人，随后又进攻瀛州，搅动得整个河北都动荡不安。

与此同时，默啜也露出自己的狰狞本相，花了大价钱的武媚不但没有指望上突厥人的回报，还在背后被狠狠捅了一刀。次年春天，她亲手册立的"立功报国可汗"翻脸不认娘，肆无忌惮地率军入寇灵州（今宁夏宁武市）、胜州（今内蒙古托克托县）等地，配合着契丹人的攻势大大羞辱了大周天朝一番。

连环耳光之下，武媚这才终于醒悟了，之前自以为大好的形势完全是幻觉，突厥人太强大，他们的仇暂时只能先放一边，而跟契丹人的仗，还得接着打。而这一次，谁能领兵出征呢？

武媚心知肚明，侄子武三思那两下子肯定是指望不上了。武媚决定拿出压箱底的本钱，重新起用了之前被贬黜的大将王孝杰，让他出任清边道总管，率领十七万东拼西凑的奴仆和罪犯大军北上抵御契丹。这一次和王孝杰搭档的，不再是老谋深算的娄师德，而是一个本事平常的左羽林将军，叫作苏宏晖。他的战功不多，最辉煌的一次当属曾经跟随薛怀义参加过那场对突厥示威的武装大游行。

政治家与阴谋家的区别是：一个真正的政治家思考问题是以国家利益为第一位的，而阴谋家却总会把个人利益放在第一位。尽管形势已经十分严峻，可武媚依旧不顾大局，把兵权牢牢抓在本家人手中，她随后又任命了另一个从来没上过战场的族侄武攸宜为大总管，让他镇守渔阳（今天津市蓟州区），表面上说是配合王孝杰前军的行动，实际目的和起用武三思那次一样，只等着王孝杰打了胜仗，好去跟着混功名，分享胜利果实。

神功元年（697年）三月十二，王孝杰和苏宏晖兵至东硖石谷（今河北唐山附近），与契丹军遭遇。因为峡谷两侧皆为峭壁，道路狭窄，周军的兵力优势发挥不出来，王孝杰亲率少量精锐士卒为前锋，且战且进，奋勇拼杀，打算冲出一条血路，快速进兵到谷外排成方阵与敌人决战。

以王孝杰之勇猛，这时如果后续援兵跟得上，周军大有胜算。可就在这生死攸关的时刻，苏宏晖这个猪队友却掉了链子。他眼看着前军越来越远，却一直担心契丹人诈败设伏，所以压根儿不敢引军接应。按兵不动也就算了，随着前方又传来了周军兵败的虚假情报，苏宏晖干脆撒丫子逃跑，把舍生忘死在前拼杀的王孝杰一个人丢下。周军本来就斗志不坚，畏敌如虎，经过苏宏晖这一连串操作，毫无悬念地引发了周军如雪崩一般的大溃逃。

后军主力退了，在前方拼死作战的王孝杰部就成了孤军，险峻的硖石谷再一次成了周军的死亡之地。王孝杰不负大丈夫本色，虽被逼退到悬崖绝路，依然带着少量残兵奋战不止，最终坠崖身亡，壮烈殉国。武周第一名将王孝杰虽然连番对抗吐蕃、突厥等劲敌，大风大浪也算闯过了，却在与看似弱小的契丹人的小河沟里翻了船，殒命沙场。

统率重兵驻扎在渔阳以为策应的武攸宜，听说王孝杰全军覆没，吓得差点尿裤子，他的反应无愧武家子弟本色，和武三思一样，不敢派出一兵一卒应敌，只知道下令紧闭城门，躲在城里瑟瑟发抖，甘当缩头乌龟。

武攸宜的无能表现，在当时却意外地催生了一位诗人，留下了一首千古绝唱。

当时武攸宜军中带了不少文士为参谋，包括我们在前文中提到的张说，还有大才子陈子昂。

前方兵败的消息传来后，陈子昂心急如焚，急谏武攸宜，"乞分麾下万人以为前驱"，想要亲自出战沙场，为国立功。但胆小如鼠的武攸宜哪里肯应，以其"素是书生，谢而不纳"的理由坚决拒绝。陈子昂大失所望，却还不死心，又屡次求见，结果把武攸宜激怒了，不但没有对他委以重用，反而把他的官职贬为军曹。

郁郁不得志的陈子昂悲愤至极，登临幽州台（今北京市蓟北长城），极目远眺，凭古吊今，写下慷慨悲凉的《登幽州台歌》，留下了这篇惊天地泣鬼神的传世佳作：

> 前不见古人，后不见来者。
> 念天地之悠悠，独怆然而涕下！

孙万荣再次大败周军后，携新胜之威继续挥戈南下，一举攻占了河北最重要的城市幽州（今北京）。契丹兵四处掳掠，纵马在各州县之间往复驰骋，如入无人之境，河北各地驻守的周军全都不敢阻拦。

号称万邦朝拜的大周，以举国之力去攻打东北边疆的一个小小部族，却损兵折将，一败再败，这样出人意料的结果让所有人看清了这个靠着明堂和天枢堆砌起来的天朝是何等虚弱。就连孙万荣自己也没想到，面前这个疆域人口千百倍于己的强大对手，居然如此不堪一击。他在攻陷幽州之后，带着对女皇的万般轻蔑，喊出了一个惊天动地的口号："何不归我庐陵王！"公开指责武媚之皇位来路不正，不是李唐正朔，不配让契丹为之效忠，要求她归还李家天下。

就在周军连战连败，武媚一筹莫展的时候，冷眼旁观已久的默啜可汗再一次恰逢其时地出现了。他同样看穿了武周的虚弱本质，这回也不提要给女皇做干儿子了，口气硬了很多，以出兵相助为条件，来了个狮子大张口，提了一大堆过分的要求。如今的局势天地倒转，就差让女皇管他叫爹了。

默啜所提的政治条件主要如下：

一、周廷须归还丰州、胜州、朔州、代州、灵州的突厥降众数千帐；

二、将单于都护府辖下的大片领土割让给突厥；

三、周廷要提供给突厥四万斛谷种，五万段彩绸，三千套农具，四万斤铁；

四、允许突厥可汗家族与武周皇族之间进行通婚。

此时的武媚如同耗子钻烟囱，两头受气。按照她的刚强性格本想一口回绝，可架不住众多被契丹吓破了胆的朝臣一再相劝，最后只好勉强答应了默啜可汗的全部要求，经过这一番意外横财的大规模输血，后突厥的实力愈发强大起来。

自打大唐开国以来，还没有天朝上邦被附属异族部族轮流强暴，纳款割地的先例，谁也想不到到了武周朝，高祖太宗那些光荣的功绩被一一打破。然而屈从于外敌讹诈这个黑锅，可不能让大唐来背！

骑猪

神功元年（697年）四月，接二连三遭到羞辱的武媚如同输红了眼的赌徒，第三次拼凑起了二十万大军，意欲再与契丹再战。可她完全没有接受以往的教训，在选择领军主将时再一次让所有的朝臣大跌眼镜。

她还是从蠢材成堆的武家人里选将。

她选出来的这位大将军竟然位列诸蠢之冠。

这次被武媚选中的是河内王，时任左金吾卫大将军的武懿宗。

武懿宗是武媚的堂兄武元忠之子，时年三十六岁，他身材短小，腰背弯曲，相貌丑陋，单看外表就实在没什么人样子。

如果说看人不能只看外表，要看内在，那么形容不堪入目的武懿宗如假包换地做到了表里如一。他性情阴险，既愚蠢，又残暴，尤其惯于诬陷忠良，可以说从里到外一无是处，为天下人所厌恶鄙夷。我们前文所讲过的箕州刘思礼一案，有三十六位海内名士被满门抄斩，就是这位残忍至极的武懿宗和酷吏来俊臣联手炮制的"杰作"。

武媚曾有一次设宴款待武家诸王，君臣间推杯换盏，猜拳行令十分热闹。酒过三巡，席上的武懿宗忽然放下酒杯，起身下跪，哭丧着脸上奏说："臣急告君，子急告父。"武媚一口酒差点没呛着，以为发生了什么了不得的军国大事，连忙暂停宴乐，问其缘由。武懿宗跪在地上吭哧瘪肚了半天，才不好意思地说："臣家封地送来的那些土特产，一路经过州县运输不当，被损坏了好多啊！"

如临大敌的武媚一听侄儿上奏的原来竟是这样芝麻绿豆的屁事，气得心脏病差点犯了，她强压心中怒火，抬头仰观屋椽，平复心情良久，才咬着牙说出话来："朕与诸亲饮酒正乐，你是亲王，为这二三百户封地的事差点吓死我。你真不配做王！"然后下令左右把他拖出去。武懿宗这才知错，赶紧免冠拜伏请罪，诸王也纷纷替他求情，武媚才算消气。

就是这么个人不人鬼不鬼的蠢东西，靠着姑母的提拔，步步高升，尊荣无比，竟然做起王孝杰尚且不能胜任的官军大帅来了。

神功元年（697 年）四月，武则天派武懿宗带着娄师德、沙吒忠义两员老将率兵二十万，第三次北征契丹。

娄师德这一次重新出山，为周军增色不少，而沙吒忠义是和黑齿常之一起降唐的百济人，也算是一员久经沙场的宿将。然而只要领军主将姓武，任你是神仙下凡也难有作为。为了确保此战能够不再落败，痴迷于佛道的武媚大办法事为军队祈福，祈祷"有敕祈五岳恩请神兵冥助，尊师衔命衡霍，遂致昭感"，尽显其精神上的惶恐无助。

二十万周军浩浩荡荡地抵达赵州（今河北赵县）后，前方斥候忽然传回情报：发现了契丹将领骆务整带领的数千骑兵来犯。

二十万对几千，大概换了其他将领，都会下令全军进攻，吃掉这股敌人。复仇心切的部将们都对武懿宗说："敌人没有辎重，只能靠抢掠作给养，我们若屯兵拒守，他们势必瓦解，然后乘机进击，可获得大功。"可这位武懿宗的思路绝非常人可比，他吓得面色发青，冷汗透甲，立刻下令撤军。这一撤，可不是十里八里，而是一口气撤到了中原腹地相州（今河南安阳）。周军千里迢迢运来的无数军需辎重都成了送给契丹人的大礼，而赵州百姓也因为无人保护而惨遭契丹兵屠戮。

性情滑稽，喜作嘲谑诗的左司郎中张元一闻听了武懿宗在前线的"壮举"，即兴为他赋诗一首，以示钦佩敬仰之情。诗云："长弓短度箭，蜀马临高蹁。去贼七百里，隈墙独自战。忽然逢着贼，骑猪向南蹿。"意思是说武将军用的虽然是一把名贵的长弓，可惜手臂无力，箭没有射出多远，就掉在地上了；蜀地出产的马匹最为矮小，可更矮小的武将军还是需要搬一把凳子才能爬上马背；在距离敌人还有七百里远的时候，武将军威风得很，装模作样地在城头上摆出要上阵杀敌的架势，可若是真遇到敌人了，武将军就吓得屁滚尿流，落荒而逃了。

张元一这首歪诗大快人心，写了没多久，就风靡全国，一直传到了武媚的耳朵里。武媚大概意思看得明白，唯独对最后一句不解，就问手下说："我侄子懿宗明明是骑马的，怎么说他骑猪呢？"下人忍着笑一本正经地解释道："猪还有一个名字是豕，和那个屎尿的屎同音，就是说咱们武大将军一听说敌人来了，吓得屎尿齐飞，这不是骑着豕（屎）嘛！"

武媚闻言，哭笑不得，也算是彻底对她的族人失去了信心。暗恨这么多姓武的，享受着自己所赐予的高官厚禄，却一个个怯如鼠，蠢如猪，贪如狼，竟无一人有真才实学，可以帮她坐镇这大周天下。

水满则溢，月满则亏，就在契丹人上半场一路打得顺风顺水的时候，没料到厄运从背后袭来了。

孙万荣率军攻入河北后，缴获了大量物资。他把所有的金银、粮食、兵器，还有族中的老弱妇幼，都安置在柳城（今辽宁朝阳市）西北四百里处一座非常隐蔽的要塞里，然后派自己的妹夫乙冤羽来镇守。把所有鸡蛋放在一个篮子里，是个不可饶恕的错误，这个装满了契丹人所有家底的要塞，成为孙万荣最为致命的软肋。

孙万荣虽然不把羸弱的武周放在眼里，但对后方虎视眈眈的突厥还是非常忌惮的。吃过一次大亏的孙万荣非常担心再次被背后捅刀子，所以在向周军发动进攻之前，特地派出使者前往突厥王庭觐见默啜可汗，请求与他结为联盟。为了表达对这个昔日宗主的重视，孙万荣前后一共派出了两批使者，第一批三个人，第二批两个人，可事情坏就坏在后面这两个人身上了。

本来第一批使者已经和默啜可汗达成了共同反周的共识，可第二批使者到来后，喜怒无常的默啜可汗不知怎么的觉得自己受到了怠慢，怒气冲冲地要将这两人斩首。

这两名使者也真是对得起孙万荣，他们为了自保，竟然向默啜透露了一个惊天的大秘密——隐藏于深山之中的契丹要塞位置所在。

阿史那默啜闻言大喜，他连大周都能反复背叛，更不会和小小的契丹讲什么道义了。默啜当即面色一沉，下令把先到的三个使者杀掉，然后赏给后来的两个使者红色官衣，让他们充当向导，自己亲率大军，直扑契丹要塞而来。

一座由老弱妇孺守卫的要塞，又能在如狼似虎的突厥人面前走几个回合。三天之后，要塞被攻破，突厥人大肆奸淫掳掠，把契丹人多少年积攒下的家当一扫而空，心思阴险的默啜只释放了乙冤羽一个人，让他去向孙万荣报告这个惊天的噩耗。

孙万荣当时正在河北大平原上跟周军对峙，这一次武周军队尽显人数优势，得以排开阵型，同时利用充裕的后勤补给，"高垒深沟，卧营而不动"。孙万荣正在筹划如何进攻，却听到老巢被端的消息，恍若五雷轰顶，当时便瘫倒在地，契丹人军心大乱，人人思归，队伍立刻溃乱起来。

正所谓墙倒众人推，一方面突厥人已经出动，和周军形成了南北夹击之势，另一方面契丹人的友军奚族军队听说了这个消息后，也跟着落井下石，竟然和对面的周将杨玄基密谋，一同进攻契丹军队。

纵使在这种完全劣势局面下，孙万荣仍能聚集数万契丹男儿，排列前后九阵与周军奋勇血战，但终归实力相差太过悬殊，契丹军寡不敌众，最终大败而溃，孙万荣只得率数千骑兵逃走，他手下素来勇猛善战的几个将领何阿小、李楷固、骆务整等人，都成了周军的俘虏。

大势已去的孙万荣一路逃亡，由于途中不断被周军攻击，人马越来越少。孙万荣逃到潞水（今北京通州北运河）以东的一片荒林时，已经是人困马乏，筋疲力尽，可他还没来得及喘口气，后面周军张九节的部队就逼上来了。

一代契丹人杰孙万荣也算是英雄末路，他仰天长叹道："今欲归唐，罪已大。归突厥亦死，归新罗亦死。将安之乎？"

败军之将的归宿，往往由不得自己做主，孙万荣话音未落，已经被部下一刀砍死，部下带着他的脑袋向周军投降了。

万岁通天二年（697年）六月三十日，历时一年的营州之乱终于宣告平定。契丹人短暂的辉煌虽然暂告一段落，却留下了严重的后遗症。这次营州战争彻底摧毁了周廷在东北的边防体系，营州地区就此落入了突厥之手，在整个武媚统治时期都未能收复。

遗患

一直到了唐玄宗时代，突厥默啜可汗的势力开始衰落，李尽忠的堂弟失活率众再次投靠唐廷。玄宗李隆基任命他为新一任松漠都督，还嫁给他一个宗室之女，以示笼络，才重新开始了中原对东北地区的羁縻统治。此后，契丹人就一直默默地休养生息，时刻观望着大唐帝国的兴衰，时服时叛。等到这个有着狼族血脉的镔铁之族真正崛起为一个强大国家，已经是二百年以后的事情了。

在持续的平叛战斗中，从前线到朝廷各级部门呈报上来的军事公文如山似海，而兵部有个中级官员在这一阶段表现得极为出色，处理公文快捷、稳妥又有条理。武媚经过一段时间的观察，发现他确实是个人才，就将其提拔为夏官侍郎。这个官员叫作姚崇，后来也比肩房玄龄、杜如晦、宋璟三人，位列"唐朝四大贤相"之中。

声势浩大的契丹叛乱就这样结束了，骑猪将军武懿宗真是命好，还没搞明白怎么回事，就在龟壳里取得了连王孝杰也无法企及的大胜。为了挽回他在战场上的拙劣表现，武媚又给了他一个既无危险，又能建功的任务，让他和娄师德、狄仁杰三人分道去安抚刚刚经历过战乱浩劫的河北百姓。

鲁迅先生曾说过："勇者愤怒，抽刃向更强者；弱者愤怒，抽刃向更弱者。"大部分对强敌怯懦无能的人，都会对同胞加倍残暴。武懿宗走马上任后，一扫当初缩头乌龟的本色，换上了一副凶神恶煞的嘴脸，对赤手空拳的本国百姓举起了无情的屠刀。

在营州之乱中，河北各州都有大批百姓被契丹兵裹挟去了北方，成了奴隶。现在契丹败了，对他们无力看管，这些百姓就又纷纷逃回家园。武懿宗到来后，竟然宣称这些百姓都是反贼，曾经跟着契丹人一起造反，把他们全都逮捕，处以死刑。

一个人做一次坏事不难，难的是一辈子只做坏事，不做人事。武懿宗的性情极为残忍，即便杀人也不让人死得痛快。他让士兵们趁这些百姓活着的时候就把他们开膛破肚，取出人胆，然后再砍头，整个刑场上撕心裂肺的惨叫声不绝于耳，如同人间地狱。而武懿宗则谈笑自若地站在一旁观赏，其扭曲变态的心理得到了极大的满足。

原本契丹人中最嗜杀的将领叫何阿小，而代表官军到来的武懿宗手段毒辣又更胜一筹。由于武懿宗的爵位是河内王，所以河北百姓间流传着一首悲惨的歌谣："唯此两何，杀人最多！"自从官军到来后，河北百姓之苦难，更胜于契丹人来的时候。

武懿宗屠杀了大批从契丹南归的百姓，搞得河北路断人稀，哀声遍野，可他丝毫没有收手的意思，反而越杀越起劲，后来干脆上奏武媚，要求将所有的"从贼者"满门抄斩。这样一来，被屠杀者的数目还要再扩大十倍。

对于武懿宗这个丧心病狂的请求，武媚不予反驳，反而召集朝臣予以商讨其可行性，满朝文武噤若寒蝉，竟然没有一个人敢于出面反对。最后还是一个从八品的小官，左拾遗王求礼站了出来，勇敢地发出了正义的怒吼："这些所谓的叛国者都是手无寸铁的百姓，无力反抗契丹人的胁迫，为了生存才不得不从贼，岂有叛国之心？反倒是武懿宗，手握二十万重兵，遇敌数千人便望风而走，致使贼人坐大，到头来却将罪过全部归之于百姓，如果要杀，请先杀他以谢河北！"武媚也觉得大杀河北百姓对自己的统治没什么好处，也就借机否决了武懿宗的奏请。

李尽忠和孙万荣起兵时，营州地区的靺鞨人也加入了反周的行列，靺鞨人首领乞四比羽和乞乞仲象都被李尽忠授予"大舍利"的官职。孙万荣失败后，武媚意图对他们采取招抚政策，分别封乞四比羽和乞乞仲象为"许国公"和"震国公"，表示要赦免他们参与叛乱的罪行，却遭到了靺鞨人的明确拒绝，于是武媚命令契丹降将李楷固带兵去围剿靺鞨人。

靺鞨人比契丹更加弱小，第一次与周军交战，乞四比羽就战死了，紧接着乞乞仲象病故。失去两大统领的靺鞨人没有屈服，乞乞仲象的儿子大祚荣代父而立，依旧不屈不挠地率所部继续与周军抗争。

李楷固打了一个胜仗后，率军对靺鞨余部穷追不舍，一直追到了天门岭，结果被善于用兵的大祚荣借助高丽兵杀得大败，周军全军覆灭，李楷固仅以身还。

这一时期，中原通往东北的交通道路已经全部被阻隔，契丹与奚族纷纷依附于突厥。大祚荣审时度势，竟然在东牟山（今吉林敦化西南城子山山城）建立起了一个新政权，并自称"震国王"，是为渤海国立国的开始。

为了巩固政权，大祚荣在建国之后立即遣使与突厥结盟，又通好南面的新罗，巧妙地在强敌环伺的邻国之间斡旋，数年之间势力得到了迅速发展。其疆域南接新罗，北邻黑水靺鞨，西连契丹、突厥，有户十余万，胜兵数万，地方五千里，成为当时东北地区一支举足轻重的政治力量，让东北彻底脱离了周廷的控制。

再说契丹人，以一个弱小之部族独立对抗两大帝国的连番进攻，而且正经八百打了几场硬仗，可以说是虽败犹荣。而且经过这一场大伤元气的惨败之后，契丹人非但没有从此没落，战斗力反而奇迹般地越来越高。

十三年后，大唐已经复国为李家天下，当初可怜无依的皇嗣李旦已经成了唐睿宗。他任命幽州大都督孙佺为主帅，出兵十二万打算重新夺回营州，以雪母亲执政时期的前耻，结果唐军再次被契丹和奚族联军击败，全军覆灭。孙佺被俘后，被契丹人当作礼物献给了突厥，心狠手辣的默啜可汗自然不会给李旦留什么面子，将唐军主帅孙佺斩首示众。

又过了三年，大唐进入玄宗李隆基称帝的全盛时期，名将薛仁贵的儿子薛讷领命再征契丹，尽管宰相姚崇等人多次劝阻，可这次军事行动依然得到了皇帝的全力支持。初登大宝的李隆基为父复仇的心情十分迫切，而薛讷也指望着这一战能替父扬名，结果呢？可惜这一对君臣的雄心在契丹人的长弓烈马面前尽化泡影，一战之下，薛讷带领的六万精兵折损了十之八九，薛讷也被契丹人起了个"薛婆"的外号，颜面尽失，灰头土脸地回到长安。

打虎亲兄弟，上阵父子兵，既然哥哥不行，李隆基还想试试薛家二弟的水平如何，他任命薛讷的弟弟，幽州长史薛楚玉为主帅，再一次征讨契丹，结果唐军阵亡万余人，再次以失败告终，薛楚玉亦被罢官。此战之后，一个叫张守珪的将领接替他的位置开始镇守幽州，这个张守珪麾下有一员粟特族大将，原名叫康轧荦，后来改了汉人名字，叫作安禄山。

营州都督府一共下辖十八个羁縻州，数十年来屡遭战火洗劫凌虐，尤其是当初在武懿宗的残暴屠杀下，家家戴孝，户户哭号，到处都是被官军滥杀后丢下的残尸，整个河北的百姓恨透了朝廷。经过那次大屠杀之后，当地剩余人口很多都被内迁到了幽州，大量的少数民族的涌入，彻底改变了幽州地区的人口构成。

营州之乱五十五年后，安史之乱爆发，安禄山一呼百应，河北的范阳、卢龙、密云、渔阳各州都成为安禄山的铁杆根据地，当年迁徙而来的百姓后代们成了安禄山叛军的主力，铁了心反唐，这也跟武周朝时期那段作孽的历史有着不可分割的关系。

无功

在很多影视剧中，许多不可一世的大佬，都死于默默无闻的小弟之手。嚣张跋扈的默啜可汗虽然与中原作战屡次获胜，但终于有嘚瑟到头的一天，而为汉人报此大仇的，却并不是汉家兵将，而是一个铁勒人。

开元四年（716 年），默啜可汗率军去进攻铁勒九姓之一的"拔曳固"部族，以突厥之强悍自然是打了个大胜仗，抢了不少粮草马匹。可就在突厥军凯旋的途中，谁也不曾想到的一幕发生了。

半路之上，草莽之中，如疾风骤雨一般杀出一支刺客小队，领头的是一个叫颉质略的拔曳固族勇士。他趁着默啜猝不及防，以雷霆万钧之势一刀斩下了这位东亚强人的脑袋，然后在其手下众多护卫惶恐的目光中，全身而退，绝尘而去。

斩了大唐最大敌人的首级，这是何其荣耀的巨大功劳。然而厚道的颉质略却无意向朝廷邀功，或者他根本不知道自己手里这颗人头的价值，而把它送给自己的一个汉人朋友，在拔曳固部族中担任联络员的一个唐廷小军官郝灵荃手里。

郝灵荃这下可中了头彩，立刻兴冲冲地向朝廷邀功请赏，因为他知道，这颗人头很可能换来一个大将军的高位，一场泼天富贵唾手可得。可惜天不遂人愿，郝灵荃的一腔热望却撞到了一座冷酷无情的冰山。这座冰山，就是当时的宰相，那位被誉为"有脚阳春"的宋璟。

宋璟和姚崇一样，一向反对朝廷穷兵黩武，他认为此事若大事宣扬嘉奖，等于鼓励了皇帝和边将的好战之风，徒增国家与百姓的负担，所以故意低调处理，把这件事整整压了一年，最后敷衍着把给郝灵荃封了个郎将草草了事。那郝灵荃也是个心眼儿窄的，他由于过度失望，实在承受不住巨大的心理落差，竟然悲伤过度，号哭而死了。这可真是应了"命里无时莫强求"那句话。

作为流芳千古的"唐朝四大贤相"之一，宋璟的态度可能让一些求功心切的边关将士觉得寒心，但许多有识之士，譬如白居易等人都非常推崇宋璟的做法，还写诗赞叹道："君不闻开元宰相宋开府，不赏边功防黩武。又不闻天宝宰相杨国忠，欲求恩幸立边功。"

营州边关的这一段烽火往事，是武周时代一段不堪回首的"败仗全集"。武媚自诩才智无双，却将全部精力都放在了铲除异己，自毁长城上，将高宗留下来的名将程务挺、王方翼、黑齿常之、李孝逸、张虔勖、泉献诚通通杀光，然后让武家的庸碌子弟甚至男宠领兵出征，虽然动辄出动数十员将领兴兵外战，却频频失利，让数十万的大好男儿沦为枯骨。虚弱的周军不但打不过强大善战的突厥、契丹，就连在奚人和靺鞨人面前也显不出威风来了。

让周廷连年损兵折将的营州之乱终归是结束了，武媚虽然取得了名义上的胜利，却彻底丢了东北的控制权。为了庆祝这场可笑又可悲的所谓"赫赫战功"，武媚于是年九月在通天宫举行大祭，同时大赦天下，改元"神功"。

第十三章 ——

天下归心

塞上如今无战尘，汉家公主出和亲。邑司犹属宗卿寺，册号还同房帐人。
九姓旗幡先引路，一生衣服尽随身。毡城南望无回日，空见沙蓬水柳春。

这首诗讲的是唐朝公主和亲吐蕃的旧事。自大唐开国以来，曾与吐谷浑、突厥、契丹、回纥、吐蕃等政权都实行过和亲政策。这种政治婚姻，也算是大唐为了避免干戈的无奈之举。一般来说，和亲所带来的和平并不能持久，最后结果往往是侵扰愈多，所以很多有识之士都把朝廷这种和亲策略视为国耻，对此痛心疾首。

圣历元年（698年）六月初六，一个愁眉苦脸的俊俏少年踏上了从上都北去的漫漫旅途。这个少年出身极为显赫，乃是当朝一人之下、万人之上的魏王武承嗣之子——淮阳王武延秀。此番北行，武延秀背负着一个让他十分痛苦却难以抗拒的任务，去突厥和亲。

后突厥可汗阿史那默啜袭击契丹，成功助攻后，被武媚册授大单于，得到了大片土地、人口，以及不计其数的赏赐。经过这两年偷袭契丹，勒索武周，大发横财的默啜已经拥兵四十万，据地万里，西北各族部落都来俯首称臣，已经完全不把周廷放在眼里了。

阿史那默啜之前曾经提出过和亲的请求，要将女儿嫁给武周皇室，武媚欣然同意，毕竟和亲是成本最低的和平之途。她选出了武家第三代子弟中血缘最近也是最优秀的武延秀来担此重任，也算是诚意满满。据史料记载，整个唐朝一共派出过二十一位公主和亲，而派女婿上门和亲的，绝无仅有，也算是武周时代的另一项全新纪录，这个锅，同样不能让唐朝来背。

不识趣的凤阁舍人张柬之进谏说："自古以来从未有过中国亲王娶夷狄女人为妻的。"武媚觉得这话很刺耳，便将张柬之外放为合州刺史，以示薄惩。这个张柬之，是对于未来武周王朝的命运至关重要的人物，关于他的故事，后文还会详细提到。

武媚对侄孙的婚礼非常重视，因为武延秀毕竟代表着一个天朝上国的脸面，她任命了两位高官，由豹韬卫大将军阎知微为春官尚书，右武卫郎将杨齐庄代理司宾卿，作为和亲团的正副使，带着数不清的金银绸缎作为聘礼，护送武延秀一同北行。

浩浩荡荡的和亲队伍摆出了夸张的仪仗，一路奔向突厥而来。和情绪低落的武延秀不同，新官上任的阎知微此时还陶醉在被女皇委以重任的虚荣之中，心情愉悦地欣赏着沿途壮美的北国风光，殊不知一场致命的灾难正在前方向他招手。

八月初一日，武延秀、阎知微等人历尽千辛万苦，终于到达黑沙城（今内蒙古呼和浩特），也就是突厥的王庭所在。此时武延秀白净俊俏的小脸已经被大漠的风沙吹得黝黑。可到了目的地，这位新女婿并没有得到他想象中的热情礼遇，甚至连未来岳父的面也没见到，只能先在帐外和随从们一起恭候。

先进去拜见可汗的是和亲正使阎知微，他恭敬地呈上了丰厚的礼单，请阿史那默啜验收。贪婪的默啜毫不客气地照单全收，纳入库中，然后一拍桌子，当场翻脸表示悔婚，女儿不嫁了！

悔婚总要有个缘由，风头正劲的阿史那默啜根本不怕得罪武媚，他心中早就盘算好了，向武媚发出了一封毫不客气的公开信，摆出一副受害者的姿态，对周女皇大大申斥了一番：

朝廷给突厥供应的谷种，事先都已经被蒸熟，种到地里根本不生芽；

朝廷给的金银器皿都是次等劣质产品，成色很低；

我赐给唐朝使者的绯、紫官服，都被朝廷没收，这是对突厥的轻视；

朝廷送给突厥的布帛绸缎也都是残次品；

第五，也是最重要的一条，阿史那默啜强调说："我可汗女儿要嫁的皇族，是李唐皇族，你们武氏小族无名无望，压根儿就与我门户不当，怎么敢冒名前来娶亲！"

这下上门女婿做不成了，整个和亲团都傻在那里不知所措。默啜将哭哭啼啼的武延秀扣留起来，然后强行封了阎知微一个南面可汗的名头，让他做自己的傀儡，并对阎知微说："武家的小孩哪里是什么天子之子？我突厥世代受李氏的恩德，听说李氏都被杀绝，只剩两个儿子，我现在将要发兵帮助他们夺回江山！"

一夜之间，剧情发生了地动山摇的大翻转，让所有人瞠目结舌。完全不按套路出牌的阿史那默啜说干就干，没等武媚反应过来，他已经出动了十万骑兵，从静难、平狄、清夷等军镇开始发动大举进攻，一口气攻占了妫、檀、赵、定数州，突厥兵一路大肆烧杀掠夺。武媚为了怀柔突厥而做的和亲美梦，彻底破产。

默啜收了聘礼却不嫁女儿，还得了便宜卖乖，痛斥武周不正统，贪得无厌，言而无信，实在是个卑劣狡黠之徒。但从契丹人的口号"归我庐陵王"，到如今突厥口口声声要兴兵替李氏勤王，可见武媚称帝十年，坐拥天下，在外邦人眼中却依旧是个名不正、言不顺的篡位之主。盲目自信的武媚过高地估计了她这个女皇的政治影响力，一厢情愿地希图招抚突厥首领，却因其皇帝身份的非法性、外交政策的失当等原因屡屡受挫。她在国内耗费巨资，造明堂、造天枢、造九鼎自娱自乐，可在强敌面前，没有绝对实力又想维护虚幻的颜面，企图以封号、物资、金帛、和亲换取苟安，只能自取其辱，徒增笑柄。

储君一天不确立，武媚自己心里也不踏实。"国际友人"的连番发难更让她寝食难安。尽管武承嗣、武三思等人多方活动，希望女皇能册立他们为太子，但武媚却一直犹豫不决。毕竟武家子弟在历次战争中的"卓越"表现，加上那些反叛外族屡屡喊出尊李归唐的口号，这些现实的窘况在潜移默化中已经对武媚纠结的心态产生了巨大的影响。

得皇位简单，得人心难！

转机

很多尊怀李唐的大臣，一直在努力做着女皇的工作，不断替李显兄弟说好话。继李昭德之后，鸾台侍郎、同平章事狄仁杰也就皇位继承人问题向武媚进行了一次正式的进谏。

孟子云："虽有智慧，不如乘势；虽有镃基，不如待时。"作为老乡和同龄人，武媚对狄仁杰向来高看一眼，非常信任，而狄仁杰也正是利用这一优势，言谈如春风化雨，既不激怒武媚，又在不动声色间点点滴滴地帮李氏挽回不利的局面，他对武媚这样说道："文皇帝（李世民）栉风沐雨，亲冒锋矢，打下江山传给子孙，大帝（李治）将二位皇子托付给陛下，陛下现在却准备把江山社稷移交给异姓家族，这恐怕有违天意。而且姑侄之亲毕竟不如母子之亲。陛下如果册立儿子，百年之后可以配食太庙，永远子孙相传；如果册立侄儿，则未必能够在身后享受子孙的祭祀。有谁听说过天子为姑母立庙祭享的事情呢？"

这番话和李昭德说过的几乎一模一样，武媚心中早有所动，却扭着涂满厚厚脂粉的老脸，摆出撒娇的样子，装作不耐烦地说："这是我的家事，爱卿不必干预。"

狄仁杰不为所动，正色答道："君王以四海为家，四海之内，没有什么事情不是陛下的家事。我作为君王的股肱之臣，位居宰相，这种重大事情怎么能不加以干预呢？"

到了此时，武媚心中的天平已经偏向李氏七分，狄仁杰干脆明确提出接回庐陵王李显的请求，武媚虽未当场同意，却也不再明确表示反对。

武媚一直都深信天降祥瑞那些吉兆，自然也相信会有凶兆。有一次，武媚梦见一只大鹦鹉的两扇翅膀都折断了，就去请狄仁杰解梦。狄仁杰反应非常敏锐，他抓住时机，一本正经地回答说："鹦鹉的谐音是'武'，就是陛下您啊。两个翅膀就是您的两个儿子，陛下如果愿意扶立两个儿子，那么折断的翅膀就会重新振起来！"

因为这个怪诞的异梦和狄仁杰合情合理的解释，武媚终于彻底下了决心，无论是否册立李氏，总之是不会把继承权交给武承嗣、武三思等人了。

重新册立李显为太子，是关乎武周朝命运的至关重要的大事，也是武媚最艰难的一个决定。要促成这件事不知道前仆后继折了多少大臣，现在仅仅靠狄仁杰一个人的力量是不够的，在这件事上，控鹤监供奉吉顼也起到了决定性的作用。

控鹤者，骑鹤也，暗含仙人骑鹤飞天之意。垂拱中期，政府各机构大改名，太子左右监门率府被改为左右控鹤禁率府，掌管太子卫队。

圣历元年（698年）控鹤监被重新建立起来，虽然名称还一样，可含义却和当初大不相同，由一个军事机构变成了专门安置女皇两个心爱宝贝的特种部门。

这话还得从武媚的宝贝女儿，性格放浪的太平公主说起。自从丈夫被母亲逼死，太平公主就开始玩世不恭，游戏人间。她有一个两条腿的闺房玩物，名叫张昌宗，是高宗时一个叫张行成的宰相的族孙。这个张昌宗虽说干的是有辱门风、丢人现眼的男宠工作，但作为受过良好教育的高干子弟，张昌宗确实继承了乃祖的英俊相貌和白皙肤色，他身材修长，谈吐文雅，琴棋书画无不精通，更兼袅袅腰肢，亭亭体态，自是十分讨人喜欢，堪为一代尤物。

太平公主对张昌宗试用了一段时间之后，感觉十分满意，一天忽然想起母亲自薛怀义死后一直没有一个可心的人儿陪伴。那个御医沈南璆虽说儒雅，毕竟已经四十开外，人到中年，体力衰减，不堪大用，倒是手头这个明眸皓齿的小白脸正值青春盛年，无论颜值、才艺还是专业技能都足以满足母亲的全部需求。

这些男宠在强势的女主面前，不过是些会说话的泄欲工具，可以随随便便转手送人。正如千金公主用过了薛怀义之后把他进献给武媚一样，张昌宗也被太平公主当作礼品，送到了武媚的床边。

俗话说女人三十如狼，四十如虎，当年武媚的年纪已经是三十加四十又饶三年，可对男人的兴致丝毫不减。她一见这个朱唇皓齿的俊朗少年，便已如雪狮子向火，先酥了一半，喜欢得不得了。待到领着张昌宗到上阳宫仙居殿内一试身手，更是如获至宝，恨不得日日将这个宝贝疙瘩含在口里，捧在手心。

中国妇女自古有贞静、不妒、守礼的传统美德，没想到张昌宗也颇有贤妇之德，他竟然不要专宠，把自己的异母哥哥张易之也推荐给了武媚。说哥哥不仅麟凤之姿，器官伟岸，还炼得一手好丹药，而且格外精通房中媚术。

武媚闻言，立即召见张易之侍寝，果然昌宗之言不虚，易之同样是个玉树临风的大帅哥。尽管张氏兄弟的年龄加在一起不过是武媚年纪的一半大，可三人比翼齐飞，貌似祖孙，情如伉俪，居然相当和谐，一对璧人儿伺候得久旱逢甘雨的女皇心满意足，大有相见恨晚之感。

春宵苦短日高起，从此君王不早朝。召见当天，武媚就任命张昌宗为云麾将军，行使左千牛中郎将职务，张易之为司卫少卿，赐给他们住宅、绢帛，还有大量的男仆女婢、骆驼牛马。没几天，又提升张昌宗为银青光禄大夫，还赐给他防阁官员担任警卫。

张家兄弟一人得道，鸡犬升天，他们死去的父亲张希臧被追任为襄州刺史，母亲韦氏、臧氏一起被封为太夫人，宫中女官每天都要前去看望请安。

独乐不如众乐，武媚怕臧老太太寂寞，本着有福同享的原则，乱点鸳鸯谱，一纸敕令把文采出众的凤阁舍人李迥秀调来，送到了臧夫人的床上。

李迥秀本是世家子弟，开唐名臣李大亮的族孙，祖父和父亲都曾担任刺史，风流倜傥，诗文俱佳，自幼便有英才之名。他的母亲虽然出身贫贱，只是个婢女，但是个罕见的美人。源于母亲的基因，李迥秀也长得眉清目秀，一表人才，号称当时第一等的风雅人物。

这样一块小鲜肉，和张易之的老娘可就很不般配了。臧老夫人不仅生得十分丑陋，身粗貌黑，而且口气熏蒸，虽则相去尺许，犹不能闻也！李迥秀奉旨献身，身不由己，勉为其难去伺候一个鹤发鸡皮的寡婆，个中心酸，不足为外人道也。据说他只能日日酗酒，借酒消愁，只求长醉不醒。

张易之有一点好处就是孝顺，自己得了富贵，先想着回报老娘。他花费重金为老娘营造爱巢，可谓煞费苦心，据说他为母亲造的七宝帐上金银、珠玉、宝贝比比皆是，铺象牙床，织犀角簟，旷古未曾闻见。跟臧老夫人奢华的生活相比，就连父母都是皇帝，一生享尽荣华富贵的太平公主都觉得自己这辈子算白活了，留下一句发自肺腑的感慨："看他行坐处，我等虚生浪死！"

张昌宗兄弟进宫不过半月，就已经成为炙手可热的当朝第一红人，权势震惊天下。无论武家的各个亲王，还是宗楚客、杨再思等宰相，都争相讨好巴结，抢着替他们牵马坠镫，比当年追捧薛怀义的媚态有过之而无不及。在唐朝，家仆往往称主人为郎，而这些皇亲国戚、高官重臣，都自甘下流，谦卑地称张易之为"五郎"，张昌宗为"六郎"。

沉醉于人生第二春的武媚，再也无心朝政，几乎天天带着二张、诸武和一帮学士佞臣饮酒作乐。张氏兄弟掷骰赌博，嘲笑公卿，毫不知耻，而武媚对他们只有欣赏，从不禁止。

最善于谀媚的武三思拍起马屁来总是别有新意，他语出惊人，有一次居然称赞张昌宗是神仙王子晋转世。

王子晋是周灵王时的太子，天资聪颖，温良博学，据说他善于吹笙，曲调优美，如凤凰鸣唱。王子晋一生不慕富贵，在嵩山修炼三十余年之后，终于得道成仙，乘坐白鹤飞升。

以驾鹤的王子晋来比拟控鹤的张昌宗，倒显得格外贴切，武媚闻言大为高兴，干脆让张昌宗现场重现王子晋昔日成仙的风采。张昌宗也不推辞，立刻穿上羽毛编织的衣裳，坐在木制的仙鹤上，一边吹笙，一边起舞。这小哥容貌本来就生得风华绝代，兼之一曲笙歌委婉动听，一时间恍若天人。武媚看得如痴如醉，对他更加痴迷怜爱，恨不得把大周江山都给了他。

千穿万穿，马屁不穿。对于张氏兄弟的吹捧，从来是强中自有强中手。时人都盛赞张昌宗英俊，说他貌似莲花，就在众人纷纷附和时，唯独宰相杨再思一脸正色地纠正说："不对！怎么能说六郎像莲花呢？应该是莲花像六郎才对啊！"

此言一出，众皆无语，大家对杨再思的轻佻无德格外钦佩，送给他一个美称——"两脚狐"。

模棱两可苏味道，唾面自干娄师德，厚颜无耻杨再思，都是位极人臣的宰相，武周朝官场之风气，官员之风骨，可见一斑。

圣历二年（699 年），新控鹤府正式成立，武媚任命张易之为府监，银青光禄大夫张昌宗、殿中少监田归道、凤阁舍人薛稷、正谏大夫员半千、夏官侍郎李迥秀等人一同担任控鹤内供奉。张易之的好友，被武媚倚为心腹的大臣吉顼也在其中。控鹤府还招来了李峤、张说、宋之问、富嘉谟、徐彦伯等一般文采风流的名士，一同撰述大百科全书《三教珠英》，来为二张遮丑。

张氏兄弟虽然深受女皇宠幸，富贵已极，但还算有自知之明，一直心怀恐惧，自觉靠色相获宠，不过是属于宫中弄臣，朝野上下人等对他们都是明里巴结，暗中鄙夷。现在老女皇已经七十多岁了，保不准哪天就要控鹤西游，自己的富贵必然难以长久。

我们前文多次提到过的吉顼，胆大心细，绝顶聪明。吉顼和二张同在控鹤监任职，私下关系一直很不错，他看出了其中的利害所在，就找了个机会，装作不经意地点拨二张说："你们兄弟现在享受着泼天富贵和无上恩宠，一不靠功业，二不靠品德，所以天下对你们怀恨在心的人很多。你们如果不立大功于天下，将来何以自保呢？在下真是替二位担忧啊！"

二张被这个聪明人说中了心事，刹那间如同抓住了救命稻草，一起流着眼泪请求吉顼快授机宜，以确保他们能长久地维持富贵。

吉顼大包大揽地对二张说："我有一个计策，不但可以使二位长保富贵，而且能够封王拜相。除此之外，别无良谋。"

张氏兄弟大喜过望，都睁大眼睛洗耳恭听，生怕落了一个字。吉顼一脸神秘地说："现在天下人心怀念李唐皇族。女皇已经年老，武氏各位亲王都希望抢夺继承权，而女皇对他们都不称意。你们可以找机会劝女皇重立庐陵王李显为太子，以满足天下苍生的愿望。如果成功，你们便是有拥立大功之臣，再不会有祸患之忧了。"

都说吉顼是酷吏，可他曾经一席话把来俊臣送进鬼门关，一席话又为李显请来了两个影响力巨大的盟友，可见其对李唐社稷建有不可磨灭的大功。

从这一天开始，张氏兄弟如同领了法旨，在床上卖力逢迎之余，又多了一项吹枕边风的工作，不停地劝说武媚重立李显为太子。武媚年纪虽老，可头脑一点不糊涂，知道这两兄弟吹拉弹唱是一把好手，但对国政可以说是一窍不通。他们如今忽然对立储这件事大感兴趣，背后必是有人指使。武媚稍一逼问，头脑简单的二张果然乖乖说了实话："是吉顼让我们说的。"

武媚懒得和这俩徒有其表的大宝贝儿谈论这些国家大事，便直接召见吉顼，让他陈诉自己的观点。吉顼知道机遇难得，也不再拐弯抹角，他本来就口才了得，此时更是拿出百倍的精神力图说服武媚。经过一番长篇大论之后，吉顼直截了当地总结说："庐陵王和皇嗣都是陛下的儿子，高宗将他们托付给陛下。希望陛下一定慎重选择！"武媚听后，深感有理，非但没有责备吉顼，反而于当晚做出了历史性的重大决定——召回李显。

就这样，在李昭德、狄仁杰、吉顼、二张，甚至还有孙万荣、阿史那默啜等多方力量从不同层面的影响下，废帝李显的命运，终于开始峰回路转，迎来了一线光明。

归来

圣历元年（698年）三月初九日，一小队人马趁着昏黄的月色行色匆匆离开了上都，一路向西而去。领头者是个不起眼的小官，职方员外郎徐彦伯，随从的十余人俱是宫中内侍。

无论内宫中还是外朝，包括宰相狄仁杰乃至二张在内，没有任何人知道，这个低调出行的小分队，身负一个极为重要的秘密任务，就是到房州去迎接李显和他的妻妃回上都。

此时李显已经在房州胆战心惊地生活了十四年，当年那个神采飞扬，天不怕地不怕的少年天子，如今已经变成一个苍老木讷、目中无神的卑微大叔。

一个月后，一辆装饰简朴的马车悄悄驶进了上都，沿着南北中轴线上的定鼎大街缓缓向皇宫而来。车上坐着的，正是李显一家人。

风物悲游子，回首旧乡国。李显悄悄打开车帘向外观看，沿途有他自幼便熟悉的天门、天宫寺和天津桥，也有他从未见过的天枢、明堂和天堂，不由得心中五味杂陈，颇有恍如隔世之感。对于母亲突如其来的召见，李显心中十分忐忑，九分恐惧，一分希冀，不知道这一次回到阔别十余载的国都，到底是福？是祸？

对于李显的亮相，童心未泯的武媚精心安排了一幕极具戏剧性的场景。她先装作若无其事的样子把狄仁杰召入宫内，说要同他再次讨论册立太子的事情。狄仁杰自然还是不断地请求将庐陵王接回来，重新恢复他的太子地位，说到动情之处，不由得涕泗交零。

武媚心里有数，她微笑着看着这位睿智又执着的老臣，轻轻地对早已等待在帷帐后面的李显说："快出来拜见国老！今天是国老让我把天子之位交还给你！"等候多时的李显这才小心翼翼地走了出来，与狄仁杰相见。

狄仁杰定睛观瞧，果然是当年的天子，不过才40多岁的李显已经被多年的苦难遭遇摧残成了一个小老头，眼中无神，动作拘谨，如同丢了魂儿的行尸走肉一般。老相国不由得悲从中来，心中千言万语，不能言表，只是和李显相对而泣。

对于被立储问题困扰了多年的武媚来说，此时她的心中也感慨万千，既有完成一件大事的轻松，也有将一手打造的王朝终归交还的不舍，亦忍不住潜然泪下。她轻轻抚摸着狄仁杰的后背，以哀怨的语气哽咽着说："你不是朕的臣子，你是大唐的社稷之臣。"

李显虽然回来了，但狄仁杰不想让他就这样不明不白，偷偷摸摸地重归上都，就对武媚说："自古以来，没有偷人来做天子的事情。天下人都知道庐陵王住在房州，如果突然在朝中出现，势必引起不必要的猜疑，甚至有人会指责我挟持太子发动政变。希望陛下让李显先回到龙门，然后在上都城门举行迎接庐陵王回都的仪式，以告示天下。"武媚现在可以说是对狄仁杰言听计从，皇储之位都给李显了，加一个欢迎仪式那更是小菜一碟。

在这场漫长波折的立储风波中，还有另一个主角，就是一直身份尴尬，日夜提心吊胆的皇嗣李旦。他闻知哥哥回来，心中也是豁然开朗，立刻上表请求去掉自己不伦不类的皇嗣称号，还位于哥哥。李旦这个聪明识趣的请求，自然是得到了武媚的批准。

圣历元年（698年）九月十五日，武媚终于颁下了一道正式诏书，册立庐陵王李显为皇太子。然而对于忠唐之臣来说，这次册立还是有一个小小的瑕疵，就是李显要改姓为武。不过这已经不算是什么大问题了。

李显归来，朝野上下皆欢欣鼓舞。而唯一一个不开心的人，就是武承嗣。

武承嗣为了夺嫡，处心积虑地忙活了半辈子，本来已经与皇储之位近在咫尺，这一下彻底宣告无望。小心眼儿的武承嗣万念俱灰，一下子病倒了，终于在李显被正式册立的前一个月，郁郁而终。至此，武周也好，李唐也好，这个改变了旗帜却变不了人心的王朝终于迎来了一个明确走向，人们在数十年不见天日的迷雾中，听到了一声指引航船的响亮号角。

此前，朝廷一直在为出征突厥而大规模征兵，可报名者寥寥无几，天下无人愿意为伪朝武周卖命，几千万人口的大国，一个多月所招募的兵员还不满一千人。

一代女皇武媚虽然建立了实际存在的大周政权，并通过佛教力量与祥瑞谶纬进行了合法性宣传，可多年之后，唐人依旧并不认同"周"这个新生政权。就拿官员们的陵墓来说，很多人墓碑上写的是"大周"，而墓志文里写的却是"大唐"，这种现象比比皆是。因为志文是由志盖所覆盖，书写死者生平事迹，随棺椁埋于地下，隐秘性很强，外人一般难以看到。唐人就通过这样的方式，来表达思唐的情怀。

李显复位数天之后，被任命为行军元帅，以他的名义号召百姓从军，一时间人心大振，在短短数天内，便有五万青壮踊跃应征入伍。此时武媚已经篡唐八年，可依旧失道寡助，她见天下民心向背如此，心中又是别有一番滋味。

替罪

重新崛起的后突厥在周廷的供养扶持下早已经成了尾大不掉之势，阿史那默啜拥兵四十万，不是出兵陇右掠夺牧马，就是迂回攻打陕北、山西劫掠财物百姓，再不就是欺负周廷扶持的西突厥可汗，根本不把女皇放在眼中。

武媚对背信弃义的阿史那默啜恨之入骨，自己作为堂堂大周天子慷慨地赐予了他那么多封号、财物和土地，却没有得到和平与应有的尊重，还把一个帅气的大侄孙陷在那里，任谁也咽不下这口气。

　　　　　　　　　　　　　天枢坠落：武周政权的崛起与终结

武周军力虽弱，但和突厥比起来人口还是有绝对优势的。由于有李显出面挂帅，征兵格外顺利，一支人数多达四十五万，空前庞大的军队又被组织起来了。

不出所有人的意料，除了名义上的行军元帅李显和副元帅狄仁杰外，这一次领军大将还是武家人——女皇的另一个侄子高平郡王武重规，另有沙吒忠义、张仁愿、阎敬荣等将领随行，先后开赴前线。

阿史那默啜率军在河北各地攻城略地，烧杀抢掠，可周军前锋到达后，只是远远跟着，从不敢近前交战。因为周军精锐已经在以往几次大败中损失殆尽，这次出动的人数虽多，但多是匆匆拼凑起来的乌合之众，并无名将统领，他们更像是在进行一次自壮声势的武装示威，却并不敢真的跟突厥骑兵打一场硬仗。

阿史那默啜纵横周境如入无人之地，等觉得掳掠得差不多了，便将在赵州、定州等地俘获的汉人百姓一万余人全部杀害，然后满载战利品撤军北还。等狄仁杰带领的后军赶来与前锋会合时，阿史那默啜早就回了漠北，不见踪影，周军徒费粮草，无功而返。

其实就算突厥不撤兵，周军以主力全力交战，胜算也不大。武媚在上都徒劳地大发雷霆，指责众将无能，却毫无应对之策，最后只好再次祭出专属的绝招。她曾经把默啜的哥哥那骨笃禄改名为不卒禄，这次又恶狠狠地将默啜改名斩啜，聊以自慰。

既然拿突厥人没办法，武媚把满腔怒火都发泄在了两位护送武延秀北行的和亲使身上了。

默啜将武延秀拘禁后，大举出兵入侵河北时曾委任阎知微为"南面可汗"，许诺扶立他为中原之主。阎知微明知道答应也是死，不答应也是死，却没有当面反抗的勇气，只好顺从。突厥人兵临赵州城时，阿史那默啜指使阎知微向城中军民劝降，还让他在城下与突厥人手挽着手，以脚踏地，同唱《万岁乐》。贪生怕死的阎知微一一照办，唯恐可汗不满。

赵州城上守卫的数千周军看到堂堂朝廷大员如此无耻，都愤恨不已。将军陈令英在城上大喊："尚书职位不轻，却为敌人踏地歌唱，难道不感到惭愧吗？"阎知微羞愧地低声道："不得已，万岁乐。"至此阎知微已经成了国家公敌，一点退路也没有了。

突厥从河北撤军后，阿史那默啜觉得阎知微已经完全没有了利用价值，就把这个南面可汗给丢弃了，随后阎知微被周军抓获，送到了洛阳，成了突厥人的替罪羊，被公开处以磔刑。

上都天津桥南，女皇亲临现场观刑，和千万百姓一起见证了一幕血腥的场面。

披头散发，满脸污秽的阎知微被锁链紧紧缚在一根石柱子上，口中塞着木丸，拼命挣扎。武媚先是下令文武百官轮流用箭射他，不一会儿阎知微的身上便已经"箭如猬毛"，可还没断气。武媚又下令刽子手将他的皮肉剐下，再用铁凿锉碎他的骨头，把数月前那个意气风发的春官尚书变成了一堆分不出头脚的肉酱。

处死了阎知微后，武媚宣布将他三族之中所有亲属全部杀死，很多阎家的远房亲戚甚至和阎知微压根儿都不认识，也被抓来处死。阎知微的小儿子当时年仅七八岁，不知大祸将至，还嬉笑如常，由保姆抱着走向刑场，围观的人看他可怜，还给他丢些糖果。监刑的御史不忍心杀死这个无辜顽童，奏请武媚将他赦免。这两年武媚的性情确实比以往大有改观，宽厚了许多，竟然也就同意了留下这孩子一条性命。

和亲正使阎知微化为了肉糜，副使杨齐庄的下场也没好到哪里去。默啜悔婚翻脸之后，他也被囚禁于突厥营地中。当时有一个之前被俘的大臣叫段瓆，寻了个机会偷偷招呼杨齐庄一起逃走。在凶猛的突厥人面前，不是谁都有勇气做出反抗行动的。在默啜的哥哥阿史那骨笃禄做可汗的时候，口才过人，好谈玄理的右拾遗李良弼，曾自请出使突厥去说降骨笃禄。可骨笃禄非但不给大周上邦面子，还用木盘盛满粪便让李良弼吃。一边是明晃晃的白刃，一边是臭烘烘的大粪，李良弼两害相权取其轻，硬着头皮吃了粪便，才保全了性命。他回国之后，国人讥讽他说："李拾遗，能拾突厥之遗。"

杨齐庄也是个天性胆小懦弱之人，当时同样没敢行动。倒是段瓆自己冒死先逃出了突厥营地，还得到了武媚的奖励。杨齐庄此后又跟突厥人混了很长一段时间，才得以归来。

同样是在战场上放下武器，起义、投诚和投降所得到的待遇天差地别。何况早有人汇报过杨齐庄有逃跑的机会而不归，武媚心中已经把他视为叛臣。所以段瓆归周得到了奖赏，杨齐庄归周则是自寻死路，被交给残暴无比的武懿宗审讯。

杨齐庄向武懿宗哀告道："以前有人给我看相，算出我官阶达到三品时，就有刀箭交加的危难。我真的没有叛周，逃出的时候还被追赶，险遭刀砍箭射而未死，才算逃脱出来。希望您能给予怜悯。"

武懿宗压根儿不打算听他解释，更没想给他留活路，直接上奏武媚说杨齐庄在敌营时犹豫动摇，请求杀了他。武媚下敕依准。

于是，杨齐庄继阎知微之后再一次血染天津桥。虐杀人犯是武懿宗人生中最大的快乐，他把杨齐庄的手脚扯开捆绑，先命令段瓆第一个举弓射他，段瓆三箭全中。又命诸司百官一齐放箭，杨齐庄和阎知微一样也成了刺猬，但仍然在微微喘息。武懿宗走上前去，亲自用刀插进他的胸口，狠狠剖出他的心来，丢在地上。

刑毕，遍地鲜血，红若迎亲队伍刚出发时那面写着周字的喜庆大旗。

国老

突厥军北撤后，武媚任命行军副元帅狄仁杰为河北道安抚大使，处理河北地区的战乱遗留问题。

民如鸟兽，虽城高池深，严刑峻法，犹未能禁也。曾被迫为突厥人效力纳租的河北百姓听说官军来了，因为有上次杀人魔王武懿宗秋后算账的例子在先，纷纷逃亡，躲入山林湖泊，不敢回归家乡。

鉴于这种情况，狄仁杰上疏说："朝廷议政的人都主张惩罚被契丹、突厥胁迫而服从的人，崤山之东征发失之过重，百姓家业破败，甚至逃亡。再加上地方官吏利用朝廷法令侵夺吞没，对百姓囚禁、拷打，痛切皮肉，百姓处在愁苦的环境中，生活无乐趣可言，哪里有利便归向哪里，暂且求得生存，这是君子认为惭愧耻辱的，却是小人的经常行为。各城投降敌人，也许是为了等待官军，可官军将士为了求取功劳，都说城邑是他们自己攻克的。我忧虑奖励攻城官兵是无功滥赏，也恐怕惩罚降敌诸城的官民是无辜被罚。为了对敌人招抚分化，尚且秋毫无犯，而对我们的普通百姓，反而破坏伤害，岂不让人悲痛！边地的战事暂时发生，不值得忧虑，内地不安定，这才是大事。我希望特别赦免黄河以北各州百姓，一律不予追究。"

在狄仁杰的劝诫和开导下，步入暮年的武媚越发开明起来，再一次言听计从，表示同意。

有了皇帝的旨意，于是狄仁杰开始放手大规模地安抚慰问百姓，把被突厥驱赶掠夺的百姓都送回原籍。狄仁杰一方面散发粮食救济贫困的人，自己却带头吃粗糙的饭菜，严令禁止部下侵扰百姓，违犯的必定斩首。

这些年河北连年战乱，可怜百姓们的命运全不能由自己决定，到家成远客，访旧指新坟。即使侥幸躲过突厥人的铁蹄，也难保不遇到官军的屠刀。狄仁杰心念农桑苦，耳闻饥冻声，如慈父般全力呵护着被战祸侵扰已久的河北百姓，相较同样是河北道的安抚大使的武懿宗，分明一个是魔王现世，一个是天使临凡。

武媚对狄仁杰敬重有加，甚至从不直呼其名，而是尊称他为"国老"。即使狄仁杰在很多重大问题上都与武媚意见相左，大部分时候武媚也能"屈意从之"。

久视元年（700年）七月，武媚心血来潮，要建造一尊大佛像，让全国的和尚尼姑每人每天捐出一文钱来，以促成其事。狄仁杰再次上疏谏阻道："当今的佛教寺院的建筑规模已经超过皇宫。营建这些无法借助鬼神之助，只能依靠百姓出力。游方和尚都依托佛法，贻误百姓，动不动就在里巷修建经坊，连市场里也盖起佛寺。佛教诱导众生捐献物品，比官府征收赋税还急迫。陛下即使收齐了僧侣所捐助的资金，这笔钱还不够建造佛像所需费用的百分之一。如来佛创立佛教，以大慈大悲为宗旨，哪里是要劳民伤财，建造浮华无用的装饰！近年来水旱灾害时有发生，边境又不安宁，如果为修建大佛像而耗费国财，用尽民力，那么万一哪个地方有灾难，陛下将用什么去救援呢？"

武媚满怀信心想再搞一个史诗级的伟大工程，却被狄仁杰泼下好大一盆冷水，无奈地苦笑说："您劝导我行善，我又怎么能违背您的意愿呢？"于是停止了修建大佛像的工程。

每当狄仁杰上殿时，武媚总是免其跪拜，还开玩笑说："你一跪拜，朕浑身都疼。"她不仅特许狄仁杰不用值班，还贴心地叮嘱百官说："除非军国大事，否则一般政务都不要去麻烦狄公。"女皇的这些举动，简直比温善的老婆婆对自己的老伴还细心体贴。

武媚这一生杀过裴炎、李昭德、刘祎之等大大小小十九个宰相，这些人若地下有知，心狠手辣的女主原来还可以对宰相如此温柔呵护，恐怕会嫉恨得从棺材里跳起来。

其实除了狄仁杰外，武周朝担任宰相时间较长的，仅有"野狐杨再思""模棱苏味道""唾面娄师德"等寥寥数人，而他们在相位上的政绩，都可以用乏善可陈来形容。由此可见，所谓的武媚知人善任，完全是夸大其词，做宰相者只有平庸自保者才得以善终。这也是武媚残酷好杀的必然结果。

狄仁杰对武媚谈别的事都可以和风细雨，好商好量，唯独对她宠信二张之事非常愤恨，当时南海郡进了一件翠鸟羽毛制成的集翠裘，价值连城，华丽异常，武媚把它赐给了张昌宗，令他穿上这件集翠裘与自己下"双陆"棋。正好狄仁杰前来奏事，武媚就让狄张二人对弈，并饶有兴趣地说："你们可以下注赌个输赢。"

狄仁杰说："先胜三局者为赢。我赢了要张昌宗的集翠裘。"

武媚问："那你拿什么做押注？"

狄仁杰指着自己的紫色朝服说："我就以我这身官服下注吧。"

武媚大笑道："你不知道这件翠裘价值千金吗？你们的赌注不对等啊。"

狄仁杰起身正色说："臣之衣乃大臣朝见奏对之衣，张昌宗的衣服是狎臣男宠之衣，两相为对，我还不乐意呢！"

张昌宗被狄仁杰旁敲侧击地骂了一通，大为恼火，却无语反驳，十分沮丧，结果下棋时心神不宁，接连败北。狄仁杰连赢三盘，当场把张昌宗的集翠裘扒下来，扬长而去。

狄仁杰走出皇宫，到了光范门，随手就把那件亮闪闪的集翠裘扔给家奴，然后扬鞭策马而去。

久视元年（700年）的深秋，霜催危叶，菊残树凋，为李唐社稷苦心孤诣，为万姓黎民操劳一生的狄仁杰去世了，独力支撑着武周大半个清朗天空的栋梁轰然倒塌。武媚伤心欲绝，悲泣不止，自言自语地哀叹道"朝堂空了！"而此后朝廷每有大事，群臣无法决断，武媚就会满怀遗憾地叹息说："老天为什么这么早就把我的国老夺走呢！"

狄公之贤，北斗以南，一人而已。狄仁杰一生惠流河北，名振寰中，事君安民无愧臣节，至今人们仍对这位流芳千古的一代名相充满怀念与敬仰之情。

狄仁杰曾在魏州为官，当地百姓深受其恩惠，为他建造了生祠以示感谢。后来他的儿子狄景晖恰巧也来魏州做官，却为官不仁，贪婪残暴，成了当地一害，老百姓对他恨之入骨，干脆连同狄仁杰的塑像也给捣毁了。

暗涌

李显能够成功回归，重新成为太子，主要得力于几个至关重要人物的进言，其中狄仁杰备受尊崇，生荣死哀。张氏兄弟恩宠日盛，炙手可热。可立下不赏之大功的吉顼却不大走运，一不留神成了李氏与诸武暗中角力的牺牲品。

因为劝说武媚拥立李显有功，吉顼做到了天官侍郎，同平章事，位列宰相，成为女皇的众多心腹爱臣之一。

吉顼原本就性格张扬，锋芒毕露，升官之后更是志得意满，全然没有注意到自己公然地偏袒和支持李氏，已经让他成为武氏诸王的公敌。

吉顼原本和武承嗣关系不错，他的父亲吉哲曾因受贿获罪，依律当判死刑。吉顼便去求见魏王武承嗣，主动表示愿意把两个妹妹献给武承嗣为妾。武承嗣非常高兴，用牛车将二女接入府中。但二女接连三天都不说话，武承嗣非常奇怪。二女道："父亲犯法要被处死，所以心中忧虑。"僭越法律这点事对魏王来说还叫事吗？心疼美人的武承嗣立刻奏请武媚，免除了吉哲的死罪，还升了大舅哥吉顼的官职。

自从武承嗣抑郁而死后，诸武都怪罪于吉顼忘恩负义，背武奉李，双方的关系越来越疏远。去年突厥进犯，朝廷招兵不至，等到太子李显遥领元帅之职后，便有成千上万的人应募，这项征兵工作就是吉顼主抓的。他回朝后，天天在朝堂上公然吹嘘太子的影响力和自己的功劳，让武氏诸王对他更加憎恶。

吉顼身材高大，人送外号"望柳骆驼"。在一次朝会上，曾经担任过河北道监军使的吉顼和担任过河北道安抚大使的武懿宗当着武媚的面互相争功，吉顼本来就器宇轩昂，口才出众，加之声若洪钟，在辩论中大占上风。相比之下，矮胖猥琐，相貌丑陋的武懿宗满脸大汗，笨口拙舌，活脱脱一个窝囊废的模样。

武媚冷眼旁观着这场一边倒的辩论大赛，虽然当时不置一词，心中却十分不爽。事后对左右说："吉顼在朕的面前，尚且如此看不起武家人，将来如果真遇到什么大事，这种人哪能依靠？"吉顼只顾逞口舌之快，在无意间深深得罪了自己的老板，还全然不知。

又过了几日，吉顼临朝奏事，又开始按照惯常的习惯在武媚面前卖弄口才，引经据典，滔滔不绝，全然没有注意到女皇阴沉的脸色。

武媚听了一会，终于爆发了，她喝止住吉顼，用冰冷的语调，给他讲了一个脍炙人口的故事："太宗有马名狮子骢，肥逸无能调驭者。朕为宫女侍侧，言于太宗曰：'妾能制之，然须三物，一铁鞭，二铁挝，三匕首。铁鞭击之不服，则以挝挝其首，又不服，则以匕首断其喉。'太宗壮朕之志。今日，卿岂足污朕匕首邪？"

故事的真假另当别论，但吉顼肯定不想用自己的鲜血弄脏女皇的匕首，他这才回想起近年来的种种失仪之举，恍然大悟，吓得肝胆俱裂，连连磕头请罪。可女皇向来薄情寡恩，失去她的信任，就再无修补的可能。很快吉顼就被一贬到底，到安固（今浙江瑞安市）做了一个小小的九品县尉。

武媚讲出自己这番经历不算是吹牛，意图借此威胁恐吓吉顼，但"太宗壮朕之志"这个说法，却是武媚自己大言不惭的吹嘘，事实上根本没发生过。

当初年轻的武媚一脸兴奋地说出这番杀气腾腾的话语时，李世民是用一种异样的眼光来看待她的。向来爱马的李世民万没想到，一个年方二八，明艳动人的少女，内心竟然如此冷酷残忍。

苏东坡对唐太宗的评论是："予观汉高祖及光武，及唐太宗，及我太祖皇帝，能一天下者四君，皆以不嗜杀人者致之。"

李世民自己是马上天子，靠浴血奋战，一刀一枪赢得了天下，半生都在尸横遍野的沙场翻滚。自古知兵非好战，越是名将，越懂得生命的可贵，越是爱兵爱民如子，所以李世民当皇帝后一直强调文治，以德治国，他懂得越是滥用国家暴力，王朝就会越短命。故而李世民从来不喜欢杀人，每年在处决犯人的日子，李世民甚至都不进酒肉，只吃素食，以体现对生命的敬畏。从骨子里，李世民是厌恶杀人的，更厌恶残忍嗜杀之人。

武媚一番不知天高地厚的话，让李世民惊愕不已，心中一瞬间对她产生了巨大的厌弃之情，从此对武媚彻底疏远，再也没亲近过。李世民有三十多个子女，是位高产的父亲，武媚本人也很能生育，可两人在一起八年，武媚未孕一子，可见她早早就已失宠，又何谈"太宗壮朕之志"，会对她喜爱欣赏呢？

武媚年轻时曾写过一首诗："看朱成碧思纷纷，憔悴支离为忆君。不信比来长下泪，开箱验取石榴裙。"就是她失宠于李世民，常年为深宫怨妇的证明。

吉顼是个才智高远的人物，突然被贬也能坦然接受。他在临行之前，怀着沉痛的心情去向女皇辞行，所说的事情无关自己的生死荣辱，而依旧惦念着大唐王朝的社稷安危。

吉顼见到武媚后，沉痛地说："臣今远离朝廷，今生恐无再见之期，还想再说一句话。"

人之将死，其言也善，武媚也有几分伤感，耐着性子问他想说什么。

吉顼问："土和水，和合成泥，二者会不会有争执？"

武媚答："不会。"

吉顼问："分半为佛，半为天尊，会有争执吗？"

武媚答："会有。"

此时吉顼起身叩拜，发自肺腑，一字一顿地说："宗室、外戚若能各安本分，则天下安宁。今太子已立，而外戚犹然为王，这是陛下在驱使他们互相争斗，使双方都不得安宁啊。"

武媚没想到吉顼竟然会说出这番话，黯然道："朕也知道。然事已至此，又能如何？"

一生毁誉参半的吉顼走了，正如《权力的游戏》中史坦尼斯所说："正如善行并不能抵消恶行，恶行也不能掩盖善行，行为各有其报应处置。"吉顼临行前的一席话，点破了表面上风平浪静的朝堂中深藏着的暗流涌动。而武媚说自己无能为力，确实也是实情。她能管得了生前，却管不了死后。毫无疑问，如果她离开这个世界，李武两家必有一场有你无我的生死战斗。

早在半年前，恐怕自己死后太子与武氏诸王不能相容的武媚已经举行过一场大型宣誓活动，她让李显、李旦、太平公主与武三思、武攸暨等人共同写下盟誓，保证今后绝不互相侵犯，然后在明堂向天地立誓，又将誓文镌刻在铁券上，交付国家史馆永远收藏。

李显的女儿们纷纷和武氏子弟联姻，新都郡主嫁给了武延晖；永泰郡主嫁给了武延基；安乐郡主嫁给了武崇训。

立誓和联姻，是中国绵延了上千年的古老结盟方式。作为一个年逾古稀的老人，武媚能为两个势同水火，血海深仇的家族所想到的，所做到的，所补救的，也只能这么多了。

第十四章 —— 总为浮云能蔽日

西汉儒学大师董仲舒曾创造过一套玄乎其玄的"天人感应"的学说：天有四时，春、夏、秋、冬。王有四政，庆、赏、刑、罚，此二者应该相辅相成，天人合一。故而君王应当春夏行赏，秋冬行刑。因为秋天时万物肃杀，正好可以"申严百刑"，以示"顺天行诛"。

久视元年（700年）的秋分之后，上都司刑寺的大小官员们又开始忙碌起来。司刑寺就是改了名字的大理寺，作为国家最高司法机构，这段时间上至寺卿、少卿，下至评事史、狱史，乃至主簿、狱丞，都在加班加点地工作，为在这个象征刑杀的季节集中处决和重判一批囚徒做最后的准备工作。

被关押在监狱里的犯人们，生命已经进入了最后的倒计时，可有几个格外有头脑的囚徒，不肯坐以待毙，发动众多狱友演出了一幕精彩非凡的自救行动。

女皇最喜欢祥瑞吉兆，这是全国人人皆知的秘密。上有所好，下必甚焉，许多伪造祥瑞者都得到了重赏。譬如其中佼佼者朱前疑之流，造假连一文本钱都不用，只声称做几个白日梦，就能从厨子晋升为朝廷官员。朝廷内外意图投女皇所好以谋图私利者大有人在，欺上造假之风席卷全国，也一直刮进了监狱之中。

在一些狱卒的配合下，犯人们开始在监狱墙角的空地上营造一个极具创意的人工奇迹——长达五尺的巨大脚印。唐时的五尺大概相当于今天的一米五，由此可以推算出这个脚印应该是一个身高十米以上的巨人所留下的，中国版《进击的巨人》由此开演。

大脚印做好后，犯人们各回房间，却人人不能安眠，都等待着奇迹出现的一刻。待到夜至三更，几百名犯人一齐鼓噪起来，在万籁俱寂的夜晚，疯狂的呼喊声传遍了整个皇城。

从司刑寺监狱的看守，到负责首都治安的金吾卫，还以为监狱里要发生暴动，都急忙派人查看，就连宫中的太监也被惊动了。可等所有人来到监狱，却发现囚徒们都老老实实待在牢房里，只是表情个个兴奋异常，每个人都声情并茂地给前来视察的官员们讲述了同样一个故事："刚才出大事啦，有一位身高三丈，遍体金光的神仙降世临凡，正好飞落于咱们监狱之中，您若不信，请看地下，还有神仙留的脚印呢！"

粗鲁的守卫们一个个面面相觑，不大相信的样子，很想用手中的皮鞭教训一下这些胡说八道的家伙，但宫中来的内侍早已经是心领神会，他打着火把巡视了一圈，看着那个惟妙惟肖的大脚印，意味深长地对众犯人说："你们都是冤枉的，从现在开始再也不用担心了，咱们万岁天子很快就会有恩赦发下来。"

这件监狱奇闻很快被上报给女皇，果然不出那位内侍所料，武媚对夜半神仙临凡一事深信不疑，立即下令大赦天下，司刑监所有的犯人们成功地得偿所愿，重归自由。

武媚同时下令改年号，第二年正月初一改，大周的年号被改成了一个非常质朴直白的名字——"大足"。

悲剧

贞观时期，有白鹊筑巢于皇宫寝殿前的槐树上，两个巢连接在一起，如腰鼓的形状，极为罕见，故而左右大臣都向太宗李世民拜舞，以贺祥瑞降临。李世民却严肃地说："我常常听说隋炀帝是好祥瑞的，瑞在得贤，这有什么可道贺的！"乃命毁其巢，将鹊放于野外。

此时武媚的统治已经进入大足元年（701年），地方和朝廷官员依旧热衷于经常报告一些异常事件，借此大谈"祥瑞"。

往年三月，洛阳已经是樱红柳绿，花海飘香。可这一年初春天气却骤然变冷，随后竟然又下起鹅毛大雪。难得一见的异常天气让凤阁侍郎苏味道看到了机遇，便率领百官入朝称贺"大瑞"降临。

一向心直口快，和诸臣格格不入的监察御史王求礼不肯附和，愤然阻挠百官说："宰相的责任是调和阴阳，但是春末下雪，这是天灾。如果认为春天下雪是瑞雪，那么冬季打雷，它就是瑞雷了吗？"

苏味道等人不听，仍然坚持入朝向女皇道贺。王求礼坚决不肯参与，干脆直接上言武媚说："现在是阳气蓬勃上升时期，却阴冰喷射，这是上天降下的灾祸啊！主上荒淫，臣下奸佞，戎狄祸乱中华，盗贼频繁起事，正官少，伪官多，各部门不贿赂就不让入门，假使天有祥瑞，那又是感念什么而来的呢！"

王求礼的一番话，揭穿了大周王朝表面一派兴盛祥和，实际上人心不安，危机四伏的真实现状。武媚听了郁闷，但也觉得有理，遂罢朝不接受百官的祝贺。

王求礼痛斥了苏味道一顿还不解恨，又写了一首七绝，对这位模棱宰相予以讥讽："耕牛入贡为三足，大雪阳春落首都。此喻朝廷无政教，诸君贺瑞太糊涂。"

武媚对别人搞厌胜深恶痛绝，自己却宠信一个自称会画符书厌的妖人叫李慈德，把他当活神仙养在内宫之中。

李慈德和其他以道术骗取富贵的僧道不同，他自称能布豆成兵马，画地为江河，竟然对这个外表堂皇，内里枯朽的武周朝生出了取而代之的野心。李慈德私下里笼络了一批太监作为弟子，削竹为枪，缠被为甲，竟然于某日三更造起反来，大批宫人扰乱相杀，内廷血流满地。幸亏羽林将军杨玄基巡夜时听见大内传来喊叫声，急忙领兵斩关而入，才杀了李慈德和造反的太监数十人，救了武媚一命。

虚惊一场的武媚其实对革命以来的种种弊政与人心向背心知肚明，但毕竟年事已高，无心也无力再去解此难题。她斗争了一生，如今老了，累了，精力和体力都远不复当年，现在只求清闲、安逸、延年、享乐，只要有张易之、张昌宗两个小情人在侧暖暖抱作一团，管你外面春雷秋雨，洪水滔天。

在女主的庇护下，不仅轻狂无知的二张成为尊荣无比、炙手可热的后起新贵，就连他们的几个兄弟也纷纷登堂入室，成为高官。原洛阳县令张昌仪被升为尚方少监，张昌期出任汴州刺史，还有一个叫张同休的被升为司礼少卿。满门朱紫的张家诸子，不仅风头早已盖过李氏一族，就连武氏诸王他们也不放在眼里。

张氏子弟掌握大权后，其品德之败坏比武姓子弟更胜一筹，他们拉帮结伙，贪污受贿，营私舞弊，卖官鬻爵，无论权势之重还是民愤之大，都达到了令人瞠目的程度，成了朝野上下人人侧目、人人痛恨的男宠弄臣集团。

莫言炙手手可热，须臾火尽灰亦灭。武媚对二张肆无忌惮地祸乱朝政一再纵容，毫不约束，引起了李、武两族亲贵子弟的极大不满。而不知死活的二张丝毫不知收敛，反而变本加厉地做出了一件极为卑劣的恶行，同时深深得罪了李、武两家。而这起惨案的背后真凶，依旧是武媚那无处不在，让人不寒而栗的巨大身影。

太子李显一共有四个儿子，长子叫作李重照，他的身世之坎坷，不亚于其父。

永淳元年（682年），也就是高宗李治生命的倒数第二年，他抱着病躯，坚持要册立未满周岁的李重照为皇太孙，并为其开府置官属。当时有朝臣还和皇帝展开了一场争论，吏部侍郎裴敬彝、郎中王方庆并不认同此举，认为今有太子，又立太孙，于古无有先例。李治难得强硬一回，对他们说："就从我开始不行吗？"

李治之所以在临终之前对儿子身后的皇位继承问题念念不忘，并在嫡长孙出生后立即着手确定其继承人地位，这种做法十分不同寻常。究其根源还是为了对精明狠辣的武媚加以防范，以确保大唐江山能世代掌握在李氏之手。

可惜李显的皇帝梦不到两个月就被武媚击得粉碎，而一道"废皇太孙重照为庶人"的敕令同样也落到了年仅两岁的李重照身上。李重照当然还什么也不懂，可这些强加于他身上的显赫地位和标签，给他带来了一生难以躲避的动荡和危险。

李显被发配房州后，李重照并没有与父母同行。因为在武媚看来，这一对身份显赫的父子都是大唐帝国在法统上合法的继承人，是她政治上潜在的威胁者和竞争者。只有把他们分开囚禁，才更为安全。事实上武媚也是这么对待前太子李贤的。李贤被流放巴州时，他的儿子们都被分别关押在洛阳深宫之中。两岁的李重照，命运也和自己的堂兄弟们一样，成了众多被囚禁的小王子中的一员。

等到十四年后，李显带着两个女儿李仙蕙、李裹儿回到洛阳时，李重照已经成长为一个风神俊朗，以孝友知名的翩翩少年。此时李重照已经改名字为李重润。也许是命运使然，在武媚的孙儿辈中，独独李重照的名字触犯了高高在上的皇祖母之名讳！

一时间，李重润的命运紧随父亲命运的改变而出现转机，虽然没有重新成为皇太孙，但也被封为邵王，而他的妹妹仙蕙被封为永泰郡主。对于遍体鳞伤的李氏宗室来说，一切似乎开始向好的方向发展。

万古春归梦不归，浮云流水竟如何。在上都洛阳波谲云诡的权力角斗场上，李重润和他苦命的妹妹注定逃不开父亲与祖母之间的恩怨是非，三代人遗留下的悲剧注定要在他们身上重演。

在一个秋高气爽、风轻云淡的闲散午后，邵王李重润和他的妹妹永泰郡主李仙蕙、妹夫武延基聚在一起闲谈。驸马武延基是武承嗣的嫡长子，是武家第三代中最为根红苗正的接班人，袭爵被封为"继魏王"。

这三个人当中，最年长的武延基不过二十几岁，李重润十九岁，已经身怀六甲即将临盆的永泰郡主才十七岁，都是年轻气盛、口无遮拦的年纪。他们所谈的话题都是关于大红大紫的人物二张的，无非还是说他们身为男宠，不仅淫乱宫中，而且专权乱政。他们几个越聊情绪越冲动，难免嗓门越来越大而声闻于外。

事实上几个并无实权的年轻人除了发发牢骚之外，并没有什么可以制衡二张的办法，更不用说密谋什么对付二张的计划，完全是有雷声没雨点的空谈。

包括李显、李旦和太平公主在内的李氏第二代皇族深知武媚手段之恐怖，所以一直都人人自危，均采取了明哲保身的态度，唯恐招惹来杀身之祸。而第三代的李重润与武延基等人毕竟年轻，警惕性就没那么高，他们肆无忌惮地公然抨击正处于政坛核心的二张，无疑是一种以卵击石、不自量力的轻率举动。

看似戒备森严的王府之中，依旧隔墙有耳，这一次毫无意义的吐槽就坏在李重润最疏于防范的弟弟李重福身上了。因为李重福的另一个身份是张易之的外甥女婿。李显的太子妃韦氏一直不大待见这个非己所出的儿子，故而李重福自然要另找一个靠山，而风头正劲的妻舅张易之无疑是他最好的选择。他决定用自己几个至亲兄妹的性命，去做投靠二张的投名状。

李重福告密后，二张自是气得跳脚，马上梨花带雨地找武媚告状去了，而且免不了添油加醋，大大夸张了一番这几个孙辈如何对祖母不恭不孝，打狗不看主人。

武媚闻报后，出离愤怒了，本来近些年在狄仁杰的循循诱导下，武媚的火暴脾气已经收敛了很多。但这一次，武媚脸上浮现出已经很久没有显露过的杀气。

其实武媚并不大介意别人议论自己荒淫的私生活，在男女之事方面，她向来敢于任意而为，从不怕别人说三道四。当年右补阙朱敬则曾经公开进谏提及此事，时已七十余岁的武媚非但未予追究，还赐朱敬则绸缎百匹，甚至一度把他提拔到了宰相之列。由此可见，武媚对于他人议论其床帏之事是非常宽容的。因为武媚自视为皇帝，哪个皇帝没有三宫六院？自己床上才几个男子，和那些男性帝王比起来，已经算是很检点了！

武媚真正介意的是几个晚辈对二张专权乱政的议论，这才是她心中真正不容触犯的底线。

张氏兄弟表面的身份是男宠，但并不是像薛怀义、沈南璆那样单纯的玩物，他们更是武媚晚年极其倚重的私人政治力量，实质上久疏朝政的武媚已经把二张当成了自己的政治代言人。

虽然武媚一路偏心提携自己的武氏家族，但自从李显重新当上太子后，当时朝中诸武势力和李唐正统派力量已是势均力敌。一方面资历最老、能力较强的武三思因为一直被姑姑压制，已经多有不满，另一方面大唐李氏一脉的正统派一直蠢蠢欲动，时刻都想打着太子的旗号剥蚀女皇的权力。所以武媚必须形成第三股力量，才能在这两股势力间进行平衡，而她唯一可以倚重的就是以张氏兄弟为代表的男宠弄臣集团。如今几个乳臭未干的孩子，竟然意欲打破这种平衡，这就大大触动了武媚最介意的权柄红线。在武媚看来，做过皇太孙的邵王李重润等三人反对二张，即是反对女皇本人，再说严重点，是对女皇执政地位的挑战，是一种罪不容诛的罪过。

武媚这一次处理对手的方式与以往大不相同，她没有亲自对三个孙辈兴师问罪，也没有让二张出面公开立案审理，而是把老实窝囊的儿子李显叫到跟前，咬牙切齿地把这件事的前因后果陈述了一遍，最后冷冰冰地抛下一句话："这件事由你自己来处置吧。"

李显听明白了事情的原委，汗出如雨，仿佛被一种从天而降的恐惧重重砸在头上。他当太子之后第一次独立行使权力，竟然是处置自己的儿子和女儿。

房州十五年的苦难岁月——涌上李显心头，他这辈子再不想失去现在的显赫身份了，然而这将取决于他是不是还能得到母亲的信任。虽然母亲并没有明确要求他使用何种惩处的手段，但鉴于这位母亲是一位翻脸无情的铁血君王，而对君王表明忠诚最好的办法，就是所谓的有忠无情，大义灭亲。

这几个孩子，尤其是李重润的身份太敏感了，作为曾经的皇太孙，李重润崇高的个人声誉使其对武周政权的态度格外刺目。李显相信自己只有痛下杀手，才能断臂自保。对于他来说，在自己的性命和政治生命都面临生死考验的时刻，父子之情已经没那么重要了。

面如死灰的李显踉踉跄跄地回到了东宫，他没有和任何人商量，甚至包括孩子的母亲——他最倚重和信任的夫人韦氏，就以太子的身份发布了一道让所有人瞠目结舌的命令，赐死李重润、武延基和李仙蕙。

大足元年（701 年）九月三日，李重润和武延基被赐三尺白绫，活活勒死了，心痛欲裂的李仙蕙饮药死于次日，同时随之而亡的还有她腹中的胎儿。他们正值青春的人生被永远定格在了那个冷酷的深秋。此时李重润被封为邵王还不到一年，距李仙蕙临盆不足一月。李显与武媚这对毫无人性的母子，就因为私下议论二张这个不是罪名的罪名，轻易断送了四条人命，自家血脉的命！

当代有专家替武媚申辩，说李显痛施辣手是对武媚态度的过度反应，甚至错解了女皇的用意，这种情况其实是不可能发生的。虽然当时确实是武媚将此事交由李显处置，但对三位身份如此高贵的皇族处以死刑，按照正常的司法程序，必须要经过一系列的审批流程，最终得到武媚的批准才能实行。李显已经有过初做皇帝时因口不择言被拉下皇位的惨痛教训，绝对不可能在如此重大事件上再次自作主张。

我们有理由相信，和武媚不同的是，李显内心深处对于儿子和女儿的死是痛苦和自责的。他在即位后即追赠李重润为皇太子，谥号懿德，陪葬乾陵，将国子监丞裴粹的亡女与儿子合葬，为他们举办了冥婚，并为李重润和李仙蕙都修建了追福寺院。

三个年轻人的意外死亡，给了所有忠唐朝臣一个深刻和恐怖的警示，所有人都看得明明白白：欲消除武周之势力，必须先对她力保的二张集团予以剪除。

李重润没能活到二十岁的生日，而李显其他几个儿子命运也都不太好，无一善终。

二子李重福在李显重新即位后，被贬黜出京城，后起兵造反，事败自杀，年三十一岁。

三子李重俊先被立为太子，在次年发动政变，失败后为部下所杀，死时不到三十岁。

四子李重茂在十六岁时被立为傀儡皇帝，后被废黜，在幽禁中忧郁而死，年二十岁。

长安

经过这一幕亲子相残的惨剧之后，二张的地位似乎更加坚不可摧，无可撼动了。然而李显也并非一无所获，很快，他就得到了用儿女的生命换来的丰厚报偿。

也许是被李显毫无保留的忠心所感动，也许是对他失去一双儿女的安抚，大足元年（701 年）十月初三，武媚非常突然地颁布了一道历史性的敕令：重返长安！

长安一直是大唐帝国的政治中心，也是高祖、太宗、高宗等先帝的祭祀社稷之地，这一切对于谋位夺权的武媚来说，都是一种无言而沉重的精神压力，在它们的面前，武媚的潜意识中深感自己是个罪人，所以压根儿没有勇气去面对它们，只好远远地避开长安。唯有如此，武媚的负罪感才能得到缓释，精神上的压力才有可能减轻，才能有勇气去实行武周革命，篡夺李氏的江山。

对于武媚来说，自高宗时代开始二人就曾驻跸洛阳达十余年，而她自己在洛阳的时间则更长达数十年。武媚在洛阳已经培养了牢固的势力，到易唐为周的前夕，洛阳已成为武媚号令天下的政治中心，租赋所集的经济中心，精兵拱卫的军事中心和文人聚集、符瑞频出的文化中心。很难想象如今武媚舍洛阳而趋长安是下了多么大的决心。

然而就在这一年，一个帝国的蹒跚迁徙，一个君王的内心救赎，似乎在一瞬间被重新决定了。武媚带着李显、李旦及全部文武官员，拖着绵延百里的浩大队伍，在匆匆铺垫的黄土大路上整整走了十九天，西入潼关，返回长安。

为了这十九天，李显已经等了整整十四年，而武媚也已经二十年没有回到这片大唐龙兴之地了。

是年，武周改国号为长安。

巍巍长安，煌煌帝都，九经九纬，经涂九轨，还是那么厚重而庄严，作为一个带有浓厚军事色彩的皇都，长安城从来没有像影视剧中描绘得那样充满人间烟火气与市井风情。日本学者妹尾达彦曾这样评价长安："长安城的建筑原本就不是以居民生活为出发点的，而是根据 6 世纪末到 7 世纪初王都的理念，设计建成的一座宏伟的理想都市。"长安追求的是凸显皇权的神圣性与守卫皇室的安全。而这

天枢坠落：武周政权的崛起与终结

种追求对普通市民就不那么愉快了，往往意味着限制、禁锢与不宜居。

山河千里国，城阙九重门。不睹皇居壮，安知天子尊。朱雀大街的黄沙甬道两边，太宗时期种下的那些国槐依旧遮天蔽日，高大挺拔。李显贪婪地看着这座熟悉的城市，一百零八坊依旧瑰丽宏伟，二十五条大街还是那样排列严整，无不彰显着作为帝国中枢的盛世繁华与雄浑气魄。这座庞大的要塞型城市，街道、坊墙彼此隔离，每一个坊门，都是一座常年由禁军守卫的坚固据点，就像一座拥有一百零八个堡垒的超级要塞，忠诚而执着地等候着她真正的主人归来。

回到长安后，李显依旧住回了阔别已久的东宫，这座建于隋朝初年的东宫已经许久无人打理，已是苑旧台荒，鹧鸪遍地。故土重归，李显感慨万千，深深叹息往昔盛景难再，徒留思忆之心，形于梦寐。

长安东宫的风水实在是太不好了，隋朝时首任太子杨勇被废杀，后太子杨广亦被叛军所杀。唐时首任太子李建成被杀，下一届太子李承乾亦被杀。后来高宗李治实在没办法，往往让太子跟他一起居住在大明宫内的少阳院中，可后面的太子包括李忠、李弘、李贤，包括李显自己，太子们的悲惨命运依旧没有改观。

一想到儿子本来也可以成为太子，李显不由得心头一紧，眼泪险些掉下来。然而事已至此，容不得他再动妇人心肠，更不能有半点差池。李显不得不赶紧停下自己的浮想联翩，继续保持重归故里的欢愉之色。

如今说是女皇的归来，不如说是太子的归来，皇帝与太子重归长安，让所有人都满怀希望，似乎大唐复国的日子已经触手可及了。

回到长安后，武媚对儿子们的投桃报李似乎还没有结束，她任命相王李旦为雍州牧兼左、右羽林大将军，统领南衙禁军，让他成为京畿地区的最高军政首长。李旦似乎也迎来了自己离开皇嗣之位后的第一个春天。

与兄长李显嗣凋零、后继无人的惨状相比，李旦的后裔一直都枝繁叶茂，几个儿子的结局都不错。大名鼎鼎的唐明皇李隆基等五兄弟随着武媚到长安之后，都住在兴庆坊的宅第，也称五王宅。此后一直兄弟和睦，府邸相望，让大伯李显十分羡慕。日后李隆基登基后，也常常与诸王每天在侧门朝见，归宅之后，或饮酒作乐，或击键斗鸡，或追逐鸟兽，日日不断。诸王游玩所到之处，中使相望，天下人都认为天子兄弟之间友爱，近古无比，彼此之间毫无隔阂，也是一段佳话。

集中居住，是武媚控制、监管李唐宗室的一项重要措施，到了晚唐时期，皇权落入宦官之手，宦官们也将这种做法继承了下来。有唐一代，长安城内先后出现过五王同坊、十王同坊、十六王同坊乃至"百孙院"的奇葩格局。

李旦的儿子们曾留下许多有趣的故事，他的长子宁王李宪富贵无比，跋扈骄横，家中蓄养着宠妓十几个人，皆是绝色，但他并不满足。宁王府邸左邻有个卖饼的，其妻肤色洁白如脂，李宪一见就动了邪心，让人带上了许多礼物送给了这位女子的丈夫，强娶了女子回家，对这位卖饼人之妻十分宠幸。

过了一年，李宪问她说："你还想念前夫吗？"这位女子不好回答，只有默默无言。在一次宴会上，李宪抱着恶作剧的心态把她的前夫叫来，让夫妻二人相见，二人四目凝视，眼泪汪汪，情景十分凄惨动人。当时在座的十几个宾客都是当时有名的文士，也都唏嘘感叹。李宪偏偏以此为乐，让诸文士就此事现场赋诗。大诗人王维当场赋诗云："莫以今时宠，难忘昔日恩。看花满眼泪，不共楚王言。"李宪读了王维的诗，内心惭愧，闷闷不乐，就当众将这女子还了回去。

除了给两个儿子赐予了名义上的极高地位外，武媚又先后任命了好几个德才兼备、忠于李唐的宰相兼任李显的东宫属官，其中的佼佼者包括韦安石、唐休璟和魏元忠。

正直刚毅，素来为奸邪之徒所忌惮的魏元忠的故事我们之前多次提到过，而唐休璟不是一直在边关为将，镇守一方吗？他怎么也来长安当宰相了？

事情要从前一年说起，也就是久视元年（700年）。当时北边突厥刚退，西南战事又起，虽然把持吐蕃朝政五十年的噶尔家族已经覆灭，但吐蕃国势仍然很强，这一次领军的，是吐蕃大将麹莽布支，率大军一路攻进周境的洪源谷，打算进攻川西门户松州（甘肃武威东南）。

噶尔·钦陵自杀后，同样出身于吐蕃贵族世家的麹莽布支接替了他的位置，掌握军权。麹莽布支同样对富庶的中原充满了欲望与野心，只可惜他的军事水平和噶尔·钦陵完全不可同日而语，而他的对手，却非庸碌之辈，正是当时已升任持节陇右诸军州大使，兼凉州（甘肃武威）都督的唐休璟。

在以往数十年的唐蕃战争中，唐军一直鲜有胜利，到了武周时代更是连番地损兵折将。唐休璟的部下都对来势汹汹的蕃军十分畏惧。唐休璟见吐蕃军衣甲鲜盛，非但不惧，反而信心百倍地对部下道："麹莽布支麾下都是贵族子弟，虽然军容强盛，却是一群不通军事之辈，且看我如何破敌。"

言毕，唐休璟披甲执槊，一马当先，直取蕃军的中军而去，周军士气大振，纷纷跟随，效力死战，周军连续与蕃军接战六次，全部获胜。麹莽布支大败而去，周军斩其副将二人，获首二千五百级，并积尸做成了京观。

在唐休璟面前吃瘪的麹莽布支回国后曾出任大论，数年后吐蕃国内大乱，被王太后赤玛类所杀，那又是一个精彩纷呈的吐蕃版武媚摄政的故事了，本书不予细说。

不久后，打了败仗的吐蕃派使臣论弥萨出使周廷言和，武媚在麟德殿宴请他，唐休璟也参加了宴会。论弥萨在酒席上虽然不断与武媚谈话，却一直在偷看唐休璟。武媚发现后，好奇地问他何意？论弥萨满怀敬畏地说："往年在洪源大战时，这位将军雄猛无比，杀死我们吐蕃将士甚多，所以我很想见识见识他的真面目。"

在吐蕃君臣心中，原本一直是看不起汉家兵将的，唯有唐休璟一人能让蕃人感到发自内心的惧怕。敌人的敬意，是对一员战将最高的评价，武媚听罢心花怒放，对唐休璟愈发看重，干脆把他留在了上都，提拔他为右武威、右金吾二卫大将军。

三年后，突骑施首领乌质勒与西突厥失和，西域各部落间再次刀兵四起，致使安西四镇和长安的联系断绝。

武媚召开紧急会议，令唐休璟与众宰相商讨如何应对，唐休璟极为熟悉边境地区的军政事务，对于自辽东碣石以西直至安西四镇以外绵延万里的山川险要之处，全都了然于胸。只片刻间，唐休璟就拿出了应对方案。十多天后，安西诸州报告朝廷，前方的情况与唐休璟的描述完全一样。武媚不由得感慨道："恨用卿晚。"继而又不满地对魏元忠及杨再思、李峤、姚元崇、李迥秀等一干宰相说："休璟熟悉边事，你们十个也不如人家一个！"

此后唐休璟再次升迁为夏官尚书、同凤阁鸾台三品，兼任太子左庶子，仍旧参与处理朝政。

左庶子的位置有了唐休璟，右庶子的位置同样是由一位宰相担任，他就是鸾台侍郎、同平章事韦安石。

韦安石生性持重，不苟言笑，为政清廉，深受官民敬畏，同样是武周时代难得一见的硬汉。

当时正值张易之兄弟执掌朝政，人人畏惧巴结，唯有韦安石敢于屡次当面驳斥他们。有一次韦安石在宫中陪武媚用膳，见张易之带着蜀地富商宋霸子等几个人在一起饮酒赌博，便向武媚跪拜奏道："商贾之徒，名列贱籍，没有资格参加这样的宴会！"说完，不等武媚下令，就让侍臣们将这几个人赶出去，在座的臣僚们都吓得变了脸色。

韦安石敢于大胆直言规谏，偏偏武媚反倒很吃他这一套，非但没有责怪他吓着了自己的小莲花，反而特意对他慰劳嘉勉，朝臣都对韦安石十分钦佩。

通过这几个进入权力中枢的宰相我们可以发现，在武媚当政的最后几年，所用的大臣确实是越来越"好"了。

长安元年（702年），武邑人苏安恒上疏劝请武媚尽早还政李唐，措辞非常激烈。身无片瓦，心忧天下的苏安恒提出了两个主要主张，第一是说："陛下承先帝的委托，受皇嗣（李旦）的推让，君临天下已二十年。现在太子已经确立，他忠孝仁厚，又年富力强，如果让他执掌皇权，与陛下亲自临朝不会有什么差别。陛下年高神倦，不如让位给太子，自己怡养圣体，安享晚年。"

他在第二条建议中指出："自古不见两姓同时称王的先例。现在武氏皇戚多封王位，而陛下二十余名孙子却没有任何封号。陛下百年之后，这种局面非常不利。陛下应该将各位皇孙裂土封王，加强辅导；同时将武氏各位亲王降为公、侯，削减他们的实际权力，让他们处于闲官位置。这样才能相安无事，共同维持大周帝国的长治久安。"

如果是在久视年以前，有人胆敢这么跟武媚说话，早就被满门抄斩了。可现在只要不涉及二张，武媚对这些挺李的建议都能容忍。她看完奏本后只是淡然一笑，虽然没有采纳，但也不予加罪。还召见了苏安恒，赐他以酒食，深加奖慰。

尽管武媚的心态愈加宽容和平和，但长安朝堂上污浊的政治风气依旧未变。长安二年（702 年）八月，李氏的三个核心人物，太子李显、相王李旦、太平公主联名上表，请求封张易之、张昌宗为王。李显虽然刚刚和二张结下杀子之仇，可在那个二张只手遮天的残酷政治环境下，能活着就是最大的胜利，故而兄妹三人仿佛所有的国仇家恨全然未曾发生过一样，一如既往地倾尽全力对二张进行献媚巴结。

两姓为王已经够乱的了，现在又要搞出来第三姓王，这一事件再次引起轩然大波。出人意料的是，武媚竟然拒绝了三兄妹的奏请，退而求其次，非常低调地仅赐张易之为恒国公，张昌宗为邺国公，各封食邑三百户而已。

宗室们如此奉迎，许多软骨的大臣们自然也不甘人后。宰相集团明显地分为两派，泾渭分明。拥张派的主力成员包括奉旨通奸的李迥秀，妙语莲花的杨再思，有才无德、趋炎附势的李峤等人；勇于任事、政绩卓著的韦嗣立基本上属于中间派。拥李派则以左肃政台大夫、同凤阁鸾台三品魏元忠为首，包括韦安石、唐休璟和崔玄暐。魏元忠从始至终也不愿与张党同流合污，自然成了二张恨之入骨的眼中钉。

魏张之仇，由来已久，早在数年前魏元忠担任洛州长史时就已经结下，那时候他恰好是洛阳令张昌仪的直接领导。

张昌仪身为天下县令之首，却狗仗人势，骄横跋扈，胡作非为，历任长史看着他两位哥哥的面子，对他不敢有半点怨言。直到魏元忠走马上任来做洛阳长史，张昌仪才知道什么叫邪不压正。

以前张昌仪每次到州府办事，都不经批准，横冲直撞。魏元忠到任后，张昌仪也闯了一回大堂，魏元忠毫不客气地对他厉声呵斥，令他退出到外面等候通知。张昌仪恼羞成怒，却不敢反驳，毕竟魏元忠的大名天下皆知，如徐敬业、侯思止那样的狠人魏元忠都不放在眼里，他一个胸无点墨的洛阳令，又有什么资格和胆量在魏大人面前放肆呢？

上梁不正下梁歪，张易之家奴仆众多，也都仗着主人的势力横行霸道，为非作歹，甚至在洛阳闹市上公然行凶，激起了极大的民愤。魏元忠丝毫不留情面，下令手下将恶奴抓捕，一顿棍棒活活打死。棒子打在恶奴屁股上，就等于打在张易之脸上。从此张易之对魏元忠的仇恨就更深了。

魏元忠当上了宰相后，有一次雍州长史出缺，张易之想让他的弟弟，时任岐州刺史的张昌期接任，一开始武媚也表示同意。

雍州是什么地方？那是京畿要害所在，名义上的最高长官是李旦。如果由张党的人去掌管，一方面给李旦添堵，另一方面这个重要地区的兵权财权，都将要为二张所控制，李氏想翻身就更难了。于是魏元忠坚决表示反对，并推荐了素有才干，敢作敢为的薛季昶出任这一要职。

我们在前文提到过一次薛季昶，当时他是作为一个反面人物出现的，然而瑕不掩瑜，薛季昶总的来说还是相当有头脑和才干的。

当初与契丹作战时，兵部郎中侯味虚为了掩饰败绩，谎称契丹军队打仗时有蛇虎为先导，所以官军才无法抵敌。武媚不信，派薛季昶为河北道按察使去查处此事。薛季昶直驱侯味虚军中，以迅雷不及掩耳之势将侯味虚捉拿，落实罪状后即刻斩首，一时威震前线各军。薛季昶按察河北道期间，又将贪残肆虐的藁城县尉吴泽迅速逮捕，审定罪状后即将其杖杀。这一连串雷霆手段使他声名大振，所至之处庸吏皆望风慑惧。

而至于张昌期，则完全是烂泥扶不上墙，魏元忠毫不留情地揭露他说："张昌期年纪太轻，完全没有行政经验，他治理岐州的水平有目共睹，管的当地居民逃亡一空！雍州是帝京，政务繁重，我认为张昌期绝对不够资格！"

武媚冷静想了一下，确实也不想找个毛头小子来把雍州百姓管没了，最后还是听从了魏元忠的意见，任用了薛季昶。而薛季昶在任期间，果然不负魏元忠的重托，大力惩治豪强，治理一方，很有一番作为，成为历任雍州长史中的佼佼者。

魏元忠一次次与二张进行激烈的交锋，毫不妥协，并不停地劝谏武媚远离张氏兄弟这样的小人。张氏兄弟对魏元忠恨之入骨，必欲置之死地而后快。

伪证

长安三年（703年）九月，二张经过一番周密的谋划，终于决定对魏元忠动手了。因为他们还曾经逼死过李显的一双儿女，也很担忧李显登基后会找他们报复，所以想来个一石二鸟，借机把太子李显也拖进谋逆不忠的旋涡。

这一日，张昌宗卖弄起十二分精神，在鸳帷凤榻上把女主伺候得妥妥帖帖，然后趁着枕席情浓，武媚心满意足之时，吹起一阵恶毒的枕边风，煞有介事地诬告魏元忠与司礼丞高戬私下议论："太后老了，不如辅佐太子才是长久之计。"

魏元忠是以宰相身份兼任东宫的主要官员，又是高宗时的旧臣，很明显其政治立场会倾向李唐，在个人情感上也明显亲近太子。而高戬是太平公主的情夫，等于也是李氏宗亲的外围成员。所以张昌宗的这番诬告，看起来可信度很高。

由于牵扯到了太子李显，武媚一下子被触动了。她的反应果然不出二张预料，先是勃然大怒，未经核实便下令先把魏元忠和高戬关押入大牢，然后宣布次日让魏元忠在朝堂上与张昌宗当面对质，李显、李旦和各位宰相都要列席旁听，以便杀鸡儆猴。

第二天，红日高升，魏元忠和张昌宗早早来到朝堂，在武媚和众人面前开始了一场公开辩论。此二人口才都很好，唇枪舌剑论战了半晌也没个结果。最后张昌宗冷笑一声，祭出了他早已暗中准备好的大招，自信满满地说道："张说听过魏元忠讲的话，可以让他来作证。"

那么，这个至关重要的证人张说又是谁呢？

张说在今天的知名度不算高，但此人可大不简单，他精彩纷呈的人生当中既有文功，又有武略，堪为有唐一代经世之才。

论文功，张说在年轻时曾参加朝廷举行的贤良方正科考试，应诏策论被评为第一。他在文学方面的成就极高，是编修《三教珠英》的主笔，此后执掌文坛三十年，为开元前期一代文宗，与许国公苏颋齐名，号称"燕许大手笔"。

论武略，张说曾在王孝杰军中担任节度管记，多次与契丹作战。后来官至天兵军大使，既持节安抚过同罗、拔曳固等外族，也带兵镇压过多次国内叛乱，战功赫赫，建树颇多。

张说一生曾三次为相，死后谥号文贞，唐玄宗亲自于光顺门为他举哀，罢元正朝会，追赠张说为太师。要知道在宋朝以前，"文贞"是最高等级的谥号，是历代读书人梦寐以求的荣耀，能够得此谥号者放眼整个唐朝也不过魏征、宋璟等寥寥数人。

既然说张说是个如此了不起的人物，那么他在未发迹之时，真的会屈从于二张的要求，昧着良心做伪证诬陷魏元忠吗？

答案是：差一点，会。

张昌宗敢在武媚面前拍胸脯，自认是心中有把握的。因为此前二张已经先行找过张说，做了许多思想工作，在两个当朝红人持续的威逼利诱下，当时还只是个小小凤阁舍人的张说在无奈之下只得勉强答应了二人。他是这起诬陷案中最重要一环，正因为有他许诺愿意作伪证，二张才信心满满地认定这次可以一举置魏元忠于死地。

头一天晚上一直在内心纠结，天人交战的张说，在接到传召后，红着眼睛，失魂落魄地准备步入朝堂，不想却被一群早已等候在门外的臣僚拦住了去路。

当时与他同为凤阁舍人，日后的开元第一贤相宋璟第一个冲过来，拉住张说的手，神色庄重地对他说："名义至重，鬼神难欺，绝对不可依附奸邪，陷害君子以求苟免，即使因此获罪流放也不失荣耀。你若有不测，我当叩开殿门，据理力争，与你同死！请努力为之，万代瞻仰，在此一举！"

宋璟这一番掷地有声的话，不亚于在张说头顶打了一个惊雷，让张说内心深处的良知苏醒了，他发现与宋璟相比，昨夜那个唯唯诺诺答应二张的自己是如此渺小和不堪。人在官场，很难不违心顺应种种丑陋的强权与规则。然而圣贤之书又不断提醒为官者要存天理，致良知，既要有尽心谋国的能力，更要有杀身报国的勇气！

这时殿中侍御史张廷珪也走过来，意味深长地说："朝闻道，夕死可矣！"左史刘知几更是急脾气，用近乎威胁的语气对他说："不要在青史上留下污点，让后世子孙背负骂名！"

短短的一瞬间，张说心中的热血开始沸腾起来，一会见到女皇时该如何应对，张说心中已经有了明晰的答案。他没有答话，只是以坚毅的目光回望宋璟等人，坚定地点了点头。他忽然觉得内心格外平静，不再有恐惧，不再有私心。社稷安危在直言，须历尧阶挝谏鼓。现在朝堂就在前头，如果他仗义执言，也许这条直臣之路将通往地狱，但必然达到他心中的天堂，大丈夫一死就在今日，何必桑乾方是远，中流以北即天涯！

张说从容不迫地走进了大殿，不等他行了君臣大礼，武媚便迫不及待地问道："魏元忠说过那些对朕不忠的话吗？"张说刚要回答，早已认定这是一个肮脏陷阱的魏元忠先沉不住气了，铁青着脸冲张说大喊道："张说，你打算和张昌宗一同陷害我吗？"张说原本就脾气暴躁，桀骜不驯，如今自己已经抱着必死之心，却见魏元忠还在怀疑他，不由得气往上涌，大刺刺地回怼魏元忠说："你这个宰相说话水平怎么跟市井小民一个样！"

张昌宗连忙上前，挤眉弄眼地催促他快按照事先的约定作伪证。张说不屑地看了他一眼，面向武媚一本正经地说："您都看到了，张昌宗在陛下眼前，尚且这样对臣苦苦相逼，何况在朝外呢！臣现在当着诸位大臣的面，不敢不据实回答。臣实在是没有听到过魏元忠说不忠的话，只是张昌宗威逼我，让我为他作虚假的证词罢了！"

张说话音一落，四座皆惊，李显和魏元忠都长吁了一口气，而张昌宗雪白的小脸却涨成了猪肝色，恼得声音都变了，气急败坏地大叫道："张说与魏元忠是共同谋反！"

张昌宗皓齿红唇，小嘴一张，随随便便证人变被告，这话就更站不住脚了。武媚见情人如此失态，也觉得十分丢脸，面色阴沉地问他："到底怎么回事？"

张易之和张昌宗两兄弟似有心灵感应，一起跪下大呼："张说曾经说过魏元忠是伊尹、周公，伊尹流放了太甲，周公代国王摄政，这不是想谋反是什么？"

二张这两句话说得没头没尾，莫名其妙，我们就先来看看两千多年前的伊尹和周公都做过什么"谋反"的事情。

伊尹是商朝名臣，辅佐过几代君王，商汤的长孙太甲即位后，年少轻狂，不守国家法度，伊尹为了教育太甲，培养他成为一名合格的君王，就将他安置在成汤墓葬之地桐宫，让他在远离权力中心的冷清中好好反省，而自己与诸大臣代为执政了一段时间，并著《伊训》《肆命》《徂后》等训词，讲述如何为政等问题。年轻的太甲等于蹲了三年拘留所，只能老老实实地接受改造，认真学习伊尹的训词，深刻反省了自己的错误。"三年刑满"之后，伊尹看到他有了改恶从善的表现，亲自到桐宫迎接他回王宫，并将王权交还给太甲，而他自己仍继续当太甲的辅佐之臣。太甲复位后，"勤政修德"，继承成汤之政，成为一代有为之君，商朝的政治又现清明的局面。

伊尹的这番"谋反"，谋出了一段千古佳话，我们再来看看周公有什么"罪行"。

周公是周武王的弟弟，武王去世后，即位的成王尚在襁褓之中，正所谓主少国疑，周公怕天下人因为武王之死而背叛朝廷，就代替成王处理朝政，掌管国家大权，最后继承哥哥的遗志完成了统一天下的大业，建置七十一个封国。周公摄政六年后，成王渐渐长大，周公就还政于成王，北面称臣。他在国家危难的时候不避艰辛，挺身而出，肩负重任；当国家转危为安时不恋权力，让出了王位，这种无畏无私的精神，一直被后代所称颂。

二张不学无术，对伊尹、周公的典故一知半解，情急之下喊出这样无知的话来，不知道是在夸魏元忠，还是在骂魏元忠，一派颠三倒四的胡言让武媚都跟着大丢其脸。

向来自负才华过人的张说一看这二张的文化水平简直低到阴沟里去了，暗想幸亏没和这两个东西同流合污，此时他也豁出去了，说话更加底气十足："你们两个孤陋寡闻的小人，只是听说过有关伊尹、周公的只言片语，又哪里懂得伊尹、周公的德行！那时魏元忠做了宰相，我以郎官的身份前往祝贺，元忠对客人说：'无功受宠，不胜惭愧，不胜惶恐。'我当时对他说：'您承担伊尹、周公的职责，拿三品的俸禄，有什么可惭愧的呢！'那伊尹和周公都是做臣子的人中最为忠诚的，从古到今一直受到人们的仰慕。陛下任用宰相，不让他们效法伊尹和周公，那要让他们效法谁呢？我今天不是不知道依附张昌宗就能立刻获取宰相高位，靠近魏元忠就会马上被满门抄斩，但我害怕日后魏元忠的冤魂向我索命，因而不敢诬陷他罢了。"

这下二张彻底无语，傻呆呆杵在当场，只能可怜兮兮地看着武媚，一句整话也说不出。武媚看看神态自若的张说，再看看两个抓耳挠腮，手足无措的情人，心里全明白了，二张被张说给耍了！

打狗不看主人面子，就是最大的罪过。她不责备二张诬陷忠良，反而把一肚子气都发泄到了张说头上，气急败坏地大喊："张说，你个反复无常的小人，应该和魏元忠一起被扔到监狱治罪！"

张说该说的话都说完了，没有再继续辩白，只是默默地站在原地不再作声。他虽然没有回头，但身侧仍然能感受到魏元忠那感激的目光。

数日后，武媚派出素以手段毒辣著称的武懿宗会同各宰相一起审理魏元忠案，张说仍然坚持初供，誓与魏元忠共进退，同生死！

变卦

魏元忠、张说被诬入狱后，宰相们皆不敢言，唯有正谏大夫朱敬则站出来据理力争说："元忠、张说一向忠正，加在他们头上的罪名毫无根据。如果这样处以重刑，岂不失天下之望？"

位卑未敢忘忧国的武邑平民苏安恒也再次向武媚上书抗议，言辞比上次更加激烈："陛下登基之初，臣民们都认为您是善于纳谏的皇帝，现在才知道您喜欢阿谀奉承。自从魏元忠下狱，大街小巷纷扰不安，士民们都说陛下信用为非作歹之徒，贬逐贤良方正之士。那些忠臣志士都在暗自叹息，在朝堂之上却缄口不言，害怕得罪二张会白白送死。而现在朝廷赋税繁重，百姓生计凋零，再加上邪恶之徒专擅放纵，国家刑赏不公，我真担心民心不稳，引发动乱，如果百姓在朱雀门内动起刀兵，有人前来大明殿夺取帝位，陛下将用什么来解释，又将靠什么来抵御他们？"

张易之等人见到他的奏疏之后，都力劝武媚杀死苏安恒，幸亏有朱敬则和凤阁舍人桓彦范、著作郎魏知古的多方保护，苏安恒才得以幸免。

虽然明知道魏元忠冤枉，可为了维护情人的面子，武媚还是对魏元忠按有罪论处。魏元忠被贬职为高要县尉，而高戬和张说二人都被流放到岭南。

魏元忠在临别前，向武媚辞行，黯然地说："臣年纪大了，这次前去岭南，多半会死在那里，日后陛下一定会有想起我的时候。"武媚不解，问其缘故，当时张易之、张昌宗都在一旁侍奉，魏元忠用手指着他俩恨恨地说："这两个小儿，最终将成为祸乱的根由！"

张易之等人赶忙走下殿堂，捶胸顿足地表忠心，声称魏元忠冤枉了他们。武媚看着这俩活宝，无可奈何地叹道："让魏元忠去吧！"

魏元忠只是贬官，没有被处死，二张十分不甘，一直在伺机补刀。

是年九月，野云暗淡，水寒荷破，孤雁哀鸣。魏元忠的好友，太仆卿崔贞慎等八人在长安郊外设宴，为即将被贬往高要的故友送行。张易之又抓住这个机会，以一封落款为"柴明"的举报信，状告崔贞慎等人伙同魏元忠一起谋反。

武媚对情人之言无不百依百顺，立刻下令将八人全部逮捕，委派监察御史马怀素调查审理，并暗示他说："这件事肯定属实，你只需稍微问问就行了，快点把材料报上来。"话里话外的意思就是无论如何这一次不能再让自己的情人讲空话出洋相了。

调查需要有个时间，马怀素刚开始接手这项工作，尚无定论时，武媚就一次又一次地派人前来催促结案。马怀素也火了，要求把"柴明"找来对质。武媚不屑地说："我不知道柴明在哪里。你只需根据他的状纸去审判，何必再找告发的人？"

硬骨头的马怀素完全不理会武媚的明示暗示，他经过一番详细调查，给了武媚一个她完全不想看到的结论：崔贞慎等人根本没有谋反之事！

女皇近来脾气大得很，又是一次大发雷霆，以威胁的语气问道："你想纵容谋反吗？"马怀素不卑不亢，针锋相对地回答："我不敢纵容谋反罪犯！这次魏元忠被贬谪，崔贞慎等人是他的亲友，为他送行，合情合理，我不能诬蔑他们。陛下怎么能无故诛杀为亲友送行的人？如果非要杀他们，权力操在陛下手里，又何必要我来审理？既然要我审理，我就不敢不讲真话！"

马怀素一番话掷地有声，又是一副张说那般豁出去不要命的架势，武媚也不能不为之动容，不由得降低了声调，又追问了一次："你准备完全不给他们定罪吗？"

马怀素是彻底不打算留后路了，昂着头大声回答道："我智识愚浅，看不出他们有罪！"

武媚被怼得再无言以对，静静地想了一会，终于决定不再追究此事了。

第十五章

潜龙勿用

自从审理完这一起魏元忠大逆案之后，武媚感到从未有过的疲惫，虽然她和二张凭借绝对的权力获得了完胜，但武媚明显感到，她在贯彻自己意志的时候，已经史无前例地开始面临重重的阻力和无尽无休的反对声音。难道是因为回到了长安，那些拥李的人也变得底气十足了？

　　十月初八，心情不爽的武媚忽然宣布了一个惊人的消息，她要带着文武百官离开长安，重新回到洛阳，左武卫大将军武攸宜被任命为西京留守，镇守长安。

　　这个迁都的消息让所有人疑惑，惊愕，措手不及，却又不得不服从。难道是长安的粮食又不够吃了吗？无人知道真正的答案。

　　原本所有人都以为会在长安等到权力顺利交接的那一天，但在经历了二张与宗室、朝臣的数次交锋后，那种充满希望的和谐气氛消失了。没有人猜得出女皇心中的真实想法，而长安这个年号，也变得名不副实。

公敌

　　历仕三朝，忠于太子的老臣魏元忠从宰相贬为县公安局长。

　　整个朝廷庞大的行政机构在三年内第二次大搬家，重回洛阳。

　　王子、公主、驸马被害，已经临近权力和平交接的局势开起了倒车。

　　张易之、张昌宗及其一帮兄弟再一次成了众矢之的，国家公敌。

　　同恶相助，同欲相趋，李武两支皇族的成员在共同的威胁面前，迅速结为联盟，而大批反对二张的朝臣也纷纷加入进来，成为这个联盟的重要组成部分和执行人员。除了这些政治精英之外，这个反张联盟还有一个无处不在、规模庞大的无形盟友，就是天下民心。

　　那个被魏元忠赶出大堂的洛阳令张昌仪是张氏集团中仅次于二张的核心人物，素来以胆大和无耻著称，一贯卖官鬻爵，收受贿赂，把国家公器全都变成了自家一亩三分地里的私产。

史籍中记载着这样一个故事，有一次张昌仪在早朝途中被一位姓薛的候补官员拦住了去路，来者神秘兮兮地递上一张"状纸"和一盒"物证"，张昌仪接在手里，明晃晃，沉甸甸，原来是一份求官申请表外加黄金百两。爱财如命的张昌仪眼睛一亮，光天化日之下当场收下贿金，大包大揽地满口答应了此人的请求。

在武媚的纵容下，卖官的生意变得很简单，张昌仪也干得轻车熟路，随后他来到朝堂，大剌剌地将这个行贿者的要求交予天官侍郎张锡，命令人事部门马上给薛姓候补官员任命职务。只看张昌仪这份傲慢又随意的态度，就知道这种事他绝对没少干。

可不曾想数日后，忙晕了头的张锡不小心把那份求官表弄丢了。他这下可慌了神，只好厚着脸皮急急忙忙再去问张昌仪所嘱提拔者的姓名。

张昌仪看的是黄金的面子，对人面却压根儿没印象，他倒也守信，卖官生意童叟无欺，怒骂张锡道："糊涂的东西！我也记不得他名字了，只知他姓薛，你回去查到候补官员中有姓薛者，给他个官就是。"

张锡被喷了一脸口水，只得灰溜溜地回去细查候补官员档案，结果竟然一口气查出六十多名薛姓候补官员。他左看右看，实在无法分辨哪位才是张昌仪交代要照顾的提拔者，只好索性来了个大包圆，将六十余人全部任命为官，薛家祖坟算是冒了好大一股青烟。

上都洛河以南多是朝中达官贵人的宅邸，不少都被精心营建为大型园林，华美异常。大量纨绔傅粉施朱，熏衣剃面，出没于街衢之中，张昌仪则是其中的后来居上者。他靠无本生意积累了巨额的财富，之后用这些钱在南岸最繁华之地盖起了一座美轮美奂的巨厦豪宅，其奢华程度远远超越王公府邸，张昌仪居于其中，心中非常得意。

豪宅落成没几日，一天清晨，张昌仪刚刚起床，就听见下人慌慌张张来报说张家的大宅门上被人写了大字报。张昌仪跑出去一看，只见门上一行龙飞凤舞的大字："一日丝能作几日络。"

这句话看着很像是纺织业的术语，意思是只够用一天的丝线，能打几天的结子呢？引申开来，就是你张家不过是依仗女皇暂时取得高位，又能横行张扬到几时？

张昌仪气坏了，赶紧让下人把大门重新清洗，同时吩咐看家护院的人晚上严加防范，抓住乱写的人。

第二天清早，怪事出现了，门上又出现了同样的字，却没有任何人看到是谁写的，而且连续六七天都是这个样子。我们推测：很可能写字者和张家内部厌恶他的人暗中已经达成共识，否则以张昌仪府邸内护卫家丁之众，不可能抓不住一个天天来他家门上练字的人。

到最后张昌仪也没办法了，干脆自己也拿来笔墨，跑到门旁也续了四个大字："一日亦足。"意思是：我活一天算一天，活一天就痛快一天。一副我是流氓我怕谁的嘴脸。人至贱则无敌，说来也奇怪，第二天再也无人在张家大门上写字了。

二张集团这么嚣张，不结善缘，确实也是自作孽不可活。当时朝中反张联盟的成员，以大理寺、御史台、刑部的司法官员居多。大家心中都有共识，要想干掉二张，必须先剪除其羽翼。我们前文提到过那个奉旨通奸的李迥秀就成了诸臣的第一个目标。

长安初年李迥秀已经升任同凤阁鸾台平章事，因为一直曲意逢迎谄媚张易之兄弟，士人对他的评价很差。李迥秀又十分贪财，想抓他的小辫子，着实并不太难。

长安四年（704 年），在梁王武三思的怂恿下，武媚决定在万安山修建一座兴泰宫自娱。这座宫殿，是武媚晚年所修建的工程最大、耗资最费、最为奢华的行宫。

武媚虽然半辈子都生活在洛阳，但其活动范围并非仅限于城内，每年夏天，武媚都要离开洛阳，到静雅凉爽的行宫去避暑。

一直以来，武媚都对嵩山情有独钟，所以她的第一座行宫三阳宫就建造于嵩山的石淙水畔。

当年武媚曾带着她的两个儿子，还有武三思、狄仁杰、姚崇、李峤等一干重臣在石淙河弯曲的河道上搞过一次类似王羲之"兰亭雅集"中"石淙会饮"的活动。就是让大家坐在河畔，将盛满美酒的酒杯放在水面上，让酒杯随波流转，酒杯漂到谁跟前，谁就喝下这杯酒，然后赋一首新诗。那一次聚会所作之诗流传至今的就有十七首之多，颇有上等之作，也不失为一段佳话。

武媚因为长期住在行宫，自然引起了一些朝臣的反对。那个坚决不肯诬告魏元忠的张说就是其一。他公开上疏，言语犀利地公开批评武媚所做不妥，说三阳宫离洛阳有一百六十里的路程，道路艰险，补给困难，给后勤工作带来了很大不便。而且皇帝跑到行宫避暑，四方公干之人要前去汇报工作，食宿无所，不堪其苦。最后张说还格外指出，女皇在行宫的时间太长了，"屯万乘、幸离宫、暑退凉归、未降还旨"。你带着成千上万的随从常驻行宫，现在天都凉快了，还不提回洛阳的事，压根儿就是不务正业，应该废掉三阳宫。

张说的话句句在理，但武媚就听进去了一句：行宫离洛阳太远。于是武媚决定找个近的地方再新建一座行宫。最终武三思帮她选中了洛阳西南的寿安山，准备在这里再兴建一座兴泰宫。你张说不是说要废掉三阳宫吗？那就按你说的来！武媚下令把嵩山那座三阳宫拆了，把拆下来的砖瓦木料，全部运回寿安山用以修建兴泰宫。

一毁一运一建，要比建一座新行宫更加费事费时费力，但这样能堵住大臣的嘴，所以武媚坚持这样做。

在20世纪70年代，当地农民在修大寨田时曾挖出过陶制的下水道，有考古专家认为是兴泰宫的遗留物。这些下水道断断续续，有数里之长，说明兴泰宫的规模非常庞大。

这样穷奢极欲的浩大工程，自然要有个总监工来全权负责，武媚就把这个难得的肥缺赏给了李迥秀。

李迥秀上任以后，自然老实不客气地大贪特贪起来，陪张易之老娘上床的万般辛苦，都要从这些银的铜的上面补偿回来。

有句老话叫有命挣，没命花。李迥秀大肆地贪污受贿，很快被司法官员盯上了，证据确凿，人赃俱获。兴泰宫刚建好，李迥秀就因为贪污犯罪被贬出朝廷到衡州当刺史去了。这对李迥秀来说倒未必不是好事，毕竟不用天天晚上面对臧老太太做噩梦了。

交锋

长安四年（704年）七月十二日是张党第一次遭遇重大打击的日子。司法官员突然展开了一次雷霆行动，将司礼少卿张同休、汴州刺史张昌期、尚方少监张昌仪以贪赃的罪名一同抓捕，关入大狱。

武媚不好公开出面保全诸张，只好让左右肃政台共同审理此案，这一审不要紧，几个小兄弟口风一点也不严，很快就把两位老大张易之和张昌宗的种种劣迹都供出来了。在如山的铁证面前，武媚迫于巨大的压力，最后不得不同意也对二张开始立案审查，但随后又悄悄暗中授意主审官员枉法轻判。

没过几日，司刑寺的判决书就下来了，一起涉案金额高达四千余缗的贪污受贿案在司刑正贾敬言的审判下变成了张昌宗强买人田，罚铜二十斤。

武媚一看，对这个审判结论双手赞成，赶紧朱笔御批：可！

一缗就是一千个铜钱，重量大约八九斤的样子。张氏兄弟拿回家三万多斤铜钱，然后被判决罚二十斤铜，司刑寺这个玩笑开得有点大。

扳倒张党的战斗才刚刚打响，难道就这么游戏般结束了？

当然不会！在数日后举行的朝会上，肃政台拿出了复核意见，御史大夫李承嘉、御史中丞桓彦范共同宣布了一份比司刑寺严厉百倍的判决："张氏兄弟贪污赃款共计四千余缗，应该依法将春官侍郎张昌宗免职。"

乌纱帽要被摘掉，张昌宗哪里肯依，当场跳将起来，面对女主大喊："臣有功于国，所犯不至免官。"

这一句话喊出来，不仅满堂朝臣哗然，就连武媚都觉得羞愧得想钻到桌子底下，心中暗暗埋怨：小宝贝你也不怕风大闪了舌头，虽然在床上把女主伺候得满意是你的长处，但无论如何也攀不上"有功于国"四个字啊！

武媚实在不知道如何替他打圆场，只好把皮球踢给宰相们，对几个亲附二张的宰相说："你们商议一下，昌宗是不是有功于国啊？"

几个宰相也是强憋着笑，脑子里面高速运转想着如何替张昌宗找理由。总算是一代马屁大师杨再思反应最快，一本正经地说："张昌宗研制丹药，陛下服用后身体康健，效用显著，此乃莫大之功也！"

武媚当场长出了一口气，这个理由虽然牵强，但总算是蒙混得过去了。于是张昌宗得到了赦免，依旧做他的春官侍郎。但几个小兄弟就没那么幸运了，张昌仪被贬为博望县丞，张同休被贬为岐山县丞。

司法部门倾尽全力的一场进攻，却只伤到了张党的两枚小卒，二张分毫未损，这样的战果不是倒张派所能接受的。很快，宰相集团的两个重量级人物，同时也是东宫的核心官员，韦安石和唐休璟亲自出马了。

按理说有这两员大将出手，二张势必迎来一轮更加猛烈的挑战，但到这里也真是不得不佩服武媚的手腕，她压根儿没给二相出招的机会，而是下发了一纸调令，就把韦安石调任为扬州长史，唐休璟调任为幽州都督，干脆把他们二人请出了上都。

这两位贤相一南一北，远隔千里，面也见不到，更别说合作对付二张了。这回是倒张派元气大伤，失去了朝中最重要的支持力量，得不偿失。

唐休璟临行之前，特意去拜见了太子李显，与他进行了一番推心置腹的长谈。最后忧心忡忡地叮嘱李显说："二张恃宠不臣，必将为乱。殿下要早早防备啊。"

飞书

长安四年（704年）的深秋，一个快要被大家遗忘的贵族回到了长安，他就是那位倒霉的和亲王子武延秀。在被囚禁了七年之后，武延秀终于被突厥人送回来了。此时突厥使者已经在上都见过两位风华正茂的正宗李氏王子，认为留着这个姓武的冒牌货除了浪费粮食，实在没什么用处，干脆把他送还。

这个好消息并没有让武媚的眉头有所舒展，她一生以强势的姿态和凌厉的手段战胜了无数敌人，却在衰老这个人生大敌面前束手无策。女皇的身体一天比一天沉重，只能常常将息于深宫暖榻之上，朝臣们都越来越难见到她的身影。

等到进入冬季，武媚干脆面也不露了，一连数月都躲在长生殿中，只有二张如孝子贤孙般日夜陪在身边侍奉她。

武媚一副黄土埋到腰的衰相，引起了倒张派的另一名宰相崔玄暐的警觉。崔玄暐三年前升任天官侍郎，工作勤勤恳恳，为官正直无私，从不接受其他官员的私下请托，因此受到权贵的忌恨，不久后他改任文昌左丞，竟然有很多他得罪过的高官设斋宴表示庆贺。

崔玄暐觉得张易之兄弟如此亲密侍疾会为日后的政权交接带来巨大的变数，就进言道："太子李显与相王李旦仁厚恭孝，足以在陛下身边侍奉汤药，宫廷禁地，不宜让异姓人随意出入。"武媚表面上用虚弱的声音回答道："谢谢你的心意。"但实际上却置若罔闻，还是压根儿不肯召见自己的两个儿子。

既然依靠宰相进行自上而下的请求，不能改变二张隔绝内外交通的局面，倒张派大臣另辟蹊径，又开始了新一轮自下而上的进攻。

十二月，洛阳已寒风入骨，在大街小巷之中，忽然凭空出现了一大批飞书。什么叫飞书？大概形式和明代的"妖书"差不多，就是匿名的民间传单。这些飞书内容很简单，上面只写了六个大字：易之兄弟谋反！

按理说谋反是武媚最忌讳的字眼儿，她掌权二十年来，从来是宁可错杀，绝不放过，不知道有多少人在此等罪名之下被误杀、冤杀。而这一回，武媚一反常态，选择性失明了，对于漫天飞洒的飞书愣是装看不见。

倒张派也不含糊，你老人家不是对薄薄的一页飞书看不见吗？我给你凑成厚厚一摞带有证据的控告信，看你看不看得见！

十二月二十日，许州人杨元嗣实名举报说："张昌宗曾找过一个名叫李弘泰的江湖术士给他看相占卦，李弘泰说张昌宗有天子之相，劝他在定州修建佛寺，并说这样做就会使天下百姓对他倾心归附。"

这个杨元嗣是谁啊？此人是东平王李续的外孙，而再往上推李续的爹那就是太宗的儿子李慎。背地里千丝万缕，密不可分的血缘关系，证明了杨元嗣也是倒张拥李联盟的一分子。

这一次证据确凿的指控非比寻常。如果张昌宗确实找人给算过命，而且还算出了天子命，就摆明了他确有不臣之心。而张昌宗确实撺掇过武媚在定州造过佛寺，这就再次印证了他是在有计划地为实现谋反野心做准备。

平心而论，二张虽然半辈子没干过什么人事，但说他们打算谋反却着实冤枉。

这俩小白脸膝下承欢，曲意奉迎的本事是有的，吹拉弹唱，琴棋歌舞也在行，他们人生最大的乐趣就是高官厚禄，黄白之物。但要说他们有篡位谋反的野心，那真是高看他俩了，此二人可以说是既没有这个能耐，也没有这个实力，更没有这个动机。

然而倒张派的目的就是干掉二张，污水一盆接一盆，并不管你有没有动机。不出群臣所料，这回武媚再也无法装聋作哑，只好成立专案组，正式审理二张的"谋反案"。

专案组成员一共有三个人，凤阁侍郎韦承庆、司刑卿崔神庆、御史中丞宋璟。

韦承庆是个胆小怕事的老实人，崔神庆是张党宰相崔神基的弟弟，这"二庆"是"二张"的铁杆粉丝，武媚选他们来审案，其意不言自明。可武媚这一次打错了算盘，因为还有宋璟在。

有唐三百年来，论起来知名度最高的宰相，能和贞观朝房玄龄、杜如晦并驾齐驱的，也就是后来玄宗开元天宝朝的姚崇和宋璟。

宋璟正直而有大节，在执法上铁石心肠，为官又爱民如子，被天下人誉为"有脚阳春"。他真正绽放光彩是在李隆基继位之后，而他在武周朝为官时，就已经开始展露出不同凡响的能力和卓然超群的品格。

在一次宫廷宴会上，宋璟的座位被安排在张易之、张昌宗兄弟之下。因为宋璟从来不巴结二张兄弟，这两人反倒对这位威严刚强的大臣十分敬畏。他们一看宋璟来了，赶紧把他往上座让，还虚情假意地说："宋公是当今大臣中的第一人，为何屈居下座？请上座！"

宋璟并不承情，冷淡地回答道："我才劣位卑，张卿却谬称我为第一，这是为何？"

当时全国上流社会对二张的标准尊称都是"五郎""六郎"。而唐时家里的仆役对主人的称呼也是郎。二张还没说话，素来诣媚的天官侍郎郑杲赶紧跳出来护主说："宋中丞为什么称五郎为'卿'呢？"

宋璟不卑不亢地回答说："从官职上讲，我应该称他为'卿'，倒是足下并非张卿的家奴，却为何称他为'郎'呢？"

在当时的官场风气下，就连梁王武三思也对张氏兄弟十分恭顺，而宋璟一身正气，在众目睽睽之下丝毫不给张党留情面，这需要非凡的勇气，却也冒着巨大的风险。

韦承庆和崔神庆二人来审案，用脚指头也能想出结果，他们俩装模作样地调查一番之后，当着武媚的面上奏："张昌宗已经招供，他把李弘泰说的那段话早已禀明陛下了。依照法律，自首的可以免罪。只要把妖言惑众的李弘泰逮捕法办即可。"

宋璟当场表示反对说："张昌宗受到陛下如此恩宠，却还要召见术士看相占卦，是何居心？李弘泰说他为张昌宗占得纯乾卦，这是天子之卦。如果张昌宗认为李弘泰是妖言妄行，那他为什么不将李弘泰捆起来送到有关部门治罪！虽然他说已经将此事上奏天子，终究还是包藏祸心，应该依法对他处以斩刑，并没收他的家产。请逮捕张昌宗下狱，彻底处治他的罪行！"

宋璟讲话中气十足，震得朝堂嗡嗡回响。武媚当场愣在那里，专案组三个人给出了两个意见：一个无罪，一个死刑。这两条意见差别也太大了。

宋璟见武媚半天不作声，又接着催促说："如果不将他立即拘禁，恐怕会造成人心不稳的后果。"武媚无奈，只好又祭出拖字诀，对他说："你们先暂且停止审理这个案子吧，等我仔细看一看有关的文书诉状再做打算。"

为了保护两个男宠，武媚绞尽脑汁想了数日，决定还是采用对付唐休璟等人的老办法，调虎离山，釜底抽薪。

她敕令宋璟到扬州审理案件，可宋璟坚决不就，上奏说："依照惯例，州县官犯罪，官阶高的由侍御史去审理，官阶低的由监察御史去审理，所以扬州这个旧案不需要臣这个御史中丞去出面调查。"

武媚一计不成，又来一计，又让宋璟去审理幽州都督屈突仲翔的贪污案，心想都督这个级别总能够让你出马了吧。没想到宋璟依旧有话对付她："国法规定，如果没有极为重要的军国大事发生，御史中丞不应该离开中央政府外出到地方去。"

武媚被连撅两回，面上无光，咬着牙又下了第三次敕令，让宋璟做宰相李峤的副职去安抚陇、蜀之民。安抚百姓，冠冕堂皇，无论从哪个角度看，都可以说是一个官员最重要的工作。

可宋璟偏偏横下一条心，死活不肯离开上都，再次坚辞说："陇、蜀二地没有重大民变发生，让我给李峤当副手依旧不是朝廷惯例，我不清楚陛下一定要派我外出的原因，因此我不敢接受任命。"

要知道武媚可是个不折不扣的杀人魔王，敢于这样明面上跟她对着干，需要何等强大的内心和非凡的勇气。宋璟性格刚强，但并不鲁莽，他是抗辩武媚，但说的话句句在理，有凭有据，武媚干生气，却无力反驳，更无法公开处罚他。

宋璟凭一人之力，与整个专案组乃至女皇对抗，形势岌岌可危。倒张派人才济济，岂能看着他孤军奋战而不伸出援手？

司刑少卿桓彦范第一个出面上奏说："张昌宗无功而受宠，却依旧包藏祸心，他自作自受，上天都要动怒惩罚他，陛下如今不忍心诛杀张昌宗，是违背天意的不祥行为。张昌宗既然说他已经把李弘泰的大逆言论上奏陛下，便不应当再与他交往，更不应该继续让他用法术为自己求福消灾，这说明张昌宗根本没有悔过的意思。张昌宗之所以坦白，是打算如果事情败露就可以说事先已经交代了，但如果没有人发觉，他便等待时机作乱，这是奸臣的诡计。如果他这样做还可以饶恕的话，那么什么样的过错才够得上受处罚呢？这是陛下姑息养奸鼓励他作乱啊！倘若对谋逆之臣不加诛戮，江山社稷必将会覆亡。请陛下将张昌宗交付鸾台凤阁及中台秋官和司刑寺、御史台三司处理！"

桓彦范这番话说得太狠了，把张昌宗坦白从宽的后路彻底断绝。而宰相崔玄暐、左拾遗李邕等一干朝臣也一同发声，要求严惩。司刑少卿崔升更是直接提出了司法部门的专业意见：应将张昌宗处死！奇怪的是此时张昌宗平时看似人多势众的党羽们倒是没了动静，无一人出头为他们说情。

群臣坚持法办二张，武媚的拖字诀也不管用了。她干脆又祭出躲字诀，不闻不问，不言不语。宋璟本着除恶务尽的念头，竟然孤身直闯朝堂，当面逼着武媚逮捕张昌宗。

武媚已经怕了他了，用近乎商量的语气推诿说："张昌宗不是已经自己坦白了嘛。"

宋璟不依不饶，双眉倒竖，几乎冲武媚喊了起来："张昌宗是被飞书逼迫得走投无路才自首的，绝非真心悔过。谋反是大逆之罪，不能因自首而被免刑。如果张昌宗不杀，还要国法干什么？"

这时候的武周朝堂，出现了一幅极为魔幻的画面，整个世界简直颠倒过来了。大臣怒气冲冲，步步紧逼。而号称杀人魔头的女皇却温言软语，低眉顺眼，一个劲地向大臣求情辩解。

宋璟越说越激动，以致怒发冲冠，竟然拿出当年颜真卿死谏李治不要废王立武的架势说："张昌宗承受着他不应该享受的恩泽，臣深知此言一出就会大祸临头，但正义驱使在胸，我今天即使因此而死也没有什么可遗憾的！"

当时正好宰相杨再思在侧，很为宋璟的安危担心。此人虽然善于谄媚自保，但其实心地不坏。某年国内发生了洪涝灾害，朝廷因做祈祷法事而封路，把百姓经常要出入的南门给关闭了。这天早上，杨再思去上朝，恰好看见有人拉着一辆装满货物的牛车从西门出来，因为东西多，路又滑，牛车摇摇晃晃，主人边走边骂道："一群混蛋宰相，治理不好国家，就知道关门封路，害得我绕这么远的路，辛苦死了！"杨再思被百姓骂了，却不动怒，笑嘻嘻地对主人说道："你的牛力气也太小了，怪人家宰相干什么？"

杨再思看到宋璟一味忤犯圣意，真拿病虎当小猫了，担心他会把性命搭上，急忙为他找了个台阶，在一旁抢着宣敕让宋璟退下。

宋璟却并不打算领这个情，他冷冷地看了杨再思一眼，轻蔑地说："天子就在眼前，用不着你这个做宰相的擅自宣布敕命！"

武媚彻底被这个今天来找她玩命的宋璟打败了，竟然当场妥协，硬是同意了宋璟的要求，让张昌宗前往御史台接受审讯。

宋璟大喜过望，立刻马不停蹄地把张昌宗押送回御史台，连升堂都等不及了，直接就准备在院子当中对他进行审讯。

事实证明，和八十岁的武媚相比，四十岁的宋璟还是太嫩了。他前脚审讯刚刚开始，后脚武媚派出的宦官已经到了，当场宣敕：特赦张昌宗。对于如此峰回路转的剧情，宋璟一时间没反应过来，愣在当场。张昌宗闻听得死里逃生，爬起来撒丫子就跑，转眼一溜烟尘没了踪影，速度之快，兔子都是他孙子。可见堂堂天朝，森森律法，在武媚眼里不过是过家家，捉迷藏的儿戏。

看着空荡荡的院子和身边厚厚一摞审讯材料，一种无力感充满了宋璟全身，他不惜生命努力奋战了数月的案子，到了最关键的时刻却依旧功亏一篑。宋璟呆坐良久，满怀怨恨地叹息道："没有先把这小子的脑袋打碎，真是终生遗憾啊。"

过了些日子，武媚让张昌宗到宋璟那里道歉，意图挽回二人的关系，宋璟钢牙咬碎，拒而不见。

倒张派付出巨大的代价发起的这场轰轰烈烈的诛杀二张行动，就这样莫名其妙地失败了。张易之、张昌宗兄弟，如同盛开在巍峨嵩山之上的两朵莲花，虽然经历了连番的狂风暴雨，却依旧安然无恙，摇曳生姿，悠然自得。

此时所有人都看懂了一个真相：山不倒，花不会败。

第十六章 ——

依贞观故事

机会总是留给有准备的人，无论它来得多晚。

姜子牙半生寒微，衣食不周，择主不遇，土埋到脖子了还是一事无成，连老伴都跑了。可他并未自怨自艾，放弃人生，而是日日垂钓于渭水之滨的磻溪等机遇，终于等到了一生的知己周文王姬昌，被拜为太师。从此君臣风云际会，成就了一番灭商兴周、分封天下的大业。

大唐高宗时期，同样有一位大器晚成的名臣刘仁轨，也是蹉跎半生，屡遭黜削，在六十五岁还是布衣之身，还被送到了九死一生的前线。他虽起自儒生，但胸怀将略，在朝鲜半岛屡立奇功，终成一代名相，位极人臣，死后连武媚也要为他辍朝三日以示哀悼。

这两个人皆为大器晚成者的杰出代表。到了武周朝，同样有一位大器晚成的宰相狄仁杰横空出世，给已经屹立了十五年的武周王朝带来了翻天覆地的改变。

在狄仁杰还活着的时候，武媚曾经请他给自己推荐一个治国有道的"奇士"。

这不是武媚第一次让狄仁杰推荐人才，有一次还曾闹出了个笑话。

当年狄仁杰遭贬的时候，路过汴州，想停留半天治病，可是开封县令霍献可是个苛刻的家伙，坚持不允许狄仁杰停留，当天就把他逐出县界，这让狄仁杰十分生气，把这个仇人的名字牢牢记在心里。等到狄仁杰回到朝中再次担任宰相后，霍献可也已经到洛阳做了郎中，狄仁杰就一直想找个机会报复他。

有一次，武媚让狄仁杰物色御史中丞人选，先后两次催促，可狄仁杰一直都没放在心上，等到武媚第三次再问，狄仁杰因为没有准备，脑子里一片空白，只记得霍献可这个仇人的名字，于是只好将他的名字报了上去。武媚对狄仁杰向来信任，立刻任命霍为御史中丞。后来狄仁杰无奈地对霍献可说："我开始时对你衔恨，现在却举荐了你，这就是命啊，哪由得了个人！"

然而这一次向武媚推荐"奇士"，狄仁杰却是经过深思熟虑的。

他非常庄重地问武媚说："不知道陛下用他做什么？"

天枢坠落：武周政权的崛起与终结

武媚答："欲用为将相。"

狄仁杰说："以臣看来，陛下若只是想得到学士才子，如今的宰相苏味道、李峤等人都是合格人选。如果陛下想找一位经纬天下的奇才，那么荆州长史张柬之，其人虽老，真宰相才也。且他长久怀才不遇，若用此人，必能尽节于国家！"

国老推荐的人，武媚自然另眼相看，她随后便把张柬之调回洛阳，擢为洛州司马。

过了些日子，武媚又让狄仁杰举荐人才，狄仁杰说："臣上次推荐的张柬之，陛下尚未起用。"

武媚眼皮儿也不抬，轻率地说："不是早就擢升了？"

狄仁杰颇不以为然地说："臣推荐的是宰相，不是司马！"

张柬之，这位为狄仁杰所看重的大才出生于武德八年（625年），那时候的皇帝还是高祖李渊，可见他年纪有多大。

张柬之的人生起点其实很高，他年轻时涉猎经书史籍，被补缺为太学生。当时的国子祭酒令狐德棻认为他是旷世奇才，便以帝王辅臣的标准期待他。结果在考中进士后，张柬之只不过在清源县做了一个小小的县丞。

命运的脾气谁也猜不透，虽然说是金子总会闪光，可张柬之这块百炼真金，竟然在尘沙中一埋就是四十多年，比那位写《宝剑篇》的郭元振寂寂无名的时间还要长一倍。

直到永昌元年（689年），张柬之才算是看到了点希望。当时武媚宣布开制举广纳人才，老骥伏枥的张柬之以六十多岁的高龄与一千多名年轻人一同参加了贤良科的会试，独占鳌头，名列第一，证明了自己确有通经达变之真才实学。

在以优异的成绩被擢为监察御史后，张柬之的人生终于进入了缓慢的上升通道，从八品的监察御史一路做到了四品的荆州长史，而这一过程，又用了漫长的十五年，直到他终于遇到了自己生命中的第一个贵人，就是大力向女皇推荐他的狄仁杰。

七十五岁高龄的张柬之从未想过停下脚步，反而一直在奔跑，一直在攀登。张柬之此后又做过司刑少卿、秋官侍郎，官位稳步上升。长安四年（704年）十月，武媚命宰相姚崇出任灵武道安抚大使，临行前让他再举荐一位宰相。姚崇说："张柬之沉厚有谋，能断大事，但其人已老，陛下应该尽快擢用他。"

就这样，在两位能臣良相的先后举荐之下，张柬之终于以八十高龄拜相，进入了帝国的权力中枢。

潜龙勿用

自去年入秋以来，武媚的病情一日重似一日。新一年正月，武媚虽然宣布改元神龙（705年），可在她身上却没看到丝毫龙马精神，依旧病病歪歪整日躺卧在迎仙宫内殿里。有资格陪伴在女皇左右的，依旧是那两个婀娜的身影：麟台监张易之、春官侍郎张昌宗。所有的宗亲和朝臣一律不得觐见谈事，就连太子李显也只能隔几日入宫一次，象征性地问候一下母亲起居，然后匆匆离开。

二张兄弟隔绝内外交通，总揽朝政，气焰熏天，以致储君未来形势不明，国家前途未卜，自李显以下，朝臣们都忧心忡忡，唯恐在权力交接最重要的关头，再出现一场意料之外的血雨腥风。当时即使最聪明的人也很难判断，大周这艘衰腐而庞大的航船，随着船长的日渐老去究竟已偏航到了何种程度。许多有识之士都认为张易之兄弟就是国家最大的隐患，如果再不予以诛灭，那么后果很可能不堪设想。但想对他们动手，就不可避免地触及他们背后的主人。

在这种非常局势下，暗弱无能的李显基本上指望不上。而白发苍苍的张柬之一下子成了忠李派对抗二张的核心人物。

张柬之其人气高志远，正所谓烈士暮年，壮心不已，他曾在《杂曲歌辞·东飞伯劳歌》中写道："青田白鹤丹山凤，婺女姮娥两相送。谁家绝世绮帐前，艳粉芳脂映宝钿。窈窕玉堂褰翠幕，参差绣户悬珠箔。绝世三五爱红妆，冶袖长裾兰麝香。春去花枝俄易改，可叹年光不相待。"强烈地表达了自己渴望建功立业的急迫心情。等到他刚一担任主政大臣，就急不可待地要有所作为了。

这一年武媚宣布了一项史无前例的重要决定，无条件赦免文明元年（684年）以来除徐敬业与李贞诸王叛乱之外所有政治犯。这一政策，预示着行将就木的女皇开始想要采取宽恕的姿态，彻底了结过去二十年间权力争夺中的所有恩怨纠葛，实现国家政权的和平交接与平稳过渡。然而树欲静而风不息，武媚的和解动作来得太慢了。

强者总是能在冷静中把愤怒化为果敢的行动，此时张柬之心中已经有了一个大胆且成型的想法，无须再等那个老妇人一寸一尺地让步，而是一劳永逸地提前破除当前的困局——发动一场政变来复辟李唐王朝，结束武周乱象，救世济民，也使自己垂名青史。

岁月使人勇敢，使人睿智，使人沉稳。张柬之一出手就是大手笔，以举重若轻之态，把一场惊心动魄的宫廷政变安排得周密细致，妥妥帖帖。

张柬之首先找到李家的核心人物李显，向他吐露了自己想要帮他夺回李唐天下的雄心。再软弱的人，同样也有贪欲和野心，一向懦弱怕事的李显经过几番纠结，最后终于挡不住皇位的诱惑，同意参与政变。至少在张柬之的鼓励面前，李显对帝王身份的渴求，在一瞬间战胜了心中的胆怯。

有了李显这面至关重要的大旗加入，张柬之更有信心了，他开始在各个部门间日夜穿梭，周密布局，层层推进。宰相兼太子右庶子崔玄暐、中台右丞敬晖、司刑少卿桓彦范、相王府司马袁恕己五个热血的汉子，作为第一核心团队，同时聚集到了他的身边。

太子右庶子和相王府司马，一看这两个官职就不用说了，自然就是李显和李旦的代言人。而敬晖与桓彦范都曾与张柬之同在司法部门为官，不仅有同僚之情，彼此了解，而且他们还都得到过国老狄仁杰的推荐，所以又兼有同门之谊，同气连枝，更加志同道合，互相配合得十分默契。

核心团队集结完成后，张柬之又聚合了第二个团队，主要是集结了军方力量，主要成员包括相王李旦、太平公主、右羽林卫大将军李多祚及李显的女婿，驸马都尉王同皎。

唐时首都的主要军事力量分为南北禁军两支，北衙禁军由左右羽林大将军统领，驻守皇宫的北正门玄武门，负责保卫皇帝和皇宫的安全。南衙禁军由左右卫大将军统领，驻守宫城以南的皇城。保卫宰相和文武百官的安全，同时也负有守卫京师之责。而现在南衙禁军的最高指挥官正是相王李旦。如果政变开始时由他和袁恕己领兵来控制政府机构和城市，可以说是有九成以上的把握。

北衙禁军当时统军主将之一是右羽林卫大将军李多祚，他和张柬之私交很好。张柬之找到他时，先是试探性地问道："将军今日的富贵，是谁给的？"这位高宗朝的老将军一听宰相话中有话，不由得潸然泪下，答道："是大帝给的。"张柬之一看李多祚这样一个态度，立刻心中有数了，紧接着追问道："今大帝之子为二张所危害，将军难道不想报大帝的恩德吗？"

李多祚立刻明白了张柬之的意思，他收起眼泪，义正词严地回答道："只要有利于国家，但凭相公差遣，我绝对不会顾及自身和家人安危！"

说服了李多祚，就等于把北衙禁军掌握了一半，为了麻痹武媚和二张，张柬之还做了另外一项意味深长的人事调动，推荐武媚的侄子建安王武攸宜为左羽林卫大将军。

这一任命看起来是一步险棋，把最重要的兵权交给了政变团队之外的人，但张柬之其实是经过深思熟虑的。现在李、武两家面对二张这个共同敌人，实际上是处于暂时结盟的状态。政变开始后，草包将军武攸宜无非是采取积极配合或者消极对待的两种态度，但绝对不会死硬对抗。即使他不配合，张柬之也有后手，他已经安排了敬晖、桓彦范，还有右散骑常侍李湛、荆州长史杨元琰进入羽林军中担任将军，将军队的中层管理权牢牢控制在手中。

杨元琰是张柬之之后的下一任荆州长史，他们二人曾有一次一同泛舟于长江之上，由于身边没有耳目，所以二人得以畅所欲言，当时就相互约定："他日你我得志，当彼此相助，同图匡复。"这次张柬之推荐杨元琰担任羽林将军，共同筹划政变，正是源于当初的誓言。杨元琰来就任时，张柬之郑重地叮嘱他说："杨君还记得在长江上说过的话吗？今天这个将军的位置，不是轻易给的！"

李湛的来历就更有意思了，他的父亲就是大名鼎鼎的奸相"李猫"——笑里藏刀的李义府。当年正是他半夜叩门上表，请求李治废黜王皇后，改立武昭仪，才有了武媚的今天。可以说武媚发迹，李义府有一半功劳。而如今，李义府的儿子竟然也加入推翻武媚的队伍中来了。

太平公主表面上对母亲十分恭敬，甚至不断送去面首以讨好母亲，但她对杀夫之仇一直没有忘怀。太平公主对政变的贡献，在史书之中没有明确记载，不过从她前期杀薛怀义，后期与李隆基争权的种种作为来看，也是个非常有头脑和魄力的女子。台湾著名碑文史料研究专家耿慧玲女士考据了神龙年间的多位宫人墓志，发现有相当一部分七品至九品的低等宫女参与了神龙宫变，故而在墓志里留下了"遂使有唐复命，我皇登极"的记载。故而太平公主在政变中也有重要分工，她的角色应该是利用自己的身份暗中掌控大批宫女，作为外围政变军队的内应。

见龙在田

神龙元年（705 年）正月二十二日，上都寒风切切，霜雕草木。张柬之等人皆着戎装，做好了一切准备，怀揣着满腔壮志热血，正式开启这一次意在拯救大唐命运的神龙政变。

相王李旦和袁恕己这一路率先发难，李旦做事本来就比李显有魄力，性格也果敢得多，他调兵遣将，如臂使指，没有遇到任何阻力。南衙禁军盔甲鲜明，兵刃雪亮，大张旗鼓地包围了政事堂，一口气逮捕了张党的三员大将，包括审问张易之专案组的"双庆"——中书侍郎、同平章事韦承庆；司礼卿崔神庆，外加正谏大夫、同平章事房融。

牢牢控制了整个政府机构后，禁军兵士们又杀到了张氏兄弟的豪宅之中，一举逮捕了"三小张"：张昌仪、张昌期、张同休，继而分兵守卫各主要衙门，整个京畿外围的局势尽在掌握。

在南衙军迅速行动的同时，李多祚、李湛和驸马都尉王同皎三个将军带着五百北衙禁军急匆匆地前往东宫去迎接太子，事情的进展果然不出张柬之所料，作为北衙禁军一把手的武攸宜装聋作哑，对外面显而易见的异常兵力调动毫无反应。

李多祚等人到达东宫去接李显，可一见面全都大失所望，一腔热血瞬间结成了冰。他们本以为李显从精神上到装备上都早做好了准备，必然会身先士卒地领着他们把这件泼天大事做成。可众人到了东宫后才发现，李显垂头丧气，体若筛糠，躲在内室瑟瑟发抖，不但不出来与众人相见，还口口声声要打退堂鼓。

原来生性懦弱的李显对武媚的恐惧已经到了变态的地步，那一日张柬之鼓动他的热乎劲过去之后，就又恢复了烂泥扶不上墙的本相。李显可以因为母亲一个严厉的眼神，就杀死自己的一双儿女，如今让他出头去和那个畏惧了一辈子的女人正面交锋，吓得当场心脏病就要发作，无论如何也迈不出沉重的双腿。

趋利避害原本也是人之常情，放眼大周天下，又有几个人不畏惧武媚的暴虐淫威的。但你害怕，你早说啊！现在李唐宗室的核心成员和大批忠唐大臣都行动起来了，光两衙禁军就出动了上千人，可以说这场政变完全就是为了李显一个人搞的。所有人提着自己的脑袋，押上了全家的性命在冒险，只为了李显能名正言顺地成为大唐天子。可此时李显忽然要当缩头乌龟，又让别人如何再去为他强出头，没有李显这块招牌，匡扶大唐的正义行动即将变成彻头彻尾的兵变谋反。

眼看时间一分一秒地过去，当场认怂的李显就是死活不肯出门，禁军们就这样困顿于东宫门口，毫无动作。士兵们开始议论纷纷，越来越焦躁不安。李多祚、王同皎、李湛三位将军只好把士兵们暂时留在门外，一同步入内殿去劝说李显要鼓起勇气，赶快行动。

王同皎作为女婿第一个出面，他急切地对自己的岳父说："先帝把皇位传给殿下，而殿下无故遭到幽禁废黜，皇天后土、士民百姓义愤填膺已经有二十三年了。现在我们顺应天意，让北门羽林诸将与南衙朝臣同心协力，一同诛灭凶丑，恢复李氏的江山，希望殿下速到玄武门去以托众望。"

李显看着女婿威风凛凛的一身盔甲，寒风吹动斗篷哗啦啦作响，似有所动，可转瞬间耳旁仿佛又响起了母亲的狞笑与怒吼，不由得生生冒出了一身冷汗，他欠了欠屁股，可怜兮兮地用商量的口吻对女婿说："凶恶的小人的确应该剪除，但是天子圣体欠安，你们这样做能不使天子受惊吗？要不这事咱们再想想，以后慢慢再说吧。"

按理说李显也是四十几岁的人了，还当过几天皇帝，在这个生死攸关的节骨眼儿上竟然说出这般蠢话来，真是让诸将又吃惊又心寒。李显讪讪的表情，仿佛不知道这场事关帝国未来走向的宫廷政变早已是有进无退。

李湛是个粗人，气得实在受不了，恨不得一个大耳光打将上去。他也算继承了乃父的坏脾气，眼下已然顾不了君臣之礼，气吼吼地冲李显喊道："诸位将帅和宰相为了国家才如此不顾身家性命，殿下为什么非要让他们承担谋反大罪，面临鼎镬酷刑呢！这事要是不做了，请殿下亲自去跟将士们说明好了！"李湛的这番话，威胁的意思已经很明显了，大家是一条绳上的蚂蚱，你李显如果要我们，就一起完蛋，谁也脱不了干系。

李显这种人，是典型的牵着不走打着倒退的类型，他还真吃李湛这一套。李湛凶巴巴的话语如同一记响亮的皮鞭，还真把扭扭捏捏的太子赶出门了。李显刚站起身，王同皎就一把抱起他，把他扶上了马背。

李显总算正式同意加入了，禁军将士气势大振，纷纷簇拥着李显向玄武门开去，准备同武媚进行最后的摊牌。大家都相信这个时候玄武门已经是城门大开，入宫的主要道路也都在控制之中，只差给女皇最后一击了。

按照原计划，玄武门一路由张柬之亲自带队，领着崔玄暐和部分禁军去开城门，打通入宫的通道。可张柬之百密一疏，没想到守卫玄武门的军队不是羽林军，而是千骑营，领军大将是殿中监田归道。

千骑营也是京畿守卫力量的一部分，其前身"百骑"组建于太宗时期，最初只有百人左右，是由官奴和突厥降兵中精心挑选出的骁勇之士组成。到了武周时期，这支部队进行了扩编，增至一千余人，故改称"千骑"。千骑虽然名义也是禁军，但和羽林军是平行机构，没有隶属关系，其将领由皇帝直接任命，既不归左右羽林大将军管，也不归左右卫大将军管。

政变之前，张柬之并没有和田归道打过招呼。田归道看到深更半夜有大队军队手持兵器直奔玄武门而来，情知有变，立刻下令千骑营紧闭城门，严阵以待。

玄武门城墙高大，守卫森严，张柬之手下的禁军根本没有攻城武器，不太可能进行强攻，只好止步于城下，一筹莫展。就在这情势万分危急之时，远处一阵喧哗声传来，张柬之大喜，是李显带着大队人马到了。

田归道那边剑拔弩张，本来已经做好了厮杀的准备，却看见太子亲自领兵于城下叫门，立刻也懵圈了。他身后是一国之君，面前是一国储君，这俩人他谁也得罪不起。面对眼前事关生死的局势，田归道左思右想，觉得还是把这一宝押在李显的身上胜算更大，终于下令打开了城门。田归道虽然打开了城门，但还是留了个后路，声称只管开门，至于别的事千骑军绝对不参与。

通向内宫的最后一道屏障被打开了，张柬之与李多祚合兵一处，带着李显径直杀奔武媚所居住的迎仙宫而来，内庭有太平公主做内应，自然也是一路绿灯，大小宫门被一道一道打开。

张易之、张昌宗这一对美男子此时都在武媚寝殿的外廊睡觉，他们听到外面

　　　　　　　　　　　　　　　　　　　天枢坠落：武周政权的崛起与终结

有动静，赶紧披衣起床查看，还没走出门口，就与迎面而来的禁军撞了个正着。饶是这两兄弟面若桃花，体态婀娜，无奈禁军战士全无怜爱之心，手起刀落，毫不手软，霎时间一对尤物香消玉殒，半世浮华化作汩汩血泊，魂魄离散，控鹤飞天去也。正所谓：昔日芙蓉花，今成断根草，以色事他人，能得几时好！

平心而论，不管二张私德如何恶劣，这两个人的命运注定是悲剧性的。因为无论女皇在世时他们如何风光，一旦女皇离去，等待他们的也只有为女主殉葬的命运，只是这一天，提早来了。

武媚睡得正酣，猛然间被外廊的一阵惨叫声惊醒了，那声音何其熟悉，不就是她的一对如花宝贝吗？正疑惑间，随着一阵杂沓的脚步声，寝殿的大门被粗鲁地推开了，屋外猛烈的寒风刮了进来，吹得帷帐上的珠玉垂饰叮当作响。

武媚猛地坐起身，大叫"来人"，却发现身边服侍的宫女和太监都已不在了，摇曳的烛影里，武媚看到自己的凤榻边站满了身穿盔甲的军人，她立刻恼火地喝道："何人作乱？"

一个身材高大、须发皆白的老者，穿过众多士兵走到了最前面，用洪亮的声音回答道："张易之、张昌宗阴谋造反，臣等已奉太子的命令将他们杀掉了，因为担心可能会走漏消息，所以没有向您禀告。我们在皇宫禁地举兵诛杀逆贼，惊动了天子，臣等罪该万死！"

武媚看了看张柬之，他虽然口称罪该万死，却昂然不跪，神态自若，倒是像在宣布一桩大功劳一般。

武媚何等聪明，此时心中全明白了，她依旧不失君王本色，面上毫无惊慌之态，而是冷峻地扫视了一圈身边诸人，忽然看到自己的儿子哆哆嗦嗦地躲在一个士兵后面，立刻把闪电一般的目光投射过去，冷冷地对李显说："这件事是你让做的吗？现在两个小子已经被诛杀，你可以回到东宫里去了。"

李显对母亲的话向来言听计从，这是有惯性的，刚才不过是被母亲瞪一眼，已经快要吓死过去了，如今一听母亲让自己走，还真的本能地转身打算开溜。

这时候桓彦范赶紧走上前来，伸开双臂拦住了李显。他脸冲着太子，话却是说给武媚听的："太子哪能还回到东宫里去呢？当初天皇把太子托付给陛下，现在他已经成年，却一直在东宫当太子，天下人早已思念李家。群臣不敢忘怀太宗、天皇的恩德，所以尊奉太子诛灭犯上作乱的逆臣。希望陛下现在将帝位传给太子，以顺从天意民心！"

武媚一看软弱可欺，一辈子被自己玩弄于股掌之中的儿子也不听摆弄了，大失所望，目光游移之时，又看见了李湛，便问他："你也是杀死张易之的将军吗？我平时对你们父子不薄，想不到竟然有今天的变故！"

李湛本是个武夫，不会讲什么匡扶李唐之类的大道理，一时间被问住了，竟然涨红了脸，满面羞惭，无法回答。

武媚冷冷一笑，又问站在他身边的崔玄暐："别人都是经他人推荐之后提拔为官的，只有你是朕亲手提拔的，怎么也会在这里？"崔玄暐正经八百是明经科出身，肚里有墨水，脑子反应也快，他挺直胸膛，一本正经地说："我这样做正是为了报答陛下对我的大恩大德。"

事已至此，多说无益。武媚又看了看张柬之，很想申斥他几句，可只是张张嘴，什么都没有说出来。此时她昏花的眼前竟然浮现出了狄仁杰的身影，不由得暗暗怨恨："国老啊国老，你对我说：'若用此人，必能尽节于国家。'可现在看来，张柬之为之尽节的是大唐，而不是我的大周啊！"还有姚崇，曾经几度力推张柬之为相，夸奖他"沉厚有谋，能断大事……"

如今，武媚所有的一切都被这个张柬之拿走了，或者说是被儿子李显拿走了。武媚想，也许这个不争气的儿子不是拿走，而是在取回吧。武媚靠政变手段夺取了儿子的皇位，如今同样的下场落到自己身上，这天下，兜兜转转，原来还是李家人来坐。十五年天子，今天终于做到头了，可自己死后又是什么身份呢？是罪妇？是废帝？是太后？是母亲？我到底是谁呢？这感觉既迷幻又真实。正所谓：未曾生时谁是我，生我之时我是谁。长大成人方是我，合眼朦胧又是谁。

人生最痛苦的就是梦醒了无路可走，武媚不愿再想了，她累了。

神龙元年（705年）正月二十二日，垂垂老矣的武媚以一种毫无尊严的方式被迫离开了她为之奋斗一生的权力竞技场。她为之倾注了一生心血构建的大周帝国梦，碎了。

飞龙在天

软禁了武媚之后，一场规模不大但极为血腥的宣告仪式，再一次在天津桥南上演。

张昌仪、张昌期、张同休三兄弟全部被斩首，他们的人头与张易之、张昌宗的首级一起被悬挂示众，五具被丢弃于道边的尸体，被冲动的百姓们割尽剐光，分抢一空。

二张和来俊臣之流的结局虽然一样，然而他们的本质却并不相同。平心而论，几个大张小张压根儿算不上是一个有威胁力的政治集团，他们没有纠集力量从事谋反的动机，没有军权，更没有去勾结将领或拉拢权臣，所想的也不过是自己眼皮子底下那点荣华富贵而已。之前朱敬则就曾对敬晖说过："如果太子下令北军去诛除易之兄弟，派两个飞骑就能把他们拿下。"早就把二张的虚弱本质看透了。

作为常年在深宫中服侍女皇的面首，二张被转来送去，浮萍一般的命运完全不由自己做主，想要更好地活着，就只能无条件地听命于女主，说破了不过是更高级一点的奴仆罢了。然而世人只看到自己想看的东西。这些人和洛阳的普通百姓之间完全没有直接的仇恨，就算生活上骄奢淫逸，那也都是拜女皇所赏赐，却依旧被百姓们恨之入骨。

数千年来，狂热和激情常常能胜过冷静与理性，一代代缺乏独立思考意识的愚民总会在上层人物的煽动下一次又一次地扮演囚徒与刽子手的双重角色。

张昌仪当年曾口出大言说："丈夫当如此，今时千人推我不能倒；及其败也，万人擎我不能起！"可叹他这一番很有气魄的大话说早了，他一定没想到自己最后的结局不是万人擎起，而是万人分尸。

从政变发生的第二天开始，朝廷有连续数道敕书以武媚名义被公布出来，先是命太子监国，大赦天下，紧接着又宣布传位太子。刚被任命为凤阁侍郎、同平章事的袁恕己，派出十位使者带着新天子的玺书分赴天下十道，对各州去进行通报和安抚工作。

三天后，神龙政变最大的赢家李显再次龙袍加身，踌躇满志地第二次登上了帝位。登基之时，想必他一定会暗中庆幸那时候没有当逃兵。李显登基后做的第一件事就是加封两个弟妹，先封相王李旦为安国相王，并任命他为太尉、同凤阁鸾台三品；又封太平公主为镇国太平公主。

神龙政变的主要功臣们自然是皆有重赏，李显任命张柬之为夏官尚书、同凤阁鸾台三品；崔玄暐为内史；袁恕己为同凤阁鸾台三品；敬晖和桓彦范都被任命为纳言；李多祚被赐爵为辽东郡王；王同皎为右千牛将军，赐爵琅琊郡公；李湛被任命为右羽林大将军，晋爵赵国公，还被加派了一项重要任务，把武媚押送到上阳宫软禁起来，严加看管。《左传》上说："君以此始，必以此终。"李义府、李湛这父子二人，一个因为追捧武媚而兴，一个因为废黜武媚而荣。可见冥冥天意，凡人无从掌控，造化早有安排。

武媚在屠杀李唐宗室的时候，总是最先杀掉那些德才兼备的优秀者。吴王李恪的儿子郁林侯李千里，心地狭窄，性情浮躁，庸庸碌碌，只懂得一次又一次地向武媚进献祥瑞，因而得以幸免。李显即位之后，封这位幸存的哥哥为成王，任命他为左金吾大将军。

当初被武媚所屠杀的大批亲王、王妃、公主、驸马的尸体一直都无人加以埋葬，被抛弃于荒山野岭，而他们的子孙则四散飘零，有的被流放到岭南受苦，有的在监狱中长期拘禁，有的躲藏在民间做富人奴工。李显颁下诏书，命令各州县寻访这些死去宗室贵族的灵柩，根据死者的身份将他们依礼安葬，并召回他们的子孙，让他们承袭爵位。不久后，散落各地的宗室幸存者相继来到洛阳，李显一一召见了他们并予以安抚。重见天日的宗室们流着激动的眼泪向李显行了舞拜礼，无不感慨虽然半生受尽磨难，但总算盼到了天下终于重归李氏这一天。

大赏功臣，安抚宗室之后，李显以皇帝的身份发布了大赦令，对除二张党羽外那些被酷吏冤枉的犯人，全部予以昭雪，他们的子女如有被发配流放或者被没入官府为奴的，都予以释放。大唐的天空，一扫武周朝残酷统治的恶政阴霾，重新变得风清日朗起来。

没有武媚在侧，李显第一次体会到了当皇帝的快乐，大权在手，可以尽情地施展手段，有仇报仇，有恩报恩。当初李显被贬房陵时，地方官府对他的限制约束十分严苛，日子过得很苦，只有刺史张知謇和灵昌县崔敬嗣两人对这位废帝礼敬有加，供给的物品十分丰富。李显一直感怀在心，重归帝位后，派人将已经当上贝州刺史的张知謇提拔为左卫将军，并赐爵为范阳公。因为崔敬嗣已经去世了，李显又找到他的儿子崔汪，想予以报答。可惜这个崔汪嗜酒如命，整日醉醺醺没个清醒的时候，实在不能胜任任何实际职务，李显只好给了他个五品散官，把他养了起来。

不仅李显在登基之后大举报恩报仇，重新当了皇后的韦氏也痛快淋漓地一洗前耻。我们前文讲过，她全家被武媚流放到钦州后，蛮人部落酋长宁承基兄弟杀害了她的母亲崔氏和四个兄弟。现在丈夫终于成了名正言顺的皇帝，必然立刻着手为妻子复仇。李显命令广州都督周仁轨率领两万人马一举荡平了宁承基的部族，将这对无良兄弟头颅砍下来祭奠了崔氏。可怜宁氏整个部族的百姓被杀戮一空，成了他们残暴头领的陪葬品。

周仁轨办事效率很高，李显对这一战果十分满意，加封周仁轨为镇国大将军，派他充任广、桂、邕、容、琼五府大使，还赐予他汝南郡公的爵位。周仁轨入朝参见皇帝时，深怀感激之情的韦皇后隔着帘子对他行礼，像对待父亲一样尊敬他。

处理完这些昔日恩仇之后，李显又额外做了一件意味深长的事。他率文武百官前往上阳宫，虚情假意地向母亲进献了最后一次尊号——"则天大圣皇帝"。至此，武媚在她人生的最后一年，始有武则天之名。

十二天后，李显登上则天门，正式宣布恢复大唐帝国的国号，并把年号改回父亲在世时的永淳元年，并恢复了东都称号，借以宣示一切都已经回到原点。以前被武媚改得面目全非的郊庙、社稷、陵寝、官名、旗色、服色通通被废除，重新恢复唐时旧制。总之李显施政初期的大政方针可以用一句话来概括，就是"皆依贞观故事"，彻底去掉武周的痕迹，包括她新造的那些怪字，仅仅留下了一个曌字，算是给母亲留下一个谥字，一丝颜面。

武媚前后执政四十五年，很大程度上只能靠重用酷吏和弄臣稳定朝政，一直不能从容号令天下，也不能让大臣真正效忠于自己。在她被废黜上阳宫后，满朝文武无一人替她张目，仅有太仆卿姚崇一人表现出了悲伤之情。桓彦范、张柬之劝姚崇说："今天哪里是您悲哀哭泣的日子，小心日后就要大祸临头。"

姚崇真情流露，伤感地回答说："元之侍奉则天皇帝的时间很长，现在突然要分别，自然感到悲痛难忍。我前几天追随诸公诛灭恶逆之徒，是尽做臣子的本分；今天辞别旧主，也同样是在尽做臣子的本分。即使因此而受到惩罚，我也心甘情愿。"

即使是对武媚个人怀有深厚感情的姚崇，同样也是神龙政变的支持者。而对于张柬之等人的政变行动，当时朝臣和后来的史家都持支持和肯定态度，唐人皇甫澈就在《赋四相诗·中书令汉阳王张柬之》一诗中称赞道："周历革元命，天步值艰阻。烈烈张汉阳，左祖清诸武。休明神器正，文物旧仪睹。南向翊大君，西宫朝圣母。茂勋镂钟鼎，鸿劳食茅土。至今称五王，卓立迈万古。"

龙盘虎踞树层层，势入浮云亦是崩。武媚虽然被囚禁于深宫之内，却也知道外面翻天覆地的变化，自己穷极一生铸就的浮华荣耀，什么明堂，什么天枢，什么九鼎，原来不过是一场春秋大梦。午夜梦回，武媚仿佛又回到了那个火光冲天，狂风呼啸的夜晚，明堂屋顶那只金光耀眼的凤凰在烈焰中摇摇欲坠，苦苦挣扎。到最后，脆弱的底座终于断裂开来，那金凤在风中打了个盘旋，没有乘风展翅高飞，而是直坠地面，摔了个粉身碎骨，化为汩汩金水。

曾经在权力与男宠的两种春药的交互刺激下，武媚一直保持着多年不变的容貌和充沛旺盛的精力，甚至在六十九岁的时候还长出了眉毛，七十二岁的时候长出了牙齿。如今她失去了帝国，失去了爱人，自然再没有任何去装扮的动力和兴趣，以致李显再去看望她的时候被吓了一跳。不过十数日不见，却仿佛过了数十年。三千繁华，弹指刹那，那个目光炯炯，生杀予夺毫不手软的女皇，如今已经变成了一个孤独、苍老、面容憔悴的垂垂老妇。

武媚看到儿子来探视，对他已经不再有怨恨，只是哀哀地说："我把你从房陵接回上都，本来就是打算要把天下托付给你，而张柬之等五贼却贪求事功，不仅把我惊动到这里，还让你落下不孝的骂名，实在是可恨啊！"

虽然李显重归皇位称得上是天下归心，可看到母亲从神坛跌落人间这副惨兮兮的样子，心中还是有几分难过。如今他已经是皇帝了，可眼前这位前皇帝同样也需要一个名正言顺的身份。

在经历过大半生持续不断的重大挫折和创伤后，天性软弱的李显已经形成了一种非常严重的病态心理，他经过反复考量，还是不敢在态度与情感上与母亲彻底决裂，在道义上与前女皇分道扬镳，最终决定以德报怨，给武媚一个非常宽容得体的定论，同样也是一篇彻底颠倒黑白的谎言。李显公然宣称：自高宗驾崩后，国家面临着重重危机，是他伟大的母亲挺身而出，挽狂澜于既倒，扶大厦之将倾，保护了国家，挽救了人民，在那种特殊危急的情况下应天顺人，登基称帝。如今天下局势已经安定，武媚又把他这个儿子召回身边，主动逊位，像这样的明君慈母，不仅无罪，反有大功。

皇帝把武媚四十五年的篡国之恶行描述成了护国之义举，武媚不能无所表示。至少要让天下看起来她会对儿子有一个善意的回应。很快，一份李显授意，武三思伪造，以武媚名义出台的遗志广为众人所传阅和议论。

这份以太后名义发出的遗志内容包括：赦免王皇后和萧淑妃二族；赦免褚遂良、韩瑗、柳奭等当年被她杀害、流放的重臣亲属；赐予蒙受冤屈的魏元忠封地百户；恢复武三思、袁恕己以前被削减的实封。据说魏元忠手捧"太后遗制"涕泪纵横，看见这一情景的人都说："魏元忠再也不会有所作为了！"

其实以武媚的性格之刚毅暴烈，又怎么会在身如困兽般愤怒的情况下和五十年前的那些死敌们和解呢？至于恢复封地云云，更是涉及朝中武三思等当权人物的私人利益所在，不过借了武媚的名头而已。

在武媚的这份遗志中，唯有一项最为重要的声明，却完全有可能是她本人的意思。就是去帝号，称则天大圣皇后，跟高宗李治合葬。

武媚一生，曾对无数反对者开棺戮尸，毫不容情。然而自古暗室亏心，神目如电，武媚自知所为有亏天地，所以也对自己的最终结局做了最坏的打算。经过一番深思熟虑，武媚决定一定要和高宗葬在一起，因为只有这样才是能够确保她身后万年平安的唯一方法。

遗诏发布后，当时就有大臣明确表示反对合葬，认为不应该再惊扰高宗，上疏请求李显给武媚另起陵寝。反对的理由一方面是按照中国古礼，身份低的人不可以惊动身份高的人的陵寝，另一方面也暗含有日后对她秋后算账的意思。然而李显再一次力排众议，坚决执行了母亲的意志，在武媚死后亲自护送她的灵柩返回长安，开启乾陵把母亲和父亲合葬，留下了中国唯一一座埋葬着两个皇帝的巨大陵寝。

神龙元年（705年）十一月二十六日，又是一个霜风如刀的寒冬，在囚禁中苦苦挣扎了一年之久的武媚终于走完了她漫长而又传奇的一生，怀着满腔的遗恨与不甘，在上阳宫的仙居殿停止了呼吸，享年八十一岁。

明朝文学家吕坤在《大明嘉议大夫刑部左侍郎新吾吕君墓志铭》中曾写过：

"善恶在我，毁誉由人，盖棺定论，无藉于子孙之乞言耳。"武媚死后，后世许多人都曾将她比作吕后，而武媚生前也曾被刘仁轨等大臣比作吕后，这两个中国历史上最有权势的女人确有相似之处吗？我们可以做个简单的比较。

吕雉是中国历史上第一个临朝称制的女性，被司马迁列入帝王政事的本纪，吕雉当权期间，大汉号令一概出自她手，开启了后族外戚夺取皇族天下的先河。

在吕雉当政期间，广置党羽，遍封同宗为王，同样是辣手重拳打击刘氏诸侯王，即使在她临终前，仍然没有忘记要巩固吕氏天下，叮嘱侄子们要牢牢掌握军队。而吕雉死后，确实也并未遭到清算，而是与汉高祖合葬长陵，如果单就这些表象来看，吕雉一生的经历确实与武媚极为相似，二人在权力方面所取得的成就可以说是不分伯仲。

尽管吕雉和武媚都是天赋异禀的政治动物，但就治国安民的水平来说，就大相径庭了。吕雉掌权后，在理政安民方面的建树非常之多，留下了大量善政，在她当政期间，推崇黄老之术和与民休息的政策，宽松刑罚，废除了挟书律，诛三族罪；又免除徭役，以削减田租来鼓励农民生产；鼓励民间藏书、献书，实现了国家的文化繁荣；放宽经商政策，建立起长安西市，解除了商人在经济上的负担及社会对商人的歧视；提倡勤俭治国、严厉禁止铺张浪费的风气，为文景之治的经济腾飞，长安后来成为世界性大都市奠定了坚实的基础。

不要说古代史家有性别歧视，司马迁在《史记·吕太后本纪》中对吕后施政的评价相当中肯："政不出户，天下晏然；刑罚罕用，罪人是希；民务稼穑，衣食滋殖。"意思是吕后虽然是以后宫身份管理朝政，但是当时政治清明，犯罪率极低，农业生产稳定，百姓丰衣足食，对吕后的行政能力给予了极大的赞誉和肯定。

而相比之下，武媚却是把自己的头脑和才能全部用于实现个人野心上面，有私有己，无国无民，治国政绩乏善可陈。唯一值得一提的也不过是她绞尽脑汁想出来的那个空洞无物的"建言十二事"。可高宗的反应也不过是"皆下诏略施行之"，明显可以看出武媚的政治主张对大唐来说根本就是无足轻重。

李治活着的时候，提倡节俭，武媚就装模作样地将皇后裙子上的十三个褶子改成了七个。可李治一死，武媚的本性立刻暴露无遗，大修殿宇，任意佞佛，其骄奢淫逸方面丝毫不逊色于前朝的昏君。

吕后主政时期曾经搞过一次货币改革，在全国范围内发行了"八铢钱"和"五分钱"的货币，运用国家权力整顿混乱的货币市场，对稳定币值、平衡物价和促进商品流通起到了积极的作用。

巧合的是，当初武媚在封禅泰山之后，也曾想在经济领域一显身手。她大力主张铸造了一种新的钱币，叫作乾封泉宝，试图跟太宗时代大名鼎鼎的开元通宝一较高低。

　　武媚所铸之钱，直径一寸，重量为两铢六分，规定价值是一枚顶旧钱十枚。这种发行虚值钱的做法，不亚于官方对民间的公开掠夺。新钱一出，迅速造成严重的通货膨胀，带来的直接结果就是"谷帛腾贵，商贾不行"，老百姓怨声载道，而市面上的钱荒急剧恶化。乾封泉宝推行不过一年，就搞得天下民怨沸腾，只好弃用。

　　清中期著名的史学家赵翼曾对吕、武二人有过客观的比较："吕后则当高帝临危时，问萧相国后孰可代者，是固以安国家为急也。孝惠既立，政由母氏，其所用曹参、王陵、陈平、周勃等，无一非高帝注意安刘之人。是惟恐孝惠之不能守业，非如武后以嫌忌而杀太子弘、太子贤也……而世乃以吕武并称，岂公论哉！"

　　这段文言的意思不难理解，吕雉专权是担心儿子不能守业，一直把安定国家当成最重要的事情来做，用的都是先帝留下的有益于社稷的大臣，而且做得非常好，这种深谋远虑，远非武媚一心靠杀太子、杀老臣这种简单粗暴的手段来夺权所能相比。在《新唐书》里一共记载了二十位皇帝和武媚这位女皇，而杀字出现最多的就是《本纪第四则天皇后篇》。

　　当然吕后明显也有自己的私心短见，她遍封吕氏为王，虽然为家族带来一时之权势荣耀，但随着她的离世很快就权力崩塌，家族覆灭。如果从这一点看，吕、武两个家族最后的结局倒是非常相似。

　　欧阳修曾有一段对李治的评价，其中也包含了对武媚的一生的精辟总结："武氏之乱，唐之宗室戕杀殆尽，其贤士大夫不免者十八九。以太宗之治，其遗德余烈在人者未远，而几于遂绝，其为恶岂一褒姒之比邪？以太宗之明，昧于知子，废立之际，不能自决，卒用昏童。高宗溺爱衽席，不戒履霜之渐，而毒流天下，贻祸邦家。"

第十七章 ———

世间再无武氏

李显在相王李旦、太平公主以及五大臣的拥立下成功复辟了，再次正式成为大唐帝国的皇帝。然而兴奋期过后，坐在龙榻上的李显失望地发现，时光轮回二十载，他当下的处境居然和自己第一次做皇帝时一模一样，依旧是一个无依无靠的孤家寡人。

　　除了功高盖主的弟弟和妹妹之外，居功至伟的五个大臣成了五宰相，他们各个自矜有拥立之功，对自己也不是那么恭顺，似乎并不大把他这个皇帝放在眼中。就拿桓彦范来说，政变成功后，李显对他又拜相，又封爵，又赐食邑，已算是做到了知恩图报，仁至义尽，可桓彦范却越来越贪得无厌，欲壑难平，居然声称他的大舅哥赵履温也参与了政变的谋划，要求皇帝论功行赏。

　　赵履温是易州刺史，地处河北，离洛阳倒是不算远，也就一千多里地，说他有功，鬼都不信。李显暂时还得给桓彦范面子，就没有深究远隔千里的赵履温是如何和桓彦范一同谋划政变的，咬着牙给了他一个司农少卿的官位。

　　李显当年已经吃过一次大亏，深知做皇帝没有自己人是不行的，但他也想不出什么别的创意，依旧用的是曾经的旧套路。李显这次不是提拔岳父做宰相了，而是直接让老婆韦皇后垂帘听政，然后提拔了胡僧惠范、术士郑普思，以及惯以妖妄之言讨好皇帝的尚衣奉御叶静能等人作为自己的亲信。

　　惠范这个秃贼，自称活了两百多岁，奸狡狐媚，挟邪作蛊，惯会左道弄权。郭德纲在《济公传》里讲过监寺广亮手下有四个小徒弟，烩饼，烩菜，烩面，烩饭，倒与这个西域骗子同名。

　　想当初武媚当政时，惠范就已经红得发紫，凭借与太平公主私通以及满嘴虚妄邪说结交权贵，与张易之、张昌宗兄弟等人相处得很好，就连韦后也很看重他。等到张易之被诛灭以后，韦后又称惠范也参与了诛杀张易之等人的谋划，授予他银青光禄大夫，并赐爵为上庸县公，使他得以继续随意出入皇宫。尽管桓彦范一再上表指控惠范用邪门歪道紊乱朝政，请求将他处死，李显却置之不理。惠范也是真有本事，从武周朝一直骗到大唐复国，忽悠了武媚、李显、李旦三个皇帝，一直混到玄宗朝才被李隆基斩首，一时天下称快。

李显任用这些淫僧奸道，却也只能纵容他们敛敛财，炼炼丹，毕竟这些人当不了大臣，更当不了宰相，于李显统治国家助力不大。急于用人的李显太想组建一支听命于自己的力量与五大功臣抗衡了，他紧接着犯下了一个更加不可饶恕的重大错误：重新起用武三思。

五王

武三思和李显是亲家，他的儿子武崇训娶了李显的女儿李裹儿，所以在武周覆灭后，武三思的地位没有受到太大影响，他仓皇了数日，发现一切如常。

更令人匪夷所思的是，政变后不久，李显突然擢升武三思为司空、同中书门下三品，并擢升武攸暨为司徒、晋爵定王。如此重用武家人的诏令一出，天下哗然。

洛州长史薛季昶最先嗅到了危险的气味，立刻向张柬之等人发出了严重警告说："二张虽已诛除，可吕产、吕禄还在，斩草不除根，终当复生！"

吕产、吕禄都是汉朝吕后的侄子，吕后病危时，任命赵王吕禄为上将军，并统领北军；又命吕产统领南军，以确保自己身后吕家在朝中继续独掌大权。

聪明人若是被蒙住双眼，便是最愚蠢的，因为他们只会自视才高学广，却看不见自己的狂妄无知。老谋深算的张柬之这一次轻敌了，对于薛季昶的示警，他不以为然地说："大局已定，他们不过是砧板上的肉，还能有什么作为？现在杀人已经够多了，应该适可而止。"

薛季昶见自己的话不为张柬之所重视，十分失望，只好仰天哀叹道："我不知自己将要葬身何处！"

不久后，朝邑县尉刘幽求也直言不讳地对桓彦范等人说："现在武三思还没有受到惩处，你们这些人终究会死无葬身之地。如果不及早做准备，等到大祸临头时后悔就来不及了。"而桓彦范和敬晖等人的反应跟张柬之一样，还沉浸在升官封爵的喜悦之中，对这些明确的警示置若罔闻，完全没有听进去。

事情的发展果然不出薛季昶所料，老谋深算的武三思重出江湖之后，迅速建立起自己的势力范围，和韦皇后、上官婉儿等人床上床下滚作一处，里应外合，内行相事，外易国政，很快就掌握了朝中大权。而其他武氏族人及其羽党也如同从冬眠中醒来的蛇虫，又恢复了活力，纷纷登台亮相，再次成为朝中大患。

到了这个时候，被胜利和高官厚禄冲昏了头脑的五大臣才算觉醒了，张柬之等人开始屡屡上疏，请求诛杀武氏一党，可在李显的明显偏护下，武三思的地位安如泰山，纹丝不动。

五大臣除恶不利，对武三思虽欲反击，却一直没有采取任何实质行动，只是被动地寄希望于李显。敬晖等人发动文武百官一起上表李显说："五德之运轮流兴起，没有两德同时盛大的事情。天授年间改朝换代之际，李唐宗室被诛杀流徙殆尽，哪里有与武氏同殿受封的权利！现在上天又重新眷顾李姓，但武氏仍然像以往那样受封为王，与李姓宗室一起居住在京师，开天辟地以来从未有过这样的道理。希望陛下为大唐江山着想，顺从朝野士民的心愿，削夺他们的王爵以安定人心。"

道理说得很透彻了，可李显听不进，他现在想重用武家人还来不及呢，又怎么可能去削他们的官职，所以同样置若罔闻，就连赏赐给五大臣可以免罪十次的免死铁券，也不忘记给武三思、武攸暨、武攸宜等人人手一份。

张柬之等人对朝中局势开始越来越担心和焦虑，但已经失去了先机，对武氏再无制衡之法。五大臣每每聚会，有人拍案叹息，有的弹指出血，纷纷抱怨说："皇上过去做英王时，在人们眼里是一个勇武刚烈的人，我们之所以没有诛灭武氏集团，是为了让皇上能亲自诛杀他们以扩大天子的声威。现在皇上反过头来却重用武氏集团，如今大势已去，谁知以后又会怎么样呢！"

桓彦范害怕武三思向皇帝进谗言，使了个小心机，将自己的心腹崔湜派到武三思身边，让他暗中探听消息，好给自己通风报信。可没想到这个崔湜是个见利忘主的小人，惯会见风使舵，他见李显猜忌功臣，武三思日渐受宠，干脆改换了门庭，出卖了桓彦范而转投武三思，给自己换了个中书舍人的官衔。

此时朝中局势已然是水火不能相容，武三思自然不肯老老实实地坐以待毙，在一个主动前来投奔的无耻小人的策划下，武三思正式对五大臣发起了凶猛的攻击。这个对五大臣的命运起到至关重要作用的小人物，姓郑，名愔。

郑愔曾经是二张门下众多附庸之一，二张败亡之后，郑愔也成了丧家之犬，被贬为宣州司士参军。他到了宣州，依旧恶习不改，因为贪污公款被治罪，只好畏罪潜逃，四处流浪，一路逃回了东都。

诌上巴结、为虎作伥是郑愔的特长，如今二张倒了，他若想继续过舒坦富贵的日子，就必须找一个新靠山。张柬之等五大臣虽是朝中新贵，炙手可热，可这帮人都心高气傲，疾恶如仇，断然不会接纳郑愔这条侍奉过二张的流浪狗，于是他决定去投奔武三思门下。

凡属奸佞之徒，都有几分脑子，善于故弄玄虚的郑愔知道自己如果直接去向武三思乞求活路，未必会得到重视，所以决定演一出戏，以博得武三思的信赖。

一身破衣的郑愔去拜见武三思后，并没有惯常地讨好和巴结，而是一见面便表情夸张地放声大哭起来，简直比死了亲爹还伤心。武三思丈二金刚摸不着头脑，刚要问他为何事而悲时，郑愔又放声大笑，满脸的笑纹夹得下二十个铜钱。

郑愔的心机没白浪费，这一通浮夸的表演真的引起了武三思的兴趣，晓得他必有机要之事禀告，于是就屏退下人，问其缘故。

郑愔这时才恢复了常态，他抹了一把鼻涕，神秘兮兮地说道："我刚刚见到大王时之所以痛哭失声，是在为大王即将被戮尸灭族而感到悲哀。悲哀之后又放声大笑，是在为大王能得到我的帮助而得以免祸感到高兴。"

武三思一听，鼻子差点气歪了，眼前这小子因为多日流浪，衣衫破旧，面黄肌瘦，自己一日两餐粥饭尚顾不上，哪里还有本事帮堂堂亲王来免祸。

郑愔就知道武三思不会轻信，连忙继续解释说："大王您虽然深得天子的欢心，但张柬之、敬晖、桓彦范、崔玄暐和袁恕己五人手中都掌握着将相大权，并且个个胆略过人，以至于废掉太后的帝位都易如反掌。大王您觉得与太后相比哪一个权势更重一些？现在五个人对您恨之入骨，恨不得吃了您的肉，不能把大王灭族，他们是不会满意的。大王如果不尽快除掉这五个人，生命安全就会像朝露一样没有保障，可是您现在还是怡然自乐，自以为像泰山一样安然无恙，这就是我为大王感到忧虑的原因啊。"

郑愔的话，字字直戳武三思的心窝子。他一直想要除掉五大臣，扫平武氏掌权的障碍，重现武氏的荣光，无奈智虑短浅，苦无良策，如今郑愔主动送上门来，三言两语道破天机，自己平白多了一只贴心又得力的鹰犬，自是喜不自胜。他立刻把郑愔提拔为中书舍人，将他和崔湜一同视为自己最信任的谋主。

武三思最重要的战略伙伴，就是他的情人，李显的老婆韦皇后，二人之私情已是天下皆知。经过数番密谋后，这一对野鸳鸯一起去见李显，捶胸顿足地大进谗言说："五大臣依恃自己是复辟功臣，专权跋扈，已经对国家构成了严重威胁，所以必须把他们除掉！"

武三思的话，李显并不意外，而且很听得进去，因为他自己也早有此意。在武媚的长期压制和折磨下，李显明显已经患上了严重的斯德哥尔摩综合征，也就是被害者对于加害者产生情感、好感和依赖性的心理。因此，李显对五大臣的态度非常微妙，虽然五大臣有拥立之功，却也全程目睹了他最不可外扬的家丑。在李显的内心深处，甚至有些怨恨这些人推翻了他神圣不可侵犯的母亲。在武三思的挑唆下，李显把内心扭曲的心思转化为满腔怨毒，全部迁怒到了五大臣的身上。

就在李显踌躇如何翻脸不认人的时候，狡诈的武三思又为他谋划道："不如先封张柬之等人为王，同时罢免他们所担任的职务，这样的话，表面不失为尊宠功臣，而实际上又能剥夺他们的权力。"李显大为赞许，认为这样做很好，此时五大臣还蒙在鼓里，但无可挽回的厄运已经开始降临。

李显随即下诏：封中书令、汉阳公张柬之为汉阳王；侍中、齐公敬晖为平阳王；谯公桓彦范为扶阳王；南阳公袁恕己为南阳王；特进、同中书门下三品、博陵公崔玄暐为博陵王，另赏赐五人金帛鞍马，但同时免去他们的宰相职务，只要求他们于每月初一、十五朝见天子走个过场即可。这样一来，五宰相虽然成了五王，但权力一夜之间全部被剥夺，成了摆设。五大臣悲愤难当，但没了相位就更无反抗的能力，只能任人宰割。

一举击败了建有复国大功的神龙五大臣之后，武三思在朝中再无敌手，这下真正抖擞起来了。他下令文武百官重新恢复执行武媚时期的政策，凡是拒不趋附武氏集团者都被排斥去位，那些被张柬之、桓彦范等人贬逐的小人纷纷回归，登堂入室，又重新得到起用。从京内各部门到地方各州，武氏集团总共新置外官多达两千余人，此外还破格提升了千余名宦官。五大臣拼着身家性命换来的胜利果实彻底付诸东流，朝政大权尽数落入武三思之手。

五大臣唯一的收获，就是暂时被封为王，也算是达到了人生巅峰，然而李显给的王位，是那么好做的吗？

封王后不久，崔玄暐就第一个被逐出朝廷，被贬为梁州（陕西汉中市）刺史。

当年秋天，八十一岁的张柬之主动上表请求回老家襄州（今湖北襄阳市襄州区）养病，当了挂名的襄州刺史。

神龙二年（706年）春天，敬晖被贬为滑州（今河南滑县）刺史。

桓彦范被贬为洺州（今河北永年县）刺史。

袁恕己被贬为豫州（今河南汝南县）刺史。

五大臣虽然建有复辟李唐的大功，并组成了看似坚不可摧的功臣集团，封王封爵，却风光了不到一年时间，就在李显的忘恩负义，武三思的先发制人与郑愔的阴谋诡计下颓然落败。

驸马

神龙政变中的主要功臣除了五大臣之外，还有一位身份极为特殊的皇亲，就是驸马都尉王同皎。正是他亲手把自己的岳父抱上了马背，推上了皇位，可自己却被打入地府，成为武三思的刀下鬼。

武三思与韦皇后通奸之事，当时已经是人尽皆知，岳父头上绿油油，王同皎作为女婿脸上自然也不好看，走到哪都抬不起头来，所以对武三思与岳母的寡廉鲜耻痛恨到了极点。

五王被贬黜之后，王同皎作为一个战壕的战友，难免有兔死狐悲之感，开始与自己的密友张仲之、祖延庆、周憬、李悛、冉祖雍等一群忠烈之士密谋在武媚的葬礼上暗藏弓手射杀武三思。

王同皎是世家子弟，又贵为驸马，门第高贵，说话行事向来都不大慎重，所以经常在论及时政时口无遮拦地公开痛骂武三思。神龙年间，告密之风的流毒仍在，王同皎的计划还没准备周全，就被他好心收留于家中的两个座上客出卖了。

这两个人是一对兄弟，当时可谓大有名气，其中一个是唐时著名大诗人宋之问，另一个是他弟弟宋之逊，二人才名虽盛，为人却极为卑鄙无耻。

话说这宋家兄弟共有三人，之问、之悌、之逊，自幼都勤奋好学，各自继承了其父一绝。宋之悌骁勇过人，宋之逊精于草隶，宋之问工专文词，成就最高，一时被传为佳话美谈。

早在上元二年（675年），身材高大、仪表堂堂的宋之问就已进士及第，登临"龙门"，踏上了仕进正途。

宋之问曾经也想做北门学士，未被批准，遂写了一首《明河篇》表明心迹，其诗末尾几句极有韵味："明河可望不可亲，愿得乘槎一问津。更将织女支机石，还访成都卖卜人。"传说武媚读过后，对左右说："我不是不知道宋之问腹有才华，只是他的口臭实在太难闻了！"

武媚到底是惜才之人，才华横溢的宋之问以文字铺就仕途，很快由从九品殿中内教跻身五品学士，其间写下了大量佳作，为世人所钦慕。

武媚称帝后，尤为喜好文词乐章，诗才过人的宋之问更是如鱼得水。一次武媚带领群臣游玩于龙门，命群臣赋诗，左史东方虬诗先成，他写了一首清新的小诗《春雪》："春雪满空来，触处似花开。不知园里树，若个是真梅。"武媚初一看时，甚为赞赏，赐其锦袍。

又过了一会，宋之问三百多字的长篇巨作《龙门应制》诗成奉上，辞藻极为华丽，称得上文理皆美，诗中又是"瑞鸟"，又是"黄道"，又是"定鼎"，又是"瑶池"，极尽吹捧之能，大赞武媚是一代明君。武媚读罢双眼放光，大为惊喜，竟然夺回了东方虬的锦袍转赐给了宋之问，成就了一段龙门夺袍的文坛佳话。

然而去除了文学成就上的光环，宋之问品行之卑劣的事迹亦屡见史书。他有一个外甥叫刘希夷，生得相貌俊秀，擅长诗文，尤其是善写军旅闺怨，辞藻婉丽却又意蕴深远，其中以一首《代白头翁》最为著名。这首诗中的点睛之笔，便是"年年岁岁花相似，岁岁年年人不同"。因为其意境清远，一千多年后还被曹雪芹化用到《红楼梦》里。

刘希夷诗成后，带着作品请舅舅宋之问指教。宋之问一见诗句大爱，向外甥提出一个匪夷所思的请求：将这首诗转让给他。长期沉迷于舅舅偶像光环中的刘希夷，一时糊涂，便答应了下来。

回到家中后，刘希夷慢慢冷静下来，又心生悔意，毕竟一首佳作很可能关系到个人的名声与前途发展。刘希夷便回到舅舅家，想将这首诗的著作权要回来。

宋之问已经认定这首诗就是自己的了，见外甥二次登门，当时便心生杀机，竟然派了两个家奴，把刘希夷用土袋子活活压死。可怜年少有为的刘希夷才华刚刚绽放，便为了两句诗丢掉了年轻的生命。

二张崛起后，阿谀善变的宋之问与他们过从甚密，倾心交往，一度成了浮沉于权力旋涡中心的主流诗人，直到神龙年惊天一变，宋之问也失去了往日的靠山，作为二张党羽被贬为泷州（今广东罗定县）参军。

贬谪之中，宋之问经大庾岭，感慨万千，情难自已，写下了千古绝唱《度大庾岭》：

> 度岭方辞国，停轺一望家。魂随南翥鸟，泪尽北枝花。
> 山雨初含霁，江云欲变霞。但令归有日，不敢恨长沙。

宋之问和一同被贬的弟弟忍受不了岭南的湿热瘴气，没待多久，就悄悄潜回京城，投奔到了旧日故友王同皎的府中避难。王同皎很欣赏宋之问的才华，又看在昔日同殿为臣的情分上，便冒险收留了这对兄弟。可他万万没想到，感恩图报在人性中并不是一种普遍的美德，如宋氏兄弟一般，从来不会根据他们所受到的恩惠来决定他们的行为，而是根据他们希望得到的利益来决定，于是农夫与蛇的故事再次上演。

当初宋之逊为攀上王同皎这个靠山，硬是上赶着将自己的外妹嫁给了素与王同皎交好的祖延庆。这样宋之逊和儿子宋昙便可以经常来祖延庆的家中走动。祖延庆也是密谋除掉武三思的核心成员之一，因为亲戚关系对宋家人毫不设防，一来二去，王同皎刺武的计划就落入了宋氏兄弟的耳朵里。

为了解脱自己非法逃亡的罪过，更为了快速寻回往昔的荣华富贵，宋家兄弟竟然合伙将此机密向武三思和盘托出。王同皎及张仲之、祖延庆、周憬等人事情败露，尽数被抓入大狱。

在法司的酷刑审讯之中，张仲之大义凛然，威武不屈，虽然被反绑双手，但口中仍不停地诉说武三思的罪状，即使被主审官下令打断手臂，张仲之依旧大声呼喊："虽然现在我输给了你，但我死后一定要到上天那里去告你！"

周憬一路逃到比干庙中，他流着泪对比干的灵位说："您是上古有名的忠臣，一定能知道我对大唐朝廷的忠心。武三思与韦皇后淫乱，企图颠覆大唐的江山，迟早会在闹市上被枭首示众，只可惜我见不到这一天了！"说完即在神龛前自杀而死。

神龙二年（706 年）三月初七，王同皎等人被判处斩刑，家产都被官府没收。而宋之问则被擢升为鸿胪主簿，弟弟宋之逊、儿子宋昙等人也都被任命为京官，加封为朝散大夫。宋氏兄弟用恩人的鲜血染红了自己的官服，可苍天有眼，这样的富贵又能持续多久呢？

武三思的屠刀既然已经砍向了皇帝的女婿，那么对张柬之等人也就更没有什么顾忌了。他唆使郑愔指控五大臣与驸马都尉王同皎串通谋反，一张状纸送到了李显面前。

五月初六，李显再度下诏，剥夺五大臣的王位，并将张柬之贬为新州（今广东新兴县）司马，桓彦范贬为泷州（今广东罗定市南）司马，崔玄晔贬为白州（今广西博白县）司马，敬晖贬为崖州（今海南三亚市崖州区）司马，袁恕己贬为窦州（今广东信宜市南）司马。

唐代贬官有其独特之处，除了品级的降低，京官贬为地方官是一贬，由地方官贬到边远地区任官又是一贬。五大臣被一贬再贬，职位越来越低，离国都越来越远，真可谓身凄凄，怨悠悠，心悲怆，恨难平！

至此，武三思已经彻底扳倒了几乎整个功臣集团，可他还不满意，务必要将五大臣置于死地。

这一年的七月，蒸郁的天气笼罩着死气沉沉的都城。热闹非凡的洛阳两市间，一张张耸人听闻的传单再次在万千市民之间流传开来，里面绘声绘色地描述了韦后和武三思的种种淫乱情节，并且强烈要求废黜韦后。

皇后与武三思通奸的事，李显是知道的，虽然他自己对这顶绿帽子能够欣然接受，但绝对不允许别人对这件事有所议论。

前不久，洛阳一个民间人士韦月将曾上书控告武三思与韦皇后通奸，预言二人日后必将谋乱叛逆。李显被戳破了作为男人的尊严，勃然大怒，下令将韦月将斩首。黄门侍郎宋璟上奏请求依法推究审问，李显闻言，顾不上穿戴整齐，拖着便鞋走出洛阳宫的侧门对宋璟说："朕还以为早就把韦月将斩首了呢，难道到现在还没有执行吗？"接着下令赶紧将韦月将处斩。宋璟哪是滥杀之人，他连武媚都不怕，又岂会畏惧李显。宋璟三次抗命，坚持说："必欲斩月将，请先斩臣。不然，臣终不敢奉诏。"李显无奈，只好先将韦月将流放到岭南。那位韦皇后的恩人广州都督周仁轨倒很会做人，到了秋分那天第一时间就将韦月将杀死。

许州参军燕钦融也上书李显说："韦后淫乱，后宫丑闻已传遍民间，她和安乐公主干预朝政，造成诸多弊病，韦氏家族日益强大，必然危害国家社稷。"李显可倒好，特召燕钦融进京，当面诘问他。燕钦融在朝堂上大胆直言，神色不变。韦皇后的手下竟然蜂拥而上，当廷将燕钦融活活摔死。

只要被点破帽子的颜色，李显就会气得三尸神暴跳要杀人，如今满洛阳的百姓都把李显家里那点丑事当作茶余饭后的话题，李显还不活活气疯？立刻红着眼睛下令御史大夫李承嘉彻底追查。

李承嘉是武三思的忠实手下，很快呈上了早已准备好的调查结果："这是张柬之等人搞的阴谋，表面上说要废黜皇后，实际上是煽动谋反，请陛下将五人族诛！"

令人感到讽刺的是，李显不久前才赐给五大臣的免死铁券，这回还真的发挥了作用，五大臣暂时得以不死，但被判处终身流放。

不过一年多的时间，五大臣的命运就发生了天翻地覆的变化，从五公爵、五宰相先变成五王，紧接着又成了五刺史、五司马、五流人。张柬之被流放泷州（今广东罗定市南），桓彦范被流放瀼州（今广西上思县），崔玄晖被流放古州（今越南谅山市），敬晖被流放琼州（今海南定安县），袁恕己被流放环州（今广西环江县），就连五人的宗族子弟，凡年满十六岁以上者也全部被流放岭南。

五大臣一日不死，武三思便一日寝食难安。当初靠出卖五大臣换取高官的崔湜出了一条毒计说："张柬之等人不死，必将后患无穷，我们可以派人假传圣旨，把他们全部处死。"

此计正合武三思的心意，便急迫地问："谁可以接这趟差使？"

崔湜随即推荐了一个五大臣的旧日仇人，此人名叫周利贞，当时正在朝中担任大理正。

武三思与韦皇后又是一番密谋后，决定由上官婉儿草拟一道假圣旨，让周利贞以代理右台御史的身份，去杀害张柬之等五人。

周利贞性情残忍，颇得武周时期酷吏的真传，他日夜兼程到达岭南之时，张柬之和崔玄晖因为年老体衰，不耐旅途艰辛，已经死于贬所，算是保留了最后的尊严，逃过一劫。

周利贞没过着杀人的瘾，岂能善罢甘休，他马不停蹄，总算在贵州先追到了桓彦范，命令手下人将他捆绑起来，放倒在竹筏子上拖着走，拖得他皮开肉绽，血肉模糊的躯体露出白骨，才将他用杖活活打死。

接着倒霉的是袁恕己，他因为平素服食丹药，身体强健，周利贞就硬逼着他喝有毒的野葛汁。袁恕己被灌下数升毒汁之后还没有被毒死，但因为毒性发作，痛苦难当，疼得他用手扒土，把手上的指甲都磨掉了，最后才被打死。而敬晖也被周利贞活剐而死。

当初提醒五大臣早做打算的薛季昶亦受到牵连，多次被贬，一直被贬为儋州司马。张柬之等五人遇害的消息传来后，他知道自己也不能免祸，于是置办棺椁，沐浴更衣，饮毒而终，葬于昭州。而周利贞却因残杀功臣之功，回到京城后，即升为御史中丞。

自古因果循环，报应不爽。开元年间，敬晖之子敬让成了辰州长史。一次敬让与周利贞同在朝廷奏事，忽然在玄宗李隆基面前为父申冤，李隆基对此事早有耳闻，当即批准将周利贞以枉杀大臣罪赐死。

一心匡扶李唐的五大臣就这样落了个无比悲惨的下场，大唐王朝虽然名义上换了姓李的皇帝，却几乎是武三思一人独尊的天下。他在内勾结韦皇后和上官婉儿为内应，在外以兵部尚书宗楚客、将作大匠宗晋卿、太府卿纪处讷、鸿胪卿甘元柬为羽翼，又招揽了号称"五狗"的御史中丞周利用、侍御史冉祖雍、太仆丞李俊、光禄丞宋之逊、监察御史姚绍之为耳目爪牙，大权独揽，不可一世。踌躇满志的武三思洋洋自得地对身边的人说："我不知道世上何为善人，何为恶人；我只知道对我好就是善人，对我不好就是恶人罢了。"

同归

李显重新登基以后，李氏皇族依然像是没了灵魂，不但没有趁势重新拿回权柄，反而再次屈膝于新崛起的武、韦集团势力之下，被严重地边缘化。

景龙元年（707年）二月，李显派遣武攸暨、武三思到乾陵求雨，碰巧真的下了一场大雨，李显十分高兴，竟然下诏恢复武氏的崇恩庙和昊陵、顺陵。卷土重来的武家人气焰愈发嚣张，神龙政变的政治成果，几乎一扫而空。作为刚刚复活的唐帝国新一代储君，太子李重俊对目前的状况极为焦虑和不满。

在李显的四个儿子中，最受青睐的一直是嫡长子李重润，可惜因为得罪二张而被他的父亲和奶奶活活逼死，这个我们前文已经讲过。次子李重福作为害死大哥的告密嫌疑人，被韦皇后贬出洛阳，软禁于均州（今湖北丹江口市）。这样皇太子的头衔，当仁不让地落到了并不受父母宠爱的三皇子李重俊头上。

李家的太子是最不好当的，可以说风险系数极高，而成功登基的可能性约等于零。李重俊虽然贵为太子，可处境极为艰难，无论朝中的实权派还是家里的亲人，不但没有人尊他助他，反而还都视他为障碍和威胁。

先说第一权臣武三思，他原本就仇视所有李家宗室，一直就把李重俊当作公开的敌手，随时准备将这个姥姥不亲、舅舅不爱的太子干掉。

自己家这边，韦皇后压根儿不是他的亲妈，心里向着情人武三思，母子二人毫无交集，更无亲情可言。

内廷专掌诏命的上官婉儿早就和武三思有一腿，二人沆瀣一气，同样是站在敌方阵营。

最小的弟弟李重茂倒是骨肉同胞，可他才十一岁，还是个无知少年，根本指望不上。

这些人当中又尤属妹妹安乐公主最为离谱，她自从嫁给了武崇训，早把自己当成了武家人，对这个太子哥哥毫无敬意，非辱即骂，甚至膨胀到直接向李显提出自己要做"皇太女"，要将李重俊取而代之。

随着武韦一党的势力越来越大，李重俊要担心的已经不是能不能顺利登基的问题，而是能不能活下去的问题。李重俊不甘心坐以待毙，他的身体里还流淌着陇西李氏的热血，神龙政变的光荣就在昨日，他决心破釜沉舟，打破当前晦暗的时局，从肉体上一举消灭武韦一党。

既然决心已定，李重俊必然要寻求盟友的支持，他第一个去找的就是神龙政变仅存的功臣，左羽林大将军李多祚。

自从五大臣和王同皎等当年的生死战友被杀后，李多祚的日子也一样不好过，兔死狐悲之感时刻萦绕在李多祚心头，完全可以预见下一个被害者必然是自己。李重俊坦然向李多祚透露了要再一次发动政变的计划，早有此意的李多祚立刻表示双手赞成。从李多祚的角度来看，既然上一次神龙政变可以非常顺利地取得成功，这一次他兵权在握，又有太子积极出面配合，再发动一场短促有力的突然袭击必定有很大的胜算。

一个好汉三个帮，紧接着李重俊又找到了他的好友，左金吾大将军，成王李千里相助。作为李氏宗族，李千里对太子的处境感同身受，同样对武韦一党深恶痛绝。李重俊刚一说明来意，李千里立刻答应，表示自己和儿子天水王李禧以及手下的兵马都愿为太子所驱驰。

作为常年领兵在外作战的大将，李多祚在军中人脉很广，他振臂一呼，当年的军中袍泽如右羽林将军李思冲、沙吒忠义，独孤祎之、李承况等猛将纷纷加入进来。李多祚的女婿野呼利素来骁勇善战，此时更是跃跃欲试，急欲建立大功。然而和神龙之变最为不同的地方是，太子掌握的军事实力格外强大，但在文官层面的支持者几乎没有。

景龙元年（707 年）七月六日，率性冲动的李重俊在匆忙间动手了。他伪造了一道皇帝诏书，调集了千骑营三百军士，然而带着李多祚、野呼利等人直奔休祥坊南门内的梁王府。

武三思和他的儿子武崇训正在富丽堂皇的府邸中闲坐，猛然间听到门外杀声四起，情知不妙，可是要跑已经来不及了。李重俊亲自领着一群如狼似虎的军士踹开大门，杀将进来。李重俊一见武三思，自是分外眼红。他手起刀落，几下就将这一对欺压李氏数十年的父子杀死于堂前，接着众军士一声发喊，一口气杀死了武家亲眷十数人，算是彻底切除了李唐王朝最大的祸患毒瘤。

一举斩杀了罪魁祸首后，李重俊等人来不及庆贺，又拎着滴血的钢刀从肃章门直奔皇宫。肃章门是通往太极宫内廷的必经之路，李多祚挥动大刀，几下砍断了门闩，推开了紧闭的大门，带着士兵们呼啸而入，在各殿间大肆搜索，高喊着要捉拿上官婉儿。

上官婉儿以罪臣之女的身份能坐上今天的高位，头脑不是白给的。她眼看命在旦夕，急中生智，连忙跑去李显身边避难，口中不停地大喊："太子想先抓我，然后再抓皇后和皇上！"她这么一喊不要紧，不仅拉来了皇上给她做挡箭牌，就连李重俊也顿时变得被动起来，政变行动从清君侧变成了弑君谋反。

这时候李显和韦皇后已经听到外面乱军的喊叫，而嚣张跋扈的安乐公主当时也在内廷，还不知道自己已经成了寡妇。这一家三口和上官婉儿汇合为一路，在一群宦官宫女的簇拥下仓皇向玄武门逃窜，跑到高高的城楼上瑟瑟发抖。幸而此时右羽林大将军刘景仁听说有变，带着百余名士兵聚集于城下，组成了李显身边唯一一道单薄的防线。

不多时，李重俊和李多祚就领兵追杀到了近前，可面前就是皇上，下一步该如何行动，李重俊和李多祚犯难了。毕竟三年前神龙政变时武媚一直就躺着寝宫，全程都不知情，变军可以毫无顾忌地大砍大杀。可现在调动来军队本来是号称奉皇帝的圣旨杀奸臣，如今却把皇上本尊逼上了城楼，这无论如何也解释不通，更不在二人的计划之内。前半程进行得风生水起的景龙政变，到此忽然陷入了僵局，而此时另一个坏消息也传来了。

成王李千里领着一路兵马，去进攻太极宫西侧的右延明门，准备一举杀入门下省等政府要地，斩杀正在那里办公的兵部尚书宗楚客、侍中纪处讷等武氏党羽。可掌握兵权的宗楚客等人早有防备，已经调集了两千余名禁军闭门坚守。李千里手下才几百军兵，贸然进攻无异于以卵击石，双方一场激战之下，李千里父子双双战死，这一路盟友的行动提前宣告彻底失败。

玄武门下，一片死寂，两边服色相同的禁军在紧张地对峙，李重俊和李多祚仰望着城楼上的皇帝，谁也不敢下令发动进攻，变军因为杀死武三思父子而鼓舞起来的高昂士气，就这样在无尽的等待中慢慢衰减下来。

虽说太子方面暂时没有发动进攻，可李显也没有摆脱困境的办法。李多祚的勇猛善战，尽人皆知，李显非常清楚眼前这一百多人组成的防线就是个摆设，很可能被一瞬间冲破。就在这个紧要关头，他身后一个叫杨思勖的宦官主动请命，要单枪匹马挑战变军。

我们常说太监也有好的，杨思勖就是一个。

杨思勖算得上是唐朝历史上非常著名的一个人物。他原本姓苏，父亲是岭南罗州蛮人首领苏历之子，母亲陈氏是雷州蛮人首领陈玄之女，父母两家均家世显赫。

高宗显庆四年（659年），唐军大举进攻蛮族部落，罗州土著王朝覆灭，时年六岁的小思勖也成了牺牲品，被阉割后送入宫中做了一名小太监，因为被宦官杨氏收养，故改姓杨。从部族小王子到入京被阉为奴，杨思勖小小年纪便经历了从天堂到地狱的惨痛历程，命运就是这么残酷无情。

杨思勖虽然自幼被阉，没了雄性激素的来源，却并没有变成娘炮。他天赋异禀，继承了蛮人家族的强悍基因，形容体貌与其他太监截然不同，不仅仪表堂堂，高大魁梧，而且膂力过人，武艺出众。

机遇总是青睐有准备的人，在此危机时刻，艺高人胆大的杨思勖脱颖而出。他在请命之后，单枪匹马冲下城楼，独自一人朝变军杀将过来。李多祚的女婿野呼利见敌方阵营里杀出一人，也立刻拍马挥刀上前迎战。野呼利素来以善战著称，对战杨思勖却毫无优势，就这样一个蛮人，一个鞨鞨人，两大猛人在玄武门下展开一场短促而激烈的较量。

三五个回合过后，究竟还是杨思勖艺高一筹，众目睽睽之下，他手起刀落，一刀将野呼利斩于马下，血溅十步，变军皆惊，为之气夺。

这时候李显也在杨思勖的鼓舞下活过来了，他凭空生出一股勇气，趁机伏在城边向城下变军大喊："你们都是朕的宿卫之士，何苦追随李多祚造反？只要你们斩杀叛贼，不愁没有富贵！"

皇上这一发话，本来就满腹狐疑的变军心理防线顿时彻底崩塌了。千骑军官王欢喜率先倒戈，一刀刺向了李多祚，他的举动很快引起了连锁反应，变军们纷纷对自己昔日的将领刀枪相向，李多祚、李思冲、李承况、独孤祎之、沙吒忠义全部被杀死于当场。李重俊这下彻底傻了眼，他一看大势已去，无力回天，只好带着百余名亲随掉头狂奔，冲出宫门，打算逃亡到终南山暂避风险，以图日后南山再起。

终南山离长安大约一百多里，已经厮杀了一整天的李重俊等人一路狂奔逃到鄂县（今陕西户县）时已是精疲力竭。李重俊刚刚下令众人在一片野地中准备稍作休息，熟悉的一幕又发生了。几个亲随铁青着面孔走向李重俊，举刀就砍，帮着这位短命的太子结束了其纠结痛苦的一生。

呜呼，诡异的玄武门，悲催的唐太子！

遍翻史书我们会发现，大唐王朝的太子，仿佛都被同一个魔咒诅咒过，从第一个丧命于玄武门的李建成开始，整整一百四十四年，竟然无一人能由太子位顺利登基称帝，直到第九位皇帝唐代宗即位，这个恐怖的咒语才被打破。得之不由我，失之不由己，生于帝王家的悲哀，莫过如此！

李重俊死后，东宫僚属中没有人敢于靠近太子的尸体。只有永和县丞宁嘉勖是个忠烈汉子，冒死前往，脱下衣服裹住太子的头颅放声痛哭。

李重俊的尸体和首级被运回长安后，惊魂未定的李显下令，用儿子的首级隆重祭祀了自己妻子的奸夫，追赠武三思为太尉、梁宣王，追赠武崇训开府仪同三司、鲁忠王。然而这些堆砌在武三思父子身上的荣誉停留的时间非常短暂，三年后睿宗李旦即位，马上就将武三思父子斫棺暴尸，夷其陵墓。

"好"太监杨思勖御前保驾舍生忘死，立下首功，使得李显转危为安，被连升五级，擢银青光禄大夫，行内常侍，以表彰其不世之功。

杨思勖一生对李唐皇族始终非常忠诚，李显死后，杨思勖又继续追随李隆基，在历次宫廷政变中立下了汗马功劳，深得李隆基倚重。

杨思勖虽然是太监，但生性刚毅果决，天生就有将帅之才，他先后带兵征讨安南梅叔鸾、五溪覃行章、邕州梁大海、泷州陈行范等人的叛乱，每战必胜，所向披靡。每次俘虏敌人，杨思勖常常生剥其面皮、头皮，手下士卒对他无不畏惧，也因此更加奋勇作战。

杨思勖一生战功显赫，居然做到了从一品的骠骑大将军。但他对大唐王朝一直忠心耿耿，从无居功自傲、攫取政权之举。新旧《唐书》的宦官传均把他放在第一位，可以说杨思勖是唐代正史中的宦官第一人，其功业之伟，大概也只有明朝的郑和能相提并论了，而他们两个，恰巧都不是汉人。

尾声

诸葛亮在《将苑》中曾这样写道："夫为将之道，必顺天、因时、依人以立胜也。故天作时不作而人作，是谓逆时；时作天不作而人作，是谓逆天；天作时作而人不作，是谓逆人。智者不逆天，亦不逆时，亦不逆人也。"

并无多少政治根基的李重俊作为景龙政变的总指挥，年轻气盛又操之过急，导致一场轰轰烈烈的革命虎头蛇尾，热闹了三个时辰便彻底失败，一腔热血泼了个寂寞。但他总算是用自己的命换了武氏核心人物武三思、武崇训父子的命，彻底动摇了武家势力的根基，让武氏集团从此群龙无首，一蹶不振，变为二流角色，只能附于韦氏集团，也算为李唐王朝剪除了最致命的大敌，功莫大焉。

本来士族并非一个完全封闭的阶层，和寒门是可以转换的，寒门如果连续数代担任显职，完全可以崛起成为士族。然而武氏家族虽然子弟众多，也实现了

"朝为田舍郎，暮登天子堂"，却实在太不争气，他们依靠女皇的权力登上政治舞台，封王封爵，却无一人兼备德才，无论在政治还是军事方面都毫无建树，故而既无社会基础，也无门阀支持，更无施政纲领，口碑差到极点，完全不能实现武媚让武家继承大统的雄心。

自从神龙政变之后，武氏集团利用李显的软弱无能余烬不息，大有死灰复燃之势，幸亏李重俊及时斩其首脑，否则历史可能又要改写了。自武三思被杀后，后继无人的武氏又连受重击，已经是尸居余气，形神已离，彻底伤了元气，从此黯然退场，再无重登权力巅峰的可能。

武氏核心人物元气大伤，原来的武韦集团变成了韦皇后一支独大，野心爆棚。她也是忒着急了点，居然等不到丈夫死了之后再篡位，而是主动出手，毒死了丈夫李显，然后也想仿照武媚临朝称制。可惜时代不同了，对手也不同了，她的东施效颦只学了武媚的形而未能领会其神，很快就被李隆基、太平公主联合扑灭。她和李显的女儿，那个坑爹的安乐公主和她的第二个丈夫武延秀亦同时被杀，这一支武氏血脉也随之宣告灭亡，从此武氏集团更加凋零。

李显死后，其弟睿宗李旦即位，曾经枝繁叶茂的武氏仅有武攸暨和太平公主一支尚存，比当年的李家还惨。不久后李隆基与太平公主姑侄又反目成仇，再次兵戎相见，太平公主失败被杀，她的两个儿子武崇敏、武崇行以及两个女儿尽数被诛，只剩当年她和第一个丈夫薛绍生的儿子被留下性命。

这一次战友变仇人的权力争夺战让李隆基彻底坐稳了宝座，而它带来的另外一个副效应就是让武氏血脉中靠近权力中心的所有子弟彻底被灭绝，此时距武媚驾崩不过短短八年时间。

盛衰之理，虽曰天命，岂非人事？求木之长者必固其根本，欲流之远者必浚其泉源，思国之安者必积其德义。武媚自诩弥勒，一生穷极心智，杀戮无算，凭一人之力而得一国，虽然也算执掌了四十年江山，更受图定鼎，缔造了十五载新朝，却一代而终。等她一朝撒手后，那些建立在沙滩上的巍峨宫阙在一个接一个权力斗争的怒雨狂潮的冲击下，很快便土崩瓦解，万象俱空。

巍巍大周，千古女帝，如惊雷轰响也好，似星辰闪耀也罢，思量往事，俱虚无似梦；兴衰万状，皆合散如烟。生为异，死则同，虽然武媚颇有自知之明，对自己一生的功过不置一字，然而天理公道良知自在人心，青史间的真相更不容涂抹粉饰。

无论个人造就历史，还是历史造就个人，千百年来，无数在朝在野的史家驱散偏见的迷雾，践踏岁月的荆棘，在不同时代，从不同的角度一次次为后人描绘了武周朝那段波澜壮阔的历史，似海水涌上海岸，似狂风席卷山崖，代代不息，振奋着也警醒着无数向往光明的人心。

天枢坠落：武周政权的崛起与终结